Heinrich Tepasse

Stadttechnik im Städtebau Berlins
19. Jahrhundert

Heinrich Tepasse

Stadttechnik im Städtebau Berlins
19. Jahrhundert

Kompendium Stadttechnikgeschichte:
Wasser und Abwasser, Gas und Strom

Gebr. Mann Verlag · Berlin

Dieses Buch – ein Kompendium der Stadttechnikgeschichte
des »19. Jh.« – ist der erste Band der Reihe »Stadttechnik
im Städtebau Berlins«. Mit dem zweiten Band »1945 – 1999«
(erscheint Ende 2001) werden die Verhältnisse in der
Nachkriegszeit und in der Zeit der Zusammenführung der
beiden Stadthälften nach 1990 behandelt.

Das Vorhaben wurde großzügig unterstützt durch:
· Berliner Wasserbetriebe
· GASAG Berliner Gaswerke Aktiengesellschaft
· Hochschule der Künste Berlin

Die Deutsche Bibliothek – CIP-Einheitsaufnahme

Ein Titeldatensatz für diese Publikation ist bei
Der Deutschen Bibliothek erhältlich

Umschlag: Wieland Schütz · Berlin
Layout und Satz: M&S Hawemann · Berlin
Druck und Bindung: druckhaus köthen GmbH · Köthen

Printed in Germany · ISBN 3-7861-2376-4

Für Heide und Josta Lea

Inhalt

Einleitung 9

Wasser und Abwasser

1. Staatlich verordnete Trennung von Wasser und Abwasser (bis 1860) 13

1.1 Berlin im Zugzwang von Entwicklungen in London und Paris 13

1.2 Ansichten über »Bequemlichkeit« bei *Loudon* und *Beuth* 20

1.3 Vorstellungen *Crelles* zur »Gebäude-Wöhnlichkeit« 29

1.4 Wasserhärte und Wasserverschmutzung sprachen gegen Brunnenwasser 34

1.5 Vorschläge zur Rinnsteinspülung forderten Zentralwasser 36

1.6 Weitblick *Crelles* zu Wohnung – Haus – Stadt 41

1.7 Staatliche Initiative führte zur Stadtwasserversorgung 44

1.8 Water closets setzten sich durch und – Berlin unter Abwasser 50

2. Entwässerungsstreit stärkt Selbstverwaltung der Stadt (1860 bis 1875) 54

2.1 Desinteresse des Staates an Stadtentwässerung 55

2.2 Diskussion um *Wiebes* Entwässerungsentwurf 56

2.3 Straßen und Hygienezustände förderten den Bau der Stadttechnikanlagen 61

2.4 Abfuhr oder Schwemmkanalisation? 69

2.5 Aufbau der Radialsysteme 72

2.6 Stadtentwässerung in »Regie« und nicht in »Enterprise« 79

2.7 Wassernetz behinderte Stadtentwicklung und Gesundheitspflege 80

2.8 *Veitmeyers* genialer Zentralwasserplan 81

2.9 Vertragsausstieg des Staates zugunsten des »öffentlichen Wohls« der Stadt 85

3. Stadtwachstum diktiert stadttechnische Erweiterungen (1873 – 1895) 88

3.1 Wassermangel durch das verordnete water closet 88

3.2 Entwicklungen bei Mietshäusern und Wasserversorgung 90

3.3 Stadttechnische Relationen 97

3.4 Kritik an Entwässerungssystem 104

3.5 Polizeiverordnungen und Gesundheitserfolge stützten die Stadtentwässerung 106

3.6 Kanalisationseinflüsse auf Straßen und Stadterweiterungen 109

4. Wohnungsverhältnisse und Sanitärtechnik (1880 – 1910) 116

4.1 Kriterien zur »Gesundheitsmäßigkeit« 116

4.2 WC wurde Teil des Wohnungsgrundrisses 119

4.3 Gemeinsamkeiten zwischen Gebäude-Fallleitung und Straßenkanal 122

Gas und Strom

5. **Bedürfnis nach künstlicher Helligkeit (bis 1825)** 131

5.1 Spektakuläre Ereignisse verhalfen Technikentwicklungen zum Durchbruch 131
5.2 Anfänge der Berliner Stadtbeleuchtung 136
5.3 Staat verfügte erste Zentralversorgung Berlins 143

6. **Privates und kommunales Gasgeschäft (1830 – 1860)** 147

6.1 *ICGA*-Verhalten trieb Stadt in die Selbständigkeit 147
6.2 Errichtung der städtischen Gasversorgung 149
6.3 Ruinöser Wettbewerb 150

7. **Vom Gashandwerk zur Gasindustrie (1860 – 1890)** 154

7.1 Technischer Fortschritt durch »Nützlichkeit« und Wissenschaft 154
7.2 Rohrnetzengpässe dämpften Gasnachfrage 164

8. **Gas und Strom konkurrieren auf expandierenden Märkten (1890 – 1910)** 170

8.1 Die neuen Marktsegmente »Kraft« und »Wärme« 170
8.2 Stand der Haustechnik am Beispiel des »Reichstagshauses« 175
8.3 »Koche mit Gas !« 182
8.4 Motor-Kraftstrom Wegbereiter der Elektrifizierung 187

Literatur 195
Abbildungen, Karten 198, 200
Abbildungsnachweis 201
Personenregister 202
Zeittafel 205

Einleitung

Die mit dem Wachstum der Städte im 19. Jahrhundert erforderlichen Vorgänge des Ver- und Entsorgens spielten eine so dominante Rolle, daß Rudolf Eberstadt während eines Städtebauseminars in Berlin 1911 feststellte: »Wir treiben in Deutschland keinen Städtebau, sondern in Wirklichkeit Straßenbau«. Die stadttechnischen Zentralstrukturen waren zu Anfang des 20. Jhs. in Berlin fertiggestellt. Die oberirdischen Nutzer konnten sich fortan bedenkenlos der unterirdischen Netze gegen Entgelt bedienen. Die Bedeutung des Themas »Stadttechnik« relativierte sich in den europäischen Großstädten und wurde von Tiefbau-Ingenieuren des »Comité Permanent International des Techniques et de l'Urbanisme Souterrains« (CPITUS) mit Sitz in Paris in Obhut übernommen. Weil die oberirdischen Technikgebäude jetzt von Ingenieuren »gestaltet« wurden, verlor sich auch das Interesse von Architekten für diese Thematik. An der Suche geeigneter Standorte für Werksanlagen an der Peripherie der Städte oder für anspruchslos gestaltete Pumpwerke und Umformstationen in den Innenstädten war lediglich noch die neue Disziplin Stadtplanung beteiligt. Das nach Ende des 19. Jahrhunderts entstandene Verhältnis zwischen den »oben« und »unten« am Baugeschehen Beteiligten ließ und läßt bis heute zu wünschen übrig.

Im Rückblick könnte man über zahlreiche nützliche Zusammenarbeiten berichten. So dokumentierte bereits Vitruv in der »Vorrede« seines zweiten Buches über Architekturen die eigenwillige Werbung des Baumeisters Dinokrates, als er dem Bauherrn Alexander den Großen seinen Entwurf für eine Idealstadt vorstellte: Sein Modell zeigt den Berg Athos in einer Männergestalt, die in der linken Hand die gebaute Stadt, in der rechten Hand eine Schale trägt, »die das Wasser aller Flüsse, die an diesem Berg fließen, auffangen soll, damit es sich von dort ins Meer ergieße«. Wasser, Abwasser und deren Transport mit technischen und baulichen Mitteln standen immer im Mittelpunkt städtebaulicher und landschaftsgestaltender Aktivitäten. Die technischen Werke wie Aquädukte, Brunnen, Pumpwerke und Abwasserkanäle gehörten zu den öffentlichen Angelegenheiten und stellten zugleich prunkvolle Zeichen der Mächtigen innerhalb des Gemeinwesens dar.

Mit dem vorliegenden Geschichtsbuch über die Berliner Stadttechnik im 19. Jahrhundert möchte ich zur Stärkung des Verhältnisses zwischen Städtebau und Stadttechnik beitragen. Das Buch soll an die Entwicklungen der sich gegenseitig befruchtenden Bereiche Stadtbaukunst und Stadttechnik, an deren Protagonisten wie z. B. Crelle, Baeyer und Blesson, Hobrecht, Veitmeyer, Blochmann, Pintsch und Auer erinnern. Es soll aber auch Architekten, Stadtplanern und Ingenieuren bei der Einschätzung heutiger großstädtischer Veränderungen im Umgang mit Wasser, Abwasser, Gas und Strom dienlich sein. So könnten die mit heute vergleichbaren Umstände bei den im 19. Jh. erfolgten kommunalen Entscheidungen überraschen: Ob zum Beispiel die Kommune die Geschäfte der Gas-, Strom- und Wasserversorgung weiterhin selbst führen soll oder ob sie diese öffentliche Aufgabe Privaten übertragen darf – ohne dabei gegen das »Demokratiegebot der Verfassung« zu verstoßen.

Als neue Erkenntnis der Recherchen muß gelten, daß die Entwässerungsgeschichte Berlins bereits um 1840 mit den Vorstellungen Crelles beginnt und nicht erst um 1860 mit dem konzeptionell eher »unbrauchbaren« Entwurf von Wiebe. Daß die dem Konzept Crelles zugrunde liegenden Annahmen – beispielsweise die Aufteilung des Stadtgebietes in voneinander unabhängigen Entwässerungszonen – sich 30 Jahre später in den Plänen Hobrechts wiederholen, wird man nicht dem Zufall zuschreiben können. Erstaunlich ist auch, daß die fünfgeschossigen Mietshausentwürfe um 1830 des sowohl mit der Baukunst als auch mit den Naturwissenschaften vertrauten Crelle in den einschlägigen Publikationen zur Geschichte des Berliner Mietshauses nicht vorkommen.

Neu an diesem Buch ist die Behandlung aller Medien auf einen Blick – siehe auch die Zeittafel am Ende des

Buches. Wasser und Abwasser können nur in ihrer komplementären Beziehung technikgeschichtlich behandelt werden. Auch Gas und Strom waren aufeinander aufbauende Energieträger für den Betrieb großstädtischer Nutzungen. So muß eine auf z. B. Wasser oder Gas reduzierte Stadttechnikgeschichte zwangsläufig auf wichtige Hintergründe aus dem verwandten Bereich verzichten. Den von Versorgungsunternehmen herausgegebenen Jubiläumsschriften ist deshalb in dieser Hinsicht in der Regel kritisch zu begegnen.

Einer der Anlässe für dieses Kompendium war auch die unbefriedigende Archivlage dieser speziellen Literatur aus dem 19. Jahrhundert. Will man sich einen tieferen Einblick verschaffen, so ist ein beträchtlicher Zeitaufwand erforderlich. Die in mehreren Bibliotheken der Stadt deponierten Raritäten können verständlicherweise nicht kopiert und ausgeliehen werden. Mit dieser von der Hochschule der Künste Berlin geförderten Forschungsarbeit steht ein – diese Lücke ausfüllendes – Grundlagenmaterial für Architektur-, Stadtplanungs- und Bauingenieurstudenten zur Verfügung.

Ein anderes Anliegen war, der »Technikgeschichte« ein weiteres Beispiel hinzuzufügen, bei der nicht im Selbstzweck »Geschichte der Stadttechnik« entsteht, sondern Stadttechnik als Bestandteil von Städtebau beschrieben und gewertet wird. Diesem Gedanken entspricht ziemlich genau das »Städtebild« des Journalisten Otto Glagau von 1866 auf dem Buchumschlag, das noch vor der bis heute herrschenden »Arbeitsteilung« zwischen dem Hoch- und Tiefbau entstanden ist. Dazu gehört auch die Gegenüberstellung der Ansichten in Preußen und England zwischen 1830 und 1840 über das sanitärtechnische Ausstatten von Gebäuden und Stadt am Beispiel des »Landhaus«-Entwurfs von Beuth und des »model cottage«-Entwurfes bei Loudon.

Des weiteren interessierten die Fragen über gegenseitige Einflußnahmen. Stadttechnische Entwicklungen folgten in der Regel den oberirdisch städtebaulichen. Dennoch wurde Städtebau zu bestimmten Zeiten und an bestimmten Orten durch Stadttechnik entweder behindert oder gefördert. So sind die räumlich-baulichen Aktivitäten der 1860er Jahre im Norden und Süden vor den Stadttoren durch die von den Wasserwerken verweigerte Ausdehnung des Wasserrohrnetzes gebremst worden. Andererseits hielt 1874 Gräfin Döhna das »vierte Stockwerk« für Familienwohnungen innerhalb der Stadt dann noch für zulässig, »sobald Wasserleitungen auch in die höheren Stockwerke allgemein eingeführt sind«. Und in den 1890er wiederum durfte in den Vororten Berlins ein Grundstück an einer kanalisierten Straße (»1. Klasse«) im Vergleich zu einem an nicht regulierten Straßen immerhin um 25% dichter bebaut werden.

Methodisch habe ich mich für die Gliederung der Gesamtperiode des 19. Jhs. in relevante »Schichten« entschieden. Folgende Gründe führten zu der Abgrenzung der Gesamtperiode: Der Beginn fällt zufällig auf die Jahrhundertwende. Die für die kontinentalen Länder vorbildlichen gastechnischen Pioniertaten in England und die staatlich organisierte Umstellung der städtischen Beleuchtung in Berlin von Kerzen auf Rübsamöl durch eine Kompanie der preußischen Polizei, die 1804 neben dem Laternenbetrieb zusätzliche Aufgaben bei der Brandbekämpfung übernahm, waren dafür ausschlaggebende Ereignisse.

Gründe für das gewählte Ende der betrachteten Periode des 19. Jahrhunderts um 1910 sind:

– Der Zentralwasserplan Veitmeyers sowie der Entwässerungsplan Hobrechts waren realisiert und damit verlor die Stadttechnik im Städtebau an Dominanz zugunsten baukünstlerischer Inhalte;

– Die Einführung des Ferngas- und Fernstromtransports relativierte die bisherige Unmittelbarkeit zwischen den Verbrauchs- und den Produktionsorten;

– Der massenhafte Einzug von sanitär- und lichttechnischer Ausstattung in die Wohnungen begann;

– Die Meinung, daß »*spätestens seit 1910 dieser mögliche Städteumbau* (Städtebauausstellung Berlin, A.d.V.) *– teils verkehrstechnisch, teils sozialpolitisch begründet – die Phantasie der ›Städtebauer‹, Initiatoren einer neuen Disziplin (beschäftigt), die sich sowohl vom Ingenieurwesen als auch von der Architektur abzulösen beginnt.«* [Akademie der Künste 1995, S. 56]

Den Kollegen Prof. Dr. J. F. Geist und Dr. K. Kürvers danke ich für das Zurverfügungstellen der »Baualterskarten der geschlossenen Mietshausbebauung in Berlin« aus ihrem Werk »Das Berliner Mietshaus 1862–1945«. Auf dieser Grundlage konnten die Bestände der Berliner Wasser-, Abwasser-, Gas- und Stromversorgungen im städtebaulichen Zusammenhang in »Schichten« dargestellt werden. Mein Dank gilt Prof. Dr. S. Schulz, Prof. Dr. U. Ripke und B. Jankowski für die Gestaltung und Herstellung der Karten an der Technischen Fachhochschule Berlin. Weiter danke ich Dr. T. Löber für seinen Einsatz bei der Erstellung der Druckvorlagen.

Das Forschungsvorhaben »Stadttechnik im Städtebau Berlins« wurde finanziell von der Hochschule der Künste Berlin unterstützt, wofür ich mich beim Präsidenten und bei der Fakultät bedanke. Neben diesem ersten Band über die Stadttechnikanfänge im 19. Jahrhundert stehen Ergebnisse von Stadttechnikentwicklungen im Städtebau Berlins zwischen 1945 und 1999 im zweiten Band zur Verfügung.

Berlin, im Dezember 2000   Heinrich Tepasse

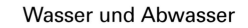

Wasser und Abwasser

1. Staatlich verordnete Trennung von Wasser und Abwasser (bis 1860)

Zusammenfassung

Eine Stadt zentral von ihren Abwässern zu befreien ist ungleich schwieriger und vor allem kostspieliger als dieselbe mit Wasser zu beliefern. Zu Beginn des 19. Jhs. wich man deshalb von dem Grundsatz – Wasserausläufe bedingen Wasserabläufe – in unterschiedlicher Weise ab. Der Bau von verfahrenstechnisch gleichartigen Zentralwasserversorgungen war in den großen Städten bis Mitte des Jahrhunderts abgeschlossen (Paris 1802, London 1808, Berlin 1856). Dagegen wurde über viele Jahrzehnte länger bei der Stadtentwässerung experimentiert, um zu langfristigen Lösungen zu gelangen.

In Berlin behandelte man die Entwässerungsfrage in Etappen: Auf eine jahrzehntelange Periode des Ignorierens folgte eine Dekade intensiver Diskussion (1860–70), um dann eine teilweise bis heute benutzte Jahrhundertlösung in einer relativ kurzen Zeit von 30 Jahren zu realisieren.

Diesen unterschiedlichen stadttechnischen Vorgehensweisen lagen ungleiche Voraussetzungen zugrunde: Die Vorschläge zur Milderung der Geruchsbelästigungen durch Rinnstein-Abwässer (Verdünnen / Spülen mit Wasser aus »Wasserstöcken«) sowie der damit möglichen besseren Brandbekämpfung waren generell und überall gleich gerichtet.

Welchen Beitrag die Komplementäre Wasser und Abwasser zu höheren Stufen der alltäglichen »Bequemlichkeit« innerhalb der Wohnungen und der Stadt zu leisten vermochten, ist aus der Gegenüberstellung der unterschiedlichen Ansichten von *J. C. Loudon, P. C. Beuth* und *A. L. Crelle* zwischen 1830–1850 erkennbar. Auffallend sind die komplexen Skizzen *Crelles* mit der in dieser Behandlungsbreite und -tiefe einmaligen Art des thematischen »Arbeitszusammenhangs« statt einer bereits damals beginnenden »Arbeitsteilung«.

Von *Crelles* Gesamtkonzept grundsätzlich abweichend, realisierte der Staat Preußen für die sich noch desinteressiert zeigende Stadt Berlin das modifizierte Konzept von *Baeyer/Blesson* zur alleinigen zentralen Wasserversorgung. Englische Unternehmer, Kapitalgeber und Ingenieure übernahmen 1852 die Aufgabe und verfolgten konsequent ihre schon bald erreichten Unternehmensziele.

Über 20 Jahre konnten nun die Berliner Rinnsteine spülen, Brände bekämpfen, auf Plätzen Wasserspiele in den Brunnen einrichten, bei Industrieproduktionen und in Haushalten »weiches« Wasser einsetzen und auf hygienisch »reines« Wasser vertrauen. Die fehlende Entwässerung trübte aber diesen stadttechnischen Entwicklungssprung, der Berlin nun für 20 Jahre »unter Abwasser setzte«.

1.1 Berlin im Zugzwang von Entwicklungen in London und Paris

Der preußische Minister für Handel, Gewerbe und öffentliche Angelegenheiten *von der Heydt*, vertreten durch seinen Polizeipräsidenten *Freiherr von Zedlitz-Neukirch*, beendete um 1860 die Zeit der Anspruchslosigkeit der Residenzstadt im Umgang mit den allmählich anschwellenden Abwasserströmen und deren Folgen bei der Straßenbenutzung in dem zur Groß- und Weltstadt sich entwickelnden Berlin. Was alle seit langem wußten, wurde nun in einer amtlichen Bestandsaufnahme öffentlich festgestellt und damit die seit Jahrzehnten bewußte Trennung zwischen Wasserversorgung und Abwasserbeseitigung aufgehoben [Wiebe 1861, S. 27 f.]:

– Die Inhalte der Abtritte faulten über Monate in unzureichend abgedeckten Gruben vor sich hin. Einer der Gründe dafür waren die zu hohen Abfuhrkosten, die in dem Maße gestiegen wie die landwirtschaftlichen Verwertungsgewinne wegen des Überangebots gesunken waren.

– Die Flüssigkeiten aus den undichten Gruben drangen in den Boden und verdarben in zunehmendem Maße die meist in der Nähe befindlichen Trinkwasserbrunnen.

– Die flüssigen Bestandteile aus den Gruben flossen über die Hauszungenrinnsteine in die Straßenrinnsteine, strömten mit zu geringer Geschwindigkeit über zu weite Strecken durch die Stadt in die Vorfluter, wobei dieser Zustand besonders bei niedrigem Wasserstand im Sommer besorgniserregend war.

Sowohl die ersten ungeordneten Straßenkanalbauten des bauwilligen Bürgertums, das südlich des Tiergartens in der Regenten-, Victoria- und Potsdamer Straße etwa 2.000 Meter Kanal- und Tonrohrleitungen hatte verlegen lassen, als auch der bereits einsetzende Anschlußboom an die Zentralwasserleitung der privaten Gesellschaft *Berlin Waterworks Compagny* (sie meldete 1859/60 ihren ersten Jahresgewinn seit Inbetriebnahme des ersten Wasserwerks am Stralauer Thor 1856) erforderten dringend städtische sowie staatliche Maßnahmen.

Trotz der ab Mitte der 1850er Jahre tiefer und breiter angelegten Rinnsteine und des seit 1853 in der Bauordnung von Berlin erlassenen Verbots der Einleitung von fäkalienhaltigen Abwässern aus Abtrittsgruben und water closets in öffentliche Wasserläufe, war eine erhoffte Verbesserung der Straßenbenutzung sowie eine Verringerung der Geruchsbelästigungen nicht eingetreten. Im Gegenteil: Die baulichen Rinnsteinveränderungen gefährdeten Fußgänger und Fuhrwerke, der Gestank nahm zu und die Wasserqualität der Flußläufe wurde immer bedenklicher.

Die Stadt war nach den revolutionären Ereignissen 1848/49, der seit 1845 andauernden wirtschaftlichen Krise in den Bereichen Agrar (Mißernten) und Industrie, nach der zur selben Zeit grassierenden Cholera-Epidemie, durch den Bau des dritten Gaswerks in der Müllerstraße und durch den in Form eines ruinösen Wettbewerbs geführten Preis-/ Mengenkampfes mit der privaten englischen Gasgesellschaft *Imperial Continental Gas Association (ICGA)* finanziell derart geschwächt – zudem aber auch nicht ernsthaft interessiert –, daß sie nicht in der Lage war, das Wagnis des Baus einer zentralen Stadtentwässerung einzugehen.

Das zögerliche Verhalten war verständlich, denn es herrschte in allen Großstädten Europas große Unsicherheit über das »richtige« Entwässerungsverfahren und über die zukünftig benötigten Anlagengrößen.

London beispielsweise, das bis in die 1870er Jahre prägende europäische Beispiel hinsichtlich großstädtischer *Salubrität*, hatte gerade in den Jahren 1856–58 nach einer heftigen Cholera-Epidemie die zweite Auflage seiner Stadtentwässerung erstellt (Abb. 1):

Die Sammelkanäle leiteten alle Arten von Abwässern einschließlich der durch mehr als 200.000 WC-Spülungen verdünnten Fäkalien (1856 sind etwa 90% der 300.000 Häuser und 2,8 Mio Einwohner mit Wasserleitungen versorgt [Wiebe 1861, S. 97]) nun nicht mehr auf dem kürzesten Weg innerhalb der Stadt in die Themse, sondern nach Plänen von *Joseph William Bazalgette* sammelten jetzt parallel zur Themse verlegte Abfangkanäle («main low level sewer«) die Abwässer, wurden dann von dampfbetriebenen Pumpen (bei West Ham im Norden und Deptford im Süden) in höher gelegene Parallel(«extensions«)-kanäle gepumpt und strömten mit natürlichem Gefälle bis weit vor die Stadt, um dann – wie vor 1856 – wieder unaufbereitet in die Themse zu fließen. Wenn auch dieses Prozeßende in mehreren Städten auf der britischen Insel bereits ökologisch sensibler behandelt wurde als in London, entschied man sich hier grundsätzlich für das »Weiterforttragen« der Schmutzwasserlasten.

Diesem Bau der südlichen und nördlichen Abfangkanäle entlang der Themse und den verlängerten Einleitungskanälen in die Themse war 1849 nach einer zehnjährigen Diskussionszeit eine »concurrenz« vorausgegangen, bei der 116 Entwürfe eingereicht wurden. [Wiebe 1861, S. 11] *Bazalgette* wurde vom Londoner Bauamt »Metropolitan Board of Works« beauftragt, aus den 116 Entwurfsideen den Plan »Main Drainage Metropolis« zu erstellen.

Sowohl die »northern / southern outfall sewer« (Abfangkanäle) als auch die Einleitungskanäle hinter den Pumpstationen (»Extension to Barking Creek / to Halfway Reach«) verbrachten nun die Schmutzwasserfrachten in Flußrichtung weit hinter der Stadt in die Themse. Damit waren vor allem die bei Ebbe entstehenden Geruchsbelästigungen behoben.

Erst 1887 – als in Berlin die Bewirtschaftung der Rieselfelder bereits finanzielle Erfolge verzeichnete dank der bis dahin sieben realisierten von zwölf geplanten *Hobrecht*schen Radialsysteme – realisierte man in London die dritte Stufe: Vor Einleitung der Abwässer in die Themse sorgten nun Absetzbecken für eine mechanisch-biologische und chemische Klärung.

Paris beispielsweise mühte sich um 1860 mit seinem zweiteiligen Entwässerungssystem, täuschte mit den lediglich zur Abführung des Straßenschmutzes, Regen- und Waschwassers sowie der Flüssigkeiten aus den Gebäudeabtritten unterirdisch installierten, für Spitzen-Regenmengen ausgelegten und damit überdimensionierten *collecteurs d'égouts*, Großartiges vor. (Abb. 2, 3) Davon gab es 1855 mehr als 160 Kanal-Kilometer. Deren Spülungen mit aufwendig kanalisiertem Wasser des Ourcq vom Foret de Bondy und zusätzlich erforderlicher Untertage-Reinigungsarbeit von Menschen und Maschinen wurden von Besuchern aus aller Welt bestaunt. (vgl. Memoires du Baron Haussmann 1853–1870). Damals wie heute erfüllte es die Stadtväter von Paris mit Stolz: Ein Prospekt des Bürgermeisters von Paris lädt z. B. 1986 ein, *les égouts* von Paris zu besichtigen, der Eintritt in den städtischen Souterrain am Rande des vornehmen Quai d'Orsay am Place de la Résistance, die Führung für eine Gebühr von 8 Franc je Person, ermäßigt für Schulgruppen, Angehörige aller öffentlichen Dienste, Literaten oder

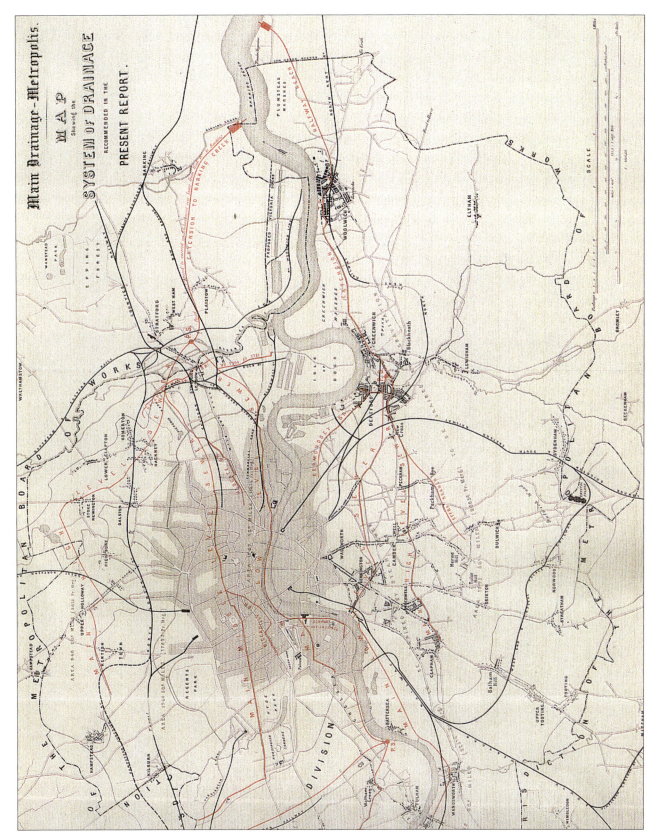

Abb. 1 London: »Main Drainage – Metropolis« 1861, Generalplan für »Southern outfall works«

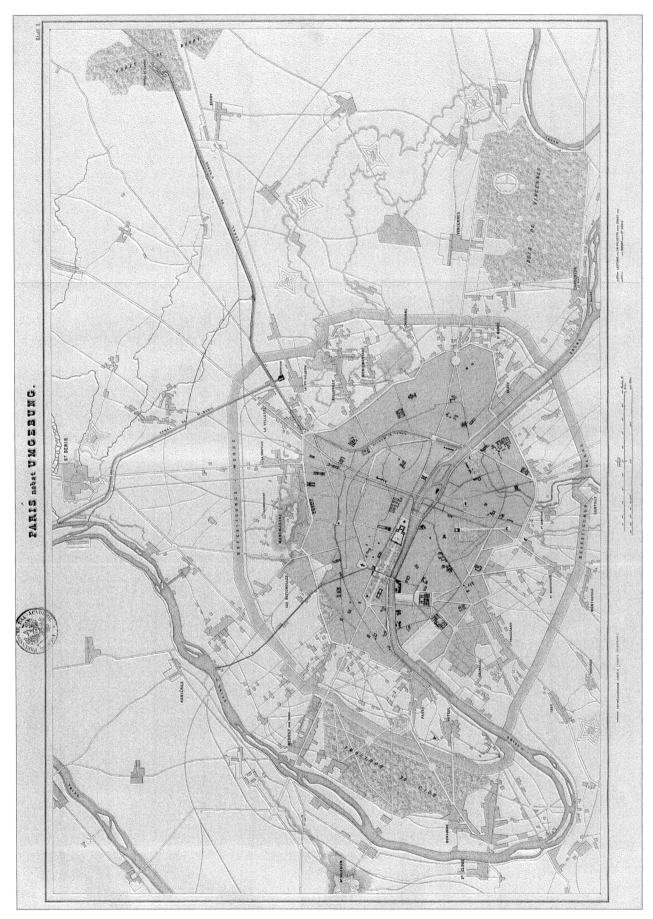

Abb. 2   Paris: »systeme collekteurs d'égouts« 1861

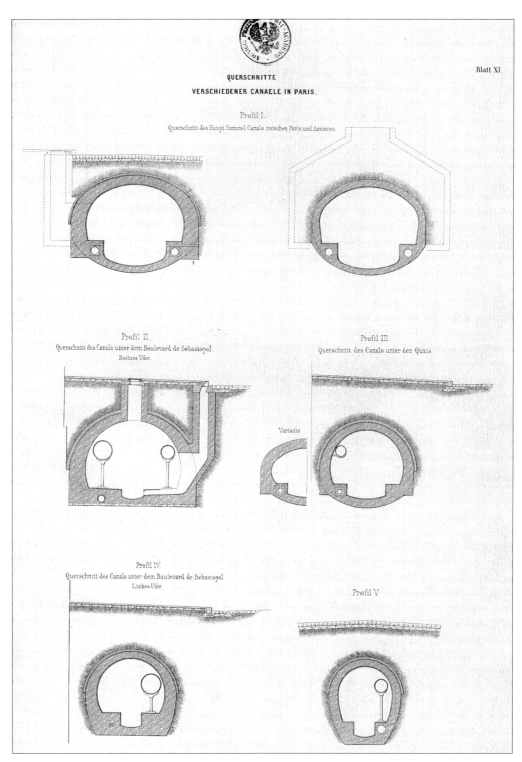

Abb. 3
Paris: Kanalquerschnitte

Wissenschaftler. Mitte der 1990er Jahre sind diese unterirdischen Stadträume museal aufbereitet, in denen Touristen die Kanalisationsgeschichte vom Mittelalter an in Galerien besichtigen können.

Eugène Belgrand, der sich als Wasser- und Abwasser-Direktor und Mitglied des Brücken-/Straßen-Instituts um »Les Travaux souterrains de Paris« kümmerte, plante und baute in Paris um 1860 – wie in London – Abfangkanäle, die das Einleiten der Abwässer (in Paris jedoch ohne Fäkalien-Feststoffe) in die Seine innerhalb der Stadt

beendeten: Vom Place de la Concorde aus führte ein Sammler mit einem inneren Radius um vier (!) Meter die Abwässer 20 Kilometer westlich bei Asnières – wieder ohne Aufbereitung – in die Seine. Über diesen *»schlechten Kanalbau«* ärgerte sich 1884 *J. Hobrecht,* weil man in diese Kanäle *»stets Alles los zu werden erhoffte (...), dessen man sich für den Augenblick entledigen will (...).«* [Hobrecht 1884, S. 7]

Das eigentliche Problem der Stadtentwässerung – die Beseitigung der Exkremente von etwa 1,7 Millionen Ein-

Abb. 4
»Wasserpfosten«,
Wasserbottiche,
Wasserträgerin um
1830 vor der Münze

wohnern in Paris – löste man durch Abfuhr der Fäkalien in Tonnen auf Fuhrwerken zur ersten Zwischenlagerung in La Vilette, von da aus per Pumpenkraft in Rohrleitungen nach Bondy. In den dort angelegten Großgruben trennte man den Gesamtinhalt in »Flüssiges«, das bei St. Denis ungeklärt in die Seine floß, und in »Festes«, das den Weg auf Fuhrwerken zum Düngen der umliegenden Felder antrat. Die Besichtigung dieses Abschnitts der eigentlichen großstädtischen Entwässerungsaufgabe stand damals und steht heute verständlicherweise nicht auf dem Programm von den die *les égouts* besichtigenden Besuchern der Stadt Paris. (Abb. 2)

Dieses aufwendige, zweiteilige Entwässerungsverfahren behinderte für lange Zeit die Einführung der Schwemmkanalisation auf der Grundlage von WC-Spülungen sowie die Abwasserverwertung durch Feldberieselung. Obwohl die Diskussion auch in Paris in den 1860er Jahren geführt wurde, konnte die Berieselungswirtschaft und die Schwemmkanalisation (WC ab 1894 Vorschrift) erst ab Mitte der 1890er Jahre realisiert werden.

Diese Beispiele, wegen der unterschiedlichen Voraussetzungen (Einwohnerentwicklung, Lage und Größe der Flüsse, Bodenbeschaffenheit, Geschichte und Bestand an städtischen Anlagen, usw.) problematisch im Vergleich, allein werden genügen, um sich die Unsicherheit der Entscheidenden in Berlin vorstellen zu können. Eine diese Unsicherheit fördernde Entwicklung stellte vor allem die zu erwartende Einwohnerzahl dar, der Zuzug von Landarbeitern und Handwerkern nach Berlin. Die Wachstumsrate der Einwohnerzahlen näherte sich 5 % im Jahr – bezogen auf eine 20-Jahresperiode. Die Tabelle zeigt die Entwicklung der Periodensprünge, in denen sich die Einwohnerzahlen Berlins verdoppelt haben:

Jahr	Einwohner	Verdopplung in … Jahren
1740	100.000	—
1820	200.000	80
1847	400.000	27
1871	800.000	24
1890	1.600.000	19

Bevölkerungsentwicklung Berlins in 100 %-Sprüngen
[Dietrich 1981, S. 169 f.]

Diese Unsicherheit beim Ansatz des Größenbedarfs von großstädtischen Anlagen, eine Zeitdauer von 30 bis 50 Jahren durch Planungs-, Realisierungs- und durch »Wiederbeschaffungszeiten der Herstellungskosten«, war damals und ist heute vorhanden. Erdrückend werden Verantwortungslasten aber dann, wenn die Zeitdauer für die Verdopplung des Versorgungsumfangs (Einwohnerzahlen) mit etwa 20 Jahren wesentlich kleiner ist als die erforderliche »betriebswirtschaftliche Nutzungsdauer« für stadttechnische Großanlagen mit mindestens 40 Jahren.

Daß trotz dieser Gemengelage Durchgreifendes im Bereich Stadtentwässerung geschehen sollte, beweist der 1859 erteilte Auftrag des Handelsministers *von der Heydt* an *James Hobrecht*, die Umgebung Berlins zur Erstellung eines Bebauungsplans zu vermessen und dabei auch die Bedingungen für eine Stadtentwässerungsanlage zu klären.

Derselbe Handelsminister stellte ein Jahr später Geldmittel für Vorarbeiten zur Verfügung und beauftragte den Geheimen Oberbaurath *Eduard Wiebe*, über den Betrieb der Anlagen in Paris, London, Edinburgh, Hamburg und

Abb. 5
Wasserträgerin, Verlegen von Bordsteinen, Straßenrinnen oder Gasrohren um 1830 auf der Mohrenbrücke

in anderen Städten Erfahrungen zu sammeln. Die Reisegesellschaft bestand neben *Wiebe* aus dem mit der Ausarbeitung des Bebauungsplans zur Stadterweiterung beschäftigten Baumeister *James Hobrecht* und dem mit dem Maschinenwesen vertrauten Civil-Ingenieur *Ludwig Alexander Veit-Meyer*. Die sich desinteressiert zeigenden Vertreter der Stadt lehnten es ab, ihrerseits einen Abgeordneten in diese Kommission zu entsenden [Wiebe 1861, S. 33]. Vielleicht war diese Verweigerung ein entscheidender Anlaß für den nach Ansicht von *Hobrecht* nun beginnenden jahrzehntelangen »Streit und Kampf um die richtige Methode zur Reinigung der Stadt Berlin« [Schultz 1881, S. 1].

Der Handelsminister aber traf mit dieser Besetzung eine für Berlin weitreichende, überaus glückliche Entscheidung: *Veit-Meyer* (spätere Schreibweise *Veitmeyer*) entwarf 1868/69 ein heute weniger bekanntes ingeniöses Wasserversorgungskonzept, das in seinen Grundzügen bis heute Bestand hat; *Hobrecht* entwarf und baute die bekanntere und im europäischen Vergleich hervorragende Berliner Stadtentwässerungsanlage, deren Netzstrukturen wir ebenfalls heute noch nahezu vollständig benutzen.

Wie wichtig die fachlich interessierte Öffentlichkeit die Fragen zur Stadtbewässerung und -entwässerung in Berlin nahm, zeigt die Ausschreibung einer Preisaufgabe in der Sparte »Wasser- und Maschinenbau« des *Architektenvereins zu Berlin* im Jahre 1860 anläßlich des 1861 geplanten *Schinkel*-Festes [Wiebe 1861, S. 31] unter der Vorgabe folgender Wettbewerbsbedingungen:

Es sollte die Entwässerung der auf dem linken Ufer der Spree liegenden Stadtteile entworfen werden, die Ausmündung der Kanäle in die Spree in der »*Gegend der Zelte*«; unterirdische Kanäle mit Spülung, geeignet zur

Aufnahme des Regen-, Wirtschaftsabwasser und der Abwässer aus dem Betrieb der water closets; die Sinkstoffe sollten vor Einleitung in die Spree zurückgehalten werden; bedingt durch das Kanalgefälle sollten Schöpfmaschinen das niedriger als Spreewasserstand ankommende Abwasser vor der Einleitung in die Spree heben (die Vorgaben geben exakt die 1842 veröffentlichten Vorschläge von *Crelle* wieder, vgl. Kap. 1.6). Der Bauführer *H. Zimmermann* aus Elbing erhielt für seine eingereichten Arbeiten den ersten Preis – gebaut worden ist die Anlage nicht.

Dem um die 1860er Jahre aufkommenden Interesse an der Reinigungs- und Bewässerungsfrage für die Stadt Berlin – bedingt durch akute Mängel im städtischen Alltag einerseits und durch die Ausstrahlung der gerade realisierten Renommierprojekte in London, Paris und Hamburg (Zentralwasserversorgung seit 1833 und nach dem Brand 1842 entwarf und baute *William Lindley* die zentrale Stadtentwässerungsanlage) andererseits – gingen aber Jahrzehnte völliger Bedürfnislosigkeit der Berliner voraus.

Das für das Wohnen erforderliche Wasser zum Trinken, Kochen und Waschen wurde zu Beginn des 19. Jahrhunderts in Berlin per Muskelkraft über Handschwengel-, Druck-/Saugpumpen mit einer in den Sandboden gerammten Rohrfilterstrecke aus 3 bis 10 Metern tief liegenden Grundwasserschichten gefördert, in Eimern gefüllt und in die Stockwerke getragen. Für die alltäglichen Vorgänge schöpfte man aus den Eimern das Wasser solange der Vorrat reichte, bis das Pumpen und Schleppen an den Rohrbrunnen entweder auf dem Gebäudehof oder weiter entfernt an der Straße wiederholt werden mußte. (Abb. 4, 5)

Zu dieser Zeit gab es ein paar Hundert Hof- und Straßenbrunnen, 1856 zu Beginn der zentralen Wasserversorgung 1856 waren es bereits über 900, die von 1851 an
der militärisch organisierten Berliner Berufsfeuerwehr
das Löschwasser in Brandfällen besorgten. Nicht weniger bedeutend: Bis zur Motorisierung dienten sie den
Pferden als Tränke. Das Tränkebecken ist die heute noch
vorhandene muldenartige Vertiefung in der Granitfuß-
platte bei den Straßenpumpen. [BusB 1896, S. 38 ff.]

Die 1990 in Berlin (West) registrierten, mit Bundes-
und Landesmitteln sanierten 1.318 Straßenbrunnen sind
heute noch verplantes Straßenmobiliar für die »Notversorgung der Bevölkerung mit Trinkwasser«, weil sich die
Straßenbrunnen »(...) während und am Ende des 2. Weltkriegs bei der Notversorgung der Bevölkerung in der von
zahlreichen Bombenangriffen heimgesuchten und heftig
umkämpften ehemaligen Reichshauptstadt mit dem le-
bensnotwendigen Trinkwasser bestens bewährt (haben)«
[BuMilnnern 1981, S. 2].

Zurück zum Anfang des 19. Jahrhunderts, zum be-
schwerlichen Alltag der Wasserversorgung aus Haus-
und Straßenbrunnen, so wie es *Henry Gill*, Verfasser der
1857 erschienenen Werbeschrift der *Berliner Wasserwerke*, schilderte, der sich in seiner Eigenschaft als Betriebsdirektor um die ausbleibenden Wasserkunden sorgte
und den desinteressierten Berlinern die »*Bedeutung* (des
neuen Wasserwerks, A.d.V.) *für die Häuslichkeit und das
Familienwohl*« ans Herz legte: »*daß Berlin zwar, der Quan-
tität nach, hinlänglich mit Wasser versorgt, daß aber
schon die Art, wie die Bewohner dieses Wasser in ihre
Behausungen schaffen müssen, eine den Verhältnissen
einer großen Stadt durchaus nicht angemessene, daß sie
nachtheilig für die Gesundheit, kostspielig für den Haushalt, störend für die Ruhe und den Anstand des Famili-
enlebens ist.*« [Gill 1857, S. 10].

Und weiter mit dem Beispiel Hamburg: »*In Hamburg
würden die Leute nicht wenig entrüstet und verwundert
sein, wenn man ihnen plötzlich zumuthen wollte, daß sie
das Wasser, dessen sie in ihrer Häuslichkeit bedürfen,
Tag für Tag und Stunde für Stunde erst vom Hofe oder
von der Straße holen und dann von hier aus über steile
Treppen hinweg in die oberen Etagen schleppen müßten.*« [S. 11]

Tatsächlich ist aus keinem uns zugänglichen Zeitdokument von nicht ausreichender Wasserquantität die
Rede, für viele Autoren der entscheidende Grund dafür,
daß die Berliner keinen Bedarf für eine zentrale Wasserversorgung entwickeln mußten, waren sie sich doch der
günstigen Grundwasserbedingungen als Anrainer des
»Warschauer-Berliner-Urstromtales« immer bewußt.

Warum entschlossen sich dann doch die preußischen
Ministerien, Berlin aus einem zentralen Rohrnetz mit
Trinkwasser zu versorgen? Lassen wir die über ihre Stadt-
grenzen bis nach Berlin wirkenden Beispiele aus z. B. Lon-
don, Paris, Hamburg und Breslau sowie die treibenden
Kräfte der in Wassergeschäften erfahrenen englischen

Unternehmer im Verbund mit den in Eisenbahngeschäf-
ten wachsenden Berliner Maschinenbauunternehmen
wegen des immer anzweifelbaren Ursache-/Wirkungsbe-
weises außer acht, so verbleiben drei bemerkenswerte
Ziele, wobei die Rangfolge die Gewichtung wiedergeben
soll:

– Eine wirksamere Spülung der Rinnsteine sollte
  erreicht werden, auf direktem Wege durch Straßenhy-
  dranten und indirekt durch den vermehrten Wasserverbrauch in den Wohnungen (Kap. 1.5);
– Das Brunnen-Grundwasser sollte ersetzt werden, dessen Qualität sich zunehmend verschlechterte aufgrund des »Kurzschlusses« zwischen Abwasser und
  Grundwasser und der hier relativ hohen Wasserhärte,
  die sich als nachteilig für die häusliche und industrielle Wirtschaft herausstellte (Kap. 1.4);
– Ein Beitrag zur »Bequemlichkeit« im Wohnungsalltag
  sollte erzielt werden (Kap. 1.2 und 1.3).

Die folgenden Erörterungen beginnen – in umgekehrter
Reihenfolge – mit dem damals wünschenswerten Beitrag
der zentralen Wasserversorgung zur »Bequemlichkeit«
im Alltag.

1.2 Ansichten über »Bequemlichkeit« bei *Loudon* und *Beuth*

Sanitärer »*comfort*« wurde zu Anfang des 19. Jahrhunderts ausschließlich aus England und Schottland importiert. Die Geschäfte der waterlords mit zentralorganisier-
ten Wasserlieferungen liefen gut seit dem 17. Jahrhundert. Das älteste Wasserlieferungsunternehmen *London
Bridge Waterworks*, gegründet von dem Niederländer
Peter Morrys, verteilte das Themsewasser bis in die höher gelegenen Häuser und Wohnungen. Die Förderarbeit
in den Rohrnetzen besorgte ein mit Fließdruck des Them-
sewassers angetriebenes Wasserradpumpwerk nahe der
Tower Bridge. Dieses und dazu noch sieben weitere private Wasserunternehmen besaßen bis ins 20. Jahrhundert (in Berlin nur bis 1874) die alleinigen Rechte, London
mit Wasser zu versorgen und darüber hinaus das Recht,
Versorgungsumfänge, Mengen und Preise selbst zu bestimmen. 1902 ließen sie sich aus der Gemeindekasse
entschädigen, die staatlich-kommunale *Metropolitian Water Board* beendete die von Privaten beherrschte Was-
serbelieferungsperiode von fast drei Jahrhunderten.

Die ersten umfänglichen Berichte über derartige Inhalte großstädtischen Lebens in Preußen findet man in
den »Verhandlungen« des »*Vereins zur Beförderung des
Gewerbefleißes in Preußen*«. Zwei Jahre nach Erschei-
nungsbeginn der »Verhandlungen« berichtete 1824 der
Vereinsvorsitzende *Peter Christian Beuth*, ansonsten in
Staatsdiensten mit Steuer- und Gewerbeordnungen beschäftigt, von der ein Jahr vorher stattgefundenen Besichtigung der zentralen Wasserversorgungsanlage von

Edinburgh. Sein Bericht war dem »Wasserbehälter von Glencorse« gewidmet, einem neuen, wichtigen Glied der Gesamtanlage, über die *Beuth* anmerkte: Zur »*Vergrößerung von Edinburgh und die Gewöhnung an die Bequemlichkeit, Druckwasser in den Häusern zu haben, machte die Anlage neuer Werke zu diesem Behufe nöthig.*« [Verhandlungen 1824, S. 111]. Baumeister *James Jardine* hatte in einer Schlucht der Pentlandberge einen natürlichen Wasserbehälter gebaut, in den Gebirgswasser floß und der damit als Trinkwasserspeicher diente. Über »*eiserne Röhren*« strömte das Wasser mit der Kraft der statischen Druckhöhe in die Häuser und Wohnungen Edinburghs.

Dieses beobachtete 1823 *Beuth* mit Hochachtung der Wasserbaukunst gegenüber und sicher auch wieder 1826 auf seiner Reise zusammen mit seinem Freund *Karl Friedrich Schinkel*.

Von einer im Raum Berlin ersten um 1825 errichteten Anlage der Wasserbaukunst zur Bewässerung innerhalb der Potsdamer Gärten auf der vom königlichen Gartenbaudirektor *Peter Joseph Lenné* betreuten Pfaueninsel ist zu berichten [Verwaltung 1989]:

Eine dampfbetriebene Pumpenanlage aus England hob das Havelwasser in einen 26 m höher gelegenen Speicher, von wo aus das Wasser über ein Fontänenspiel und einen »*Gebirgsbach*«, über ein Rohrsystem zu dem Speicherbrunnen im »*Rosengarten*« floß, aus dem das Wasser zur Bewässerung dann geschöpft wurde. Bis 1834 erweiterte sich das Verteilnetz auf 1.635 laufende Meter Tonrohre, die aus der Fabrik des Oberpfälzers *Tobias Christoph Feilner* kamen, der zu dieser Zeit in den »Verhandlungen« um die Verbreitung seines nach neusten Erkenntnissen der Feuerungskunst konzipierten »*Sparofens*«, dem Vorgänger des Berliner Kachelgrundofens, warb. Ab 1834 werden Tonrohre allmählich durch Gußrohre ersetzt. Netzführung und Anlagendetails sind in dem von *Schadow* aufgestellten Bestandsplan um 1840 zu erkennen. [Ausstellung im Vestibul des Kavaliershauses auf der Pfaueninsel] Die Verwendung der hier eingesetzten fortschrittlichen Rohrmaterialien (Ton-, Gußrohre) ist deshalb bemerkenswert, weil bis Mitte des 19. Jhs. Holzrohre aus Kiefernstämmen mit Verbindungsstücken aus Blei im Raum Berlin verbreitet waren. [Bärthel 1997, S. 36 f.]

Um diese von *Beuth* in Edinburgh erfahrene Bequemlichkeit, »*Druckwasser in den Häusern zu haben*«, auch in Berlin einführen zu können, bediente man sich vorläufig der dezentralen, hauseigenen Wasserversorgungsanlage. An die Realisierung eines zentralen Stadtsystems dachte der Gewerbeförderer *Beuth* nicht einmal zu Anfang der 1840er Jahre – nur noch eine Dekade vor der tatsächlichen Einführung. Der 1844 erstellte *Landhaus-Entwurf für eine Familie* in den Vorlageblättern für Baumeister [Beuth 1844/51] zeigt mit Blick auf sanitäre Entwicklungen Bemerkenswertes (Abb. 6, 7, 8, 9). Die Einzelheiten und deren Bedeutung für die wohnungstechnische Ent-

wicklung in Preußen werden im folgenden in der reizvollen Gegenüberstellung mit der englischen Bestandsaufnahme, der »Encyclopaedia of cottage, farm and villa Architecture und furniture« von *J. C. Loudon* erörtert. Die erste, in London erschienene Auflage von 1833 (die zweite Auflage von 1842) müßte *Beuth* als Basisliteratur zur Verfügung gestanden haben:

(1) Das hoch zwischen Wohngeschoß und Belvedere liegende Wasserreservoir (Abb. 6, »Durchschnitt nach AB« bei »c«), das teils mit Brunnenwasser (gefördert von der im Souterrain installierten handbetriebenen Pumpe), teils von dem – über ein Röhrensystem von den Dachrinnen zufließenden – Regenwasser gefüllt werden sollte, entsprach prinzipiell englischem Standard. Dort aber mit einem Speichervolumen von etwa 300 bis 500 Litern, dem durchschnittlichen Tageswasserbedarf einer vier- bis fünfköpfigen Familie.

Drei Gründe waren ausschlaggebend für die Einrichtung von Hauswasserspeichern:

a) Mit seiner statischen Druckhöhe deckte er den Druckbedarf, der aus Strömungsverlusten durch Rohrreibung und in Armaturen beim Durchfließen entsteht.

b) Er gestattete, die Zentralanlagen nach dem durchschnittlichen, nicht nach dem maximalen Wasserbedarf der zu versorgenden Region auszulegen. Die Spitzenbedarfsmengen lieferten in diesem Fall die Hausspeicher und

c) der für die älteren Anlagen in London, Hamburg wichtigste Grund: Die Zentralanlagen versorgten nur zu bestimmten Zeiten des Tages einzelne Stadtbezirke nach dem Prinzip des »periodical supply«. Dadurch war die Höhe des Wasserbedarfs um ein Vielfaches zu senken, ein heute im Energiebereich (Strom) wieder diskutiertes Verfahren zur wirksamen Senkung des Spitzenstrombedarfs und der Folge, dadurch auf den Zubau von Spitzenlastkraftwerken verzichten zu können.

Vergleichbare Wasserversorgungsanlagen mit Hausspeichern wurden in der »Bürgerhof-Wohnanlage« nach dem Brand 1842 in Hamburg gebaut, initiiert von dem Kreis um den Stadtsyndikus *Sieveking* [Brix 1911, S. 415]. Noch Anfang des Jahrhunderts berichtete *Hermann Muthesius* in »Das englische Haus« über die unentbehrlichen »*Hauswasserbehälter*«, die in England »*fast stets aus genietetem Schmiedeeisen hergestellt und nach Herstellung im ganzen verzinkt, seltener sind Behälter aus Schiefer oder solche aus gebranntem Ton, die aber als die besseren gelten.*« [Muthesius 1904, S. 215]

Auch die »*models cottages*« von *J. C. Loudon* basierten auf diesem System der Speicherung, das – wie bereits geschildert – mit Regenwasser und Brunnenwasser über eine Pumpe gefüllt werden konnte. In diesem Fall waren aber die Behälter (300–500 l) wesentlich kleiner als bei *Beuths* Landhausentwurf: Hier wurde ein Speicherinhalt von etwa 5.000 (!) Litern vorgesehen, damit war die vorgesehene Versorgung von sieben Personen (fünf Familienmitglieder plus zwei Dienstpersonen) für mindestens eine Woche möglich. Die über fünf Tonnen

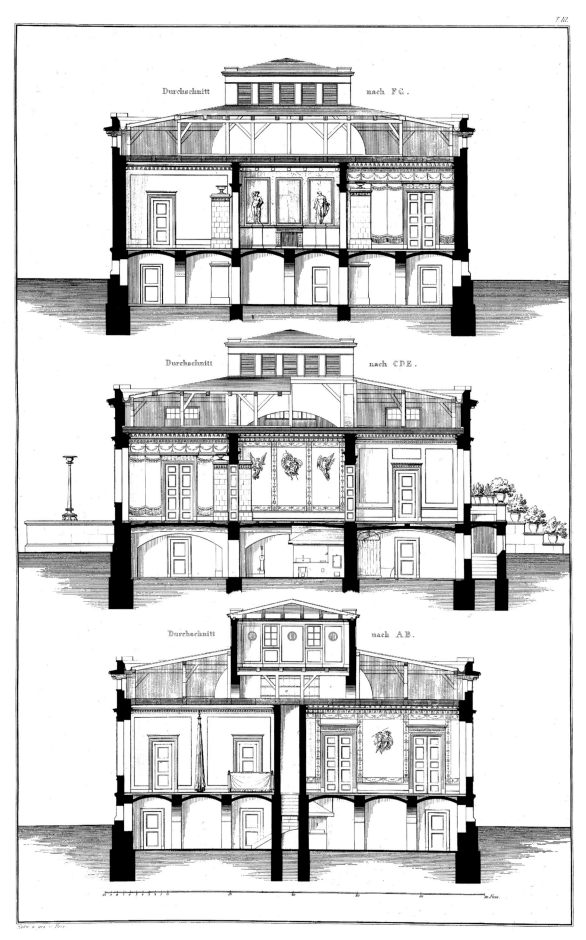

Abb. 6   Beuth 1844: Wasserreservoir »c« in Durchschnitt nach AB, »Landhausentwurf«

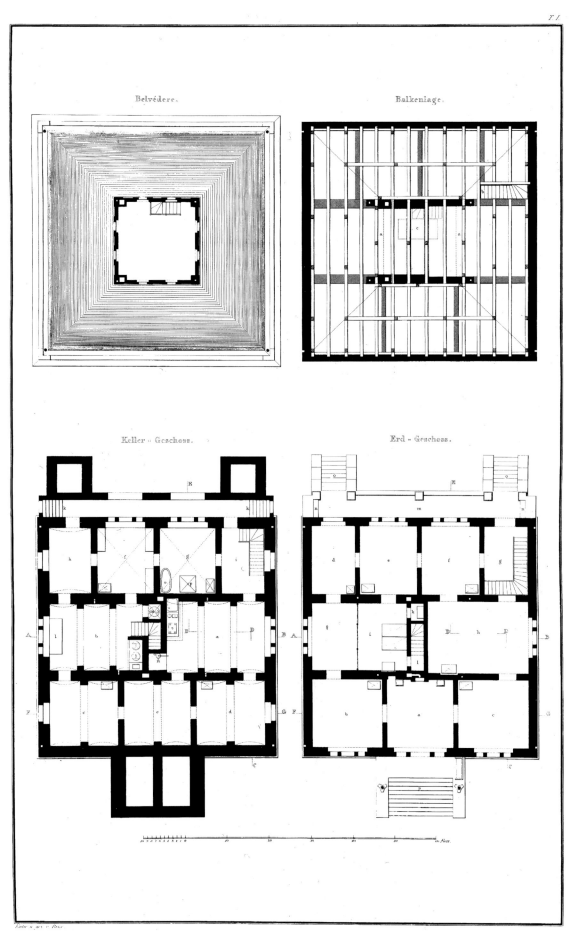

Abb. 7   Beuth 1844: Grundrisse

schwere Last wurde über Wände und Fundamente des Treppenhauskerns abgetragen.

(2) Der Vergleich der Pumpen für die Wasserförderung in den Landhausentwürfen von *Loudon* und *Beuth* bietet Raum für Bewertungsspiele – auch bei zugegebenermaßen ungleichen Voraussetzungen, denn *Loudons* Angebot ist von 1833, sein Landhaus steht auf dem Lande in Dörfern und nicht in der Stadt und – frei übersetzt aus dem Vorwort – in solchen Wohnungen *sollte* jeder Arbeiter, *kann* jeder Edelmann leben [S. 8]. Dieser cottage-Typ, Einzel- und Reihenhäuser mit kleinen Gärten und Tierställen werden zu dieser Zeit auch im Ruhrgebiet und anderswo von sozial engagierten Unternehmern (z. B. Werkswohnungen von A. Krupp in Essen oder C.F. Stumm im Saarland) gebaut. Dagegen stammten *Beuths* und seiner Mitverfasser Entwurfsideen aus den 1840er Jahren, der städtische Standort ist ablesbar und an anderer Stelle nachgewiesen. Für Berliner Arbeiterfamilien war dieses Landhaus aber sicher nicht erdacht. Die Abb. 8, 9 und 10 geben eindrücklich den verschieden hohen Aufwand wieder, mit dem z. B. in England – einem Landhaus angemessen – Brunnenwasser von den Zisternen (Abb. 10, Nr. (8)) entweder direkt über den Auslaufhahn (Nr. (9) und (10)) gebraucht oder aufwärts gefördert werden konnte in den höher liegenden Speicher, z. B. hier der Spülkasten für die WC-Spülung (Nr. (13)). Diese Arbeit erbrachte eine Rotationspumpe, deren Rotorteil von einer handbetätigten Kurbel in Drehbewegung gebracht werden konnte, damit auf der Saugseite ein Vakuum durch die an der Gehäusewandung entlang streichenden lederbelegten Schaufeln erzeugt wurde. Die Pumpe konnte Saug- und Druckaufgaben übernehmen, war »*kinderleicht zu bedienen*«, benötigte wenig Installationsraum und bestand – von der Skizze her beurteilt – aus einfachen, wartungs- und reparaturfreundlichen Konstruktionen. Ganz ähnlich gebaut und funktionierten die auch im Raum Berlin verbreiteten größeren Holzpumpen, ausgestattet mit Holzkolben an schmiedeeisernen Zugstangen befestigt. Um den Holzkolben herum lag eine luftabdichtende Ledermanschatte. [Bärthel 1997, S. 36]

Das Pumpenmuster bei *Beuth* (Abb. 9), das von dem Königlichen Fabriken-Commissionsrath *Brix* (seit 1832 schreibendes Mitglied des *Vereins zur Beförderung des Gewerbefleisses in Preußen*, nicht zu verwechseln mit Joseph Brix) dem Herausgeber *Beuth* »*mitgeteilt*« wurde, war ein doppelkolbiges Saug- und Hebewerk ohne Bodenventil, ein für diese Zeit bemerkenswertes Maschinenbauprodukt. Diese Pumpe war eines der unter »*Erzeugnisse des Maschinenbaus*« im 1846 veröffentlichten »Amtlichen Bericht über die allgemeine Deutsche Gewerbe-Ausstellung zu Berlin im Jahre 1844« – im vom Kriegsminister eigens für diesen Zweck entleerten Zeughaus – ausgestellten Stücke der Firma *August Borsig*, das »*zunächst für den häuslichen Gebrauch eingerichtet (war); konnte aber auch als Spritze* (für die Brandbekämpfung, A.d.V.) *benutzt werden.*« [Gewerbeaustel-

lung 1844, S. 482]. Weiter auf S. 481 zur Arbeitsweise: »*Das Prinzip dieser Pumpe besteht darin, eine doppelte Wirkung , oder eine stets gleichbleibende Arbeit dadurch zu erzeugen, daß zwei durchbohrte, mit Scheibenventilen versehene Kolben in dem selben Stiefel übereinander, jedoch an zwei verschiedenen, resp. in- und durcheinander gehenden, Stangen befestigt sind, so daß beide Kolben sich stets einander entgegengesetzt bewegen. (...) Die Weite des Stiefels betrug dreieinhalb Zoll, die Hubhöhe jedes Kolbens sechs Zoll; Preis 150 Rthlr.*«

Löst man sich von der Maßstabsvorgabe, so ist mit wenig Phantasie das Modell einer Pumpe auf einem Feuerwehrspritzenwagen der damaligen Zeit erkennbar. Der Aufwand z. B. an geflanschten Verbindungen für den Einsatz in einem Landhaus – und dort lediglich zum Füllen eines Hochbehälters mit Wasser für einen Familienhaushalt – war unverhältnismäßig hoch.

Dieses Mißverhältnis zwischen der Aufgabe und dem dafür vorgesehenen Mittel könnte als der Beginn für die heute fast völlige Trennung der Verantwortungen für den architektonischen Entwurf und für die technische Aus- und Nachrüstung von Gebäude angesehen werden. Diese These entsteht beim Studium der Fassaden und Schnitte zum Landhausentwurf auf der einen und der technischen Zeichnungen über die Anlagen und Gegenstände auf der anderen Seite. Beide Seiten separieren sich, was bei den mit weniger darstellungstechnischer Finesse gebotenen Skizzen und Zeichnungen bei *Loudon* nicht empfunden wurde. Das Aufteilen des Gesamts in einzelne Disziplinen war zu dieser Zeit in vollem Gange: »(...) seit den 1840er Jahren werden die Fachgesellschaften für die einzelnen Disziplinen (Jahreskongresse der »Versammlung deutscher Naturforscher und Ärzte«, A.d.V.) gegründet. Hier kann man den Prozeß der Spezialisierung und der strengen Verwissenschaftlichung verfolgen«. [Nipperdey 1983, S. 447]

(3) Die Gegenüberstellung sanitärer Angebote zum Abbau der Unbequemlichkeiten bei *Loudon* und *Beuth* schließt mit der Betrachtung des »*heimlichen Ortes*«. Die »*WC*«-Anlage bei *Beuth* (Abb. 8) bedient sich zweier Ebenen: Die Sitzgelegenheit befand sich im Erdgeschoß, die Tonne im Kellergeschoß, die mit zeitgemäßen Annahmen die fäkalienhaltige Schmutzwassermengen von 3 bis 4 Tagen aufnehmen konnte – je nach dem, ob die Dienerschaft auch das nur vom Eltern-Schlafzimmer aus zu betretene WC benutzen durfte. Damit wurde ein- bis zweimaliges Abfahren und Austauschen der Tonne je Woche erforderlich. Die Einrichtung der Tonnenabfuhr ist ein Beweis für den Landhausstandort innerhalb der Stadtgrenzen, denn außerhalb waren – wie bei *Loudon* zu sehen – Dunggruben, fest mit dem Baukörper verbunden, vorgesehen, deren Inhalt auf dem anliegenden Garten- oder Ackerland zur Düngung diente.

Es handelte sich hier um transportable, austauschfähige Behältnisse, die gegenüber den in Berlin sonst üblichen gemauerten Abtrittsgruben und damit verbunde-

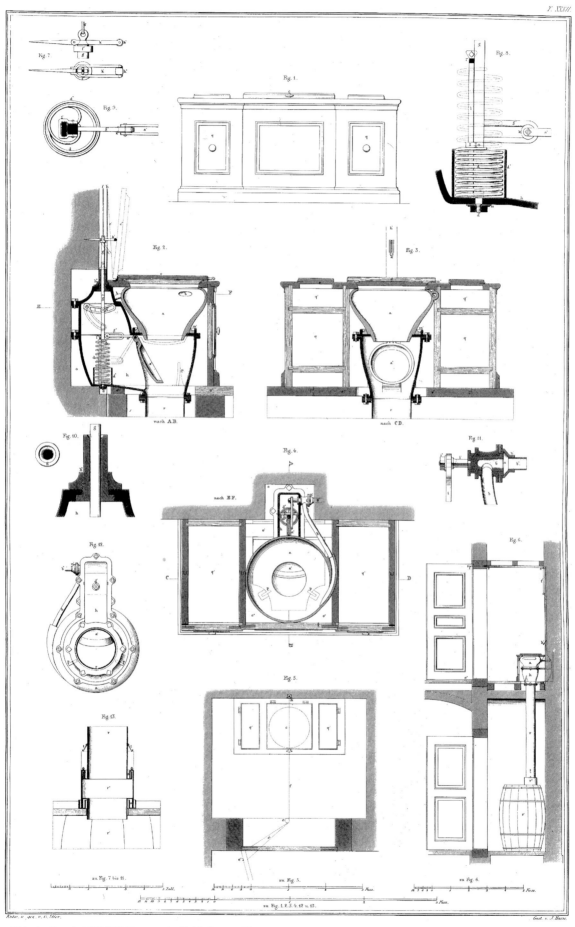

Abb. 8   Beuth 1844: WC-Raum mit »Heidelberger Tonne«

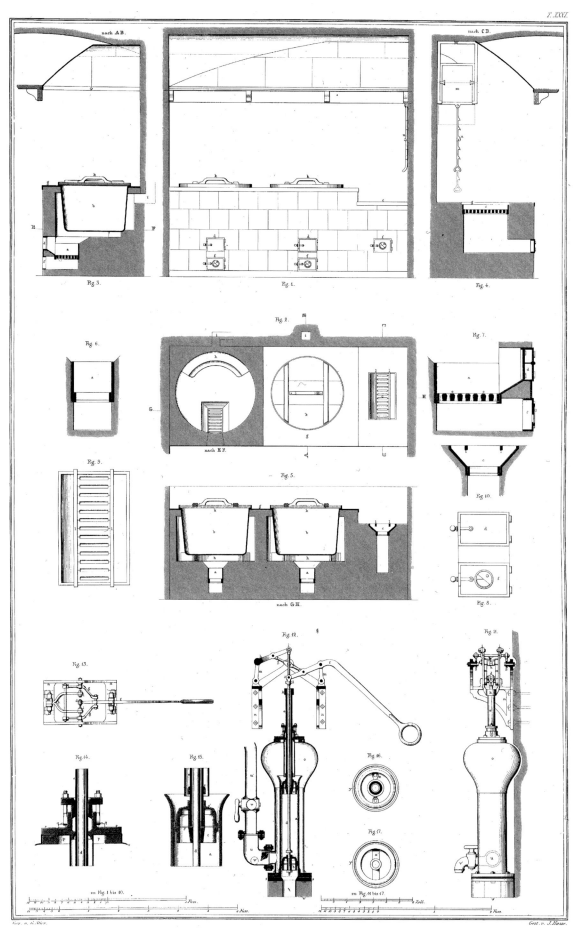

Abb. 9   Beuth 1844: Wasserpumpenmodell von A. Borsig

nen Geruchsbelästigungen bei den Entleerungsvorgängen als fortschrittlich galten. Sicherlich wurde zur Zeit der Entwurfserstellung das Prinzip der »Heidelberger Tonnenabfuhr« oder des »Grazer Abtritts-Fassl-Systems« auch in Berlin diskutiert, hatte doch 1842 *August Leopold Crelle* seinen Vortrag vor den Mitgliedern der Akademie der Wissenschaften gehalten und sich für die in Paris praktizierte Tonnenabfuhr ausgesprochen. Sicher hat *Beuth* neben Paris auch die mit der Abfuhrpraxis vertrauten englischen Städte Manchester und Liverpool besichtigt. Dennoch waren er und sein Team nicht bereit, die bestehenden schottischen / englischen Beispiele und das gerade in Hamburg entstehende Beispiel von »Schwemmkanalisationen« auf seinen Landhausentwurf zu übertragen und diese nicht mal 10 Jahre später in Berlin heftig diskutierte und anschließend gebaute Jahrhundertentscheidung zum zukünftigen Muster berlinischer Stadtbaukunst zu erheben. Der Präsentation der »Tonne«, mit der sich *Beuth* wider besseres Wissen der beginnenden Diskussion über dieses unfertige Prozeßende ohne Kommentar entzieht (es stellte immerhin ein Muster für Baumeister dar, vorgestellt von Mitgliedern des doch einflußreichen *Vereins zur Beförderung des Gewerbefleisses in Preußen*), diesem wenig fortschrittlichen »unterirdischen« Lösungsmuster stand der dafür blendend in Szene gesetzte »oberirdische« Teil gegenüber. (Abb. 8)

Er ist von dem *Schinkel*-Schüler und -Mitarbeiter und Architektur-Professor an der Bauakademie *Wilhelm Stier* »entworfen und gezeichnet« worden: Das aus »bestem« Holz kommodenförmig verdeckte Klappenklosett war das damals in England präsentierte Prunkstück, verbunden mit einer aufwendigen federbetriebenen Mechanik der Klappen- und Spülwasserbedienung: Nach sich schließender Klappe bildete das noch nachfließende Wasser einen hydraulischen Verschluß, damit keine Tonnengerüche über Rohrleitung und Klosett in die Wohnräume gelangten (während des Entleerungsvorgangs funktionierte dieser »Verschluß« aber nicht). Der auf der etwa sieben Zentimeter hohen Wasservorlage in einem zur Abflußmenge passend engen Rohrquerschnitt basierende heutige Geruchsverschluß wurde erst in den 1870er Jahren bekannt.

Das aus dem Hochbehälter fließende Spülwasser wurde über ein Absperrventil tangential in das trichterförmige Klosett eingelassen, Wasser und Fäkalien stürzten in die Tonne. Der immer wieder wegen nicht rückstandsloser Ausspülung kritisierte Klosettyp hielt sich bis zur Jahrhundertwende, danach noch bis in unsere Zeit bei WC-Anlagen in Eisenbahnwaggons.

Die Spülung wurde durch das Türöffnen in Gang gesetzt, jeweils bei Eintritt (Vorspülung) und bei Austritt [Beuth 1844/51, Abb. 8, Figur 5, 6, 2] mittels Zugschnur, Rollenmechanik und Anhebung des Ventilverschlusses.

Vergleichbar Vollautomatisches bot auch *Loudon* für seine Ausstattung in dem *model cottage*, hier als Alternative zu einer halbautomatischen Zugmechanik (Abb. 10, Figur 15, 16).

Die von *Beuth* vorgeschlagenen sanitären »Bequemlichkeiten«, auch die Einrichtungen in der Waschküche und zur Warmwasserbereitung oder die raumweise unterschiedlichen, der Nutzung sich anpassenden Ofenangebote allein werden noch nicht wie selbstverständlich die von Hausbewohnern erwartete »Annehmlichkeit«, den weitergreifenden Bequemlichkeitsbegriff, bewirken. Die Bereitschaft der Nutzer, sich eines Objektes anzunehmen, wird erst dann entstehen können, wenn Umgebung, Außenklima, Architektur und die innere Benutzbarkeit und Bequemlichkeit miteinander im Einklang stehen. Beispielgebend dafür stehen einige Erläuterungen *Loudons* zu seinem Angebot des »model cottage« [Loudon 1833, S. 8 ff.], denen die fehlenden Zusammenhänge beim Landhausentwurf *Beuths* gegenübergestellt sind:

– Hauptfassade der Sonne zugewandt, hier Südost (bestmögliche Richtung unter Berücksichtigung von Nutzungs- und Energiegesichtspunkten); beim Landhausentwurf Beuths fehlt der Lageplan, fehlen Erläuterungen zur Lage des Hauses zur Sonne und zum Wind;

– die Räume zum dauernden Aufenthalt sind der Hauptwindrichtung zugekehrt, die Räume der Tiere, das WC sind auf der Leeseite angeordnet (Abb. 10);

– Beschreibung der WC-Lüftung bei *Loudon*: (...) die Tür öffnet sich nach innen, das kleine Fenster nach außen, so daß mit jeder Türbewegung die richtige Ventilationsrichtung erreicht wird; bei *Beuth* ist der WC-Raum im Erdgeschoß ein fensterloser Raum ohne erkennbar ausgewiesene Lüftungsmöglichkeiten, in ihm befindet sich keine Einrichtung zum Händewaschen – auch dieses gehört bei *Loudon* zur selbstverständlichen Ausstattung;

– die Wände im *model cottage* sind mit einer isolierenden Luftschicht versehen, das Landhaus *Beuths* bestand aus einschaligem Mauerwerk;

– *Loudon* sah den Einbau einer Bienenstockbatterie in der Südostwand vor;

– Wohnstube und Elternschlafzimmer erhielten bei *Loudon* eine Rauchgas-Unterflurheizung aus gemauerten Kanälen, zusätzlich der obligate englische offene Kamin.

Auffallend ist der selbstverständliche Umgang mit allen Einrichtungen eines Hauses bei dem von *Loudon* 1833 dokumentierten englischen Beispielen. Das bauliche Interesse der englischen Bauherren im Umgang mit den »Außenbeziehungen« (Außenklima, Be- und Entwässerung) hob schon *Muthesius* hervor. Vielleicht seien die Gründe »des allgemein unfreundlichen Klimas« oder »der angelsächsische phantasielose Nützlichkeitssinn« dafür verantwortlich. Zumindest war es »eine populäre Frage, so allgemein wird sie (die Entwässerungsfrage, A.d.V.) im größeren Publikum und in der Tagespresse erörtert«. [Muthesius 1904, Bd. II, S. 220] Ganz im Gegensatz dazu die Beschreibungen und Darstellungen in Preußen, wo mit mehr oder weniger Gleichgültigkeit diesem Thema begegnet wurde.

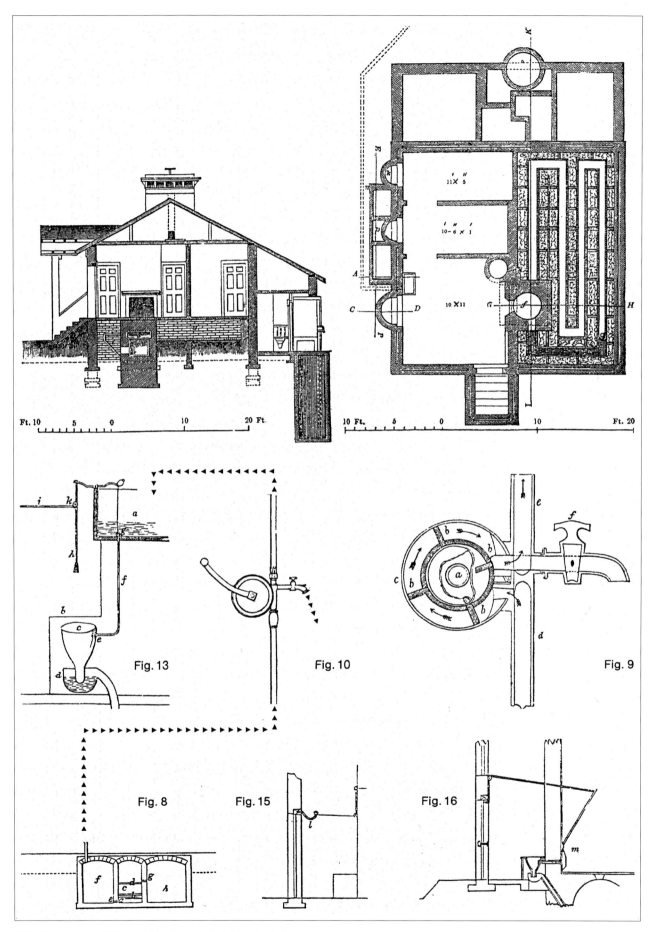

Abb. 10   Loudon 1833: modell cottage, Details Haustechnik

Für *Muthesius* lagen die Vorzüge der englischen Häuser im Vergleich zu den kontinentalen darin, daß die Räume für längere Verweildauern nach Süden ausgerichtet, eine Bodenplatte im Abstand von der Erde errichtet, Räume stets gut be- und entlüftet wurden (»*für Continentale zu zugig*«) sowie Kanalisation und Wasserversorgung zu den selbstverständlichen Einrichtungen gehörten. Bei dem von *Beuth* 1844 fertiggestellten, 1851 veröffentlichten Entwurf stand mehr die Präsentationspflicht der inzwischen veränderten Entwurfsideen seines verstorbenen Freundes *Karl-Friedrich Schinkel* sowie die des beispielhaften Einsatzes der Produkte der Berliner Maschinenbaubetriebe im Vordergrund. *Beuth* also in der Pflicht als Vereinsvorsitzender und Werbeträger zur Beförderung des Gewerbefleisses in Preußen? So sieht es *Ilja Mieck*, der *Beuth* bei seinen Aktivitäten unterstellt: »*Es ging um die Maschine (...) und für Beuth war Gewerbeförderung zutiefst Förderung der Anwendung der Maschine*«. [zit. bei Treue 1969, S. 73]

Er wollte ein einheitliches Werk schaffen, Vorlageblätter über »*ein ganzes Haus mit seinem ganzen Inhalt*« zur »*Bildungsförderung der Baumeister und der Handwerker*«. Gerade dieses Ziel, Einheitlichkeit und Ganzheit im weiteren Sinn zu erzielen, wurde nicht überzeugend erreicht. Davon abgesehen bleibt die Arbeit *Beuths* und seiner Mitverfasser, die zusammengestellte musterhafte Darstellung von Baukunst, Bautechnik (z. B. Fenster, Türen, Öfen aller Art) von Anlagen und Einrichtungen zur Beförderung der Wohnungshygiene und -bequemlichkeit, ein für die Entwicklung der Sanitärzunft in Preußen herausragendes Zeitdokument.

1.3 Vorstellungen *Crelles* zur »Gebäude-Wöhnlichkeit«

Was die Aufsätze *August Leopold Crelles* von 1833 und im besonderen von 1842 auszeichnet, ist die Behandlung sanitärer Fragen im Gebäude mit den Auswirkungen auf die Stadt, die bei *Loudons* Vorstellungen wegen der ausdrücklichen ländlichen bzw. dörflichen Ansiedlung nicht erforderlich waren, die aber für den Landhausentwurf mit großstädtischem Standort bei *Beuth* unbehandelt blieben.

Städtische und zwischenstädtische Beziehungen waren *Crelle* nicht fremd, baute er doch – neben seinen vielfältigen Tätigkeiten als Baumeister, Herausgeber und Autor von Baukunst- und Mathematik-Journalen und Logarithmentafeln, als Mitglied oder Korrespondent von mehreren europäischen Akademien der Wissenschaften – nach Auskunft des Brockhaus' Konversations-Lexikon von 1894 zwischen 1816 und 1826 »*die meisten Kunststraßen*« in Preußen. Leichter einzuordnen sind danach seine Plädoyers für die Verbreitung der Gasbeleuchtung in Wohnungen [1833], die zu dieser Zeit noch nahezu

ausschließlich der Straßenbeleuchtung diente, und seine Vorschläge [1842], mit zentralen Entwässerungskanalnetzen die für ihn vorrangige »*Straßenmoder-Unreinigkeit*« in der Stadt Berlin zu beseitigen.

Crelle gehörte dem Kreis der Initiatoren zum Bau des ersten Teilstücks Berlin – Potsdam der Eisenbahnlinie Berlin – Leipzig an. Er legte 1835 – im selben Jahr wurde die erste deutsche Eisenbahnstrecke zwischen Nürnberg und Fürth eröffnet – der Regierung Preußens den Bauantrag vor [Geist/Kürvers 1980, S. 117]. Nach Genehmigung des Antrags erfolgte 1836 die Gründung der »AG für die Anlegung einer Eisenbahn zwischen Berlin und Potsdam«, der *Crelle* als Technischer Direktor angehörte.

Dem Aufsatz »Zur Vervollkommnung der Wohngebäude in den Städten« [Crelle 1833, S. 3] stellte er ohne Vorrede fünf Forderungen voran, die an ein »*Wohngebäude im Allgemeinen und an ein städtisches Wohngebäude insbesondere*« zu stellen wären:

– »*Es soll bequem und wöhnlich sein.*« (ausreichend viele, große Räume, die richtig angeordnet sind);
– »*Es soll der Gesundheit und dem Wohlbefinden der Bewohner nicht nachtheilig, sondern förderlich sein.*« (Die »*Salubrität*« im Sinne *Crelles* umfaßt das rechte Maß an Licht, Luft, gleichförmiger Beheizung ohne Rauchbelästigungen, keine kalten Fußböden, schädliche Zugluft und »*feuchte Winkel*«);
– »*Es soll fest, dauerhaft und sicher, besonders gegen Feuer sein.*« (standfeste Konstruktionen aus dauerhaften Stoffen, wenigstens die Treppen sollen völlig unverbrennlich sein, Fenster, Türen und Dach schnee- und regenabweisend);
– «*Es soll möglichst wohlfeil zu bauen und zu erhalten sein.*« (Kostenentscheidungen nach langfristigen Zielen und dem möglichst vorteilhaftesten Verhältnis von Anlagekosten zum Ertrag mit Rücksicht auf die Erhaltungskosten, auch wenn dadurch eine Kreditaufnahme nötig wird. Dabei weist *Crelle* auf die Einsparmöglichkeiten durch vorteilhafte »*Entwürfe*« hin);
– »*Es soll äußerlich und innerlich schön und ansehnlich sein.*« (Proportionen, äußere Erscheinung sollten den »*Charakter der Festigkeit, Heiterkeit und Zweckmäßigkeit tragen*«, der Schmuck »*nicht in zufälligen und fremdartigen Verzierungen bestehe(n), sondern wesentlich und beziehlich sein und zur Art und zum Zwecke des Gegenstandes passe(n) (...).*«

Crelle zeigte sich erfreut darüber, daß »*die Baukunst angefangen hat, nicht mehr um Kirchen und Paläste allein sich zu bekümmern, sondern ihrer weiter umfassenden Pflicht gemäß: auch der Gesundheit des Volkes zu nützen, zwar Vieles geschehen ist, um den Forderungen, die man an die Wohnungen in den Städten machen kann, zu genügen.*« Das Wohnen zur Miete wird allgemein, weil die Trennung zwischen der Produktions- und Lebenssphäre zu Beginn des 19. Jhs. fortschreitet – zumindest in den großen Städten. [Nipperdey 1983, S. 130 f.]

Seine nach den fünf Forderungen gegliederte Erörterung der noch unvollkommenen städtischen Wohnbedingungen erfolgte vor dem Hintergrund der Verhältnisse in Berlin unter anderem deshalb, weil hier *»auch vielleicht die meiste Bereitwilligkeit zur Vervollkommnung angetroffen wird: wie es das Bestreben nach Verbesserungen beweiset, vermöge dessen sie* (die Stadt Berlin, A.d.V.) *schon manchem anderen Orte voreilte.«* [S. 4]

Der Kritik an den *»selbst in Berlin«* anzutreffenden Unvollkommenheiten folgten *Crelles* Vorschläge zur Verbesserung derselben anhand eines *»besonders auf die Örtlichkeit von Berlin berechnet(en), entworfen(en), und (...) in Grundriß, Durchschnitt und Aufriß vorgestellt(en) (...) Wohngebäudes.«* [S. 17] Einiges davon ist berichtenswert, vor allem im Unterschied zu den Veröffentlichungen von *Beuth*. Während *Beuth* und seine Koautoren sich mehr in der Beschreibung der einzelnen Gegenstände ergingen, wurde bei *Loudon* und mit Nachdruck bei *Crelle* über das richtige und falsche Bauen, Betreiben und Benutzen der Wohnungen gesprochen (Abb. 11, 12, 13):

– *Crelle* plädierte nicht nur dafür, daß die Flure und Seitengänge in den Stockwerken Türen erhalten sollten, *»so daß nirgends Zug entstehen kann«* (Abb. 11, Fig. 2 und 3), daß Vorkehrungen zu treffen waren zur unterschiedlichen, der Nutzung angemessenen Belichtung und Beleuchtung in den Räumen, Fluren, daß Zimmeröfen vom Raum aus befeuert werden sollten, so daß die dafür benötigte Verbrennungsluft über Fensterfugen gleichzeitig für das *»Erneuern und Reinigen«* der Raumluft sorgte, daß die Unsitte abzustellen war, Kachelöfen mit Abstand vom Fußboden zu bauen, da *»in die Höhe (...) die Hitze von selbst (steigt)«.* [S. 20] Er sprach sich für *»dicke Mauerwände«* aus, so daß Wohnungen im Sommer länger kühl bleiben, *»werden die starken Unterschiede der Temperatur (...) vermindern, und schnelle Veränderungen (...) weniger fühlbar machen, (...) gewähren eine bedeutende Erhöhung der Annehmlichkeit einer Wohnung«* [S. 72];

– nach *Crelle* sollten Schornstein-Röhren (*»jeder Ofen, ohne Ausnahme, eine eigene Röhre«*) nur 6 bis 8 Zoll (15–20 cm) im Quadrat klein sein, eine in England selbstverständliche Bauweise, die vornehmlich im Berliner Bauwesen aus Kostengründen nicht generell zum Zuge kam, dafür die um ein Geschoß versetzte Mehrfachbenutzung eines gemeinsamen Kamins großer Innenmaße mit der Wirkung verschieden ausgelasteter Betriebszustände und den bekannten Folgen;

– *Crelle* lieferte ein Zeitdokument über das Verfeuern von Brennstoffen, deren Transport, Lagerung innerhalb des Gebäudes und der Wohnung und deren Einsatz beim Kochen sowie sonstigen Vorrichtungen in der Berliner Küche um 1830 – alles unter dem Zeichen der Vervollkommnung der Bequemlichkeit –, verbunden mit Ratschlägen nach eigens vom Verfasser gemachten Erfahrungen, die zu lesen sicher nicht ohne Einfluß bleibt auf die derzeit wieder ausgebroche-

ne Ofensetzerromantik. *Crelle* entschuldigte sich für den Umfang dieser Beschreibung einer doch selbstverständlichen Sache, wobei er beklagte, daß das Wissen um diese Selbstverständlichkeiten aber nicht sehr verbreitet war;

– Die Keller sollten entlüftet werden über ins Mauerwerk eingelegte Röhren (Abb. 11, Figur 1, x] gleich den Schornsteinen; am Boden dieser Entlüftungsschornsteine wurden kleine Feuer entfacht zwecks Erhöhung des Abzugs feuchter Kellerluft und danach einsetzender Belüftung der Keller. Diese Röhren sollten sooft wie möglich eingebaut werden (eine in England verbreitete Maßnahme, die im Extrem ausgeführt zu doppelschaligen Wandaufbauten führten – wie bei *Loudon*s Beispielen zu sehen).

Crelle stellte alles in den Dienst der häuslichen Bequemlichkeit, dazu gehörten die Einrichtung der Küchen, der Kammern für die Heizvorräte, die Mittel, *»bequem zu dem Regen- und Quellwasser zu gelangen, die Benutzung der Wände zu Schränken, die Tiefe der Zimmer, die Anordnung der Thüren, um bequem, die Möbel stellen zu können, usw.«* [Crelle 1833, S. 81] Alles stellte er unter die überraschende Zielsetzung, das Gebäude *»möglichst ertragsfähig (zu) machen«.* Bequemlichkeiten als Mittel zum Zwecke der Erhöhung der Ertragsfähigkeit sogar dort, wo es um die Zahl der Etagen ging: *»(...) dem Kerne der Friedrichsstadt würden höhere Häuser, bis zu 5 und 6 Etagen, durchaus angemessen und nützlich sein, vorausgesetzt, daß die Häuser unbedingt feuersicher und bequemer gebaut werden.«* [S. 80]

Um welche haustechnischen Vorschläge, die der ertragsfördernden Bequemlichkeit in städtischen Wohnungen dienten, handelte es sich 1833 nach der Vorstellung von *Crelle*?

Daß *Crelle* den sonst im Hof angelegten Brunnen in einen Kellerraum (Abb. 11, Fig. 1, Z) verlegte und von da aus über Rohrleitungen und Pumpen je Stockwerk dieselben mit Wasser versorgte, ist in Kenntnis der Beispiele aus England noch nicht das Besondere an seinen Vorschlägen. Hervorzuheben sind die für 1833 in Berlin frühen Ideen, *»das Wasser entweder aus der eigenen Quelle des Brunnens, oder, durch sogenannte Verlegung, aus einem andern Stadt-Brunnen, oder aus der Stadt-Wasserleitung (zu ziehen).«* [S. 25]

Crelle, Ehrenmitglied der *Hamburger Gesellschaft zur Verbreitung der mathematischen Wissenschaften*, war über den Fortgang der gerade in Hamburg im Bau befindlichen, nach Londoner Vorbild konzipierten zentralen Wasserversorgung, sicher gründlich informiert. In der Eigenschaft als Korrespondent der Akademien der Wissenschaften zu Petersburg, Neapel, Brüssel sowie als auswärtiges Mitglied derselben in Stockholm wird er gewußt haben, weshalb er in einem anderen Zusammenhang die Wohltaten des englischen Bauwesens nicht nur preise, sondern ungeniert deren Nachahmung in Preußen empfahl:

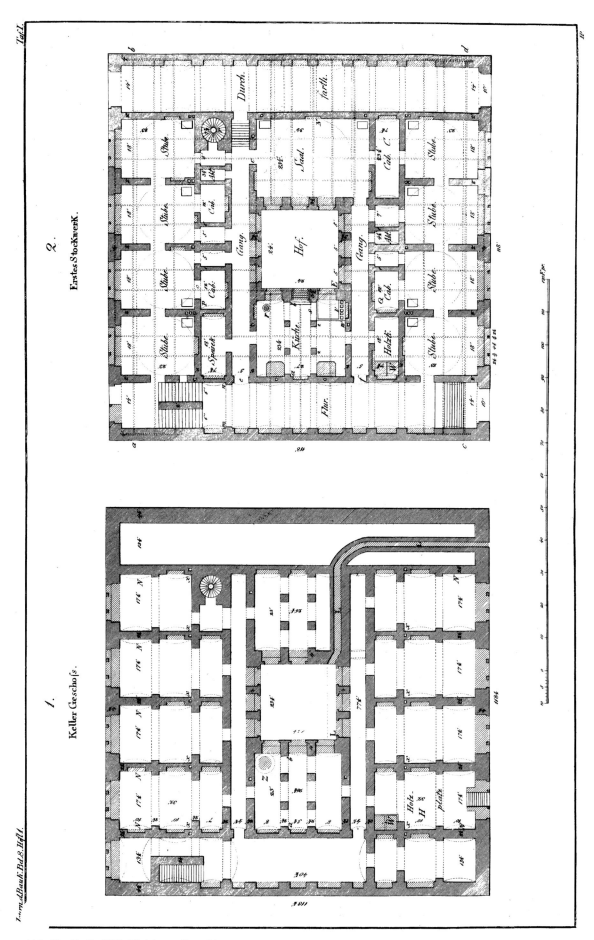

Abb. 11   Crelle 1833: Mietshaus, Grundrisse

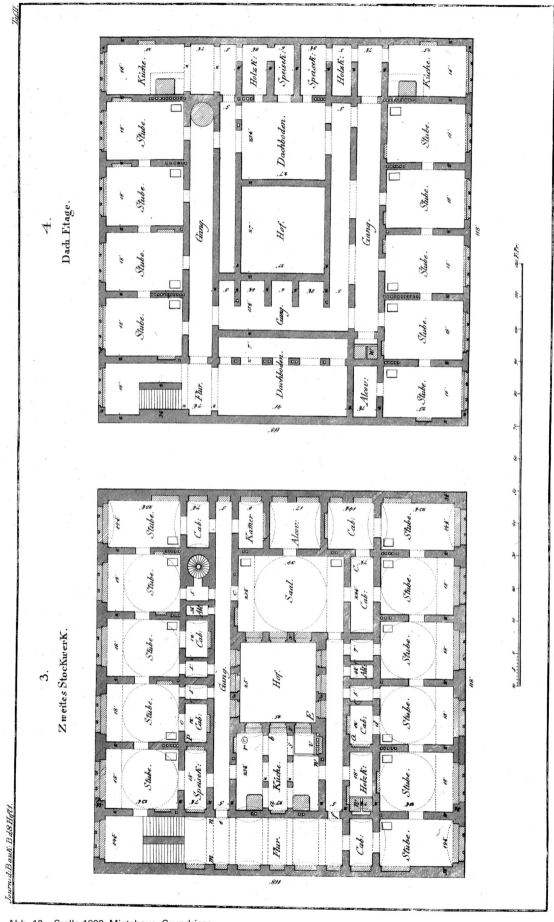

Abb. 12   Crelle 1833: Mietshaus, Grundrisse

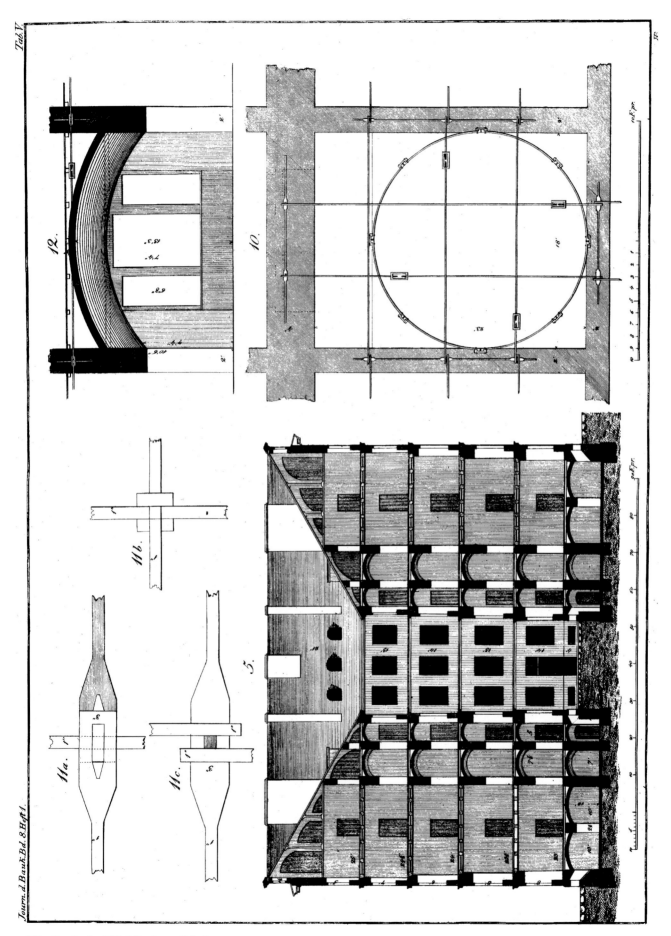

Abb. 13   Crelle 1833: Mietshaus, Schnitte

»*Man ahme England auch hierin* (statt Holz, Innenwände aus Stein zu verwenden, A.d.V.), *wie in so manchem Anderen, nach. Die dortigen Fortschritte sind nicht etwa nur Folge des größeren Reichthums, sondern dieser ist eher, und wenigstens eben sowohl, Folge jener. Zwischen Beiden findet mindestens eine Wechselwirkung statt, die nicht bloß in England, sondern auch anderswo hervorgebracht werden kann, sobald nur das Bessere und Vollkommnere zu seinem Rechte gelangt.*« [S. 15]

Zum Waschen der Wäsche schlug *Crelle* in jeder Stockwerksküche (Abb. 11 »v« in 2., Abb. 12 »v« in 3.) die Installation eines aus Zinkblech, Eisen oder Stein gefertigten Regenwasserbehälters vor, der aus den Regenrinnen gefüllt werden sollte. Das Waschwasser (*Spülicht* genannt) aus dem Waschfaß oder aus der von *Crelle* selbst erprobten hölzernen handbetriebenen Waschmaschine konnte über einen mit Blei ausgeschlagenen Gefällefußboden in die senkrechten Gossen (Abb. 11 »w« in 2), den bedeckten Kanal in der Sohle des Kellergeschosses (Abb. 11, L-L) zur Straße fließen. Obwohl *Crelle* sich über die Fortführung des Abwassers im Straßenbereich erst ausführlich in seinem neun Jahre später erscheinenden Aufsatz erklärte, kann angenommen werden, daß er nicht die offenen Rinnsteine gemeint haben konnte, sondern bereits von unterirdisch verlegten Straßenabzugskanälen ausging. Alles deutet darauf hin, daß *Crelle* das Pariser Entwässerungsbeispiel vor Augen hatte, wo ebenfalls Regen- und Waschwasser über Kanäle abgeleitet wurden. Von diesem Abwasser getrennt sollten in den Abtritten die Fäkalien in »*Nachtstühlen*« gesammelt werden (Abb. 11, Fig. 2: zwei Abtritte je Stockwerk oder ein Abtritt je Familie). Die Mobilität dieser Einrichtung wertete er als Fortschritt im Vergleich zu den immobilen Abtrittsgruben, »*welche allemal den Gebäuden und der Reinlichkeit und Gesundheit zum großen Nachtheile gereichen.*« [S. 20]

Über den Abtransport der Nachtstuhlinhalte berichtete *Crelle* 1833 im Gegensatz zu der Veröffentlichung 1842 nicht. Es ist wenig wahrscheinlich, daß er dies versäumt haben soll, eher erscheint es heute so, daß bei der Veröffentlichung des Aufsatzes 1833 über die *Gebäude-Wöhnlichkeit* bereits die Fortsetzung mit der Abhandlung über die *Stadt-Salubrität* geplant war, diese Vorschläge aber erst 1842 vorgetragen und veröffentlicht worden sind.

Der Autodidakt *Crelle*, der laut Brockhaus' Konversations-Lexikon von 1894 seine Bildung ohne den Besuch einer Lehranstalt ausschließlich durch das Lektürestudium erworben hatte, der bis Mitte der 1820er Jahre als anerkannter Fachmann in den Bereichen Mathematik, Staatswissenschaften und Wegebau und später als Oberbaurat Mitglied der Ober-Bau-Deputation in Preußen war, war seltsamerweise kein ordentliches Mitglied des *Vereins zur Beförderung des Gewerbefleißes in Preußen*. Obwohl *Crelle* (1780–1855) und *Beuth* (1781–1853) in dem selben Zeitabschnitt lebten, *Crelle* ab 1819 auch der von *Beuth* als Direktor vorstehenden »Technischen Deputa-

tion für Gewerbe« angehörte [Geist/Kürvers 1980, S. 110 ff.] und über Gemeinsamkeiten von beiden zu *August Borsig* bekannt waren, wurde er in den »Verhandlungen« nicht zitiert, findet man *Crelle* nicht als Berichterstatter oder Autor. Über die Gemeinsamkeiten von beiden zu *Borsig* könnte man annehmen, daß eine inhaltliche Einflußnahme auf die wohnungsbaulichen Absichten stattgefunden haben müßte.

Crelle gehörte zu dem Kreis von Persöhnlichkeiten des Bauwesens in Preußen, wie z. B. *Anton von Heintze* (Gründer des Oberbaudepartements 1770), *Leonhard Euler, Johann Albert Eytelwein*, der sich für die Erforschung und Durchsetzung mathematischer Grundlagen in der Architektur stark machte.

Es erstaunt weiter, das dieses Zeitdokument des mehrgeschossigen Mietshauses aus dem frühen 19. Jahrhundert (Abb. 13) sowohl in der allgemeinen Baugeschichtsbeschreibung wie auch in den Veröffentlichungen zur Geschichte des Berliner Mietshauses nicht zu finden ist.

Soweit die Erörterungen über die Vorschläge zur Erhöhung der Bequemlichkeit im Umgang mit Wasser in Gebäuden und Wohnungen, einem der drei Beweggründe, die zur Einführung der zentralen Wasserversorgung in Berlin geführt haben.

Die sich zunehmend verschlechternde Qualität des Brunnenwassers für die verschiedenen Wasserverwendungen als weiterer Beweggrund steht im Mittelpunkt der folgenden Betrachtungen.

1.4 Wasserhärte und Wasserverschmutzung sprachen gegen Brunnenwasser

Henry Gill bemühte in seinem »*Werbeschriftchen*« (Abb. 14) eine Reihe von »*Zeugnissen berühmter Männer*«, Chemiker und Mediziner, die den Wirkungszusammenhang herstellten zwischen der Wasserhärte und den gesundheitlichen Folgen wie »*Verstopfungen der Eingeweide*« (*Southerland*, Liverpool), »*Drüsengeschwulst, Hartleibigkeit, Diarrhoe*« (*Heberden*, Berlin), »*Harn-, Gries- und Steinbeschwerden*« (*Praut*, Berlin) oder den wirtschaftlichen Folgen wie vergebliches Weichkochen von Fleisch und Hülsenfrüchten, problematisches Zubereiten von Brot, Tee und Kaffee, Mehrverbrauch von Feuerungsmaterial und Waschmitteln verbunden mit einem höheren Wäscheverschleiß. Am Ende argumentierte *Gill* noch mit den Sorgen der »*Damen, denen an der Erhaltung und Verschönerung ihres Teints und an der Zartheit ihrer Hände gelegen ist (...)*«. [Gill 1857, S. 45]

Abgesehen von dieser für Hausbesitzer gedachte Werbeschrift mit für diese Klientel passenden Beweisketten, muß die relativ hohe Härte des Brunnenwassers aber auch für die einfache Bevölkerung – vor allem für das Wäschewaschen – eine große Last gewesen sein. Unentbehrlich für die Berliner Haushalte und nicht aus dem

Straßenbild wegzudenken waren die Wasserträgerinnen, »*(...) die den Hausfrauen das Spreewasser zur großen Wäsche in die Küche brachten, weil das harte Wasser der Hausbrunnen für die Wäsche (...) nicht geeignet war.*« (Abb. 4, 5)

Crelle zum Beispiel berichtete 1833: »*Das zur Wäsche so nützliche Regenwasser kann, vom eigenen Dache her, selten benutzt, sondern muß gekauft werden.*« [Crelle 1833, S. 6]

Nicht nur die Wohnbevölkerung plagte sich mit den Kalk- und Eisenrückständen im Umgang mit dem Brunnenwasser, auch das Gewerbe und die Industrie war davon betroffen. Die transportorientierten Industriezweige, deren Standorte vorrangig von der Versorgung mit Wasser und/oder Energie (Dampfproduktion) abhingen, siedelten vor 1840 zwangsläufig an den Ufern der Spree oder des Landwehrgrabens (z. B. Schlachthöfe, Meiereien, Leder- und Porzellanfabriken). Nach der Einrichtung der Eisenbahnen und Zentralwasserversorgung war der Flußstandort (weiches Oberflächenwasser) nicht mehr zwingend. Als beispielhaft dafür können die Standorte der Gaswerke gelten, die für die Produktion des Dampfes und für den Verkokungsprozeß große Wassermengen benötigen: Vor 1856 entstanden die an der Spree und dem Landwehrgraben gelegenen zwei städtischen und zwei privaten Gaswerke, nach 1856 wurden die Werke in der Müllerstraße (1859) mit Nordhafen-Transportanschluß, 1873 in der Danziger Straße und 1890 in der Cunostraße in Schmargendorf mit jeweiligen Stadtbahnanschlüssen errichtet. (Kap. 5 – 8)

Standortentscheidungen der Industrie waren und sind von so vielen Faktoren abhängig, daß der »Wasserbeschaffenheit« als einem unter vielen Faktoren keine zu große Bedeutung zufallen kann. Außerdem waren nach 1860 die chemischen Behandlungsverfahren schon in der Lage, die Härte des Grundwassers zu regulieren. *Baeyer* und *Blesson* waren in ihrer 1843 verfaßten »Denkschrift zur allgemeinen Verständigung über die Bewässerung und Reinigung der Straßen Berlins« dennoch davon überzeugt, daß »*das Gewerbe* (welches kein Brunnenwasser verträgt, A.d.V.) *auf die Ufer des Flusses beschränkt (ist), und daher von der Willkühr der dortigen Besitzer abhängig. Jene können nunmehr* (nach dem Bau der zentralen Wasserversorgung, A.d.V.) *sich über die ganze Stadt verbreiten (...) Kurz, durch eine Wasserzuleitung in alle Straßen einer großen Stadt wird ihr ganzer gewerbliche Verkehr und zwar in der Hinsicht, daß die Produktion erleichtert und die Güte des Produkts erhöhet werden kann, so daß sich behaupten läßt, man werde durch diese Maaßregel den Reichthum derselben vergrößern.*« [Baeyer/Blesson 1843, S. 15]

Über Wassermangel, der in vielen anderen europäischen Städten die Einführung zentraler Anlagen mit Flußwasser forciert hatte (z. B. London, Paris, Hamburg) mußten die Berliner nicht klagen, die für den Alltag der Wohnbevölkerung und den Produktionsablauf wasserver-

Abb. 14   Gill 1857: »Wasserversorgung ... zur Förderung des Familienwohls"

brauchsorientierter Unternehmen lästigen physikalisch-chemischen Reaktionen der Brunnenwasserhärte sowie die damit verbundenen Unbequemlichkeiten allein hätten diese stadttechnische Entwicklung aber nicht einleiten können. Als einer der wichtigeren Beweggründe für die zu Anfang der 1850er Jahre einsetzende Zusammenarbeit zwischen preußischen Staatsorganen und englischen und deutschen Unternehmern war die allmählich schwindende Reinheit des Brunnenwassers erkennbar.

Für den um Wasserkunden werbenden Betriebsdirektor der *Berliner Wasserwerke* Henry Gill »*Steht es also fest, daß alles im Naturzustande befindliche Wasser zu den sehr verdächtigen Dingen gehört.*« [Gill 1857, S. 17] In einem »*menschenerfüllten Ort*« wie Berlin gehörte das Brunnenwasser zu den »*verderbtesten*« unter dem Einfluß von versickernden Schmutzwässern, von aus undichten Gasrohren entweichenden Gases und von umweltverschmutztem Regenwasser, das aufgrund der nicht tiefliegenden Brunnenkessel sich mit dem Grundwasser vermischen konnte. Seit Mitte des 18. Jahrhunderts hatte man salpetersaure Substanzen im Trinkwasser nachweisen können, die Herkunft dieser Verunreinigung konn-

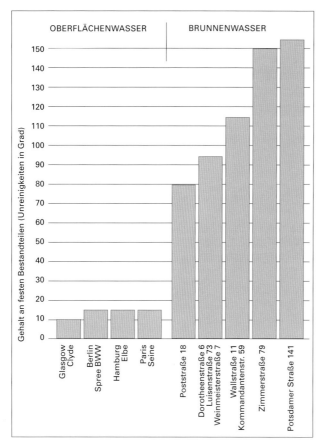

Abb. 15   Gill 1857: Trinkwasserqualität, Städtevergleich

166.906 Seelen in sich begriffen, kamen überhaupt in Folge der Cholera 611 Todesfälle, also 37 Fälle auf je 10.000 Seelen vor; wohingegen die von der Southwark- und Vauxhall-Compagny versorgten 39.726 Häuser, bei einer Bewohnerzahl von 268.171 Seelen, 3.471 solcher Opfer, also 130 auf 10.000 Seelen aufzuweisen hatten. – Der mit unreinem Wasser versehene Theil dieser Bevölkerung hatte also in einem 3 1/2 mal stärkeren Grade unter der Seuche gelitten, als derjenige Theil, der sich eines reineren Wassers bediente.« [Gill 1857, S. 26 f]

Wenn man auch noch keine signifikanten Abhängigkeiten zwischen der Wasserqualität und bestimmten Krankheitsbildern herstellen konnte, so wurde doch »von medizinischen Autoritäten übereinstimmend und mit Sicherheit behauptet, daß denselben ein krankmachender Einfluß beizumessen sei.« [S. 29]

Wer durch diese eindringlichen Schilderungen noch nicht überzeugt war, sollte einen Blick auf die der Schrift Gills beigefügte »Vergleichstabelle« werfen, in der ein Diagramm anschaulich Auskunft darüber gab, wie es um die Wasserqualität in Berlin, Hamburg, Paris, London, Liverpool, Glasgow in den 1850er Jahren bestellt war – unterschieden nach Grund(Brunnen)wasser und Oberflächen(Fluß)wasser (Abb. 15).

1.5   Vorschläge zur Rinnsteinspülung forderten Zentralwasser

Der aus den Dokumenten dieser Zeit erkennbare wichtigste Beweggrund für den 1852 besiegelten Vertrag zur zentral organisierten Belieferung der Stadt Berlin mit »weichem, reinem« Wasser bis in die obersten Stockwerke der inzwischen bis zu fünfgeschossigen Mietshäuser waren die durch die Rinnsteinentwässerung entstandenen unzumutbaren Zustände. (Abb. 16)

Obwohl die prominenten Beispiele unterirdisch angelegter Schwemmkanalisationen in Edinburgh, Glasgow und London vorlagen und darüber bereits 1839 im 18. Jahrgang der »Verhandlungen« berichtet wurde [Mougey 1839], konnte man in Berlin aus vielen Gründen den zweiten Schritt nicht vor dem ersten tun. Der erste hieß in diesem Fall »Spülung der Rinnen« zur rascheren Beförderung des Abwasserunrats in die Flußläufe mit größeren und kontinuierlich zur Verfügung stehenden Mengen Wasser als es die 1839 per Polizeiverordnung verpflichteten Hausbesitzer nur eimerweise anschaffen konnten. Die in dieser Folge verbesserten bzw. erst ermöglichten Vorgänge für das Besprengen der Straßen zur Staubbindung und für das Vorhalten von Löschwasser im Brandfall per Hydrant (beides wurde bis dahin mit mobilen Wasserfuhrwerken vorgenommen) sowie für den Betrieb von Springbrunnen und der Gebäudewasserversorgung waren – gemessen an der Aufgabe der Rinnenspülung – zu dieser Zeit nur Nebeneffekte. Zu dieser Er-

te dagegen lange Zeit nicht geklärt werden. Daß diese Salze organischen Ursprungs waren und in Verbindung mit fäkalienhaltigem Abwasser standen, entdeckte 1825 Justus von Liebig. Der weiterführende Nachweis krankheitsbedingter Folgen bewegte Mediziner und Chemiker bis zum Ende des 19. Jahrhunderts. In den 1850er Jahren versuchte Gill seine ausbleibende Kundschaft durch Vergleiche – unter Zuhilfenahme der Merkmale »Organische Bestandteile« und »Mortalitätsrate« – von der Versorgung mit Brunnenwasser abzubringen:

Zwei englische Wasserlieferungsgesellschaften, die Lambeth- und Southwork & Vauxhall-Compagny, leisteten sich in einem 500.000 Einwohner-Distrikt Londons den Luxus, doppelte Wasserrohrnetze zu unterhalten im Wettbewerb um die Wasserversorgung der Häuser. Das Wasser aber stammte aus unterschiedlichen Quellen, das der Lambeth war Analysen zufolge relativ »rein«, das des anderen Unternehmens dagegen relativ »unrein«. Bei der über London nach der heftigen Cholera-Epidemie 1848/49 wieder auflebenden Epidemie in 1853/54 zählte man die Cholera-Opfer in den von zwei unterschiedlichen Wassersorten belieferten Häusern, wobei gleiche Voraussetzungen (Wohnungsdichte, -belegungszahlen, soziale Verhältnisse) herrschten und damit die Ergebnisse Aussagekraft erhielten:

»In den 24.854 Häusern, die von der Lambeth-Compagny ihr Wasser erhielten und eine Bevölkerung von

Auf dem Wege zur Brandstätte.
Originalzeichnung von C. Arnold.

Abb. 16 C. Arnold: Feuerwehreinsatz in den 1860er Jahren, rechts: tiefe, breite und offene Rinnsteine

kenntnis gelangt man spätestens nach dem Studium der bis zum Entwurf der Entwässerungsanlagen 1860 durch *Eduard Wiebe* für Berlin publizierten 12 Vorschläge [Wiebe 1861, S. 6 ff.]. Die Zeit der »Vorschläge« beginnt nach der napoleonischen Besatzungszeit mit den die Wirtschaft erdrückenden Kontributionszahlungen (1806–1813), nach der Gründung des Deutschen Bundes zum Wiener Kogreß (1815):

Vorschlag 1–1816: Der vormalige Bauschreiber *Dedicke* aus Leipzig legte den Vorschlag vor, »Berlin mit einer Wasserleitung zum Abfluß der Rinnsteine« zu versehen. Spreewasser sollte mit Hilfe der Werderschen oder der Walkmühle gehoben, über hölzerne Rohre in die

Häuser und an die Rinnsteine geführt werden. Wegen fehlender Pläne wurde der Vorschlag von Minister *Graf von Bülow* nicht weiter verfolgt.

Vorschlag 2–1821: Der Engländer *W. Jolliffe* unterbreitete dem Minister das Angebot, Berlin von den Ausdünstungen der Rinnsteine zu befreien (abschlägig behandelt).

Vorschlag 3–1822: Der Berliner *Wirth* schlug vor, alle Rinnsteine und Rinnsteinbrücken zu beseitigen, dafür (nach Pariser Muster, vgl. Abb. 19) das Wasserabfließen in die Straßenmitte zu verlegen (abschlägig behandelt).

Vorschlag 4–1824: Der Obermühlen- und Bauinspektor *Schwahn* (Dozent an der Bauakademie) erhielt für einen

Abb. 17
Dampfmaschinen-
haus neben Börse,
Dom; Betrieb des
Wasserbrunnens und
der Bewässerung des
Lustgartens

Spülversuch mit den Rinnsteinen von der Schloßbrücke bis zur Schloßfreiheit mit der Werderschen Mühle 300 Thaler vom Bürgermeister *von Bärensprung*. Die Absicht *Schwahns*, die Versuche auszudehnen, wurden abschlägig behandelt.

Vorschlag 5–1825: Die Absicht des Finanzministers *von Motz*, die Königlichen Mühlen zu verkaufen, wurde durch Innenminister *von Schuckmann* deshalb vereitelt, weil das Projekt zur Rinnsteinspülung, dem der König bereits seine Aufmerksamkeit gewidmet hatte, dann wegen fehlender Wasserkraft nicht realisiert werden konnte. Wenigstens die Werderschen Mühlen sollten für diesen Zweck in Reserve gehalten werden.

Vorschlag 6–1827: Der Commerzienrath *Epenstein* beantragte beim Minister *von Schuckmann*, ihm unentgeltlich die Werderschen Mühlen und den Packhof zur Verfügung zu stellen zwecks Behandlung der »Straße unter den Linden«: Das Spreewasser sollte zum Reinigen der unterirdischen Abzugskanäle (bereits vor 1827 angelegt), für den Springbrunnenbetrieb, die Straßenbesprengung und für den häuslichen Gebrauch eingesetzt werden. Dieser Vorschlag wurde abgelehnt, gleichzeitig aber *von Schuckmann* vom Cabinet beauftragt, ein ähnliches Projekt unter Einbeziehung einer Dampfmaschine, »*zur etwaigen Ertheilung eines Patentes*« [Wiebe 1861, S. 8] zu prüfen. Obwohl 1828 an die »*Beschleunigung der Vorlagebearbeitung*« erinnert wurde, ist das Projekt nicht realisiert worden.

Vorschlag 7–1829: Wieder reichte *Schwahn* einen Entwurf ein: Wasserräder der Werderschen Mühlen sollten Spreewasser in einem im dritten Geschoß befindlichen Vorratsbehälter pumpen, von dort über Eisenrohre in die unterirdischen Abzugskanäle zu den »Linden« und zu den Rinnsteinen der angrenzenden Straßen führen. Das Projekt wurde nicht ausgeführt.

Vorschlag 8–1829/30: Die mit Kohlen befeuerte, Dampf produzierende Maschine in dem geplanten Maschinenhaus neben der Börse zum Betrieb der Wasserspiele im Lustgarten (Abb. 17) sollte auch Aufgaben zur Spülung der Rinnsteine in der Umgebung mit übernehmen (abschlägig behandelt). Die Fontäne im Lustgarten wurde 1830 in Betrieb genommen. Zunächst floß das Wasser aus einem Speicher auf dem Museumsdach, der von Hand über Pumpen gefüllt werden mußte. Das Maschinenhaus war 1832 fertiggestellt. Wegen der Probleme bei der Inbetriebnahme der Dampfmaschine wurde erst 1834 die Pumparbeit für die Wasserspiele von der Maschine übernommen (Abb. 18). [Berlin Museum 1987, S. 142]

Vorschlag 9–1838: Der Neubau der abgebrannten Klippmühle sollte »*mit Rücksicht auf den gemeinnützigen Zweck, (...) die Rinnsteine der Residenz mit fließendem Wasser zu versehen*«, nach dem Willen des preußischen Cabinets konstruiert werden. Die Ober-Bau-Deputation riet wegen nicht ausreichender Wassermengen von diesem Plan ab.

Vorschlag 10–1838/43: Der 1838 vorgelegte Entwurf des vom Leiter der Trigonometrischen Abteilung des Großen Generalstabs angehörigen Majors *Johann Jakob Baeyer*, Berlins Straßen zu bewässern und zu reinigen, wurde zusammen mit dem Kanalprojekt des königlichen Gartenbaudirektors *Peter Joseph Lenné* von einer Immediatkommission (Vorsitz der Gouverneur von Berlin, General *von Müffling*) zur Reinigung der Stadt geprüft. Nach dem 1842 verfaßten Prüfbericht wurde *Baeyer* und der

Abb. 18
Dampfmaschinenhaus
zwischen Börse und
Nationalgalerie –
von der Straße Unter
den Linden aus
gesehen, Brunnen mit
Fontäne

Stadtverordnete und Militärschriftsteller Major a.D. *Ludwig Johann Blesson*, der zudem Mitglied der 1840 konstituierten »Erleuchtungsdeputation« (Verhandlungen zwischen dem privaten englischen Gasunternehmen *ICGA* und der Stadt Berlin um die zukünftigen Gasproduktionsrechte) und auch schreibendes Mitglied im *»Verein zur Beförderung ...«* war, beauftragt, die Verhältnisse in Paris und London kennenzulernen und danach eine Denkschrift zu verfassen. Diese erschien 1843 und wurde laut Cabinetsordre an alle Mitglieder des Magistrats, der Stadtverordnetenversamlung und an die interessierte Fachöffentlichkeit verteilt. Diesem von der Staatsseite her geförderten Plan wurde 1844 von den Organen der Stadt Berlin jede Ausführungshilfe verweigert.

Der technische Teil des Plans wurde von dem englischen Ingenieur und Direktor der *East London Waterworks Thomas Wicksteed* konsiliarisch bearbeitet. Allein die Entwässerungsanlage sollte etwa 2,7 Mio Thaler kosten. Über die Bewässerungsanlage lag kein Plan und keine Kostenschätzung vor. Angesichts dieser zu erwartenden finanziellen Belastungen mußte die Stadt wohl passen, hatte sie sich doch zur selben Zeit (1842) dafür entschieden, das lukrative Gasgeschäft der englischen Gesellschaft *ICGA* entreißen zu wollen, um dafür selbst unternehmerisch tätig werden zu können. Zudem nahm seit den 1830er Jahren die Armut in den Städten immer noch zu (»Pauperismus« [Nipperdey 1983,S. 220]). Der Grund war die Zuwanderung bei gleichzeitig stagnierenden wirtschaftlichen Verhältnissen.

Der *Baeyer/Blesson*-Vorschlag ist aus vier Gründen wert, näher besprochen zu werden: Die Beschäftigung mit diesem Thema wurde zum ersten Mal vom Staat

unterstützt, der Zusammenhang von Wasser und Abwasser wurde bedacht, die Verhältnisse in Paris und London wurden offiziell miteinbezogen und dieser Entwurf stand bis zur Umsetzung der Pläne eine Dekade lang im Mittelpunkt der Diskussionen in Berlin.

Mit Rücksicht auf die staatliche Förderung des Projekts preisten *Baeyer/Blesson* zunächst mit Dank an den *»Hochseligen König«* die Fortschritte seit der Jahrhundertwende in der Residenz Berlin, die nicht ohne Ausstrahlung auf die Provinz geblieben waren [S. 3]:
– *»Die niedrigen, geschmacklosen Häuser (sind) durch schönere, in einem edlen, architectonischen Styl erbaute ersetzt.«*
– *»Das Innere derselben ist für das häusliche Bedürfniß im Allgemeinen zweckmäßig eingerichtet, die Treppen werden bequemer und zierlicher angelegt, die Malerei der Zimmer leichter und geschmackvoller gehalten.«*
– *»Die Bürgersteige sind in allen Haupt- und den meisten Nebenstraßen mit Granitplatten belegt,* »
– *»die Straßen statt der früheren düsteren Oellampen mit hellen Gasflammen erleuchtet, die auch sehr häufig im Innern der Häuser, in Läden und Fabrikgebäuden zum Bedürfniß geworden sind.«*
Trotz all dieser *»Verbesserungen«* beklagten die Autoren, daß *»in anderen Richtungen und namentlich in Sanitäts-Hinsicht«* in Berlin noch einiges zu tun bleibe. Berlin müßte Opfer bringen für das Sammeln von Erfahrungen, die den anderen weniger begüterten und daher weniger mächtigen Kommunen zustatten kommen könnten und zur Übertragung auf ländliche Gebiete geeignet wären. Und weiter im Sinne der These, die Stadt als Träger des

Fortschritts, große Städte »*haben die moralische Verpflichtung, durch Kunst danach zu streben, das zu ersetzen, was ihnen fehlt, denn eben nur dadurch kann jene
Wechselwirkung entstehen, die den allgemeinen Fortschritt herbeiführt.*« [Baeyer/Blesson 1843, S. 2]

Ohne direkten Verweis auf den »Report on Sanitary
Condition of the Labouring Population of Great Britain«
von *Edwin Chadwick* [1965 neu erschienen bei M.W. Flinn;
über *Chadwicks* Wirken bei von Simson 1983], der 1842
der Auffassung war, daß fehlende Stadthygiene zu einer
physischen und psychischen Schwächung der Bevölkerung und darüber hinaus jegliche kulturelle Entfaltung
verhindern müßte, aber mit deutlichem Hinweis auf das
Beispiel London, benützten *Baeyer/Blesson* die These
Chadwicks von der Abhängigkeit zwischen der Straßenreinigung und der »*Moralität der niederen Volksklassen*«
als Argumentationshilfe. Sie plädierten für eine ganz andere, derzeit in Berlin übliche, häusliche Ökonomie, die
sich zwangsläufig auf Mortalitäts- und Krankheitsraten
günstig auswirken müßte. Geeignet wäre das englische
Vorbild, bei dem jede Küche einen Wasserhahn und eine
Abflußröhre hat, jede Wohnung ein water closet und –
bei den wohlhabenden Leuten – jede Badestube mit
Warmwasser ausgestattet ist.

Auf die städtebaulichen Entwicklungen bezogen schlugen sie vor:
– Straßenreinigung durch Bewässerung der offenen Rinnen deshalb, weil das Gefälle in den sich erweitern-
  den Städten niemals reichen würde. Dieser Aufwand
  wäre im Nutzenvergleich zum seit 1829 in Berlin betriebenen »*Gaserleuchtungs-Apparat, (der) doch wahr-
  lich mehr nur eine Annehmlichkeit erzielt, (...) ein we-
  sentlicher für Leib und Leben vieler Hunderter unserer
  Mitbürger.*« [S. 14]
– Wenn auch noch zunächst die Rinnsteine benutzt werden sollten, so sollte in Verbindung mit der WC-Spülung die »*Anlegung geeigneter unterirdischer Ablei-
  tungs-Kanäle*« eingeleitet werden.
– Dem englischen Beispiel folgend, wäre es ratsam,
  bereits vor Anlegung neuer Straßen und der angrenzenden Bebauung die Abzugskanäle und Anschlußlei-
  tungen bis zur Grundstücksgrenze zu verlegen.
Ein Jahr später (1844) legte auf allerhöchsten Befehl
Ober-Hof-Baurath *Friedrich August Stüler* dem Stadtbaurath *Paul Langerhans* eine Denkschrift vor, in der die vor-
gezogenen Kanalarbeiten in den neu anzulegenden Straßen auf dem Köpenicker Feld und dem Pulvermühlen
Terrain vorgeschlagen wurden. *Langerhans,* aber auch
die Königliche Ober-Bau-Deputation lehnten mit Weitblick dieses Ansinnen ab, weil der Kanalbau erst dann
Sinn ergäbe, wenn ausreichende Spülung mit Wasser zu
gewährleisten wäre. Fortschritt im Entwässerungsbe-
reich war – nach herrschender Meinung von englischen
Vorbildern – nur in Verbindung mit der Verbesserung der
städtischen Wasserversorgung zu erzielen.

Das Spreewasser zur Rinnenspülung, zur Verbesse-

rung der Ökonomie in Häusern, Wohnungen und Werkstätten, zur Sprengung der staubigen Straßen und zur
Brandbekämpfung sollte nach Ansicht *Baeyers* und *Bles-
sons* und des mit dem Bau und Betrieb von städtischen
Anlagen erfahrenen *Wicksteed* mit Hilfe von dampfbetriebenen Pumpen an zwei Stellen (Jannowitz-Brücke
und am Halleschen Thor in Höhe der Gasanstalt) etwa
30 Meter hochgehoben und über eiserne (Stadt) und blei-
erne (Häuser) Wasserleitungen in die Häuser und an die
Brunneneinrichtungen zur Rinnenspülung geleitet werden. Sie sahen 309 Stück Brunnen rechts der Spree, 253
links davon vor, zusammen 562 Brunnen, nahezu exakt
ein Drittel von 1600 Brunnen, die zur Rinnenspülung in
dem etwa dreimal so großen Paris eingesetzt waren.
Baeyer/Blesson wollten zwar das Londoner Beispiel (dort
gab es keine Straßenbrunnen, keine Rinnsteine) in Berlin
realisieren, wußten aber um die lange Dauer unterirdischer Bauvorhaben und bedienten sich vermutlich für
die Übergangzeit der Pariser Erfahrungen.

Generalleutnant *Baeyer*, gelernter Landvermesser und
langjähriger Leiter der Trigonometrischen Abteilung des
Großen Generalstabs und späterer Präsident des Geo-
dätischen Instituts war ein Kenner staatlicher und städtischer Abläufe, so begegneten er und sein Koautor *Blesson* vorbeugend drei sicherlich aufkommenden Einwen-
dungen:
– Die Kostenübernahme der Hausinstallationen durch
  die Hausbesitzer wäre dann verträglich, wenn man
  einräumte, daß der höhere Wert der Mietsache auch
  erhöhte Mietzinsen nach sich ziehe. In den Fällen, wo
  die Mieter die Installationskosten anteilig übernehmen
  sollten, wäre ein längerer Verbleib der Mieter als
  sonst in Berlin üblich die vorteilhafte Folge.
– Das Projekt würde voraussichtlich an dem Unvermö-
  gen der Kommune Berlin scheitern, wenn sie selbst
  die Aufgabe für diese Anlagenherstellung übernehmen müßte. Deshalb schlugen sie vor, daß eine »*einige und kräftige organisierte* (staatliche, A.d.V.) *Behörde*« diese kommunale Aufgabe übernehmen sollte. In
  jedem Falle sollte sie keiner Privatgesellschaft von Ak-
  tionären übertragen werden: »*Die Gaserleuchtung hat
  hierüber nicht zu vergessende Erfahrungen an die
  Hand gegeben* (1843 trat das Aktiengesellschaftsrecht
  in Preußen in Kraft, A.d.V.). *Zu einem Monopol eignet
  sich einmal die Sache nicht.*« [Baeyer/Blesson 1843,
  S. 76]
– Der große Stadtumfang würde das Realisieren in
  Abschnitten erforderlich machen mit den Vorteilen
  einer zu Anfang des Vorhabens geringeren Bindung
  an Kapital, sich allmählich gründenden Gewerbes in
  Berlin für den Bau dieser Anlagen und des steigenden Verständnisses und damit Bedürfnisses der Bevölkerung für diese Neuerung. Sollte man sich für eine
  erste Versuchsanlage entschließen, so sahen *Baeyer/
  Blesson* den »*Abschnitt vor dem Halleschen Thor, die
  Friedrichstraße entlang bis zur Spree, mit Einschluß*

der Nebenstraßen, namentlich der Leipziger- und Linden-Alleestraße. Man gewinnt dadurch zugleich den Vortheil, einen ärmeren und einen wohlhabendern Theil der Einwohner mit der Wasserleitung in unmittelbare Berührung zu bringen, mithin allen Ständen im gleichen Maaße die Benutzung derselben zugänglich zu machen und die verschiedenen Bedürfnisse aus der Erfahrung kennen zu lernen.« [Baeyer/Blesson 1843, S. 74]

1.6 Weitblick *Crelles* zu Wohnung – Haus – Stadt

Vorschlag 11–1842: Die Aufsätze von *Crelle* 1833 und 1842 sind zusammen genommen das erste und letzte umfassendste Werk zum Themenkomplex »Wasser / Abwasser / Wohnung / Gebäude / Stadt«, denn nach 1860 war die für diese komplexen Zusammenhänge unvorteilhafte – bis in die heutige Zeit anhaltende – Arbeitsteilung vollzogen. Vor *Crelles* Arbeiten gelang diese Zusammenschau keinem, bei *Baeyer/Blesson* vermißt man z. B. den Sektor »Wohnung / Gebäude«. Letzteres beschrieb *Crelle* in dem Aufsatz von 1833. Die Aufsatzüberschrift 1842 lautete *»Über die Reinigung der Städte und Versorgung mit Wasser am Beispiel der Stadt Berlin.«* Der Beitrag handelt im ersten Teil von der »*Reinigung«* und endet mit dem Hinweis zur Fortsetzung. Warum der zweite Teil »*Versorgung mit Wasser«* nicht publiziert wurde oder ob er überhaupt verfaßt wurde, konnte nicht geklärt werden.

Eduard Wiebe berichtete 1861: »*Diese interessante Abhandlung scheint in maaßgebenden Kreisen nicht bekannt geworden zu sein, wenigstens ist nicht ersichtlich, dass sie dem Ministerium des Innern, zu welchem damals die Bau-Angelegenheiten gehörten, amtlich vorgelegen hat.«* [S. 14]

Crelles Pläne unterscheiden sich von den Vorschlägen *Baeyers/Blessons* in folgenden wesentlichen Punkten:
- Die konstruktiven, technischen Details sowie die Kostenberechnungen zeugten von einer fortgeschritteneren Planungsreife.
- Die Aufteilung der Stadt in Entwässerungszonen erfolgten erstmals nach topographischen Merkmalen und natürlichen Hindernissen in der Stadt Berlin.
- Erstmals richtete sich die Kanalverlegung nicht nach dem geringen in Berlin zur Verfügung stehenden Gefälle zwischen Leitungsanfang und -ende an den Ufern der Flußläufe. *Crelle* sah ausreichende Erdüberdeckung vor und plante begehbare Kanalquerschnitte und strömungstechnisch notwendiges Gefälle. Das dadurch wesentlich tiefer als der mittlere Spreewasserstand ankommende Abwasser wurde durch dampfbetriebene Pumpwerke gehoben. Mit dieser Thematik Vertraute werden allein anhand dieser kurzen Zusammenfassung große Ähnlichkeiten mit der etwa 30 Jahre späteren Planung von *James Hobrecht* feststellen.

- *Crelle* war wie *Baeyer/Blesson* davon überzeugt, daß die Städtereinigung eine kommunale Aufgabe sei. Wenn aber derartige Projekte aus Geldmangel scheitern sollten, wäre gegen die Zuhilfenahme einer »*Actien-Unternehmung«* nichts einzuwenden – ein Vorschlag des in Eisenbahn-Angelegenheiten und der dort zunehmenden Finanzierungen im Pool anonymer Geldgeber versierten Pragmatikers. *Crelle* war bekanntlich ab 1836 für die Geschäfte der »AG« zum Eisenbahnprojekt Berlin – Potsdam als Technischer Direktor verantwortlich.
- *Crelle* dachte und plante nach dem Muster des »*geteilten«* Entwässerungssystems in Paris, setzte damit allerdings auf das für Berlin falsche Pferd.

Überraschend war die Nichtbehandlung oder die fehlende Beschreibung in der dieser Zeit nachfolgenden Fachliteratur des – nach den *Hobrecht*-Plänen – kompetentesten Entwässerungsentwurfs für Berlin. Weder das 1928, vom Vorsitzenden der städtischen Tiefbaudeputation Stadtbaurat *Hermann Hahn* und dem Direktor der Stadtentwässerung, Magistrats-Oberbaurat *Fritz Langbein*, im Auftrag des Magistrats von Berlin verfaßte Standardwerk, das Werk *Hobrechts* von 1884, noch der Reisebericht *Wiebes* von 1861, der über eine kurze oberflächliche Erwähnung nicht hinausging, würdigten die umfänglichen und detaillierten Arbeiten *Crelles*. Dieser Umstand ist sicher einer der Gründe dafür, daß heutige Ausführungen zur Entwässerungsgeschichte Berlins in der Regel mit dem konzeptionell unbrauchbaren Projekt von *Wiebe* beginnen.

Crelle zählte zu den »*Unreinigkeiten der Stadt«* das Spülicht (Waschwasser) aus Küchen und Waschräumen, die Abflüsse aus Gewerbebetrieben, die menschlichen und tierischen Auswürfe, den Müll, dazu den Rauch, Staub und vor allem den aus Regen und Schnee in Verbindung mit Staub und Sand entstehenden »*Moder«* auf den unbefestigten Straßen, Plätzen und Höfen. *Crelles* planmäßiger Einsatz galt vor allem diesem »*Moder«*, die rasche Beseitigung der Oberflächennässe als Ursache seiner Entstehung stellte er als eine der Hauptaufgaben der Städtereinigung heraus.

Das in den Wohnungen entstehende Spülicht sollte über Fallrohre in oberirdischen Behältern – im Hof aufgestellt – gesammelt werden, von dort über abgedeckte Bodenrinnen in die Straßenkanäle fließen. *Crelle* beklagte die durch immobile Abtrittsgruben entstehenden Übelstände, schlug deshalb transportable, mit Rollen versehene »*Kothkarren«* vor, die unter die Abtrittssitze geschoben wurden. Diese Karren sollten ein- bis zweimal wöchentlich abgefahren, ihr Inhalt zur Düngung der Felder verwendet werden.

Von der Art, die Fäkalien mit Wasser zu verdünnen und über Kanäle in die Flüsse – wie z. B. in London – zu befördern, hielt *Crelle* nichts. Dieses Vorgehen wäre »*in so manchen Städten eine wahre Calamität und zuverlässig eine wesentliche Krankheitsquelle.«* [Crelle 1842,

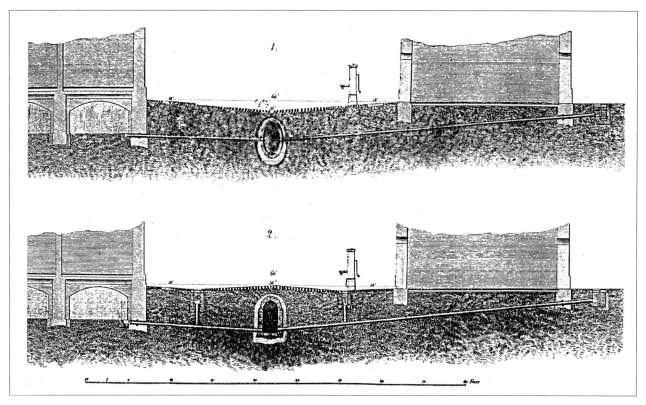

Abb. 19   Crelle 1842: Straßenvarianten, Entwässerung

S. 256]. Nur das Spülicht und das Oberflächenwasser von Straßen, Plätzen, Höfen und Hausdächern wäre zur Flußeinleitung geeignet.

Die Ableitung des Regenwassers von Dächern und Höfen erfolgte nach *Crelles* Plan über frostsicher angelegte Sammelgruben, deren abgestufter Boden das Absetzen des Schlamms ermöglichte. Über gußeiserne Röhren, im Gefälle 1 : 20 verlegt, konnte das Wasser selbstverständlich nicht in die bestehenden Rinnsteine fließen, von dessen in Berlin herrschendem Übel seine Pläne befreien helfen sollten. (Abb. 19)

Von der seit 1839 geltenden Polizeiverordnung, nach der die Hausbesitzer für das Reinigen der Bürgersteige und Straßenrinnen verantwortlich waren unter Androhung, daß »*die Reinigung im Wege der Execution auf seine* (des Säumigen, A.d.V.) *Kosten geschieht*«, und mit »*in Wiederholungsfällen zu schärfenden Geldbuße von Einem Thaler oder verhältnißmäßiger Gefängnißstrafe geahndet*« [S. 363] wurde, versprach sich Crelle keine Abhilfe. Das wären keine privaten, sondern kommunale Aufgaben – wie beispielsweise die Aufgabe der nächtlichen Erleuchtung der Straßen und Plätze, die ja auch nicht den einzelnen Stadtbewohnern aufgetragen würden.

Die wahre Verbesserung der unerträglichen Zustände wäre nur erreichbar, wenn jede Straße selbst große begehbare und tiefgelegene »*Abzugscanäle*« erhalte und damit die oberirdischen Rinnsteine wegfallen könnten. In einem Kostenvergleich zwischen den Varianten »*Straße mit in der Mitte liegender Gosse*« und »*Straße mit zwei-*

seitigen Regenauffanggossen« entschied sich Crelle für die erste, die wieder an das Pariser Beispiel und nicht an das englische erinnert. (Abb. 19)

Die Kanäle sollten im Regelfall aus Mauerwerk bestehen, ihnen sollte man »*statt senkrechter Wände, einen ovalen, oder, besser, einen rein-elliptischen Querschnitt geben*«. [S. 285; diese aus Edinburgh importierte Ingenieurleistung (vgl. *Mougey* 1839) wurde später als das auf dem Kopf stehende »*Ei-Profil*« bekannt] Sollte die Dichtheit der gemauerten Kanalumfassung angezweifelt werden, dann ließen sich »*Röhren aus gegossenem Eisen*« verwenden. Laut Amtlichem Bericht zur Gewerbe-Ausstellung Berlin 1844 stellte das Berliner Maschinenbauunternehmen *Freund* gußeiserne Rohre von zehn, vier und zwei Zoll Durchmesser für Wasserleitungszwecke aus. Der überwiegende Bedarf an Gußrohren wurde zu dieser Zeit aus England gedeckt, dort vorwiegend importiert aus Sheffield.

Die Hauptkanäle mit drei Metern lichter Höhe und zwei Metern lichter Breite werden mit mindestens neun Fuß Straßenraum abgedeckt, das natürliche Gefälle ($\geq$ 1 : 500) erzeugt die »*Schwerkraft*«, mit der das Abwasser bis in die »*Schöpfgruben*« vor oder in die Nähe der Flußläufe transportiert werden sollte.

In einer nach *Crelles* Beschreibungen erstellten Skizze (Abb. 20) ist der Weg des Abwassers über mehrere niveauverschiedene Gruben und Kanäle bis zur Flußeinleitung über »*4-Fuß-Leitungen*« zu verfolgen.

Bereits 1842 stand für *Crelle* fest, was *Wiebe* 20 Jahre

später trotz dieses weitsichtigen Vorläufers immer noch vorschlug, daß »*eine einzelne Grubenanlage für die ganze Stadt aus mehr als einem Grunde nicht ausreichen wird*« [S. 317]. Als Gründe wurden Gefälle, Grubenherstellung, Maschinenschöpfarbeit, natürliche Grenzen zwischen den Stadtgebieten vermerkt. »*Jedenfalls sind (...) so viele Schöpfgruben nöthig, als es Theile der Stadt gibt, die ganz durch Fluß-Arme von einander getrennt sind, oder die nur durch Brücken mit einander in Verbindung stehen. Die Anzahl dieser auf solche Weise gesonderten Stadttheile ist fünf.*« [S. 317]

Der erfahrene Baumeister *Crelle* rät, nicht an der Zahl von Schöpfgruben zu sparen, denn »*je mehr ihrer sind, desto kürzer die Leitungen und geringer der Anhang* (Gefälle, A.d.V.), *desto weniger wasserdichtes Mauerwerk, Maschinenkraft, Unterbrechung der Stadtentwässerung durch Betriebsschäden.*«

Wegen noch fehlender Vermessungsdaten schätzte *Crelle* 1842, daß elf Schöpfgrubenanlagen an folgenden Orten einzurichten wären mit voneinander unabhängig funktionierenden Entwässerungszonen:

Mit Hilfe der 1843er Stadtkarte von *Selters* sind in der »Karte Entwässerung Berlin Entwurf nach Crelle 1842« auf S. 45 die Entwässerungszonen, die Lage der Schöpfgrubenanlage und die von *Crelle* für seine Kostenschätzung genau angegebenen Kanallängen in den bis 1842 ausgebauten Straßen – ein für die Stadtbaugeschichte Berlins interessantes Zeitdokument – angegeben.

Spätestens hier wird der Weitblick *Crelles* für die entwässerungstechnische Entwicklung in Berlin offenkundig. Wieder sind große Ähnlichkeiten mit der über 30 Jahre später entstehenden Entwässerungsanlage *Hobrechts* erkennbar. Das 1861, um 20 Jahre später vorgelegte Konzept *Wiebes* ist dagegen als rückständig zu bezeichnen.

Crelles Aufsatz 1842 endete auf Seite 391 mit der angekündigten Fortsetzung der Abhandlungen über die »*Versorgung der Stadt mit Wasser*«. »*Er ist die mit dem eben Abgehandelten zusammenhängende Ergänzung eines wichtigen Theils derjenigen Vervollkommungen, die noch für Berlin und für so manche andere Stadt zum Wohlsein ihrer Einwohner zu wünschen ist.*« Diese Fortsetzung erschien nicht. Ob aus Gründen des sich ab Mitte

Nr.	Standort der Schöpfgrube	Grenzen der Entwässerungszonen
1	*Hallesches Thor zwischen Wilhelmstraße und Landwehrgraben*	*Leipziger-, Jerusalemer-Straße, Hasenberger Gasse, Jacobs-, Husarenstraße , Feld und Stadtmauer*
2	*vor dem Brandenburger Thor (in der Gegend des sog. Circus)*	*Leiziger-, Jerusalemer-Straße, Kupfergraben, Spree, Stadtmauer*
3	*Gegend Grünstraßenbrücke oder Roßstraßenbrücke*	*Kupfergraben und Spree, von der Jerusalemer Brücke bis Jannowitzbrücke, begrenzt von Jerusalemer-Straße, Hasenberger-Gasse, andrerseits Brückenstr. und den bis 1842 bebauten Theil des Cöpenicker Feldes*
4	*Schillingsbrücke*	*übrige Teile des Cöpenicker Feldes, von der Oberbaum- bis zur Jannowitzbrücke, soweit bebaut (fast nur Cöpenicker Straße)*
5	*Gegend Spittelmarkt*	*«Insel«: Kupfergraben, Spree*
6	*Stelle hinter dem Dome, wenn an der langen Brücke kein Platz*	*Schloßinsel*
7	*Herkulesbrücke oder hinter Garnisionskirche*	*Insel »Berlin«*
8	*Gegend Weidendammer Brücke oder Ebertsbrücke*	*Spandauer-, Rosenthaler-Str., Stadtmauer, Spree, Königsgraben*
9	*am Königsgraben, zwischen Königsbrücke und Kunowsky-Brücke*	*Rosenthaler-Straße, Königsgraben, Alexanderplatz, Landsberger Str., Stadtmauer*
10	*Gegend der Jannowitzbrücke*	*Landsberger Straße, Alexanderplatz, Königsgraben, Spree, Krautgasse, Frankfurter Straße, Stadtmauer*
11	*Gegend Stralauer Platz*	*Krautgasse, Frankfurter Straße, Stadtmauer, Spree (soweit bebaut Frankfurter-Straße, Holzmarktstr., Mühlenstraße)*

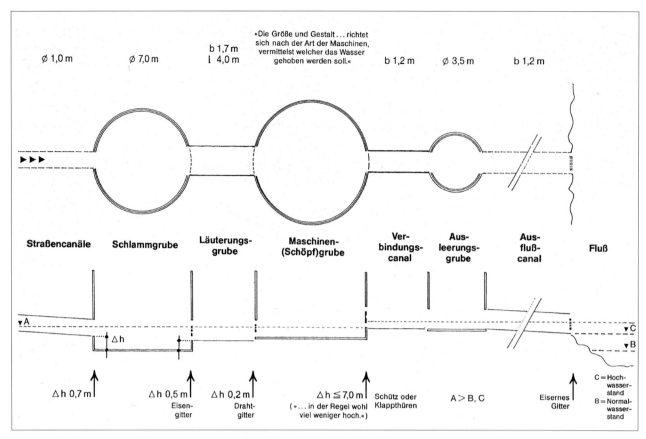

Abb. 20   Crelle 1842: Entwässerungssystem mit »Schöpfgrubenanlagen«

der 1840er Jahre verschlechternden Gesundheitszustands *Crelles* oder der über ihn hinweggehenden Entwicklungen durch Betreiben staatlicher Stellen, kann nur als ein Erklärungsversuch gewertet werden.

1.7   Staatliche Initiative führte zur Stadtwasserversorgung

Die Zeit zwischen der Ablehnung des *Baeyer/Blesson*-Entwurfs 1844 durch den Magistrat von Berlin und der »allerhöchsten Ordre« des Königs *Friedrich Wilhelm IV* 1848 an den Polizeipräsidenten *Carl Ludwig Friedrich von Hinkeldey*, sich nun selbst um das Projekt der Wasserversorgung Berlins zu kümmern, war gekennzeichnet von weiteren privaten, kommunalen und staatlichen Anregungen und mehr oder weniger ausgereiften Projektvorschlägen. Sie dienten als Diskussionsstoff und der allmählich sich verdichtenden Einsicht, Lösungen »von oben« erarbeiten und vorgeben zu müssen.

Vorschlag 12 – 1844: Der Architekt und Baumeister *Schramke* legte, zwecks Gründung einer Aktiengesellschaft, dem König ein Projekt zur Bewässerung der Stadt Berlin vor, das über die Wohnungsversorgung hinaus die Besprengung der Straßen, die Rinnsteinspülung (mit besonderer Rücksicht auf dieses »*nicht näher angegebene*

›*Cloakensystem*‹« [Wiebe 1861, S. 17]) vorsah. Das Wasser sollte nicht der Spree entnommen, sondern aus der nördlich von Berlin gelegenen Seengruppe (Wandlitz-, Rahmer-, Lubow-Seengruppe, die keine Zuflüsse hatte, sondern sich durch Quellwasser versorgte) über eine etwa 30 Kilometer lange Rohrleitung nach Berlin gefördert werden. Der dafür benötigte Fließdruck sollte durch die statische Druckhöhendifferenz von 17 Metern zwischen dem Niveau der Seengruppe und dem der Stadt erzeugt werden. Die entscheidende Frage in der Diskussion um dieses Projekt bis 1852 war, ob das »Abflußvermögen« der Seengruppe wohl ausreichen würde im Hinblick auf die zukünftige Stadterweiterung und der nicht erweiterungsfähigen Wasserquelle.

Das Projekt mit möglicher Quellwasserversorgung bewegte die Fachleute bis in die späten 1860er Jahre. Selbst *Veitmeyer* ging 1871 in seinem Bericht zur Erstellung der zweiten Wasseranlagengeneration noch auf das *Schramke*-Projekt ein. Er bestätigte allen Zweiflern ausdrücklich, daß die zwischen 1846 – 52 stattgefundenen Untersuchungen der Ober-Bau-Deputation negativ ausgegangen waren und deshalb deren Ablehnung des *Schramke*-Vorschlags, die vom Magistrat 1852 übernommen wurde, gerechtfertigt war.

Unterdessen drängte das mit Gaswerke- und Eisenbahnangelegenheiten erstarkende Kapital auch zu Aktienunternehmungen in Sachen Wasserversorgung. Auf

ENTWÄSSERUNG BERLIN

Entwurf nach CRELLE 1842

Maßstab 1 : 15000

0   200   400   600   800m

– – – – – Entwässerungskanäle

——— Grenze der Entwässerungszonen

⊙ Schöpfgrubenanlagen

Schöpfgrubenanlagen - Standorte:

1 Hallesches Thor zwischen Wilhelmstraße und Landgraben
2 vor dem Brandenburger Thor (in der Gegend des sog. Circus)
3 Gegend Grünstraßenbrücke oder Roßstraßenbrücke
4 Schillingsbrücke
5 Gegend Spittelmarkt
6 Stelle hinter dem Dome, wenn an der langen Brücke kein Platz
7 Herkulesbrücke oder hinter Garnisionskirche
8 Gegend Weidendammer Brücke oder Ebertsbrücke
9 am Königsgraben, zwischen Königsbrücke und Kunowsky - Brücke
10 Gegend der Jannowitzbrücke
11 Gegend Stralauer Platz

Quellen:
Seiter, J. C.: Grundriß von Berlin , S. Schropp Verlag , Berlin 1843 , (Original: Staatsbibliothek Preußischer Kulturbesitz , Berlin Kartenabteilung Sign.: Kart 17076)
Crelle, A.L.: Über die Reinigung der Städte und Versorgung mit Wasser am Beispiel der Stadt Berlin, in: Journal der Baukunst , Bd. 16 , Heft 3, Berlin 1842

Kartographische und reprotechnische Bearbeitung: B. JANKOWSKI
Kartenautor: Prof. Dr. H. TEPASSE (Hochschule der Künste Berlin, Fachbereich Architektur)
Hergestellt im Rahmen des Forschungsvorhabens "Unterirdischer Städtebau Berlins im 19. Jahrhundert"
Druck: TFH Berlin 1988

Betreiben des Königs gründete sich 1844 das »Comité zur Bildung einer Actien-Gesellschaft«, dessen Mitglieder sich aus denen der 1841 eingesetzten und 1842 wieder aufgelösten Immediat-Commission sowie aus englischen und preußischen Unternehmern zusammensetzten unter General von Müffling als Vorsitzenden. Unter den Mitgliedern befand sich auch Alexander von Humboldt. Das Comité bereitete den Boden für den 1852 stattfindenden Vertragsabschluß. Es schlug 1846 dem König vor, einen »Actienverein zur Bewässerung Berlin« zu gründen, der sich das Ziel setzte »der Residenz die Vortheile einer Bewässerung der Rinnsteine und von fliessenden Brunnen zu beschaffen.« [Wiebe 1861, S. 18]

Das Comité verwandte sich wieder für den Vorschlag von Baeyer und Blesson, der für viele Mitglieder der 1841/42 eingesetzten Immediat-Commission schon der förderungswürdigste war. Mit Rücksicht auf sich zeigende Stadterweiterungen schlugen sie den Bau eines »Wasserwerks an der Oberspree« [Hahn/Langbein 1928, S. 21] vor, hatten Baeyer/Blesson noch vor zehn Jahren den Spreestandort »Jannowitzbrücke« gewählt. Tatsächlicher Standort wurde dann ein Gelände unmittelbar vor dem Stralauer Thor an der Oberbaumbrücke (Abb. 21, rechts unten). Auch die Anstrengungen des Comités dienten in erster Linie der Beseitigung des Übelstandes durch die Rinnsteinentwässerung. Zwischenzeitlich hatte diese Stoßrichtung weitere Stärkung erhalten durch eine gutachterliche Stellungnahme der »Wissenschaftlichen Deputation für das Medizinalwesen,« die sich für verdeckte Abzugskanäle aussprach und selbst dann die Installation von unterirdischen Kanälen empfahl, wenn noch keine Spülung vorhanden wäre. Gestützt durch diese Voten setzte Innenminister von Bodelschwingh gegen den dadurch zu finanziellen Opfern getriebenen Finanzminister Flottwell durch, daß in Neubaugebieten Abzugskanäle bei der Straßenherstellung einzubauen waren. Der Finanzminister konnte nur insoweit diesen Beschluß mildern, als er durchsetzte, mit dem nachträglichen Einbau von Kanälen in den älteren Stadtteilen solange warten zu dürfen, bis der Bewässerungsplan zur Ausführung genehmigt wäre.

Die großflächige Umsetzung dieser inoffiziellen »Kanalbau-Richtlinie« von 1846 scheiterte – zum Vorteil für die spätere zentrale einheitliche Lösung – an der Kostenumlage auf die Straßenanlieger. Das allseits beklagte, von der Staatsseite her anerkannte Übel war für die nicht verwöhnten Berliner Bauherren vor der Einrichtung der Wasserversorgung noch nicht groß genug, so daß die Bedenken der Ministerial-Bau-Commission und des Polizei-Präsidiums sich bewahrheitete: Die den Bauherren auferlegten Kosten für die Kanalbauten dämpfte nachhaltig die Baulust.

Je weniger sich im Bereich Wasser/Abwasser die Richtlinienkompetenz der staatlichen und städtischen Verantwortlichen um richtungsweisende Auffassungen bemühte, desto vielseitiger wurde wieder das Angebot an Systemvorschlägen, die Berlin immer von seinen Übeln

befreien helfen wollten. Deshalb war des Königs Order 1848 an den Polizeipräsidenten von Hinkeldey verständlich, sich selbst um die Wasserversorgung zu kümmern. Von Hinkeldey wurde in seinen Bemühungen durch den in technischen Fragen versierten Königlichen Branddirektor Ludwig Carl Scabell von Amts wegen unterstützt, der englische Wasserwerke besichtigte und dabei Kontakte zu englischen Unternehmern knüpfte.

Sowohl die politischen und wirtschaftspolitischen Folgen der 1848er Unruhen als auch die damit zusammenhängende neuerliche Weigerung der Stadtvertreter, sich an den Kosten für die Bewässerungsanlagen beteiligen zu wollen, waren vermutlich die Hauptgründe für die Zeitspanne zwischen der Beauftragung 1848 und dem endgültigen Vertragsabschluß 1852 mit den englischen Unternehmern Charles Fox und Thomas Russel Crampton. Fox hatte Eisenbahnen, Brücken, Industriewerke und den Crystall-Palast in London gebaut und Crampton galt als international anerkannter Lokomotivenbauer, erhielt er doch die einzig vergebene Goldmedaille auf der Weltausstellung 1851 in London. [Vossische Zeitung v. 21.10. 1853] Das Anfang der 50er Jahre einsetzende Wirtschaftswachstum hat diese Entscheidung für eine stadttechnische Großinvestition einfacher gestalten können. Zwei Beispiele in Nipperdeys »Deutsche Geschichte 1800–1866« dokumentieren diese Entwicklung in Preußen [S. 187 ff.]: »1837 wurden noch 90,5 %, 1850 noch 75,2 % der Eisenproduktion in Preußen mit Holzkohle – statt mit dem Kokshochofen hergestellt, 1853 dann nur noch 37,2 %.« Oder das zweite Beispiel: 1843 waren 15,5 % der 245 Lokomotiven in Deutschland hergestellt, 1851 schon 62,6 % von 1084.

Über die Grundsteinlegung für das Unternehmen Berlin Waterworks Compagny [Vertrag und Programm für die Feierlichkeiten bei der Grundsteinlegung vgl. Städtische Gaswerke 1926, S. 15 ff.] berichtete die Vossische Zeitung v. 22.10.1853: Der Domchor stimmte an zu »Gott sei gegenwärtig«, nach der Festrede des Geistlichen Dr. Conrad wurde unter den Augen des Prinzen Adalbert von Preußen (Vertreter des wegen »Unpäßlichkeit verhinderten« Königs Friedrich Wilhelms IV) der Grundstein gelegt. Es folgte die Rede des Polizeipräsidenten von Hinckeldey und die Feier schloß bei schönstem Herbstwetter mit dem Volksgesang »Heil Dir im Siegerkranz«.

Die vom Handelsminister noch 1852 beauftragte Königlich-Technische Bau-Deputation, über das leicht geänderte Baeyer/Blesson-Konzept des Comités nachzudenken, beklagte sich darüber, daß Vorgaben und Kriterien für die Überprüfung der Vorschläge fehlten, daß die bisher eingereichten Gesuche als dürftige und mangelhafte Planvorlagen angesehen werden müßten und daß hinter diesen Eingaben die Persönlichkeit vermißt würde, die man aufgrund ihrer bereits gesammelten Erfahrungen mit der Durchführung der Wasserversorgungspläne betrauen könnte.

Die behördlichen Anforderungen an eine zentrale

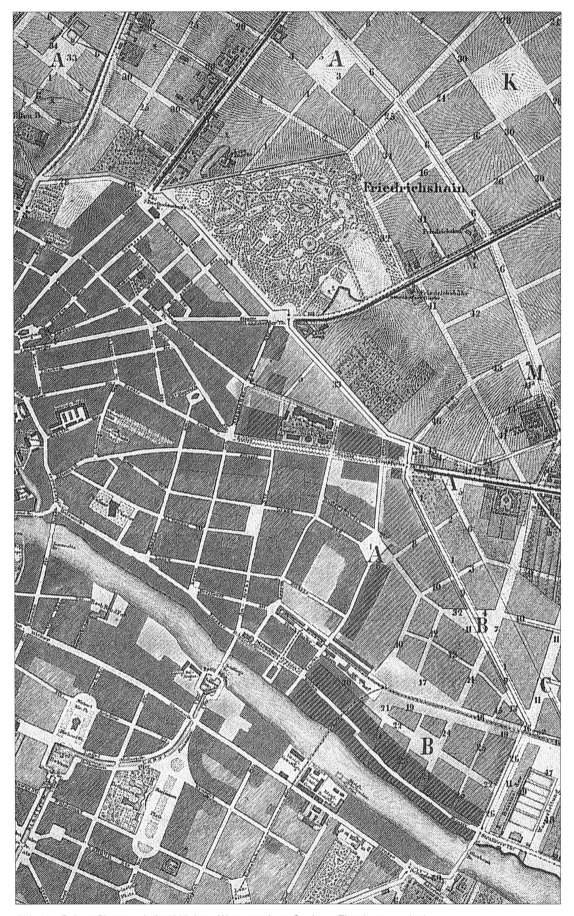

Abb. 21   Reimer-Planausschnitt 1865: Lage Wasserwerk am Stralauer Thor (unten rechts)
und Wasserspeicher nördlich des Windmühlenbergs (oben links)

Wasserversorgung für Berlin im Zusammenspiel mit der Abwasserbeseitigung wurden dann am 16.12.1852 (acht Tage *nach* Vorlage des Vertragsentwurfs und zwei Tage *nach* Vertragsunterzeichnung zwischen *von Hinkeldey* und *Fox & Crampton* !) äußerst dürftig wie folgt definiert:

»*(...) dass das Wasser bis zum Dachboden der Häuser hinaufgeführt werden müsse, um auch die Anlage von Water-Closets möglich zu machen. Ferner genügen fließende Brunnen auf den Straßen nicht, um die Uebelstände der Rinnsteine zu beseitigen. Die tiefen Rinnsteine müssten vielmehr umgeändert und in zweckmässigen Entfernungen mit verdeckten Abzugskanälen verbunden werden, durch welche frisches Wasser geleitet wird. Diese Kanäle müssten aber gehörig beaufsicht und rein gehalten werden, da bei dem schwachen Gefälle die Einrichtung einer Spülung allein nicht hinreicht. Vor allem muss man aber den Eintritt fester Stoffe in die Kanäle sorgfältig verhüten. In Bezug auf die Beschaffenheit des Wassers wird der Entnahme aus der Spree der Vorzug vor der Herleitung aus der Ferne gegeben* (dieser Hinweis gilt dem *Schramke*-Projekt, A.d.V.). *Bei der verschiedenen Auffassung des Wasserbedürfnisses muss ein bestimmtes Maass dafür festgestellt werden. Dann muß ein Baumeister aus dem an anderen Orten Erprobten das für die hiesigen Verhältnisse Passende auswählen und selbständig einen vollständigen Entwurf ausarbeiten.*« [Wiebe 1861, S. 20f]

Dieser Anforderungskatalog hatte nichts mit einer dichten »Funktionalen Leistungsbeschreibung mit Leistungsprogramm« zu tun, ließ dem Auftragnehmer zu viel Freiheit und darf auch deshalb als zu dürftig bezeichnet werden, weil z. B. die Qualität der zehn Jahre vorher verfaßten Erläuterungsberichte von *Baeyer/Blesson* und vor allem die von *Crelle* zum Vergleich herangezogen werden.

Auch im Vertrag zwischen dem König von Preußen, *Friedrich Wilhelm IV* und *Fox & Crampton* ist wieder nichts Genaues zu lesen über die zu erfüllenden Aufgaben. Es ist lapidar vermerkt, »*(...) die Stadt Berlin mit fließendem Wasser zu versehen, so daß für die Reinlichkeit in den Straßen gesorgt, den Haushaltungen ein brauchbares Wasser zugeführt, auf verschiedenen Plätzen der Stadt fließende Brunnen errichtet, das zum Löschen nöthige Wasser bei einem Brande in Wasserständern bereit gehalten (...).*« [S. 17]

Die Berliner Maschinenbauunternehmen *Wöhlert, Borsig, Freund, Schwartzkopff* u.a. wurden mit Maschinenbau-Aufträgen bedacht, die Unternehmung mit englischem und deutschem Geld finanziert. *Fox & Crampton* traten 1855 die Rechte und Pflichten aus dem Vertrag an die aber erst 1858 durch den König anerkannte, in London gegründete »*Berliner Waterworks Compagny*« ab. Die Inbetriebnahme des 1. Wasserwerks der *Berliner Wasserwerke* am Stralauer Thor vollzog sich 1856 (Abb. 21).

Die Hauptpflichten und -rechte der *Berliner Wasserwerke*, die nach Vertragsabschluß mit dem Staat Preu-

ßen vereinbart wurden, lauteten (in Klammern die realen Ereignisse):

– 25 Jahre alleiniges Recht zur Belieferung der Stadt mit Oberflächenwasser aus der Spree und zur Benutzung an öffentlichen Straßen bis 1881 (einseitige Vertragsauflösung durch den Staat 1873 auf Druck der Stadt);

– Nutzungs- und Enteignungsrecht bei fremden Grundstücken (Anwendung bei dem Wasserwerksgrundstück am Stralauer Thor);

– Recht zur selbständigen Preisgestaltung bis zur Reingewinngrenze von 15 % auf das Anlagekapital bei einem Mindestkapital von 1,5 Mio Thalern;

– Übergabe der Werke und Anlagen zum Taxwert an den Staat nach 25 Jahren (die Höhe der Entschädigung der Berliner Wasserwerke nach der einseitigen Vertragsauflösung 1873 durch den Staat betrug 8,4 Mio Thaler);

– in 25 Jahren sollte eine Mindestrohrlänge von 192.000 Fuß errichtet werden (wurde bereits nach etwa einem Jahr erreicht);

– unentgeltliche Wasserlieferung für Straßenreinigung, -besprengung und Feuerlöschzwecke, wobei der Staatskommissar *von Hinkeldey* über die Mengen entscheiden durfte (dieser Punkt war Gegenstand ständiger Streitereien, im Mittelpunkt standen dabei weniger die absoluten Mengen als vielmehr die Spitzenleistungen in m³/s, z. B. erforderlich beim Löschen eines Brandes);

– die Hälfte des Mehrbetrags von dem Gewinn über 10 % vom Anlagekapital sollte einem Fonds zufließen zur Errichtung einer Entwässerungsanlage (kein ernst genommenes Vorhaben, die Konten des »*Kloakenfonds*« wiesen 1873 nur klägliche 140.000 Thaler auf, [Virchow 1873, S. 43]);

– fünf Springbrunnen: Lustgarten, Hausvogtei-, Dönhoff-, Alexander- und Belle-Alliance-Platz mußten auf Kosten der Berliner Wasserwerke eingerichtet und unterhalten werden (1859 bereits erfüllt).

Nach den bereits drei Jahrzehnte alten Gaszentralanlagen besaß Berlin 1856 seine zweite zentral organisierte städtische Einrichtung. Über die technische Konzeption, die den Berliner Wasserwerken nicht vorgeschrieben wurde, liegen heute nur noch spärliche Informationen vor, technische Zeichnungen oder Rohrnetzkarten findet man in öffentlichen Archiven nicht.

Die Hinweise aus [Städtische Gaswerke 1926, S. 14 und BusB 1877, 3. Abschnitt, S. 100 ff.] über die wesentlichen Bestandteile sollten an dieser Stelle genügen: Die Kohle-/Dampf-betriebenen Kolbenpumpen auf dem Gelände vor dem Stralauer Thor an der Oberbaumbrücke (Abb. 21) hoben das gefilterte Spreewasser in einen Hochbehälter und drückten es über zwei, etwa 700 mm Lichtweite große Rohrleitungen in das sich verzweigende Rohrnetz. Ein Rohrstrang führte vom Alexanderplatz aus in die Nähe des Windmühlenbergs (Abb. 21, links oben) zu einem auf dem Netzhöchstpunkt zur Druckhaltung eingerichteten, etwa 30 Meter über Straßenniveau hohen Standrohres nebst Wasserspeicher (Abb. 37). Sowohl die Versorgung eines Auslaufventils in der WC-Anlage im fünften Geschoß eines Mietshauses im Stadtkern als auch der Druckbedarf für das Löschen im Brandfalle bei einer Spritzhöhe von 25 Metern waren damit erstmals gewährleistet. In BusB 1877, S. 102 wird aufgezeigt, daß das Sohlenniveau des Wasserreservoirs am Windmühlenberg gleich dem Dachfirstniveau des Stadtschlosses ist.

Der Anschluß an den europäischen Stand der Stadtwassertechnik (Paris 1802, London 1808, Wien 1813) war von staatlicher Hand mit dem um 1840 entstandenen Entwurf von *Baeyer* und *Blesson*, einige Jahre später durch das *Comité* modifiziert, vollzogen. Sich dabei ausländischen Unternehmern überlassen zu müssen, war sicher nicht im Sinn des aufstrebenden Gewerbes und der wachsenden Industrie in Preußen, vermittelt aber einen Eindruck von der zu dieser Zeit herrschenden Omnipotenz englischer Unternehmer. Andererseits paßte es in die Reihe vieler Beispiele dieser Zeit, die die einseitigen, importlastigen Handelsbeziehungen zwischen Preußen im besonderen, den Staaten des Kontinents im allgemeinen und Großbritannien erkennen lassen.

1.8 Water closets setzten sich durch und – Berlin unter Abwasser

Die vordergründig aus Geldmangel an diesem Vorhaben unbeteiligt gebliebenen Stadtvertreter waren ob der verordneten Trennung zwischen Wasser und Abwasser und der ihnen für das langfristige Wohl der Stadtbevölkerung nicht geheuren Monopolstellung der *Berliner Wasserwerke* (in Kenntnis der Erfahrungen aus dem Gasbereich) unzufrieden, konnten aber ihrerseits keine realisierungsfähigen Alternativen entgegenstellen. Es konnte deshalb nicht überraschen, daß Stadtverordnete bereits zwei Jahre nach Inbetriebnahme des Wasserwerks darüber nachzudenken begannen, die Wasserversorgungsaufgaben in städtische Verantwortung übergehen zu lassen.

Gelegenheit dazu boten zwei Entwicklungen in den Jahren 1855 bis 1860:
- die geringe Begeisterung der Berliner, das ohne Zwang vorgelegte Wasserlieferungsangebot anzunehmen und
- die sich verschlechternden Entwässerungszustände im Rinnsteinbestand durch die sich dramatisch vergrößernden Abwassermengen.

Der englische Ingenieur *Henry Gill*, der der Bauleitung am Wasserwerksbau am Stralauer Thor angehörte und ab 1854 zum Betriebsdirektor der *Berlin Waterworks Compagny (BWW)* bestellt wurde, faßte in seinem aufschlußreichen Werbeschriftchen von 1857 (Abb. 14), das in einer Großauflage an Private und Gewerbetreibende in Berlin verteilt wurde, die Aufgaben der Berliner Wasserwerke zusammen: »*1. ein möglichst feines, weiches, zu-*

gleich aber auch 2. jederzeit schnell, bequem und reichlich sich darbietendes Wasser zu liefern.« [Gill 1857, S. 51]

Auf den Seiten 71 ff. waren in dem »*Prospectus*« die Allgemeinen Geschäftsbedingungen niedergeschrieben. Danach verlegten die *Berlin Waterworks Compagny (BWW)* oder vom Polizeipräsidenten zugelassene Installationsfirmen im Auftrag der *BWW* die »*bleiernen Speisungsröhren*« im Innern der Häuser in soviel Räumen wie von den Kunden gewünscht. Die Kosten der Hausanlagen verbilligten sich beträchtlich, wenn dieser Einbau in allen Wohnungen des Hauses stattfand. Übernahm – wie in den meisten Fällen – der Eigentümer des Hauses die Kosten, so mußte er alle Mieter von der Sinnfälligkeit des Leitungseinbaus überzeugen. *Gill* warb dazu mit den Abbildungen aller in Großbritannien gängigen Einrichtungsgegenständen und dem Hinweis, daß Bäder und WCs zu den »*unbedingtesten Notwendigkeiten*« in großen Städten gehörten. Das Kunden lockende visuelle Angebot umfaßte – in einer nach sanitärtechnischen Merkmalen geordneten Komplexität – Fittings, Armaturen, Einrichtungsgegenstände und Anlagensysteme: z. B. Klosettanlagen, einzeln für Wohnungen und »*in Reihe*« (Retiraden) mit dem über ein Jahrhundert lang berühmten britischen »*Hopper*«-Trichter für öffentliche Lokale, Kasernen oder Armenhäuser (Abb. 22) sowie kombinierte Badewannen- und Warmwasserbereitungsanlagen. Zum Beispiel die einfache Lösung: Badewanne mit Kohleöfchen, dessen heiße Rauchgase den Doppelboden durchströmten bevor diese in den Kamin mündeten. Oder die herrschaftlichere: ein Kohlebadeofen – verkleidet als Kachelofen – füllte einen über der Wanne installierten Behälter nach dem Schwerkraftprinzip mit Warmwasser, das aus dieser Höhe mit resultierendem Druck dem Brausekopf zum Duschen entströmte.

Des weiteren lägen ihm, *Henry Gill*, eine Reihe von Briefen vor, in denen Konsumenten für die Wohltat dankten, selbst der »*Vorstand der gemeinnützigen Baugesellschaft*« spendete in seiner Generalversammlung Beifall und stellte die Vorteile der Wasserleitung in ihren fertiggestellten Häusern heraus. [S. 59 f.]

Soweit der einmalige Vorgang der Anlageneinbringung. Für den laufenden Betrieb schlossen die *BWW* mit jedem Wohnungskunden einen Vertrag, aus dem die Beamten berechtigt waren, *jederzeit* den Zutritt zur Wohnung verlangen zu können. Der gewöhnliche Haushaltstarif sah vor, Kosten für die Wasserlieferung zu erheben in Höhe von 4 % der Wohnungsmiete (3 % für Büros, Werkstätten und Läden). Angesichts der sich abzeichnenden Wohnungsknappheit und der damit zwangsläufig verbundenen Mietpreissteigerungen, war dieser Tarif eine betriebswirtschaftlich kluge Entscheidung – wie die Entwicklung bereits nach vier (!) Betriebsjahren zeigen sollte.

Diese erwartete günstige Entwicklung blieb zunächst aber aus, die Mitglieder der »*Gesellschaft unternehmungslustiger Kapitalisten*« [S. 48] wurde ungeduldig. Der Preis je Kubikmeter Wasser allein war sicher nicht der Grund

Einfaches steingutnes Closetbecken mit Wasserverschluß 10 Thlr.

Ein ähnliches Becken mit Ventil . . . . 18 Thlr.

Einfache Badewanne mit Heizung . . . . von 40 Thlr. ab.

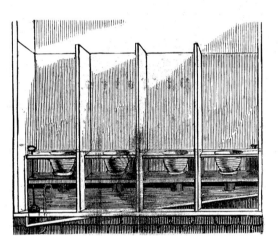

Bade=Einrichtung mit Heizen vom Stubenofen in demselben Zimmer
von 150 Thlr. ab.

Retirade für öffentliche Lokale, Erziehungs=Anstalten, Kasernen,
Armenhäuser ꝛc.:
für drei Verschläge . . . . 56 Thlr.
für jeden Verschlag mehr . . . . 18 „

Abb. 22   Gill 1857: Werbung für die sanitären »unbedingtesten Notwendigkeit«

für die zwei Jahre nach Betriebseröffnung 1857 kümmerliche Zahl von nur 300 Kunden. Trotz lokaler Tarifsenkungen hielten sich die Berliner Hauseigentümer und Wohnungsbesitzer anfangs bedeckt. Die Hauseigentümer äußerten Bedenken: Der Rohreinbau könnte Bauschäden verursachen oder die Bleirohre schlechten Einfluß auf die Wasserbeschaffenheit ausüben. [Schultz 1881, S. 88]

Der um Erfolg bemühte neue Polizeipräsident *Freiherr von Zedlitz-Neukirch* (*von Hinckeldey* war in einem Duell getötet worden) unterbreitete den *BWW* 1857 zwei Vorschläge:

(1) Die *BWW* sollten auf eigene Rechnung die Hausanlagen installieren und für eine begrenzte Zeit Wasser unentgeltlich liefern. Dieses Geschenk an die Berliner woll-

Abb. 23
Klosterstraße um
1880: tiefe, breite
und offene Rinn-
steine

te die *BWW* aber nur dann austeilen, wenn ihr weitere 25 Jahre – also zusammen 50 Jahre – das Monopolrecht übertragen oder alternativ ein Staatsdarlehen in Höhe von 300.000 Thalern gewährt werden würde. Die in diesen Entscheidungsprozeß einbezogene Stadtverordnetenversammlung lehnte ab [Hahn/Langbein 1928, S. 18];

(2) Jeder Polizeileutnant sollte einen Thaler für jeden neu geworbenen Anschlußwilligen erhalten. Die Reaktionen zu diesem Vorschlag sind nicht dokumentiert [Schultz 1881, S. 42].

Der Stadtverordnete *A. Schultz* – der noch 1881, als bereits fünf der zwölf vorgesehenen Radialsysteme des *Hobrecht*-Plans fertiggestellt und in Betrieb waren, sich vehement gegen die Schwemmkanalisation und ihren einflußreichsten Befürworter, *Rudolf Virchow*, publizistisch zur Wehr setzte (vgl. S. 104 f.) befaßte sich in der *Piper*schen Monatszeitschrift für Städte- und Gemeindewesen, IV Jg., 1858 mit den möglichen Ursachen für die schleppende Anschlußentwicklung.

Sein Erklärungsmodell, das den Grundlagen der modernen Marketinglehre alle Ehre machen könnte, verwies auf die komplementären Abhängigkeiten der Güter »Wasser« und »Abwasser«. Die Gedanken von Schultz auf die heutige Wirtschaftsprache übertragen: Umsatzzuwächse des Gutes »Wasser« in der Stadt sind nur dann erreichbar, wenn die Abwasserrückführung diese zuläßt. Diese Erkenntnis war nicht neu, sie war über das Geschichtsstudium der britischen Waterlord-Unternehmungen im 17./18. Jahrhundert auch für *Schultz* zu erhalten. Die »*Wasser-Verproviantirungs-Gesellschaften*« hatten immer dafür gesorgt, daß dem (privatkapitalistisch organisierten) Wasserzufluß ein angemessen komplementärer (sozialstaatlich getragener) Wasserabfluß zugeordnet wurde. Solange der Entwässerungszustand in Berlin nicht ver-

bessert werden würde, folgerte *Schultz*, solange müßten die *BWW* ohne Überschüsse auskommen.

Als ein Indiz für die Unentschlossenheit der Bauherren und Architekten, das fortschrittliche Wasserangebot anzunehmen bei noch fehlender bzw. mangelhafter Entwässerung, können die unterschiedlich sanitär ausgestatteten Stadtvillen herangezogen werden, die in der Zeit zwischen 1852 und 1860 gebaut wurden [Riegel 1855]:
– Ausbau des Hauses *Andressen* in der Tauben-, Ecke Friedrichstraße zu herrschaftlichen Wohnungen durch den Architekten *Fromholtz*: Retraits (nicht erkennbar, ob es sich dabei um WCs oder um Nachtstühle mit Tonnenabfuhr handelt), keine Baderäume
– Stadtvillen, gebaut 1855 bis 1860 von dem Architekten *Georg Friedrich Hitzig* in der Regentenstraße (heute Hitzigallee):
  – Nr. 4, 5, 9: je Geschoß ein Closet, kein Badezimmer
  – Nr. 6: jede Etage ein Closet, im 1. Stock ein Badezimmer
  – Nr. 12: Closet mit Abfuhrtonne, ein Badezimmer
  – Nr. 8: Badezimmer mit WC
  – Nr. 7: je Geschoß ein Badezimmer und separates WC.

Die Regentenstraße erhielt als erste Straße 1860 unterirdische Abzugskanäle, die sich die Anrainer bauen ließen [Virchow 1871, S. 171]. Die Abwässer flossen dabei ungereinigt in den Landwehrkanal.

In Kenntnis der weiteren Entwicklung ist zu behaupten, das Engagement von *Gill, von Zedlitz-Neukirch* und *Schultz* stellvertretend für viele andere – war überflüssig. Der durchbrechende Erfolg in der Anschlußentwicklung zum Ende der 1850er Jahre vollzog sich mit der rasch zunehmenden Beliebtheit des Klosetts mit Wasserspülung. Der Siegeszug war über 40 Jahre nach der großflächigen Londoner Einführung auch in Preußens Residenz nun nicht mehr aufzuhalten. Aber damit nahm das Berliner Drama seinen Lauf, denn die Zungenrinnsteine waren für die nun anschwellenden Abwassermengen nicht konstruiert. Die vielerorts vollzogene Verdopplung der Höhen- und Breitenmaße bis auf 100 cm verursachten neue Verkehrsprobleme, Unfall- und Krankheitsgefahren für Straßenpassanten und erhöhten die Geruchsbelästigungen. Ein dafür prägnantes Beispiel zeigt Abb 23: Einblick in die Klosterstraße mit der Parochialkirche um 1880; das Radialsystem RS III war gerade 1879 in Betrieb genommen worden, die kolossal breiten, tiefen und offe-

nen Rinnsteine, jeweils überbrückt für Hauseinfahrten, sind noch existent.

Der Ausgangspunkt dieses ersten Kapitels zur sanitären Stadttechnikgeschichte Berlins bis 1860 ist wieder erreicht: Der Polizeipräsident *von Zedlitz-Neukirch* erhielt den Auftrag, eine Bestandsaufnahme dieser neuen Entwässerungszustände aufzustellen. Sein schonungsloser Bericht erzeugte Handlungsbedarf. Die darauf folgende Beauftragung *Wiebes, Veitmeyers* und *Hobrechts* stand am Anfang eines Jahrzehnts der Diskussionen über Entwürfe und Pläne auf der Suche nach der für Berlin richtigen Stadt-Entwässerung.

2. Entwässerungsstreit stärkt Selbstverwaltung der Stadt (1860 bis 1875)

Zusammenfassung

Das nach der stadthygienisch prekären Bestandsaufnahme 1861 von *Friedrich Eduard Salomon Wiebe* aufgestellte Entwässerungskonzept sprach sich entschieden gegen das in Paris praktizierte Abfuhrprinzip aus, sah dafür die Schwemmkanalisation nach britannischem Muster vor. Die nicht planreifen Unterlagen ermöglichten Aufschub von Ausgaben des Staates, dessen Kassen zu jener Zeit für kostspielige Kriegszüge zum Ziel der »nationalen Einheit« im Sinne des 1862 zum Ministerpräsidenten ernannten *Otto von Bismarcks* geleert wurden.

Hilfestellungen für das Projekt Stadtentwässerung erhielten die Befürworter um *R. Virchow* durch die vielen Cholera-Toten (1866), die unkoordinierten »wilden Kanalbauten«, durch die sozialpolitischen Thesen als Folge schlechter Städtehygiene von *E. Chadwick* aus London, die Erkenntnisse der Londoner *Rivers Pollution Commission* zum Bereich »Wasser-Abwasser-Flüsse« und durch *J. Hobrecht*, der mit dem Bau der Wasserversorgung und Entwässerung in Stettin Erfahrungen sammelte.

Eine 1869 von der Stadt eingesetzte Deputation unter der Leitung von *Virchow* beriet unter einem erweiterten Untersuchungsrahmen (Wasser-Abwasser-Flüsse) den *Wiebe*-Entwurf. Der als »Büroleiter« für die Deputation tätige *Hobrecht* legte 1871 ohne Auftrag, aber im Einvernehmen mit den Deputierten, seinen Entwässerungsplan für Berlin vor. Gleichzeitig war damit der *Wiebe*-Entwurf abgelehnt, weil dieser kein stufenweises Erweitern des Gesamtsystems zuließ und damit städtebauliche Entwicklungen erschwert hätte. Zudem galt das Einleiten ungeklärter Abwässer in die Spree – wenn auch in Fließrichtung hinter den Städten Berlin und Charlottenburg – als nicht mehr zeit- und genehmigungsfähig. Der revolutionäre Entwurf *Hobrechts* als eine Symbiose der Konzepte von *Crelle* und *Wiebe* errang bis auf wenige Gegenstimmen breiteste Zustimmung, so daß mit seiner Umsetzung ab 1873 begonnen werden konnte.

Weil die »Schwemmkanalisation« nur mit Hilfe vieler – von den *Berliner Wasserwerken (BWW)* versorgten – water closets funktionieren konnte, beauftragte der Magistrat 1868 *L. A. Veitmeyer*, eine städtische Wasserversorgung für zwei Millionen Berliner unter zukünftiger Stadtregie zu planen. Die Stadt wollte auch das Wassergeschäft selbst gestalten, beabsichtigte die Enteignung der privaten *BWW*, vergleichbar der Situation in den 1840er Jahren bei der Auseinandersetzung mit dem privaten Gasunternehmen *ICGA*. Die *BWW* lieferte dafür gewollt oder ungewollt die erforderlichen Argumente, weigerte sie sich doch seit 1863, Netz und Werk der im Norden und Süden wachsenden Stadt anzupassen (Rinnsteinspülung, Brandbekämpfung, Straßen mit Bebauungsreife usw.).

Mit Hilfe des Gesetzestitels »Gefährdung des öffentlichen Wohls« aus dem »Allgemeinen Landrecht« erwirkte die neue Partnerschaft zwischen Stadt und Staat 1872 den Ausstieg aus dem eigentlich bis 1881 vereinbarten Vertragsverhältnis. Die *BWW* wurde königlich entschädigt, die *Städtischen Wasserwerke Berlin* – unter dem bisherigen *BWW*-Chef *H. Gill* als ersten Direktor – nahm 1873 die Wasserversorgung Berlins in eigene Hände. Der im Vergleich zum Entwässerungsplan nicht minder geniale Plan *Veitmeyers* wurde zusammen mit der Kanalisation in den folgenden drei Jahrzehnten realisiert.

War der Staat bei den Verhandlungen der »ersten« Zentralwasserversorgung 1852 noch Verhandlungsführer und die Stadt nur am Rande beteiligt, so entsandte er in den 1860er Jahren nur noch Beobachter in die von Stadtvertretern geführten Verhandlungen. Der Streit um die »richtige« Wasserversorgung und Entwässerung für den Rest des Jahrhunderts und weit darüber hinaus, die Übernahme dieser zweiten stadttechnischen Verantwortung nach der Übernahme der Gasversorgung in den 1840er Jahren, hat mit zur Stärkung der kommunalen Selbstverwaltung der Stadt im Verhältnis zum Staat entscheidend beigetragen.

Nach der zwangsläufig 1875 folgenden Übertragung aller Rechte und Pflichten über Straßen und Plätze vom Staat an die Kommune lagen nun die wichtigsten Voraussetzungen für eine städtebauliche Entwicklung Berlins vor.

2.1 Desinteresse des Staates an Stadtentwässerung

Der Staat Preußen unter König *Wilhelm I* und dem Ministerpräsidenten *Otto von Bismarck* war mit der Herstellung der »nationalen Einheit« unter dem Motto »Blut und Eisen« beschäftigt. Die Kriege gegen Dänemark um Schleswig-Holstein (1864 noch zusammen mit Österreich) und gegen Österreich (1866 zur Beendigung des – seit langem die Entwicklungen hemmenden – Dualismus zwischen Preußen und Österreich innerhalb des Deutschen Bundes, vgl. [Nipperdey 1983]) leerten die Kassen. Für städtische Gemeinwesenaufgaben – wie teure Entwässerungsanlagen – blieb zu wenig übrig, wollte der Staat nichts übrig haben. Das städtische Gemeinwesen war fest in staatlicher Hand: Die wichtigsten Kommissionen für die räumlich-bauliche Entwicklung Berlins wurden von Militärs geleitet (Baupolizei, Feuerschutz, Straßenbeleuchtung und -reinigung, Brücken, Flüsse usw.). Der Staat besaß das Polizeimonopol, die Stadt mußte aber in gewissem Umfang für deren »Fehlverhalten« aufkommen und bezahlen, z. B. haftete die Stadt ab 1850 für Aufruhrschäden. Dazu kam in Preußen das »allgemeine Wahlrecht« ab 1862, ein ungleiches Dreiklassenwahlrecht (jede Klasse stellte 1/3 der Abgeordneten, aus z. B. 5 % der Wahlberechtigten in der 1. Klasse, dagegen 80 % in der 3. Klasse) und das mit wenig Befugnissen ausgestattete Stadtparlament. Dessen ehrenamtliche Stadtverordneten waren mehrheitlich die Besitzenden, weil mindestens die Hälfte der Abgeordneten Haus- oder Grundbesitzer sein mußten. Deshalb war es nicht verwunderlich, wenn auch die *Stadtverordneten-Versammlung* sich kostenintensiven gemeinnützigen Aufgaben gegenüber desinteressiert verhielt.

Über das politische Gewicht des Stadtparlaments bemerkte *Werner Hegemann* 1930: »Der Stadtverordnetenvorsteher mußte die Mitglieder durch unablässig wiederholte Mahnungen zu den Sitzungen zusammentreiben. Seit allzulanger Zeit hatte Selbstverwaltung nicht zu den Gepflogenheiten eines echten Berliners gehört.« [S. 196] Gemessen an heutigen parlamentarischen Regeln erstaunt die Tatsache, daß Beschlüsse der *Stadtverordneten-Versammlung* noch zusätzlich der Zustimmung des Magistrats bedurften.

Berlin war in den 1860er Jahren eine staatlich verwaltete Residenzstadt. Ganz im Sinne *Bismarcks* unterbanden die zahlreichen Verwaltungen das Wachstum keimender Selbstverwaltung. Der mit seinen fortschrittlichen Wohnungsbauideen wenig erfolgreiche *Victor Aimé Huber*, der mit Hilfe von »Produktionsgenossenschaften aus

eigentumslosen Arbeitern arbeitende Eigentümer machen wollte« [zit. bei Nipperdey 1983, S. 245] beschrieb 1869 die Situation wie folgt: »Die Leute (Verwaltungsbeamten, A.d.V.) können sich nicht denken, daß sie von irgendjemand noch etwas Neues lernen können, sondern setzen voraus, daß jeder nur kommt, um sie zu hören und zu bewundern. (...) Dies war schon früher die Berliner Signatur, die aber seit 1866 aufs höchste gesteigert ist.« [zit. bei Hegemann 1930, S. 205]

In diesem Klima fand die Diskussion um die beste Lösung für die kombinierte Bewässerung und Entwässerung der Stadt statt, einer umfassenden Städtebauaufgabe ohne ausreichende Kenntnisse über die jahrzehntelangen Kostenbelastungen. Dazu der im Statistischen Amt des Staates beschäftigte *Ernst Bruch* 1870: »Eine städtische Wasserversorgungsanstalt in grösstem Maasstab ist bereits genehmigt und eine allgemeine Kanalisirung ist bei den unleidlichen Zuständen unserer Rinnsteine und der hierdurch beinahe kostenfrei gewährten Möglichkeit, sich auch der Exkremente gründlich zu entledigen, gar keine Frage mehr. (...) Für beide Anlagen werden aber jedenfalls bedeutende Terrain-Erwerbungen nöthig sein, bei deren Effectuirung der oben gedachte Grundsatz sehr gute Dienste leisten würde. Für die bauliche Entwickelung Berlins werden diese beiden, wirklich grossartigen Unternehmungen von nicht minderem Vortheil sein. (...) Die überall gewährte Möglichkeit des direkten Anschlusses an das städtische Kanalsystem wird dazu eine der schwierigsten und kostspieligsten Vorfragen bei jeder Bebauung, nämlich die der Entwässerung, ohne Weiteres erledigen. Die eifrige Förderung dieser beiden Unternehmungen wird daher auch für die bauliche Entwickelung Berlins von dem heilsamsten und entscheidendsten Einfluß sein.« [Bruch 1870, S. 111]

Wie halbherzig der Staat der sanitären Entwicklung seiner Residenzstadt Berlin gegenüberstand, zeigt die Verfügung des Handelsministers *Graf von Itzenplitz* aus dem Jahre 1864, die keine verbindliche Kostenübernahme für die zu diesem Zeitpunkt noch in Aussicht stehende Realisation des Entwässerungssystems von *Wiebe* übernahm:

»Wie die Staatsregierung ihr Interesse für die Sache bisher schon auf eine wirksame Weise dadurch bethätigt hat, dass sie mit einem erheblichen Kostenaufwande Vorstudien über die zweckmässigsten Mittel, das angestrebte Ziel zu erreichen, veranlasst und ein generelles Projekt hat ausarbeiten lassen, so darf der Magistrat sich versichert halten, dass, sobald die Stadt ein solches Projekt zur Ausführung übernehmen wird, derselben darin von Seiten der betheiligten Staatsbehörden auch fernerhin jeder thunliche Vorschub geleistet, und auch nicht Anstand genommen werden wird, eine angemessene Beihülfe aus der Staatskasse zu den Kosten der Ausführung, Allerhöchsten Ortes zu befürworten. Eine bestimmte Quote hierfür in Aussicht zu stellen, bin ich jedoch nicht in der Lage, so lange die Sache nicht weiter, *als bisher, zur Ausführung vorbereitet ist. Auf den Umfang, auf welchen räumlich die Entwässerung sich erstrecken wird, und auf die Details der Anlagen wird es wesentlich ankommen, um darnach beurtheilen zu können, in welchem Maasse dadurch die öffentlichen und die besonderen fiskalischen Interessen eine Förderung zu erwarten haben. Hiernach und unter Berücksichtigung der aufzuwendenden Gesammtkosten wird aber der Beitrag der Staatskasse zu normiren sein. Dem Magistrat empfehle ich daher, zunächst eine Verständigung der städtischen Behörden über die Ausführung eines bestimmten Projektes, vorbehaltlich der Theilnahme der Staatsverwaltung daran, herbeizuführen.«* [zit. bei Virchow 1873, S. 152 f.]

2.2 Diskussion um *Wiebes* Entwässerungsentwurf

Der 1858 – 1861 von *James Hobrecht* erarbeitete Bebauungsplan für Berlin bereitete den Weg für eine erste große, von spekulativen Motiven getragene Bauperiode zwischen 1863 und 1868 [Geist/Kürvers 1984, S. 333]. Die aus der Provinz nach Berlin übersiedelnden Handwerker und in der Landwirtschaft Beschäftigten setzten die unter normalen Umständen sich regulierenden Mechanismen auf dem Wohnungsmarkt außer Kraft. Die noch fehlende Mobilität der Massen zwischen dem Stadtzentrum und den peripheren Vororten (schnelle und preisgünstige Verkehrsmittel standen nicht zur Verfügung; vor den Toren Wohnende konnten nicht die Bürgerrechte erwerben) war 1873 für *Hermann Schwabe*, seit 1865 Direktor des Statistischen Büros der Stadt Berlin und Verfasser des »*Schwabe*schen Gesetzes« (Mietausgaben verhalten sich umgekehrt proportional zu den Haushaltseinkommen), einer der wichtigen Gründe für die unnatürlich wachsende bauliche Entwicklung: »*Statt der Straßen vermehrt man in Berlin die Treppen, man thürmt Stockwerk auf Stockwerk, garnirt die Häuser mit Seiten-, Quer- und Hintergebäuden, man verbaut jedes Stückchen Garten, denn die Miethskaserne duldet nichts Grünes und läßt selbst die Höfe zwischen den Mauerkolossen zu engen dunklen Röhren zusammenschrumpfen, die mit frischer Luft und warmen Sonnenstrahlen auf gespanntem Fuße leben.«* [Schwabe 1873, S. 7]

Die Folge dieses unelastischen Marktes war ein dauernder Nachfrageüberhang nach Wohnungen im Zentrum. Dieser Mangel in den 1860er Jahren führte zwangsläufig zur Wohnungsnot. Rasch stieg die Wohnungsbelegungsdichte. Die Enge erzeugte – mit heutigen Maßstäben beobachtet – unzumutbare sanitäre Zustände. Der sich ändernde Grad sanitärer Ausstattungen in den Wohnungen bei einer nach privatwirtschaftlichen Unternehmerzielen prosperierenden Zentralwasserversorgung war einer der Gründe für folgende unterschiedliche Wachstumsentwicklungen:

Während die Einwohnerzahl Berlins von 500.000 um 1860 sich bis 1877 »nur« verdoppelte, versiebenfachte sich dagegen der Wasserverbrauch in derselben Zeitspanne. Vom Wasserverbrauch zum Abwasseranfall unter Hinzufügung der Regenabflußmengen von den sich vermehrenden »versiegelten« Dach-, Straßen- und Hofflächen bedarf es nur weniger Gedanken und Rechenschritte. Auch ohne Zahlennachweise sind die Folgen des sich ab 1860 in den Straßenrinnsteinen frei ergießenden Abwasserstroms zu erahnen.

Der in großer Eile im Auftrag des Staates erstellte, 1861 erschienene Bericht von *Eduard Wiebe* über

a) den Stand der englischen, französischen und deutschen Technik großstädtischer Entwässerungsanlagen und

b) über den »*generellen Entwurf eines Kanalsystems zur Reinigung und Entwässerung der Stadt Berlin*«

eröffnete nun die über ein Jahrzehnt andauernde Diskussion. Der »*generelle Entwurf*«, der 1866 vom Magistrat der *Stadtverordneten-Versammlung* vorgelegt wurde, sollte aufgrund der Reiseerfahrungen nach dem Londoner Muster auf Berlin übertragen werden. Nach ihrer Bedeutung gereiht sollten folgende Anforderungen an die Anlagen gestellt werden [Wiebe 1861, S. 198 ff.]:

»*1. Fortschaffung der Abtrittsgruben, (...) und Vermeidung der Fortschaffung dieses Inhaltes durch die Straßen der Stadt*«.

Klosetts mit Wasserspülung zum Transport der verdünnten Inhalte in unterirdischen Kanälen bis außerhalb der Stadt sind nach *Wiebes* Beobachtungen in London »*das unzweifelhaft vollkommenste Mittel*« zur Erfüllung dieses Aufgabenteils.

»*2. Fortschaffung der tiefen, stinkenden Rinnsteine.*«

Wenn Haus-, Gewerbeabwässer in unterirdischen Hausanschluß- und Straßenkanälen abfließen können, verbleiben nur noch flachmuldige Straßenrinnen zur Aufnahme und Ableitung des Straßenniederschlagwassers in die Hauptkanäle.

»*3. Vermeidung jeder Verunreinigung der Spree und der sonstigen öffentlichen Wasserläufe innerhalb der Stadt*«.

Wiebe empfahl, den Ort der Abwassereinleitung in die Spree vor der Stadt so zu wählen, daß sowohl Berlin als auch Charlottenburg in ihrer Ausdehnung nicht behindert würden. Für geeignet hielt er den Ort, wo die Gleisanlagen des Hamburger Bahnhofs den Tegeler Weg in Hochlage überqueren, weil hier »*die Spree über eine Meile weit durch ein fast ganz unbewohntes Terrain (fließt), bis sie sich bei Spandau mit der wasserreichen Havel vereinigt.*« (Punkt »a«, Karte Entwässerung Wiebe 1861, S. 57)

»*4. Vermeidung der Überschwemmung von Straßen und Entwässerung tiefliegender Keller.*«

Dieser Aufgabenteil sollte das von *Wiebe* konzipierte, tief genug unter dem Niveau der Kellersohlen liegende Kanalsystem übernehmen – mit Blick auf die Boden- und

ENTWÄSSERUNG BERLIN

Entwurf nach Wiebe 1861

Maßstab 1:50 000

0   500   1000   1500   2000   2500 m

—————— Stadtgrenze 1861

———— Hauptkanal (tieferliegend)

- - - - Querkanal mit Spülfunktion

Anlagenelemente:

a   Abwassereinleitung Spree
b   Pumpstation
c
d   Hauptkanal
e
f   Unterführung Zwingraben
g   Kreuzung Schleusenkanal
h   Kreuzung Festungsgraben
k   Kreuzung Louisenstädter Kanal
l   Unterführung Spree

Quellen:
Kartographische und reprotechnische Bearbeitung : B. JANKOWSKI
Kartenautor : Prof. Dr. H.TEPASSE (Hochschule der Künste Berlin , Fachbereich Architektur)
Hergestellt im Rahmen des Forschungsvorhabens " Unterirdischer Städtebau Berlins im
19. Jahrhundert "
Druck : TFH Berlin 1988

Bauallerskarte der geschlossenen Mietshausbebauung in Berlin zwischen 1862 und 1925 , aus :
Geist , J. F. und Kürvers , K.: Das Berliner Mietshaus 1862 1945 , Prestel - Verlag , München 1984
Wiebe , E.: Über die Reinigung und Entwässerung der Stadt Berlin , Königl. Staatsdruckerei ,
Berlin 1861

Grundwasserverhältnisse Berlins eine der schwierigsten Aufgaben. Die Stadtentwässerungsanlagen entwarf *Wiebe* nach folgenden Prinzipien [Karte »Entwässerung Berlin, Entwurf nach Wiebe 1861«, S. 57]:

- Parallel zu beiden Seiten der Spree bzw. zu den anderen Flußläufen sah der Entwurf an den Stadträndern Hauptkanäle vor, die unterhalb des Flußwasserniveaus lagen. Die etwa im rechten Winkel zu den Flußläufen angeordneten Straßen-Querkanäle, die immer unterhalb der Gebäude-Kellersohlen verlegt werden sollten, leiteten einerseits die aus Hausrohren zufließenden Abwässer in die Hauptkanäle, andererseits konnte durch diese über Spülventilanschlüsse das Flußwasser zur Spülung des Kanalsystems eingelassen werden. Diese Maßnahme hielt *Wiebe* deshalb für erforderlich, weil die Selbstreinigungskraft des Netzes mit der um 1861 installierten WC-Spülungen bei weitem noch nicht ausreichte. Die Einführung des sich in Großbritannien seit Jahrzehnten bewährten Ei-Profils für die Haupt- und Querkanäle hielt *Wiebe* für selbstverständlich angesichts der Vorteile gegenüber dem Kreisprofil: Höhere Fließgeschwindigkeit bei gleichgroßer Abflußmenge und davon abgeleitet weniger Verstopfungen, widerstandsfähigere Form, größere Begehungshöhen und 20% geringerer Aufwand für das Herstellen von Baugruben und Fundamenten. Die Hauptkanäle sollten durchschnittlich 1,50 m breit und 2,40 m hoch, die Querkanäle einheitlich 0,80 m breit und 1,20 m hoch werden, die Haus- und Anschlußkanäle aus gebrannten Tonrohren bestehen, innen glasiert, mit angeformten Muffen und einem inneren Durchmesser zwischen 0,20 bis 0,40 m;
- Weil die Hauptkanäle am Ort der Einleitung in die Spree tiefer lagen als der Spreewasserstand (Punkt a in Karte S. 57), sollte das Abwasser in einem großen Sandfang gesammelt und mit Hilfe von Pumpen um etwa vier Meter am Punkt b, am Kreuzungspunkt der heutigen Reuchlinstraße / Kaiserin Augusta Allee angehoben werden. (Abb. 24)

Zur Erstellung ausführungsreifer Pläne stellte *Wiebe* seinem Entwurf einige noch zu behandelnde Fragen nach:

(1) Bestimmung der anfallenden Abwassermengen: Während der Regenabfluß aufgrund der seit zwölf Jahren täglich notierten Regenhöhen relativ sicher zu bestimmen war, bereitete *Wiebe* die Festlegung der Abflußmengen aus Haushalten und Gewerbeeinrichtungen große Sorgen, »*für welche Einwohnerzahl, für welchen durch die erleichterte Ableitung vermehrten Wasserverbrauch und für welchen Flächenraum die Entwässerung-Anlage eingerichtet werden muß, damit sie nicht schon nach wenigen Jahren ungenügend werde.*« [S. 219]. Seine Sorge war schon deshalb berechtigt, weil er für die in drei Bauabschnitten geplante Gesamtanlage 20 Jahre Bauzeit veranschlagte. Für die Bestimmung der Haushaltsabwassermengen legte er die Einwohnerzahl von 775.000 zugrunde, die bereits neun Jahre später über-

schritten wurde, etwa zehn Jahre vor dem geplanten Ende der Bauzeit. Ein Nachweis dafür, daß es selbst für gut informierte Kreise objektiv unmöglich war, die damalige Einwohnerexplosion in Berlin vorauszusehen.

(2) Mit Rücksicht auf die Länge der Hauptkanäle war ein nur mäßiges, maximales Gefälle von 1 : 2400 einzurichten, diese Annahme sollte überprüft werden. (*Hobrecht* stützte sich zehn Jahre später zwar auch auf diese Gefällemarke, die Hauptleitungen in seinen dezentralen Radialsystemen waren aber nur etwa zwei Kilometer lang (Abb. 27, S. 74), die Hauptleitung in dem Zentralsystem von *Wiebe* dagegen zwölf Kilometer lang.

(3) Da in die höher gelegenen, außerhalb der Stadtmauern befindlichen Bebauungsterrains das Spreewasser nicht mit natürlichem Gefälle über die Straßen-Querkanäle zur Spülung derselben fließen konnte, sollte diese Aufgabe mit besonderer Aufmerksamkeit behandelt werden.

(4) Geprüft werden sollte die Frage, ob der Abfluß des Spülwassers aus der Oberspree Einfluß nehmen würde auf den Betrieb der Mühlen und

(5) ob die Schmutzwassereinleitung in die Spree a) der Schiffahrt schaden und b) den Nachbarorten Geruchsbelästigungen zufügen könnten.

(6) Obwohl *Wiebe* in der landwirtschaftlichen Verwertung der Abwässer keine Zukunft sah, hielt er in der Eigenschaft als staatlich bestellter Gutachter eine Prüfung der landwirtschaftlichen Verwertung des Abwassers durch die Felderberieselung dennoch für geboten. Hier ließ *Wiebe* Weitblick vermissen: Den vielen mit Intensität betriebenen Berieselungsversuchen in Schottland und England gab er keine Chance: »*Außer der Berieselung von Wiesen zum Grünfutter ist bis jetzt nirgends ein pecuniärer Erfolg erreicht worden.*« [S. 191]

Die Ausführungen *Wiebes*, versehen mit konstruktiven Vorschlägen für die Kanalbauten, Auswertungen statistischer Reihen über Regenhöhen und Berechnungen der einmaligen Anlagenkosten und laufenden Betriebskosten, boten ausreichend Stoff für Diskussionen. Vieles, was *Wiebe* aus England von den parallel verlaufenden Ausführungen in London durch *Bazalgette* importierte, findet sich auch in den später von *Hobrecht* realisierten Plänen wieder: Formen und Werkstoffe der Kanäle, Regennotauslässe durch Überlaufschwellen, die Erkenntnisse, daß die Gesetze der Flußwasserströmung auf das Verhalten von Abwasserströmungen in Kanälen übertragbar war, daß die Schwemmkanalisation durch WC-Spülungen sich durchsetzen würde und damit das Pariser Entwässerungsbeispiel für Berlin keine Bedeutung mehr haben könnte und daß in dicht bebauten Stadtteilen die Einrichtung des Mischsystems (Regen- und Schmutzwasser in einem Kanal), dagegen in locker bebauten Stadtrandgebieten das Trennsystem vorteilhafter wäre.

Zu den Verdiensten *Wiebes* gehört seine eindeutige Stellungnahme zu der Frage: Abfuhr der Exkremente per

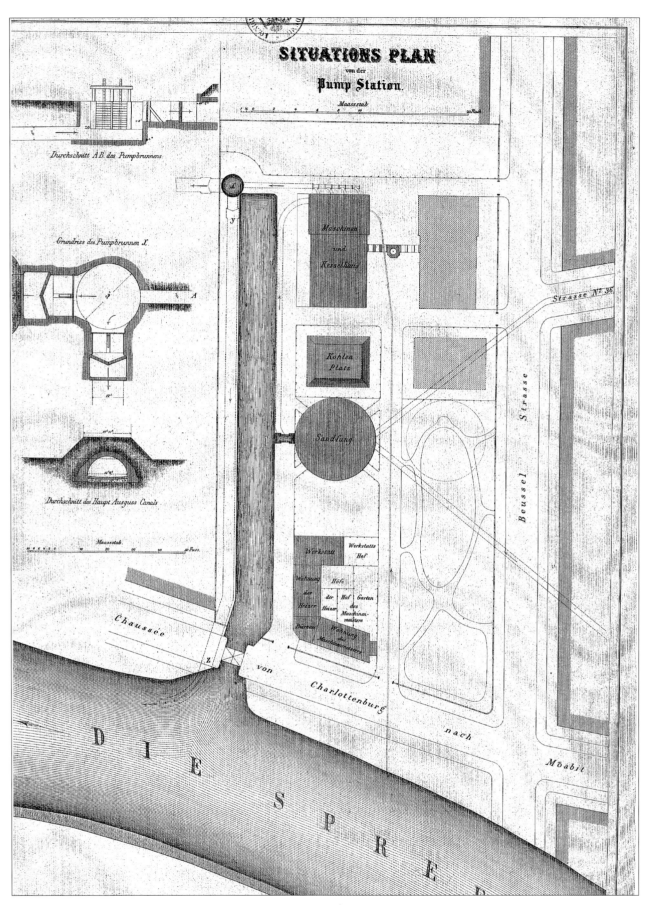

Abb. 24   Wiebe 1861: Situationsplan Pump Station

Pferdefuhrwerke oder Verdünnung derselben und Transport per Schwemmwirkung in Kanälen? So eindringlich *Rudolf Virchow* 1872 auch bestritt, daß Berlin sich diese Frage jemals ernsthaft gestellt hätte, zehn Jahre zuvor war die Gruppe der Abfuhrbefürworter, zu der der einflußreiche *Justus von Liebig* gehörte, eine durchaus ernstzunehmende [vgl. von Simson 1983]. Vor allem die Einmischung *von Liebigs* um 1862 in Form von zahlreichen Schriften und Vorträgen hatte Gewicht. Er bezichtigte die britischen Initiatoren für die Schwemmkanalisation des *»Raubbaus«* an der Natur, wenn sie dafür sorgten, daß die menschlichen Abgangsstoffe nicht mehr vollständig der Ackerbestellung zugute kommen könnten. Wenn auch ab 1862 der »Kunstdünger« die bäuerliche Produktion zur »landwirtschaftlichen« revolutionierte, war der organische Dünger für *von Liebig* noch viel zu wertvoll, als ihn nutzlos in verdünnter Form weg zu schwemmen.

Diese und weitere Argumente gegen das *»Wertlosmachen«* des Düngegehalts durch Wasserverdünnung enthielten auch die Schriften von *Torwirth* 1863 und *Fürstenhaupt* 1864. Über diesen Punkt hinausgehende Vorschläge machte 1863 der Rittergutsbesitzer zu Lichtenberg, *A. Roeder*, in seiner Schrift »Berlins volkswirtschaftliche und Verkehrsverhältnisse aus Veranlassung des Canalisierungs-Projects des Herrn Geh. Baurath Wiebe«:

Die Tieferlegung des Spreebettes um *»circa 4 Fuß in der Länge vom Eierhäuschen bis Charlottenburg«* sollte nicht nur den Gewinn von etwa 20.000 Morgen ertragreichen Gartenlandes zum Gemüseanbau erbringen (versumpfte Flächen durch die angestaute Spree vor den Mühlen), sondern ...
a) die Dampfschiffahrt in ihrer Umschlagskraft verdoppeln,
b) die Herstellung einer *»auf eingeschraubten Säulen in angemessener Höhe durchziehenden Eisenbahn mit dem Personenbahnhof im Mittelpunkt der Stadt«* ermöglichen,
c) die Trockenlegung der damals durch Spreeanstau ständig durchnäßten Kellerräume,
d) die Verbesserung der Entwässerung der Stadt durch wirksameres Gefälle zur tieferliegenden Spree, um damit zwangsläufig ein gesundes Brunnenwasser zu erhalten, daß *»jetzt häufig (...) mit Rinnstein-, Latrinen- und Gaswasser direkt in Verbindung treten und vergiftet werden kann.«* [Roeder 1863, S. 6]
Diese Maßnahmen zusammen machten den *Wiebe*-Entwurf, der nach *Roeder* nicht wie veranschlagt nur 4,3 Millionen Thaler, sondern 14 – 15 Millionen Thaler kosten würde (*Roeder* rechnete die Inflation über die Bauzeit von 20 Jahren, Kosten für Entschädigungen und WC-Hausinstallationen hinzu), überflüssig, wenn zum Abfluß des Regen- und Haushaltsabwassers ein gut ausgearbeitetes Rinnsteinsystem sowie ein Abfuhrsystem für die Exkremente eingerichtet würde. *Roeder* errechnete den

landwirtschaftlichen Geldnutzen, untermauerte den Rentengewinn durch Abfuhrwirtschaft mit Beispielen aus Antwerpen, Gent, Rastadt, Mühlhausen und beschwor am Ende die Berliner mit *Justus von Liebigs* Worten über die Entwicklung in Rom: *»Die Kloaken der ungeheuren Weltstadt verschlangen nach einer Reihe von Jahrhunderten den Wohlstand des römischen Bauern, und als dessen Felder die Mittel der Ernährung derer Bewohner nicht mehr zu liefern vermochten, so versank in diesen Kloaken der Reichthum Siciliens, Sardiniens und der fruchtbaren Küstenländer Afrika's.«*

Als unglücklich könnte der Umstand bezeichnet werden, daß der Handelsminister *von der Heydt* 1860 nicht dafür sorgte, daß der Reisegesellschaft von Bausachverständigen *(Wiebe, Hobrecht, Veitmeyer)* auch ein Abgesandter des Ministeriums für Landwirtschaft und – wie sich weiter unten herausstellen wird – auch ein Vertreter des Medizinalwesens angehörte. Denn 1864 schickte das sich düpiert fühlende Landwirtschaftsministerium seinerseits eine aus nur Landwirten bestehende Kommission auf die Reise mit gleichen Zielen und Aufgaben, die 1865 selbstverständlich das oben geschilderte, nach Pariser Vorbild zusammengestellte zweiteilige Entwässerungssystem (Abfuhr der Exkremente und Kanalisation zur Ableitung des Regen- und Haushaltsabwassers) empfahl.

Wie häufig bei nicht enden wollendem akademischen Streit obsiegt der real existierende Markt: Die Lust der Landwirte zur Abfuhr der Exkremente aus den Städten hing allein ab von dem zu erwartenden wirtschaftlichen Erfolg dieser Unternehmung. Ansichten über Rückgewinnung und Verwertung der Auswurfstoffe wie sie in Paris der 1830er Jahre geherrscht haben, wo man *»den Export der Exkremente für eine der größten potentiellen Einnahmequellen der Hauptstadt«* [Corbin 1988, S. 155] ansah. Eine vom Utilitarismus geprägte Diskussion dieses Ranges, konnte sich 30 Jahre später in Berlin nicht mehr wiederholen. Solange Mangel an Düngemitteln herrschte – in Berlin etwa bis Mitte der 1860er Jahre – fuhren die Landwirte oder privaten Abfuhrunternehmen ab unter Abgabe einer geringen Vergütung für die Hausbesitzer. Zur Mitte des Jahrzehnts, als die anwachsende Großstadt für die rasche Zunahme der Abfuhrmassen sorgte, holten sie dagegen nur noch gegen Bezahlung ab. Mit steigenden Abfuhrkosten nahm das illegale Fortspülen der verdünnten Fäkalien (Wasserleitungen verbreiteten sich jetzt sprunghaft) über die Straßenrinnsteine in die Flüsse zu.

2.3 Straßen und Hygienezustände förderten den Bau der Stadttechnikanlagen

Die sanitäre Entwicklung innerhalb der Häuser stand in den 1860er Jahren nicht im Vordergrund. Erst die wohnungshygienischen Zustände und deren Folgen in den

Abb. 25
Glagau 1866:
»Ein unterirdisches
Städtebild«

80er Jahren stellten diese Fragen in den Mittelpunkt. Von weit größerer Bedeutung für den Umgang mit dem Bebauungsplan 1862 in Verbindung mit der Berliner Bauordnung von 1853 für die Bekämpfung des Wohnungsmangels einerseits, für das spekulierende Baukapital andererseits waren die Straßen als der Motor für städtebauliche Entwicklungen und deren technische Ausstattung.

Ernst Bruch schrieb 1870 zu diesem Thema, daß die ab Mitte der 1860er Jahre aufkommende »Bau-Unlust« nicht primär durch Geldmangel ausgelöst worden sei, sondern vielmehr durch die Auflagen aus der Bauordnung Berlins von 1853. Danach mußte jeder Bauwillige die Kosten für die Pflasterung einer Straßenhälfte (an den im Bebauungsplan 1862 ausgewiesenen Straßen) und die Unterhaltung derselben in den ersten fünf Jahren übernehmen. Die Kosten wurden ihm sogar nachträglich aufgelastet für den Fall, daß er an einer bereits angelegten Straße bauen wollte. Darüber hinaus durfte er nur an Straßen bauen, die mit der Pflasterung verbunden bereits mit Entwässerungs-, Beleuchtungs- und Telegrapheneinrichtungen ausgestattet waren. Die hierfür entstehenden Kosten übernahm zwar satzungsgemäß der dafür zuständige staatliche Fiskus, dieser trieb aber die Kosten von den Bauherren wieder ein.

Wie sah nun der ober- und unterirdische Betrieb einer Hauptverkehrsstraße in dieser Zeit aus?

Der Journalist *Otto Glagau* lieferte 1866 »Ein unterirdisches Städtebild« in der Familienzeitschrift »Daheim«. Die Zeichnung (Abb. 25) des zum oberirdischen Geschehen um 90° gedrehten (!) unterirdischen Raumes zeigt den Alltagsbetrieb auf einer zentralen Straße Berlins:

– Links die seit 1855 sich verbreitende Anschlag-Säule des Berliner Buchdruckers *Ernst Theodor Amandus Litfass,* die nach Plänen des Magistrats in Verbindung mit Brunnenverkleidungen und im Innern angeordnetem Pissoirstand entstehen sollten. *Litfass* nahm aber aus Kostengründen davon Abstand und stellte dafür etwa 20 Jahre später seine Anschlagsäulen als Einstiegbauwerke zur unterirdischen Kanalisation her;

– die gußeiserne, aus Neben- und Hauptrohr bestehende Wasserleitung der englischen *Berlin Waterworks Compagny,* aus der die Straßenreinigungsmannschaft (sie gehörten zu den »Gemeinen«, der für den Betrieb der Gas-(Öl-)Laternen zuständigen »Kompagnie« an (vgl. S. 137), die gerade die Füllung ihres Wasserwagens mit Sprengrohreinrichtung zur Spülung der Straßen vornahm;

– der Pferde-Omnibusbetrieb und

– die Polizeieinheit zu Fuß und zu Pferde in Höhe der gasversorgten Straßenlaterne.

Es muß sich bei dieser Straße um eine der wichtigen Hauptstraßen Berlins handeln, denn nur dort reinigte man von April bis Oktober auf Kosten der Stadt. Auf weniger wichtigen nur dann, wenn die Anlieger dafür bezahlten. Die Gestellung von Pferd und Kutscher vergab man an private Unternehmer, die begleitende Mannschaft zur Wagenfüllung stellte die Stadtverwaltung.

Neben dem Hauptrohr der Wasserleitung ist der »Stadt-Telegraph« erkennbar. Die von *Siemens & Halske* seit 1852 verlegten Telegraphenkabel sind hier nebeneinander im Rohr gezeichnet, einem ca. sechs Zoll weiten Gußrohr, das wie Gasrohre mit Muffen und Hanf-/Bleidichtung verlegt wurde. Um 1860 wurde diese erste Kabelgeneration abgelöst durch die zweite: Die Zahl der Drähte konnte mehr als verdoppelt werden, weil sie nicht mehr lose nebeneinander, sondern *je drei oder mehr Drähte zu einem Tau nach Art der submarinen Kabel zusammengedreht, mit getheertem Hanf umgeben und außerdem mit einer Schutzhülle versehen* [Glagau 1866, S. 500] verlegt wurden. Die Telegraphen-Stadtleitungen dienten dem Post-, Bahn-, Feuerwehr-Nachrichtenverkehr und polizeilichen Zwecken, waren aber auch verbunden mit dem Stadtschloß, dem Königs- und Prinzenpalais, den Ministerien und Kasernen. Der Telegraph galt als die Logistik militärischer Prozesse revolutionierende Technik: Der Sieg *von Moltkes* über die Österreicher 1866 bei Königgrätz in nur drei Wochen ist nach *Nipperdey* auf die moderne Mobilität des Preußenheeres dank der größeren Anzahl von Eisenbahnlinien und der Nachrichtenübertragung durch Telegraphie zurück zu führen. [1983, S. 786]

Interessant ist die in der Abbildung dokumentierte verschwenderische Gaskonkurrenz: Von 1844 an gab es in den zentralen Stadtgebieten ein doppeltes gußeisernes Gasleitungsnetz, das ältere gehörte dem englischen Unternehmen *Imperial Continental Gas Assossiation (ICGA)*, das neuere Netz den *Städtischen Gasanstalten Berlin* [Karte »Gasversorgung Berlin, Stand um 1880«, S. 167]

Die Rinnsteine zur Straßenentwässerung leiteten das Abwasser in die *»Revisionsbrunnen«*, von wo ab eine steile Tonrohrleitung bis in den gemauerten Mischwasserkanal (gehörte zum »wilden Kanalbau« (S. 64 ff.) zwischen 1860–72) führte einschließlich des Syphons, der mit seiner Wasservorlage die Ausbreitung des Kanalgeruchs in den Straßenraum verhinderte. Für den Geruchverschluß in der Abwasserführung aus den Gebäuden sorgte die im Grundstücksbereich eingerichtete *»Senkgrube«* mit entsprechendem konstruktiven Luftverschluß.

Zum Bereich Städtehygiene erhielt das zu dieser Zeit noch wenig ausgeprägte kommunale Selbstbewußtsein Hilfestellung von der Insel. Als einer der einflußreichsten europäischen Persönlichkeiten galt *Edwin Chadwick*, der in dem 1842 verfaßten »Report on the Sanitary Condition of the Labouring Population of Great Britain« auf die sozialpolitischen Folgen fehlender sanitärer Einrichtungen in Gebäuden und Ver- und Entsorgungsanlagen in Städten verwies. Krankheiten, kürzere Lebenserwartungen, die Verkümmerung von Bildung und Kultur in der Gesellschaft und sogar steigende Streikbereitschaft erwartete *Chadwick* als Folgen unzureichender Städtehygiene.

Ganz im Sinne dieser Leitideen agierte *Rudolf Virchow*, Professor für Pathologie an der Charité, Mitglied der die Revolutionsideen um 1848 transportierenden liberalen Bewegung und Gründungsmitglied der *Fortschrittspartei*. *Virchows* unermüdliches Engagement für die Verbesserung der sozialen und gesundheitlichen Bedingungen der Stadtbewohner zeigen folgende Stufen seines aktiven Lebens [Simon/Krietsch 1985]:

(1) 1859 Wahl zum Stadtverordneten, 1860 Mitglied der »Königlich Wissenschaftlichen Deputation für das Medicinalwesen«; 1861 Mitglied des Preußischen Landtags; 1880 Mitglied des Deutschen Reichstags;

(2) Auf Betreiben von *Virchow* wurden folgende Sozialbauten errichtet:
– Erstes Allgemeines Krankenhaus am Friedrichshain (1868–74 Bauzeit);
– Zweites Städtisches Krankenhaus in Moabit (»Barackenlazarett«, 1872) nach dem Ausbruch einer Pocken-, Thyphus-, Cholera-Epidemie – vor allem unter den Kindern; *Virchow* machte die Wohnverhältnisse dafür verantwortlich. Unter den »Allgemeinen Gesichtspunkten« seines 1873 erschienenen General-Berichts über die Erkenntnisse der von ihm geleiteten gemischten Deputation für die Untersuchung der auf die Kanalisation und Abfuhr bezüglichen Fragen bemerkte er: *»Jedes kranke oder vor der Zeit gestorbene Gemeinde-Mitglied stellt auch einen wirtschaftlichen Verlust dar, und die Ersparnis an Reinigungskosten der Stadt wird nicht bloss aufgewogen, sondern reichlich überschritten durch die Mehrkosten der Armenverwaltung.«* [Virchow 1873, S. 8]
– Errichtung des Irrenhauses auf dem Gut Dalldorf (1877);
– Drittes Städtisches Krankenhaus Am Urban (1888–90); Beleuchtung aller Räume und Höfe erstmals mit Strom, im Falle des Stromausfalls standen Notstromaggregate zur Verfügung; (1877 gab es 25 Betten auf 10.000 Einwohner, 1901 48 und 1913 69 [Nipperdey Bd. I 1993, S. 157])
– Errichtung des Vieh- und Schlachthofes sowie mehrerer Markthallen (kein Fleisch-Straßenverkauf);

(3) Zwei Ereignisse, die für *Virchow* (geb. 1821 in Schivelbein (Hinterpommern), gest. 1902 in Berlin) charakteristisch waren:
– Als junger Arzt begleitete er – kurz vor dem März-Aufstand 1848 in Berlin – den Geheimen Obermedizinalrat *Barez* nach Oberschlesien, um die Ursachen der Thyphus-Epidemien zu erforschen. Im Auftrag des preußischen Kultusministeriums sollten sie die hygienischen Zustände der durch Landflucht überfüllten Städte und das damit u.a. entstandene soziale Elend des Textil- und Bergarbeiterproletariats erforschen. Für *Virchow* »war und blieb die Medizin (...) eine soziale Wissenschaft« [Bauer 1980, S. 47].
– Nach einer 1865 stattgefundenen Auseinandersetzung mit *Otto von Bismarck* im Landtag wurde *Virchow* von *Bismarck* ein »Duell angetragen«. Virchow hatte Bismarck öffentlich der »Unwahrhaftigkeit« bezichtigt, woraufhin Bismarck das Duell auf Pistolen anbot. *Virchow* soll als Geforderter die Waffen bestimmt haben – so die in einer Dissertation (H. Machetanz 1977) behandelten These: »Eine Wurst mit und eine ohne Trichinen«. Auf die Vermittlung von Minister *Roon* hin ließ sich *Virchow* zu einer Ehrenerklärung bewegen, womit der Streit beendet war.

Über drei die Stadthygiene und die Baupolitik Berlins stark beeinflussenden Ereignisse ist nun zu berichten:
- Cholera 1866
- unkoordinierte Kanalbauten und
- der Bericht der Deputation für Medizinalwesen in Preußen (1867) mit dem Vorschlag, die Einleitung der Abwässer in die Flüsse zu verbieten.

Die Cholera hatte zum ersten Mal um 1830 den Ausbreitungsweg von Indien über Rußland bis nach England genommen. Nach einer langen Pause erreichte der Seuchenzug zwischen 1846 und 1856 wieder große Teile Europas, wobei besonders London um 1854 von der Pandemie heimgesucht wurde. Weil Untersuchungen von *Max von Pettenkofer* zu der Annahme berechtigten, daß die fehlende Entwässerung (Kontaminierung des Bodens in Abhängigkeit von seiner Durchlässigkeit und Auswirkung auf das Grundwasser) [Geistinger u.a. 1866] und die Wasserversorgung auf der Basis der Entnahme aus bakteriell verseuchten Flüssen den Seuchenverlauf beschleunigten, wurde in London 1854 die erste Zentralbehörde für alle Distrikte – die *Metropolitain Board of Works* – gegründet. Sie widmete sich u.a. der Wasserversorgung und Entwässerung aus dem Blickwinkel der durch Seuchentote entstehenden volkswirtschaftlichen Schäden. Über die von ihr eingeleiteten Maßnahmen wurde berichtet. Ab 1865 brach die dritte größere Cholera-Pandemie aus, wobei man sich dieses Mal darüber sorgte, daß die Verbreitung von Asien nach Europa nicht wie sonst ein bis zwei Jahre, sondern jetzt über den Seeweg nur wenige Wochen dauerte.

Berlin verlor 1866, dem Jahr des Kriegs gegen Österreich, mehr als 5.000 Menschen. Ein vom Polizeipräsidenten aufgestellter »Cholera-Plan« (Landesarchiv Berlin, 1 : 14.000) gibt Auskunft über die in den verschiedenen Polizeirevieren registrierten Seuchentoten je 1.000 Einwohner. Auffallend ist, daß in den bereits mit zentraler Wasserversorgung versehenen Stadtgebieten, z. B. Friedrichs- und Dorotheenstadt [Karte »Wasserversorgung Berlin, Stand um 1865«, S. 83], nur zwei bis drei Seuchentote auf 1.000 Einwohner gezählt wurden, dagegen im 31. Polizei-Revier vor dem Halle'schen Thor 35 Tote je 1000 Einwohner. Dort existierte noch keine öffentliche Wasserversorgung, sie fand über Grundwasser aus Hof- und Straßenbrunnen statt.

Interesse weckte die Frage, ob dieses Ergebnis den in diesen Jahren stattfindenden Bau von Abwasserkanälen (Straßenkanäle, die in die Spree, den Landwehrkanal oder in die Panke mündeten) in dieser Gegend beeinflußt haben könnte. Der Nachweis gelang nicht, dennoch ist die These zu wagen, daß der 1866/67 erfolgte Kanalbau vor dem Halle'schen Thor in der Belle-Alliance-Straße, Gneisenaustraße, Am Kreuzberg, Möckern-, Hagelberger Straße [Karte »Entwässerung Berlin 1870«, Nr. 25 – 28, 35, S. 65] in Folge dieser örtlich herausragenden Cholera-Mortalitätsrate geschah.

Seit Mitte der 1850er Jahre erforschte *Max von Pet-*

tenkofer die Ursachen, die zur Ausbreitung der Cholera führten. Er forderte bei seinen zahlreichen öffentlichen Auftritten vor allem die Abschaffung der häuslichen Abtritte und städtischen Rinnsteinanlagen und die Errichtung der öffentlichen Kanalisation in Verbindung mit großzügigen zentralen Wasserversorgungen. Er war der große »Popularisator« und entwickelte die Hygiene als Teilwissenschaft innerhalb der Medizin. Seine Verdienste um die Volksgesundheit bleiben groß, wenn auch *Robert Koch* in den 1880er Jahren seine Thesen widerlegte.

Sowohl die Appelle *Pettenkofers*, die vermehrten Abwassermengen durch wachsende Verbreitung der Klosettwasserspülung als auch Geruchs- und Verkehrsbelästigungen durch offene und verdeckte Rinnsteine waren ab 1860 die Gründe, daß Stadtgemeinde, Staatsfiskus und private Hausbesitzer unterirdische Abwasserkanäle in den Straßen anlegen ließen. Sie wurden ohne systematischen Verbund, lediglich nach den örtlichen Gegebenheiten, wie Nähe zum Vorfluter, Straßengefälle, Niveau der anzuschließenden Grundstücke und Gebäude, verlegt. Dieses lokale Anlegen von »Rinnen unter der Erde« ohne systematischen Verbund fand bereits umfangreich in den 1830er Jahren in London statt [Mougey 1839].

Die Entwässerungs-Deputation ermittelte den Stand aller verlegten Kanäle und Leitungen um 1870, detailliert nach »*Länge, Jahr der Inbetriebnahme, Bauart, Kosten und Erbauer*« [Virchow 1873, S. 84 ff.] Diese Informationen sind in die Karte »Entwässerung Berlin 1870« (S. 65) übertragen worden.

Bei genauerer Betrachtung ist festzustellen:
a) Private Hausbesitzer legten ab 1860 die ersten Kanäle und Leitungen an im Zuge der Villenbebauung am Rande des Tiergartens mit Anschluß an den Landwehrkanal [Nr. 1 – 5, vgl. Kartenlegende]. Diese Straßen enthielten bereits die Rohrleitungen der zentralen Wasserversorgung [Karte »Wasserversorgung Berlin, Stand um 1865«, S. 83].
b) Stadtgemeinde (Kommune) und Private bauten 1864 Kanäle im Bereich um den Belle-Alliance-Platz (Nr. 6, 7, 8, 10).
c) Um die Kraut- und Fruchtstraße (Schlesischer Bahnhof), ein Gebiet, das mit Zentralwasser versorgt war, legten Kommune und Private Kanäle an (Nr. 9, 12, 13, 17, 21).
d) Der Staat (Fiskus) ließ während der Bebauung des Alsenviertels 1865/66 Tonrohrleitungen verlegen (Nr. 14, 19, 20, 22, 24).
e) Das 1865 teilweise eröffnete Rathaus erhielt eine umlaufende Tonrohrleitung (Nr. 16, die Fortleitung zur Spree ist nicht dokumentiert).
f) Die Kommune verlegte 1866/67 vor dem Halle'schen Thor (Nr. 25 – 28, 35) Kanäle.
g) Private errichteten Kanalbauten im westlichen Zipfel unterhalb des Tiergartens (Nr. 39, 40, 44 – 46).
h) Die Kommune baute 1870/71 Kanäle in der Rosentha-

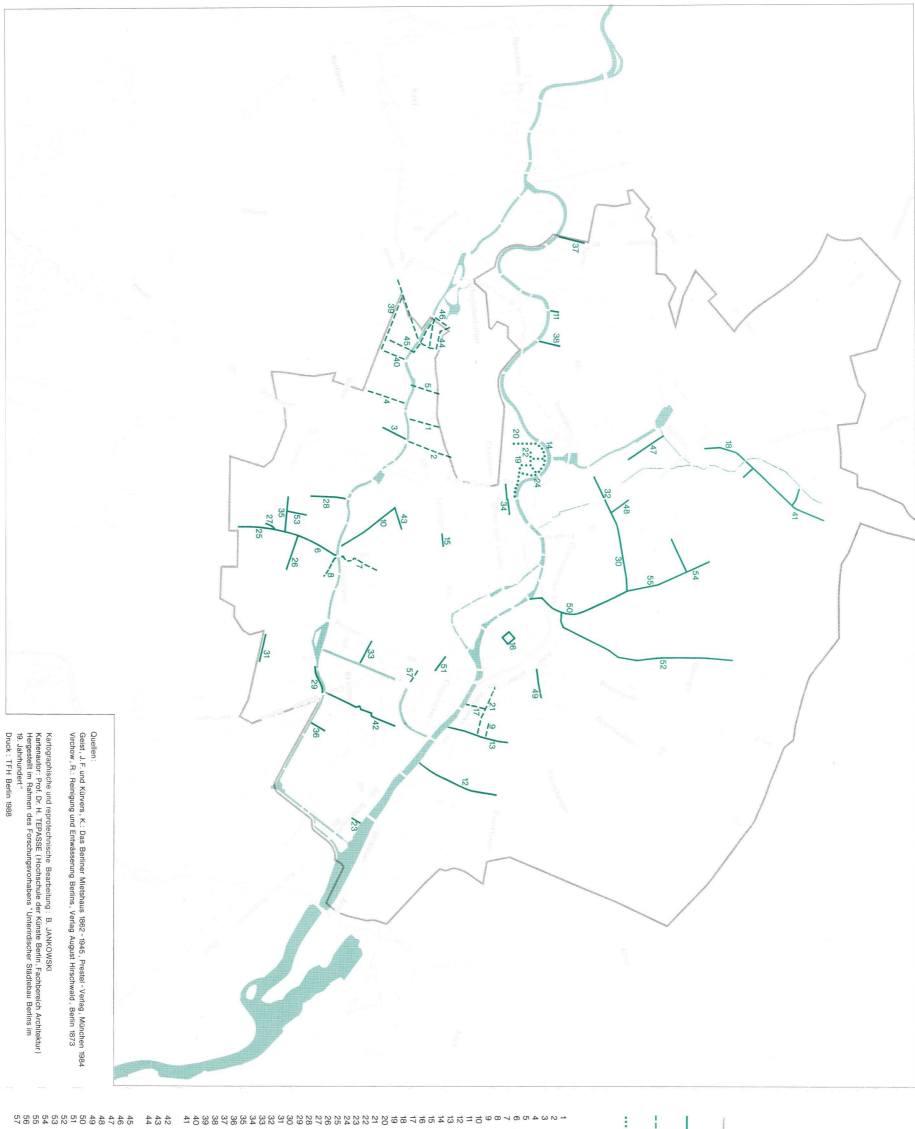

ENTWÄSSERUNG BERLIN

STAND UM 1870

Maßstab 1:50000

0 500 1000 1500 2000 2500m

—— Stadtgrenze 1861

—— Leitungen Kommune

- - - Leitungen Private

····· Leitungen Fiskus

	Straßenname	Länge	Inbetriebnahme	Bauart
1	Regentenstraße (Hitzigallee)	ca. 500 m	1860	Kanal
2	Victoriastraße	700 m	1861	Kanal
3	Potsdamer Straße	400 m	1862	Tonrohrig.
4	Genthiner Straße	500 m	1863	Kanal
5	Hohenzollerndamm	400 m	1864	Kanal
6	Belle - Alliance - Straße	500 m	1864	Kanal
7	Belle - Alliance - Platz, Lindenstraße	500 m	1864	Kanal
8	Blücherstraße	200 m	1864	Kanal
9	Gröner Weg	1100 m	1864 / 65	Kanal
10	Königgrätzer Straße	1400 m	1865	Kanal
11	Stromstraße	100 m	1865	Kanal
12	Fruchtstraße	1000 m	1865	Kanal
13	Krautstraße	600 m	1865	Kanal
14	Leipziger Straße	180 m	1865	Kanal
15	Kronprinzen - Ufer	500 m	1865	Kanal
16	Rathausstraße	600 m	1865	Kanal
17	Reinickendorfer Straße, Pankstraße	350 m	1865	Kanal
18	Roon -, Bismarck -, Alsenstraße	500 m	1865	Kanal
19	Straße vor Krolls Etablissement	100 m	1865	Kanal
20	Wallner Theaterstraße	300 m	1865	Kanal
21	Alsen -, Bismarckstraße	400 m	1865	Kanal
22	Curvystraße	200 m	1865 / 66	Kanal
23	Verlängerung Ritterstraße	200 m	1865 / 66	Kanal
24	Kronprinzen - Ufer u. Verb.- str.	500 m	1866	Kanal
25	Dorotheenstraße	200 m	1866	Kanal
26	Hagelberger Straße	450 m	1867 / 68	Kanal
27	Gneisenaustraße	300 m	1867 / 68	Kanal
28	Kurfürstenstraße	1100 m	1866	Kanal
29	Kreuzberg	100 m	1866	Kanal
30	Möckernstraße	500 m	1866	Kanal
31	Planufer	400 m	1866	Kanal
32	Invalidenstraße	800 m	1866 / 67	Kanal
33	Straße X (Hasenheide)	400 m	1867	Kanal
34	Verlängerung Ritterstraße	300 m	1867	Kanal
35	Dorotheenstraße	200 m	1867	Kanal
36	Hagelberger Straße	300 m	1867	Tonrohrig.
37	Mauerstraße	200 m	1867	Tonrohrig.
38	Beusselstraße	400 m	1870	Tonrohrig.
39	Kirchstraße	300 m	1870 / 71	Tonrohrig.
40	Park - Badstraße, Prinzenallee,	600 m	1868	Kanal
41	Schillstraße	1600 m	1868 / 70	Kanal
42	Bellermannstraße			
43	Admiralstraße	300 m	1869	Kanal
44	Cornelius -, Drake -, Rauch -,	300 m	1869	Kanal
45	Stülerstraße	1200 m	1869	Kanal
46	Landgrafenstraße	600 m	1869	Tonrohrig.
47	Lichtenstein Allee	200 m	1869	Tonrohrig.
48	Scharnhorststraße	500 m	1869 / 70	Tonrohrig.
49	Chaussee - Müllerstraße	300 m	1870	Tonrohrig.
50	Landsberger Straße	700 m	1870	Tonrohrig.
51	Rosenthaler Straße	300 m	1870	Kanal
52	Schmidstraße	300 m	1870	Tonrohrig.
53	Schönhauser Straße	500 m	1870	Tonrohrig.
54	Großbeerenstraße	200 m	1871	Tonrohrig.
55	Brunnenstraße	400 m	1871	Kanal
56	Centralstraße (nicht markiert)	500 m	1872	Tonrohrig.
57	Neue Straße am Kaiser - Franz - Grenadierplatz	400 m	1872	Tonrohrig.

Quellen:
Geist, J. F. und Kürvers, K.: Das Berliner Mietshaus 1862 - 1945, Prestel - Verlag, München 1984
Virchow, R.: Reinigung und Entwässerung Berlins., Verlag August Hirschwald, Berlin 1873

Kartographische und reprotechnische Bearbeitung : B. JANKOWSKI
Kartenautor: Prof. Dr. H. TEPASSE (Hochschule der Künste Berlin, Fachbereich Architektur)
Hergestellt im Rahmen des Forschungsvorhabens "Unterirdischer Städtebau Berlins im 19. Jahrhundert"
Druck : TFH Berlin 1988

ler Vorstadt für Wohngebäude und Industrie (Nr. 30, 32, 47, 48, 50, 54, 55). Die Strecke Nr. 54 plus Abzweig Stralsunder Straße diente seit 1871 der Ableitung der Abwässer vom Schlachthof und Viehmarkt, die bis dahin über Rinnsteine in die Panke geleitet wurden (von 1870 bis 1871).

Der Kanalbau dieser Jahre ist ein Zeichen der Ungeduld angesichts der Untätigkeit des Staates bis 1866 und der anschließend erneut beginnenden Diskussion bis 1873. Das Stückwerk an Kanalbauten konnte den Zustand der Stadthygiene nicht verbessern, der Ort der Verunreinigung wechselte lediglich von den einzelnen Gebäuden, den Straßen zu den nun zunehmend überfrachteten Flüssen. Der für die Stadt Stettin die Kanalisation planende *James Hobrecht* kämpfte bereits von Stettin aus gegen die Kanalisationsgegner in Berlin, die das systemlose Stückwerk von Einzelkanälen dieser Zeit als Argument gegen das englische Entwässerungssystem benutzten: *»Ein erster Irrtum ist die Annahme, daß die hiesigen Einrichtungen (die überwölbten und gemauerten, mit Koth theilweise oder ganz angefüllten Gräben und unterirdischen Rinnsteine) nichts mit der englischen Kanalisation zu thun haben, sie sind Scheußlichkeiten. Solche finden sich in Berlin, Wien, München, Danzig, Stettin, Cölln.«* [Hobrecht 1868, S. III f.]

Hinzu kam noch, daß diese Kanalbauten für den 1873 beginnenden Bau der Radialsysteme nicht zu verwenden waren: Sie lagen zu hoch wegen des Mündungsniveaus in die Vorfluter (konnten deshalb an einigen Stellen innerhalb des *Hobrecht*-Entwurfs als Notauslässe im Falle großer Regenfälle wieder verwendet werden), hatten zu schwaches Gefälle und waren konstruktiv nicht wieder einzusetzbar. [Virchow 1873, S. 84 f.]

Zum »wilden« Kanalbau und sanitären Alltagsbetrieb jener Zeit abschließend die genauen Beobachtungen des Zeitzeugen *Otto Glagau*:

»IV. Die Kloakenleitung.

Eine solche ist, wie schon angedeutet, noch nicht vorhanden, sondern sie soll erst erbaut werden, sobald man über das hier einzuschlagende Princip sich geeinigt und die nöthigen Geldmittel bewilligt haben wird. Noch sind die meisten Rinnsteine unbedeckt und ihre stagnirenden Gewässer verpesten die Luft. Erst neuerdings hat man angefangen, in einigen Hauptstraßen, wie in der Leipzigerstraße, die Gossen zu überwölben und darunter mächtige thönerne Röhren einzuziehen. Im übrigen werden die Rinnsteine allwöchentlich mehrere Male gereinigt und durchspült, nämlich die flüssigen Massen in die unterirdischen Abzugscanäle geleitet, während die festen Bestandteile mitten auf die Straße geworfen und später zu Wagen vor die Thore nach den Abladeplätzen geschafft werden. Die unterirdischen Abzugscanäle, die in 12 (!) zölligen Röhren bestehen, aber auch nicht einmal alle Straßen durchziehen, vermögen nur die unreinen Flüssigkeiten aufzunehmen, welch sie in die Spree führen, müssen aber auch häufig durchgespült werden,

widrigenfalls sie sich verstopfen und entsprechlichen Gestank verbreiten. Solcher gibt sich namentlich in heißer Sommerzeit und bei niedrigem Wasserstand der Spree kund, wo die Röhren nicht selten oberhalb des Wasserspiegels ausliegen.

Alle Abfälle und Secremente aber werden entweder auf den Höfen in den Gruben oder Haufen aufgeschüttet und erst nach monatelangem Faulen und Gähren verfahren; aber die zahllosen Nachteimer werden allnächtlich abgeholt und in die unförmlichen Kasten entleert, die der Volkswitz seiner vielen Thüren und Fächer wegen »Apothekerwagen« nennt. Nächtlicherweise dringen die Latrinenmänner in die Häuser, die sie mit Lärm, Gestank und Unrath erfüllen; hinter ihnen möglicherweise Diebe und Räuber, so daß Habe und Gut der schlafenden Bewohner geradezu gefährdet sind.

Ohne Zweifel ist das alles einer großen, reichen Stadt unwürdig. Dennoch haben sich Stimmen erhoben, welche diese Zustände vom nationalöconomischen Standpunkte aus vertheidigen, ja rechtfertigen wollen, indem sie mit Thorwirth behaupten: »Eine große Stadt müsse den von ihr producirten Dünger im Interesse der Pflanzenwelt festhalten und verwerthen.« Uns aber erscheint die Theorie Wiebes plausibler, der da sagt: »Vor allem die Menschen und dann erst die Pflanzen!« In der That ist die Ruhe und Sicherheit, Gesundheit und Behaglichkeit von 650.000 Menschen weit wichtiger als die üppigste Vegetation, die lachendsten Gärten und fruchtbarsten Aecker. Darum nur ein vollständiges Kloakensystem, aber bald, recht bald!« [Glagau 1866, S. 500]

Von einem letzten Versuch des Architekten und Direktors der Baugewerkeschule zu Höxter *Karl Möllinger*, die Hof-Abtritte nebst Abfuhr vor dem Untergang zu bewahren, ist noch zu berichten. *Möllinger* verfaßte 1866 ein »Handbuch der zweckmäßigen Systeme von Abtritt-, Senkgruben- und Sielanlagen« und gab das Werk auf eigene Kosten heraus, weil sich kein Verlag für dieses Thema interessierte. Das Werk ist deshalb erwähnenswert, weil es das erste in Preußen erschienene Kompendium der Entwässerungstechnik ist, von einem nicht selbst betroffenen Gutachter verfaßt wurde, für Bauleute, Hausbesitzer, Sanitätsbehörden sich eignen sollte, im *»Interesse der allgemeinen Gesundheit und öffentlichen Reinlichkeit der Bewohner in großen Städten und auf dem Lande (...)«* und das Ziel verfolgte, *»Unrath, Gärung und stinkende Ausdünstungen zu beseitigen (...) wie auch guten Dünger für den Acker zu erhalten«.* [S. III].

Möllingers These lautete: Weil Abtrittsgruben nicht nach den Regeln der Baukunst hergestellt würden, diese deshalb bisher nicht für einen geruchsfreien Betrieb sorgen konnten, wäre man zu der Lösung gekommen, den Unrat zu verdünnen und ihn so rasch wie möglich fort zu schwemmen. Die Mängel beim Grubenbau waren nach seinen Beobachtungen folgende: Gruben wurden unterhalb der Abtritte und innerhalb der Häuser angelegt, es erfolgte keine Trennung in flüssige und feste Bestandteile durch bauliche Maßnahmen, die Grubenplatte wäre nach kurzer Zeit porös und es fehlte an Ventilationen bis über Dach.

Möllinger hatte Erfahrungen im Bau derartiger Anlagen für Kasernen, Krankenhäuser, Schulen und Gefängnisse, aber auch für »*Arbeiterwohnungen*« gesammelt. Seine dort erworbenen Kenntnisse veranlaßten den Praktiker, die Durchführbarkeit – nicht die Wirkung – der Schwemmkanalisation in Frage zu stellen: Er glaubte nicht daran, daß

– die dafür notwendigen Wassermassen zum Fortschwemmen zur Verfügung stehen würden,

– das Gefälleproblem in ebenen Städten zu lösen wäre,

– die Kanalwände den zersetzenden Kräften des Urins widerstehen könnten (hier erhielt er Unterstützung von einflußreichen Zeitgenossen, u.a. von *Max von Pettenkofer*),

– WC- und Hausleitungsanlagen zu verträglichen Kosten herstellbar wären,

– der landwirtschaftliche Nutzen des verdünnten Schmutzwassers die dafür notwendigen Aufwendungen decken könnten und

– es dort, wo eine ausreichend große Brunnenwasserversorgung bestünde, vertretbar wäre, eine zentrale Wasserversorgung nur für das Funktionieren der Schwemmkanalisation einzurichten.

Wie unsicher die Bauschaffenden in der Behandlung der Fäkalien innerhalb der Gebäude waren, zeigt das folgende Dokument dieser Zeit.

Der von 1858–66 beim Polizeipräsidenten beschäftigte Bauinspektor *Gustav Assmann*, Mitarbeiter von *James Hobrecht* bei der Erstellung des Bebauungsplans von 1862 und von 1861–66 Vorsitzender des *Berliner Architektenvereins*, stand in der Tradition der Verfasser von Musterbüchern zur Ausbildung von Handwerkern: 1862 gab *Assmann* seine Musterentwürfe unter dem Titel »Grundrisse für städtische Wohngebäude mit Rücksicht auf die für Berlin geltende Bau-Ordnung« heraus [Geist/Kürvers 1984, S. 220 ff.]. Wenn *Assmann* auch die Diskussionen um den *Wiebe*-Bericht (1861) aus nächster Nähe kennen mußte, seine Vorschläge für den Bau und Betrieb von Abtrittsanlagen weisen noch nicht auf den sich anbahnenden Umbruch hin: Nach wie vor gehören Abtritte in den Höfen, einige wenige für viele Hausbewohner, oder im Falle »geschlossener« Höfe Abtritte im Erdgeschoß der Hinterhäuser, zu seinen musterhaften Entwürfen. Sie sollten »*wenigstens möglichst viel, in ausreichender Größe und wenigstens mit etwas Licht- und Luftzutritt*« gebaut und die übelriechenden Gase mit Hilfe von Ventilationsröhren – wo möglich neben Rauchröhren verlegt zwecks wirksamer Abführung – über Dach geführt werden.

Obwohl *Assmann* von den ersten Kanalbauten in der Regenten- und Victoriastraße 1860/61 [Karte »Entwässerung 1870«, S. 65] und den dabei obligatorischen Wasserklosetts wußte, konnte er diese Neuerungen noch

nicht als Entwurfsmuster anbieten: «*So lange nicht Auswurfstoffe aller Art durch ein allgemeines Kanalsystem entfernt werden können, werden dergleichen Anlagen (Abtritte, A.d.V.) mit gemauerten Gruben zu den nothwendigen Uebeln gehören. Wenigstens haben bis jetzt Einrichtungen anderer Art sich nirgends einen allgemeinen Eingang schaffen können (...)*«. [zit. bei Geist/Kürvers 1984, S. 225]

Die sanitären Einrichtungen innerhalb der Häuser werden von *A. Herzberg* in »Berlin und seine Bauten« von 1872 wie folgt beschrieben:

»*Die Abtrittanlagen sind in den mit Wasserleitung versehenen Häusern meist Klosets mit Wasserspülung, sonst sind innerhalb der Stockwerke nur Nachtstühle oder Luftklosets im Gebrauch. Auf den Höfen befinden sich ausser den Water Klosets meist Abtritte mit wasserdicht gemauerten und mit Zementmörtel geputzten Dunggruben, die mit ihren Innenseiten mindestens 1,35 m von den nachbarlichen Grenzen entfernt bleiben müssen oder Abtritte mit Tonneneinrichtung zur regelmässigen Abfuhr, letztere namentlich in Kasernen, Schulen und anderen vielbesuchten Anstalten. Die Waterklosets haben direkte Wasserzuführung aus der Wasserleitung und einen Wasser-Geruchsverschluss; ihre meist 10zm weiten gusseisernen Abflussrohre. welche vielfach auch den Küchenausgüssen und Badestuben dienen, führen bis zur Vollendung der im Bau begriffenen neuen Kanalisirung in auf den Höfen angeordnete, wasserdicht gemauerte Senkgruben, deren Sohlen 50zm unter der Sohle der Abflussrohre liegen und die einen lichten Querschnitt von 1m im Quadrat haben müssen. Neben der Senkgrube, durch ein festes Schlammgitter von dieser getrennt, liegt eine 63zm im quadratischen Querschnitt haltende Vorgrube, aus der die Anführung des Verbrauchwasser, mit eingeschaltetem Geruchsverschluss in eisernen oder Thonröhren in die alten Kanäle oder Thonrohrleitungen, in manchen Fällen auch, den bestehenden Vorschriften entgegen, direkt in die offenen Rinnsteine der Strassen stattfindet - Uebelstände, die mit der Vollendung der ihre endgiltige Befriedigung finden dürften.*« [Herzberg 1872, S. 281]

Zu den Nachwirkungen der Cholera in 1866 und der für eine systematische Kanalisation ungünstigen Entwicklung des »wilden« Kanalbaus kam das dritte Ereignis, das einerseits der Realisierung einer Stadtentwässerung Auftrieb gab, aber andererseits zur endgültigen Ablehnung des *Wiebe*-Entwurfs führen mußte: Der Bericht der Königlich Wissenschaftlichen Deputation für das Medizinalwesen in Preußen, der auch *Virchow* angehörte. Die Deputierten sprachen sich 1867 gegen die von *Wiebe* vorgeschlagene Einleitung der Abwässer in die Spree aus. Schon hier stellte *Virchow* die sozialpolitischen und volkswirtschaftlichen Vorteile der Schwemmkanalisation in Verbindung mit der in England und Schottland bereits erfolgreich erprobten Felderberieselung heraus. Etwa zur gleichen Zeit wurde auf die Gefahr der

Flußverunreinigung durch eine erste wissenschaftliche Studie aus England hingewiesen (Rivers Pollution Commission; die Übersetzung dieses Berichts von 1869 wurde 1871 den Berichten über mehrere auf Veranlassung des Magistrats von Berlin angestellten Versuche und Untersuchungen zu Fragen der »Reinigung und Entwässerung Berlins«, 13 Hefte und Anhänge, Berlin 1870–1879, als Anhang I beigefügt). Die wichtigsten Ergebnisse aus dem »Rivers Pollution Commission«-Report, deren Aufgabe nicht nur darin bestanden hatte, den Zustand der Flüsse am Beispiel des Mersey-Beckens (Liverpool, Manchester) zu untersuchen, sondern auch Fragen der Abwasserbehandlung und der Wasserversorgung zu klären, lauteten:

- Die Annahme von der Selbstreinigungskraft der Flüsse nach Aufnahme des Abwassers wurde verworfen. Noch ein paar Jahre zuvor waren die Vorschläge der Water-Commission von dieser Vorstellung ausgegangen.
- Zum ersten Mal wurden Grenzwerte über den Grad der Verunreinigung von industriellem Abwasser veröffentlicht, bis zu denen noch in Flüsse eingeleitet werden durfte.
- Das WC wurde als ein unverzichtbarer Bestandteil in der Kette »WC-Schwemmkanalisation-Felderberieselung« angesehen.
- Es gelang der Nachweis von wirtschaftlichen Erfolgen bei der Felderberieselung in Rugby und der Villenstadt Croydon.

2.4 Abfuhr oder Schwemmkanalisation?

Die zwischen 1862 und 1865 im Auftrag des Landwirtschaftsministers arbeitende gemischte Deputation war nicht in der Lage, sich zwischen der Mischkanalisation von *Wiebe* und dem von *Justus von Liebig* geforderten System – Exkrementenabfuhr einerseits und Regen-/Haushaltsabwasser-Ableitung über Kanäle in die Flüsse andererseits – zu entscheiden. In ihrer letzten Sitzung empfahl sie dem Magistrat, neue unparteiliche Deputierte zu berufen und sie in beispielhafte Städte zu entsenden. Der Magistrat nahm diesen Rat nicht an, ließ durch vier Referenten (darunter *Virchow*) die Vorlage für die *Stadtverordneten-Versammlung* erstellen. Die Referentenvorlage endete mit der Empfehlung, die Versammlung möge das *Wiebe*-Konzept prinzipiell beschließen, eine neue Konzeptauslegung wäre wegen der seit 1861 veränderten Bedingungen (Einwohnerzahl, Weichbildveränderungen, Wasserversorgung) erforderlich. Im Dezember 1866 lehnten die Stadtverordneten diese Vorlage des Magistrats ab, sie begründeten ihre Ablehnung mit dem unzureichenden Informationsstand. Grund genug, zur neuerlichen Prüfung des *Wiebe*-Konzepts 1867 eine gemischte Deputation unter Vorsitz von *Virchow* einzusetzen. Sie

definierte Ziele und Aufgaben und begann 1869, nach Genehmigung des von *Virchow* erweiterten Untersuchungsrahmens durch die *Stadtverordneten-Versammlung*, ihre Arbeit. Man beabsichtigte, die englischen Ergebnisse auf Berlin zu übertragen und ein auf Berlin zugeschnittenes technisches Konzept zu entwerfen unter Berücksichtigung der auf Betreiben von *Virchow* zusätzlichen Klärung der Boden-, Wasser- und Sterblichkeitsverhältnisse in den einzelnen Stadtteilen. Das Ergebnis der Deputiertenarbeit lag mit dem General-Bericht 1872 vor, die Vorschläge fanden 1873 die Billigung des Magistrats und der Stadtverordneten.

Bevor über die wichtigsten Ereignisse im einzelnen berichtet wird, hier aus Gründen der Übersicht in Kurzform die zeitgleiche Entwicklung bei der Wasserversorgung Berlins:

- Ab 1863 weigerte sich das private Unternehmen *Berlin Waterworks Compagny,* seine Anlagen und Netze der prosperierenden städtebaulichen Entwicklung anzupassen. Die 1852 für 25 Jahre vertraglich vereinbarten Leistungen waren längst erfüllt. Nur bei Verlängerung des Monopolvetrags um weitere 25 Jahre offerierte sie Bereitschaft, der Deckung der überproportional steigenden Wassernachfrage nachzukommen.
- Weil ab Mitte der 1860er Jahre die Entwässerungsaufgabe nur mit Hilfe der water closets lösbar schien, war in den Augen der Stadtvertreter das *Gemeinwohl* in Gefahr bei fortgesetzter Verweigerung des Unternehmens, das Wasserangebot zu erhöhen. Sie begannen – diesmal zusammen mit den Vertretern des Staates – die Vertragsauflösung mit den *Berlin Waterworks Compagny* zu betreiben.
- Dazu waren parallele Vorarbeiten erforderlich: Der Magistrat beauftragte 1868 *Veitmeyer* (1860 neben *Wiebe, Hobrecht* der dritte Europareisende in Sachen Städtereinigungsfragen), eine Wasserversorgung für zwei Millionen Einwohner zu entwerfen. Seine Pläne lagen 1873 vor. Im selben Jahr, in dem *Hobrecht*s Entwässerungspläne genehmigt werden, löste auf Betreiben der Stadtvertreter der Staat einseitig den Vertrag mit den dafür entschädigten *Berlin Waterworks Compagny* auf. Ein Kuratorium unter Vorsitz des Bürgermeisters *Max Duncker* prüfte die Pläne *Veitmeyers* und man begann 1874 mit der Realisation.

Die Stadt hat nach den bereits 1844 übernommenen Pflichten und erworbenen Rechte zur Gasversorgung nun 1873 auch die Entwicklung der Wasserversorgung und Abwasserentsorgung für die beinahe Millionenstadt in die Hand genommen. Die in den Jahren 1866 bis 1873 die städtische Selbstverwaltung stärkenden stadttechnischen Vorhaben waren Katalysatoren in dem Bemühen der Stadt um mehr Rechte und Selbstbewußtsein gegenüber dem Staat. Anders als 1852 bei der Entscheidung über die Einrichtung der zentralen Wasserversorgung, bei der die Stadtvertreter die Mitarbeit noch verweigerten und dadurch der Staatsseite Handlungsfreiheit verschafften, verliefen nun die Prozesse zwischen 1866 und 1873.

Virchow betonte 1872 in der Einleitung zum General-Bericht die gute Zusammenarbeit mit dem an den Deputationssitzungen teilnehmenden Vertreter des Staates und die erzielte Übereinstimmung in den grundsätzlichen Ansichten aller Deputierten. War noch 1852 der Staat der Verhandlungsführer gegenüber den englischen Unternehmern gewesen, so entsendete er Ende der 1860er Jahre lediglich einen Beobachter in die von Stadtvertretern geführten Verhandlungen. Der Stadt oblagen ab jetzt die Pflichten für die Gas- und Wasserversorgung, für die Entwässerung und den Stadtverkehr (Ring- und Stadtbahn waren im Bau) – alles unter- und oberirdischen Straßenraum benötigende, langfristige Städtebauaufgaben. Eigentlich selbstverständlich, daß in dieser Folge der Staat die Eigentumsrechte an Straßen und Plätzen der Stadt 1875 übertrug. Damit waren die wichtigsten Voraussetzungen zur städtebaulichen Entwicklung Berlins geschaffen.

Nach dieser vorgreifenden Bewertung zurück zur Arbeit der Entwässerungdeputation zwischen 1869 und 1872, die unter Einfluß ihres Vorsitzenden *Virchow* gesundheitliche Aspekte in den Vordergrund stellte. Die von dem Direktor des Statistischen Büros der Stadt Berlin beigetragenen Statistiken (z. B. »*Sterblichkeit der Stockwerke*«, »*Sterblichkeit der Stadttheile*«) aus den 1867 und 1871 durchgeführten Volkszählungen, veranlaßten *Virchow* zu folgern: »*Es können also nur Verhältnisse der Luft oder des Wassers oder der Nahrung sein, auf welche man sie* (Sommersterblichkeit der Kinder, A.d.V.) *zurückführen darf, und in jedem dieser Fälle handelt es sich um vermeidliche Verhältnisse, also um Aufgaben der öffentlichen Gesundheitspflege.*« [Virchow 1873, S. 61]

Besorgniserregend war die Kindersterblichkeit: Während 1865 in New York 30 von Hundert starben, traf das selbe Schicksal in Berlin 40 Kinder. (Sterblichkeitsraten zwischen 30 und 40 % werden von der WHO heute noch in afrikanischen (Niger) und asiatischen (Afghanistan), in Ländern wie China, Iran, Türkei mit 4–5 %, dagegen in Europa und USA mit unter 1 % registriert.) Jeder zweite Tote war in Berlin ein Kind unter fünf Jahren. Jede dritte »lebende Kindgeburt« starb in Berlin, dagegen nur jede fünfte in Preußen, nur jede sechste in Lübeck. Dabei spielten nach Auffassung *Virchows* nicht die Pan- und Epidemien im langfristigen Durchschnitt die Hauptrolle, sondern davon unabhängige Krankheiten wie »*Lungenschwindsucht, Krämpfe, Auszehrung.*« Bei der Zahl der Typhus-Erkrankungen stellte sich nach Untersuchungen von *Pettenkofer* zum »*Stand des Grundwasserspiegels*« heraus: Fällt der Grundwasserspiegel, steigt die Zahl der Typhusfälle und umgekehrt. Die Deputation begründete diese Abhängigkeit damit, daß das aus undichten Abtrittsgruben, Rinnsteinen und Straßenkanälen versickernde Abwasser bei niedrigem Grundwasserstand eine stärkere bakterielle Verseuchung des Bodens und vor allem

des Trinkwassers in den Hof- und Straßenbrunnen verursachte als bei höherem Grundwasserpegel. Der Bericht räumte in diesem Zusammenhang mit dem bis 1860 verbreiteten Irrtum auf, daß das Grundwasser (damit auch das Trinkwasser der Brunnen) ein Derivat aus Flußwasser wäre. Das Grundwasser fließt in Richtung zur Spree, der Grundwasserstand sinkt bei fallendem Spreewasserstand und umgekehrt.

Die Verunreinigungen des Brunnen-Trinkwassers, die seit der Veröffentlichung von *Henry Gill* im Jahre 1857 ständig zugenommen hatten, stammten demnach nicht vom Flußwasser, sondern von der unbefriedigenden Situation der Lagerung, Ableitung und Abfuhr der Fäkalien. Nach diesem Nachweis der Gesundheitsgefährdung hatte das Abfuhrsystem in Berlin keine Chance mehr. Weitere gleichlautende Berichte vor allem aus Paris und Manchester bestärkten diese Auffassung. Auch andere Systeme, wie z. B. das Absaugsystem des Niederländers *Charles Liernur* [von Simson 1983, S. 151 ff.] oder das Desinfektionssystem des Belgiers *Mosselmann* (die Deputation unternahm einen Pflichtversuch an einem Kanalstück in der Königsgrätzer Straße) hatten eigentlich nie eine echte Chance, auch wenn die Gegner der Schwemmkanalisation über zwei Jahrzehnte damit in Berlin argumentierten.

Zu diesem Systemstreit trug *James Friedrich Ludolf Hobrecht* in der Eigenschaft als Stadtbaurat von Stettin (1862–69) bereits 1868 Argumente bei. Während dieser Zeit baute er ein Wasserwerk und Verteilnetze, entwarf und plante die Kanalisation für Stettin. Dabei stellte er zunächst in einem Systemvergleich fest, daß es neben den Varianten »Abfuhr« und »Schwemmkanalisation« keine dritte Alternative gab. *Hobrecht* wollte nur dem System den Vorzug geben, das nützlich war » *(...) für das große Publikum, – für eine städtische Bevölkerung mit ihrer überwiegend großen Zahl armer Leute, für ein stark vertretendes Proletariat und verhältnismäßig wenig Wohlhabende, – für Viele, denen Reinlichkeit und Sorgsamkeit noch sehr fremd sind, und für Wenige, die hierauf einen Werth legen, – für viele Miether, welche jede Einrichtung rücksichtslos und unbekümmert benutzen, und für wenige Vermiether, denen eignes Interesse die Instandhaltung gebietet.*« [Hobrecht 1868, S. VII]

Bei dem Abfuhrsystem »*(...) füllen sich Häuser und Wohnungen aus den Mistgruben und Tonnen mit den Exhalationen des faulen Wochen oder Monate alten Menschen-Koths und Urins.*« [S. VIII]. Da die Auswurfstoffe mehr oder minder nach einer Behandlung verlangen, die unkontrolliert nach kurzer Zeit fehlschlagen mußte, kam *Hobrecht* in Stettin 1867/68 zu dem Schluß, daß nur die »*Kanalisation*« zur Anwendung gelangen durfte. Er argumentierte damit, daß mit diesem System die Exkremente in Minuten aus dem Bereich der Wohnungen und der Städte gebracht werden, ohne erst in Gärung zu geraten. In Richtung Berlin forderte er, daß die Beseitigung der Auswurfstoffe eine Angelegenheit der öffentlichen Gesundheitspflege wäre und bedauerte, daß der Staat Preußen keine Institution besaß, die sich dieser Aufgaben annehmen könnte. Er fragte, wo bei dieser Diskussion die Ärzte blieben, in deren Interesse die Gesundheitspflege doch stehen müßte und führte den *Board of Health* in England als beispielhaft an. Das Vorwort schloß mit dem Appell *Hobrecht*s an die Kommunen, diese Aufgaben selbst in die Hand zunehmen, wobei er nicht vergaß, lobende Worte an die Stettiner Stadtverwaltung zu richten.

Diese Nachrichten aus der Provinz erreichten *Virchow* und die Deputierten in Berlin. Der durch die Erstellung des Bebauungsplans von 1859 bis 1862 in Berlin bekannte *Hobrecht* wurde 1869 zum Büroleiter der mit ihrer Arbeit beginnenden Deputation bestellt.

Eine der selbstverständlichen Forderungen des General-Berichts von 1872 [Virchow 1873] war die vollständige Einführung des water closets, das mit etwa neun bis zehn Litern Wasser in Trinkwasserqualität je Spülung die Verdünnung und das Fortschwemmen der Auswurfstoffe in den nach hydromechanischen Gesetzen konzipierten Kanalnetzen gewährleisten sollte. Der Ingenieur *Hobrecht* beschrieb von Stettin aus die Beschaffenheit des Abwassers wie folgt und erklärte den Gegnern der Schwemmkanalisation die Vorzüge derselben am Beispiel London: *»Der Inhalt des Stammkanals auf der Südseite in London* (»main low level sewer«, vgl. Abb. 1, A.d.V.), *in dem hundert Tausende von Closets münden, ist ein trübes Wasser, für welches dieselben hydrostatischen und hydraulischen Gesetze gelten, wie für reines, das also in Bezug auf seine Dünnflüssigkeit dieselbe Beschaffenheit zeigt.«* [Hobrecht 1868, S. XVII].

Für die Einführung des WCs mußte die Deputation nicht mehr werben. Die Statistiken *Schwabes* wiesen 1871 WC-Anlagen in 16.000 Wohnungen aus, davon die Hälfte in der Friedrichs-, Luisenstadt und im Schöneberger Revier. Über die Unsinnigkeit, diese Tendenz zu stoppen oder die Realität gar rückgängig zu machen, schrieb *Virchow:* *»Alle diese Closets müßten geschlossen werden, wenn die städtischen Behörden sich für die Abfuhr der menschlichen Excremente entschieden.«* [Virchow 1873, S. 23]

Als letztes Problem stand nun die Behandlung des Kanalisationsendes an. Der englische Report der *Rivers Pollution Commission* lag vor und wies die nicht mehr vorhandene Selbstreinigungskraft der Flüsse ob der wachsenden Abwasserfrachten überzeugend nach. Das Einleiten der Abwässer in die Flüsse verurteilte *Hobrecht* bereits 1868 als einen *»Übelstand«,* verwies dabei auf das Beispiel der Seine bei St. Denis unterhalb von Paris (Abb. 2) und in Richtung Berlin, daß *»(...) aber auch der Landwehrkanal, die Spree und Panke stinkende Flüsse sind.«*

Die *»Reinigung der Städte«* wurde nach *Hobrecht* auch nicht erreicht mit der Londoner *»Erfindung sog. Abfangkanäle«* (die im rechten Winkel auf den Fluß zulaufenden

Hauptkanäle wurden von diesem großen Sammelkanal parallel zum Fluß »abgefangen«), womit zwar der Stadtkern entlastet wurde, die Abwasserfracht für den Fluß aber dieselbe blieb, nur weiter fortgetragen wurde. (Abb. 1)

Der General-Bericht berichtete von Untersuchungen über den Grad der Verunreinigung der Spree, des Schiffahrts- bzw. Landwehrkanals und den zufließenden Gräben. In dem relativ kurzen Abschnitt zwischen Charlottenburg und Spandau konnte sich keine *»Selbstreinigung des Spreewassers«* einstellen. Das Wasser des Luisenstädter Kanals bestand zur *»Hälfte aus unreinem Rinnsteinwasser«,* daraufhin wurde vom Polizeipräsidenten eine häufigere Spülung angeordnet. [Virchow 1873, S. 25] Das Gebot zur Reinhaltung der Flüsse und Kanäle könnte mit der Abwassereinleitung nicht eingehalten werden, deshalb *»(werden) die anzustrebenden Maassregeln durch nichts besser geprüft werden können, als durch ihren Einfluß auf die Reinhaltung der Spree und ihrer Nebenarme.«* [Hobrecht 1884, S. 27]

Bereits 1869 regte *Hobrecht* an, Felderberieselungsversuche nach englischem Muster in Berlin durchzuführen. Unter der Leitung der Professoren *Dunckelberg* und *Müller* fanden sie im Auftrag der Deputation zwischen 1870 und 1872 auf einem Feld an der Kreuzbergstraße statt, dort, wo diese von den Gleisanlagen der Anhalter Bahn gekreuzt wurde. Der Bedeutung entsprechend wurden auf über 35 Seiten des General-Berichts die Versuche beschrieben und die guten Ergebnisse dargestellt. [Virchow 1873, S. 104 ff.]

Für das Stettiner Kanalbauprojekt bediente sich *Hobrecht* 1868 der Erfahrungen aus der Rieselbewirtschaftung auf den Craigentinny-Wiesen für die Kanalisation der Stadt Edinburgh, die seit den 1810er (!) Jahren mit Erfolg betrieben worden war. Für das Berliner Projekt zogen die Deputierten die Beispiele Rugby und vor allem Croydon heran. Die Versuche in Berlin waren aber zusätzlich nötig, weil die englischen Beispiele milderen klimatischen Bedingungen unterlagen. Für die Deputation stellten sich die Versuche auf dem Feld an der Kreuzbergstraße als ein deutlicher Erfolg dar, sie übertrafen sogar die englischen Ergebnisse:

– Auf der Grundlage von teilweise lehmhaltigen Böden versprachen die Versuche eine gute Reinigung bei Erhalt wirtschaftlich nutzbaren Pflanzgutes im ganzjährigen Betrieb, wobei während der Winterszeit keine nennenswerten Beeinträchtigungen festgestellt wurden;

– die Grundwasserqualität erlitt keine Einbuße und außergewöhnliche Geruchsbelästigungen wurden nicht festgestellt.

Nun lagen alle Voraussetzungen (water closet – Schwemmkanalisation – Rieselfelderwirtschaft) für den technischen Entwurf der Entwässerungsanlagen und -netze vor. *James Hobrecht*, der von *Werner Hegemann* 1930 im Zusammenhang mit der Aufstellung des Bebauungsplans von 1862 als *»Gewährsmann der preußischen Regierung«* [S.

233] beschimpft worden ist [zu unrecht – wie Geist/Kürvers 1984 nachgewiesen haben, S. 170 ff.], legte 1871 seinen aus Zeichnungen und Erläuterungsbericht bestehenden Projektvorschlag der Deputation vor.

»Ein Auftrag zu dieser Vorlage war nicht ertheilt worden; indessen schien mir dieselbe nothwendig zu sein, weil bei den Debatten darüber, ob man und event. wie man kanalisiren solle, nothwendigerweise oft eine Unsicherheit über die Bedeutung, das Wesen und die Kosten etc. einer solchen Bauanlage herrschte.« [Hobrecht 1884, S. 1]

Seine Sorge um das Gemeinwohl, aber auch seine Absichten zur *»Aufklärung«* technischer Vorgänge, ziehen sich als Leitfaden durch seine Schriften:

– *Hobrecht* sprach von der Kanalisation als der *»Heimlichkeit der Stätten«* [S. 176], die es abzubauen galt mit Hilfe der Anordnung der Straßennetze (*»gerade Verlegung einer Leitung zwischen zwei Revisionsschächten«*), von Polizei-Bauvorschriften im Hausbereich (Wasserabläufe mit Sieb, *»enge Geruchsverschlüsse«*, Reinigungsöffnungen, usw.) so daß ein *»offenes Buch«* und eine *»Spiegelung von Schacht zu Schacht«* entstünde;

– Über den für ihn ärgerlichen *»schlechten Kanalbau«* in Paris, der den Gegnern immer wieder als Argument diente [S. 7]:

  »In diese Kanäle mündet nun von beiden Seiten, was eben hineingeführt werden kann, – offene Seitengräben, Rinnen und Rinnsteine, Gossen, Hausröhren etc.. Alle diese Leitungen bringen Alles hinein, dessen man sich für den Augenblick entledigen will; denn nur für den Augenblick ist es unseren Augen entrückt; seine Existenz wird der Nase so fühlbar und immer fühlbarer, der unterirdische Raum, in welchen hinein man stets Alles los zu werden hoffte, wird bald so bis zu dem Deckengewölbe gefüllt, daß man sich entschließen muß, seinen Inhalt noch einmal, – nämlich bei der Herausnahme und Abfuhr, – vor die Augen zu bringen. Auf dieser Stufe stehen die betreffenden Anlagen in den deutschen Städten mit Ausnahme etwa Hamburgs und Frankfurts a. M.«

– Mehrmals beklagte sich *Hobrecht* darüber, daß sich der Bebauungsplan von 1862 nicht mit den Anforderungen aus dem Bereich der Entwässerungstechnik befaßt hat [S. 80], daß die Verschiebung von Weichbildgrenzen unter Berücksichtigung von Entwässerungsregeln geschehen sollten. Dabei dachte *Hobrecht* an *»die Inkorporation Charlottenburgs«*, die *»u.a. von der Kommune Berlin abgelehnt wurde, weil die Entwässerungssysteme so verschieden waren.«* [S. 64];

– *»Es wird einfach drauflos gebaut«*, beklagte sich *Hobrecht* an anderer Stelle. *»Es sind wohl kaum 10 Jahre her, als noch große, öffentliche Etablissements, in welchen viele Hunderte von Menschen leben und wohnen sollen, thatsächlich ohne jede Rücksicht auf die Frage, wohin mit der Entwässerung, ja anscheinend ohne jede Kenntnis oder ohne jedes Sich-Erinnern,*

daß eine Entwässerung überhaupt nothwendig sei, in die offene Wiese hineingebaut worden sind.« [Hobrecht 1884, S. 61]

Er nannte die Beispiele der *»Schöneberger Wiesen«* (heutiges Hansaviertel), die Bahnhöfe und den Zentralviehhof. Letzterer konnte auf folgende Entwicklungsstufen seiner Entwässerungsgeschichte zurückblicken:

Die von *Henry Strousberg* finanzierte, vom Baumeister *August Orth* gebaute Berliner Viehmarkt- und Schlachthausanlage an der Brunnen-, Ecke Stralsunder Straße [BusB 1877, S. 221 ff.] ging ab 1870 in Etappen bis 1874 in Betrieb. In den Anfangsjahren 1870/71 vollzog sich die Ableitung der Abwässer wie folgt:

Auf dem Grundstück floß das mit Schlachtrückständen angereicherte Schmutzwasser von den Schlachthäusern, das in besonderen Senkgruben *»gehörig desinfizirt und farblos gemacht wurde«* [S. 235], über unterirdische Tonrohrleitungen zu dem am Haupteingang gelegenen *»überwölbten Ablagerungsbassin«*, in dem sich die nicht fließfähigen Stoffe absenken konnten. Von diesem Bassin aus floß das Abwasser über Leitungen durch die Feld-, Acker-, Liesen- und Chausseestraße in den südlichen Arm der Panke, einem während der Sommerzeit zudem wasserarmen Zufluß zur Spree.

Mit den 1871 in der Brunnenstraße und Stralsunder Straße *»wild«* verlegten Kanälen und Tonrohrleitungen fanden die gewaltigen Abwassermengen nun den direkteren Weg zur Spree – ohne Umweg über die Panke [Karte *»Entwässerung 1870«*, S. 65]. Erst Anfang der 1880er Jahre war das Radialsystem RS IV in der Lage, die Abwässer aus der Massenschlachtung über die zugehörige Pumpstation des RS IV auf die Rieselfelder bei Heinersdorf nördlich von Berlin zu leiten (Abb. 34).

2.5 Aufbau der Radialsysteme

Wie bereits vermerkt hatte es der Stettiner Stadtbaurat *James Hobrecht* nach der 1866 auch in Stettin grassierenden Cholera mit einem fortschrittlichen Stadtparlament zu tun. Nach dem Bau der zentralen Wasserversorgung wurde er 1867 auch mit der Planung der Stadtentwässerung beauftragt. In diesem Plan befinden sich die wesentlichen Systemelemente, die er vier Jahre später mit Erfolg auch in Berlin präsentierte:

– Weil die Stadt Stettin durch die Oder in zwei Teile aufgeteilt wird, plante er zwei voneinander unabhängige Teilsysteme;

– Für den Vermessungsingenieur *Hobrecht* begann die Entwässerungsaufgabe mit der Vermessung des Gebietes. Danach fließen im Plan die häuslichen Abwässer mit natürlichem Gefälle, wo das Geländeniveau es zuläßt, in anderen Fällen werden Pumpstationen eingesetzt;

– Am tiefsten Punkt in der Nähe der Oder werden die

Abwässer in einem »*Reservoir*« gesammelt und von dort auf »*die nächst gelegenen zu diesem Zwecke verwendbaren Wiesen, um dort mit seinem Inhalte dieselben zu überrieseln*« [Hobrecht 1868, S. 20];
– Der Bericht schließt mit detaillierten Beschreibungen vom Haus-Abfallrohr, über Einsteigbrunnen und Spüleinlässe, mit Berechnungsnachweisen für z. B. Ei-Profile, Pumpstationen bis hin zu den akribisch aufgestellten Leistungsverzeichnissen und Kostenübersichten.

Der 1871 von *Hobrecht* vorgelegte Entwurf der Entwässerungsanlagen für Berlin fand bei den Deputierten – bis auf wenige Ausnahmen, von denen im folgenden Kapitel noch zu berichten sein wird – breite Zustimmung. Sie entschieden sich im Prinzip für 12 sektorale, voneinander durch topographische Merkmale getrennte Kanalsysteme mit radialer Sammlung der Abwässer, beginnend in der bereits bebauten Mitte der jeweiligen Entwässerungsgebiete bis hin zur Peripherie in der Nähe eines Vorfluters zur Einrichtung von Notauslässen, den »Sicherheitsventilen« bei extrem starken Regenfällen. Diese »Radialsysteme« arbeiteten mit den natürlichen, aus dem in der flachen Niederstadt maximal möglichen Leitungsgefälle resultierenden Druckkräften. Von den in den Radialsystemen tiefstgelegenen Sammelpunkten aus sollten dampfbetriebene (später gas- und anschließend elektromotorisch angetriebene) Pumpen das Abwasser über kilometerlange Druckrohre auf die außerhalb des Weichbildes von Berlin gelegenen Rieselfelder zur biologisch-mechanischen Klärung befördern.

Die Piktogramme in Abb. 26 zeigen die drei Entwicklungsstufen der Berliner Entwässerungspläne. Daraus sind Größenordnungen, unterschiedliche Auffassungen über »dezentral/zentral« und über das Wiedereingliedern der Abwässer in den ökologischen Kreislauf zu entnehmen. Interessant ist die nach denselben Kriterien gebildete Dezentralität des Planes von *Crelle*, der aber in Darstellungen zur Entwässerungsgeschichte Berlins gar keine Rolle spielt oder höchstfalls in Fußnoten Erwähnung findet.

An dem Beispiel des 1879 in Betrieb genommenen Radialsystems RS I, das das Gebiet zwischen den Wasserläufen Ober-Spree, Landwehrkanal und Luisenstädter Kanal bis heute entwässert, werden mit Hilfe der Abb. 26, 27 die besonderen Merkmale der *Hobrecht*schen Planung dargestellt:

(1) Pumpstation (Nr. 8) im Block zwischen Ohlauer-/Reichenberger-, Fosterstraße und dem Kottbusser Ufer (heute Paul-Linke-Ufer) (Abb. 28) mit kohlebeheizten Kesseln zur Dampferzeugung, dampfbetriebenen Pumpen, die das Abwasser aus dem maulförmigen Stammkanal (2,20 m Höhe und 2,75 m Breite) und dem Sandfang (12 m Durchmesser mit Grobgitter) über »Kratzenschlitten« (Abb. 29) hoben, über eine im Durchmesser 1,00 m starke gußeiserne Rohrleitung (oberirdische Rohrbrücke über den Landwehrkanal, Gneisenaustraße, Belle Alliance Straße usw. (Abb. 30)) bis auf die 20 bis 30 m höher

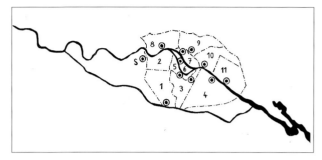

CRELLE 1842

■ Berlin in 11 Entwässerungszonen gegliedert
■ 11 Einleitungen in Spree, Landwehrkanal und Panke über Schöpfgrubenanlagen S ◉
■ Abwässer in die Spree innerhalb der Stadt

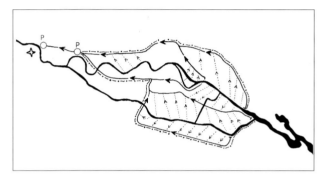

WIEBE 1861

■ Berlin eine Entwässerungszone
■ Eine Spree-Einleitung ◇
■ Abwässer in die Spree außerhalb der Stadt

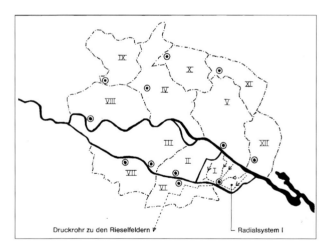

Druckrohr zu den Rieselfeldern ↯   └ Radialsystem I

HOBRECHT 1871

■ Berlin in 12 Entwässerungszonen gegliedert
■ Keine Flußeinleitungen bis auf Notauslässe bei Starkregen
■ Druckrohre vom Zentrum (Flußläufe) zu den Rieselfeldern

Abb. 26 Entwässerungspläne für Berlin: Größen- und Systemvergleich

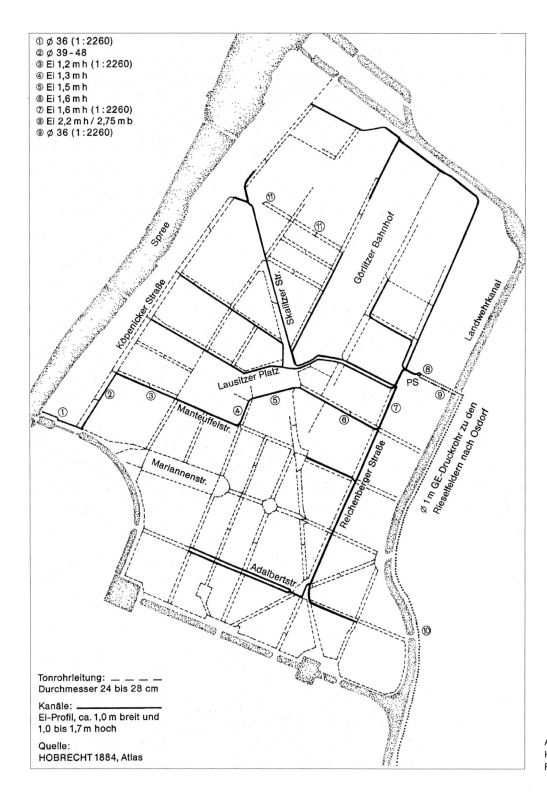

① ∅ 36 (1:2260)
② ∅ 39–48
③ Ei 1,2 m h (1:2260)
④ Ei 1,3 m h
⑤ Ei 1,5 m h
⑥ Ei 1,6 m h
⑦ Ei 1,6 m h (1:2260)
⑧ Ei 2,2 m h / 2,75 m b
⑨ ∅ 36 (1:2260)

Tonrohrleitung: _ _ _ _
Durchmesser 24 bis 28 cm

Kanäle: _____
Ei-Profil, ca. 1,0 m breit und
1,0 bis 1,7 m hoch

Quelle:
HOBRECHT 1884, Atlas

Abb. 27
Hobrecht 1884:
Radialsystem RS I

gelegenen Wiesen zur Verrieselung bei Osdorf (Abb. 34) südlich vor der Stadt im heutigen Landkreis Zossen, etwa zwei bis drei Kilometer von der heutigen Stadtgrenze Berlins entfernt, förderten (Nr. 10). Das im Rieselfeldbereich ankommende Druckrohr mit dem Standrohr zum Druckausgleich und zur Be- und Entlüftung verteilte die Abwassermengen auf mehrere Leitungen, die jeweils bis auf den höchsten Punkt der Felder zu den großen Absetzbecken, »Tafeln« und »Schlägen« führten. Dort sickerte das Abwasser über die ca. 1 m dicke Sandfilterschicht, um von den Drainagerohren aufgefangen und in die Gräben bis zu den Vorflutern geleitet zu werden (Abb. 32).

(2) Das Mischsystem zur Ableitung des Regen- und Schmutzwassers bediente sich der bereits seit Jahrzehnten bewährten Notauslässe (Abb. 31, nicht RS I): Die Pumpstation war und ist ausgelegt für eine »normale« Regenspende von 200 Litern je Sekunde und Hektar, darüber hinaus auftretende Starkregen können zwar von den

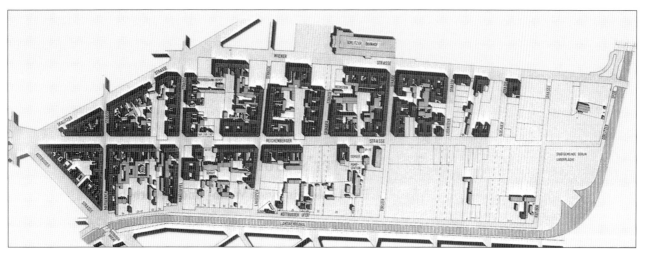

Abb. 28 Baubestand entlang der Reichenberger Straße auf dem Cöpenicker Feld um 1885

Ei-förmigen Profilkanälen konstruktionsgemäß aufgenommen werden, die Kapazität des Pumpwerks reicht für diese selten auftretenden Regenstärken aber nicht mehr aus. In diesen Fällen übertritt das Abwasser Schwellenbauwerke innerhalb des Stammkanals (Schwellen um 1,5 – 2 m höher als Sandfangsohle) und wird im bypass an der Pumpenanlage vorbei, unmittelbar und ungereinigt in den Fluß geleitet (Nr. 9). Sechs davon gab es am Ufer des Landwehrkanals und vier am Luisenstädter Kanal – nur für das Radialsystem I.

Dieses Notauslaß-System stellt die für die Wasserwirtschaft Berlins, für die Wasserqualität in den Vorflutern Verantwortlichen vor große Probleme, weil die Häufigkeit des Notauslassbetriebes wegen des heute um ein Vielfaches höheren Versiegelungsgrades der Innenstadtoberflächen gegenüber damals beträchtlich zugenommen hat. Die ökologischen Folgeschäden nach einem Starkregen sind vor allem im Landwehrkanal mit den dann an der Wasseroberfläche schwimmenden Fischleichen zu beobachten.

(3) Das Netz hat gemäß des Bebauungsplans von 1862 eher eine schachbrettähnliche Leitungsverlegung erfahren und nicht die von *Hobrecht* gewünschte *»Verästelung«* nach der Adernstruktur eines Blattes: Die Rechteck-Diagonale ist besser als das *»Umfahren«* eines Quadrats oder Rechtecks: *» (...) schädliches Wohlgefallen an gewissen geometrischen Symmetrien und Figuren läßt die Nichtbeachtung dieser Regel in dem Projekt entstehen (...).«* [Hobrecht 1884, S. 88]

Nach dem Abstecken der Grenzen der zu entwässernden Gebiete in Abhängigkeit von Wasserscheiden, Höhenrücken, absoluten Flächengrößen und der Lagebestimmung der Pumpstationen ermittelte *Hobrecht* die Abflußmengen. Grundlage hierfür war die Bevölkerungs und Wohnungsaufnahme von *Schwabe* aus dem Jahre 1867 und die darauf folgenden Zählungen. Zusammen mit dem Leitungsgefälle wurden dann die Querschnitte bestimmt. Die parallel zur Entwässerungsdeputation ar

beitende Wasserdeputation (*Veitmeyer*) hatte bereits die Vermessung sowie die Grundwasser-, Flußwasserstände und andere Daten ermittelt, die für die Entwässerungspläne übernommen werden konnten. [Virchow 1873, S. 10 ff.]

Die Verlegung eines radialen Leitungsstranges (Nr. 1–7 in Abb. 27) begann nach Vorstellungen *Hobrecht*s vorteilhaft mit seinem oberen, höchstgelegenen Ende, dort,

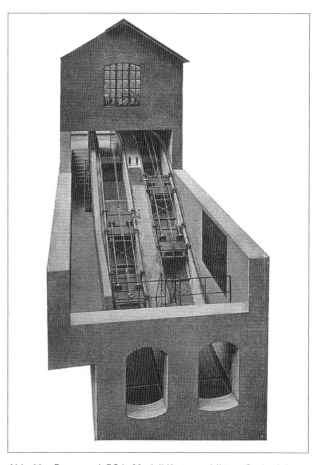

Abb. 29 Pumpwerk RS I: Modell Kratzenschlitten, Grobreinigung des Kanalwassers (um 1910)

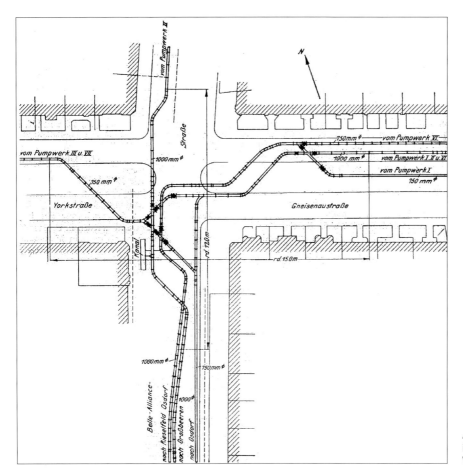

Abb. 30   Druckrohrleitungen von innerstädtischen Pumpwerken auf den Weg zu den südlichen Rieselfeldern

Abb. 31   Bau Notauslaß als »Maulprofil«

wo der Baugrund am schlechtesten war (in der Regel entlang der Flußläufe, die zu damaliger Zeit noch unbefestigt waren) – hier (Nr. 1) im Spreeuferbereich in der Mariannenstraße, die Rohrsohle etwa 1,30 m unterhalb der Straßenoberkante. Mit dieser Höhenlage waren normale Souterrain-Kellergeschosse noch natürlich zu entwässern. Über die gesamte Leitungslänge von ca. 1900 Metern bis zur Pumpstation besaß diese Leitung ein Sohlengefälle von 1:2262, damit ein gesamter Fließhöhenverbrauch von ca. 0,85 m (Rohrsohlenordinate »oben« +33,55 m über Normal-Null (Deckeloberkante Straße +34,80 m ü. NN) und »unten« +32,70 m ü.NN bei Deckeloberkante Straße +35,10 m ü. NN). In Abb. 33 (nicht RS I) ist eine beispielhafte Innenansicht eines Sonderbauwerkes zu sehen, wo mehrere Kanallinien zusammenstoßen, bevor die Gesamtfracht in den Stammkanal im Pumpwerk mündet.

Der Strang beginnt mit Tonrohren d = 0,36m (verwendete Durchmesser im gesamten Netz von 21 bis 63 cm), geht über in die gemauerte Ei-Kanalform (größte Breite = 2/3 Höhe) an der Ecke Köpenicker-/Manteuffelstraße mit Hilfe nur eines »Revisionsbrunnens«, der nicht nur zur Revision, sondern vor allem dazu da ist, verschiedene Leitungsquerschnitte bei zudem noch verschiedenen Ein- und Ablaufniveaus über dieses »offene« Kanalbauwerk hydraulisch zu verbinden. Dort, wo es möglich war, wur-

den Tonrohre verlegt. Auch die zweite, in der Regel höher
liegende Straßenleitung neben dem tiefer liegenden Kanal bestand und besteht aus Tonrohren. Dadurch nahm
der »benetzte Querschnitt« zu im Vergleich zu z. B. begehbaren Kanälen, die »Händearbeit« konnte ersetzt
werden durch »sich selbst entleerende Rohrleitungen.«
[Hobrecht 1884, S. 7f.]

Als weitsichtig zu werten ist diese Entscheidung, in
jeder Straße zwei parallele Stränge zu verlegen (Abb. 27).
»Es ist angenommen, (...) zwei parallele Stränge, auf jeder Seite der Straße einer, und zwar unter oder neben
den Bürgersteigen, nahe den Häuserfronten, und nicht
auf der Straße selbst gezogen werden. Dadurch wird das
häufige Umwühlen der Strassen und die Störung des
Verkehrs vermieden; es können ganz kurze Gully-Fall-
röhren angebracht werden; besondere Hausleitungen über
die Straßen sind unnöthig (...)«. [Virchow 1873, S. 143]

Als fortschrittlich ist auch der Tatbestand zu bezeichnen, daß sowohl die Leitungsenden des einen Systems

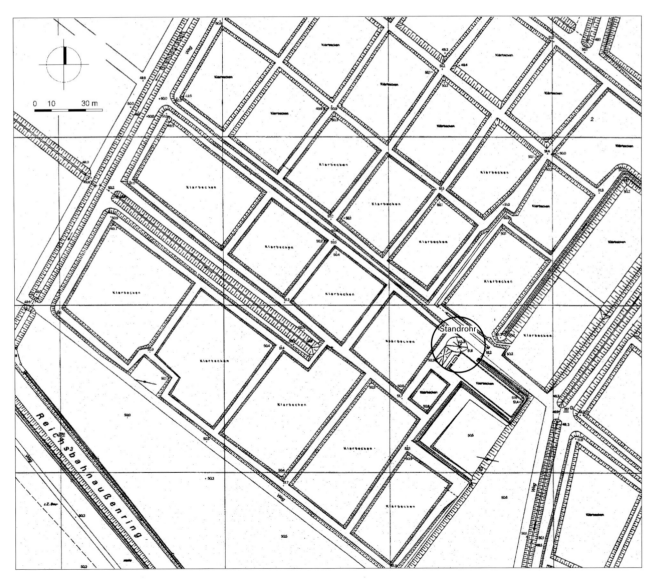

Abb. 32　Standrohr an der Mündung der Druckrohre, Verteilung des Abwassers auf Schläge und Tafeln

Abb. 33
Sonderbauwerk:
Zusammenführung
verschieden hoher
Kanalleitungen

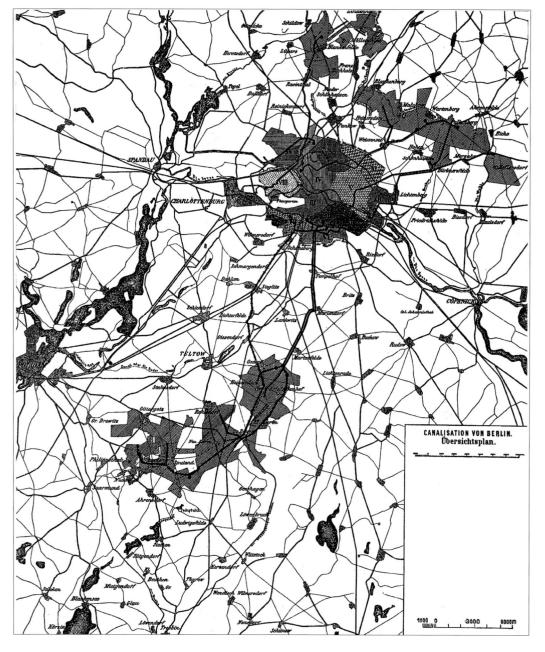

Abb. 34
Rieselfelder
Berlin um 1895

mit einem Nachbarsystem als auch die Straßen-Parallel-leitungen miteinander verbunden wurden (Abb. 27, Nr. 11). Damit werden örtlich unterschiedliche Regen- und Schmutzwasserlasten auf ein größeres Netz verteilbar und im Störungsfall können ohne großflächige Abschaltungen Reparaturen vorgenommen werden.

Die Vorzüge des *Hobrecht*schen Systems gegenüber dem des Baurat *Wiebe* wurden im General-Bericht 1872 aufgezählt. Danach lag der Verdienst *Hobrechts* darin, eine Stadtentwässerung entworfen und geplant zu haben,

– die aus zwölf dezentralen Einzelsystemen bestand (fünf innere und sieben äußere [Karte, S. 99], die nacheinander gebaut werden konnten und damit die Bewältigung der hohen Kostenbelastungen in zeitlichen Abständen ermöglichte, die eine günstigere Anpassung an die zu der Zeit sprunghafte städtebauliche Entwicklung zuließ, die nahezu ohne kostspielige Unterführungen von Flußläufen, Bahndämmen auskam (bis auf die zwei Zwischen-Pumpstationen und Druckrohrsysteme für die Entsorgung der beiden Inselstadtteile »Berlin« (zum Radialsystem IV) und »Alt-Kölln« (zum Radialsystem III)), die aufgrund der Kleinteiligkeit Leitungslängen von maximal ca. 2.000 Metern benötigte und damit a) das in der Niederstadt geringe Gefälleangebot besser ausnutzte und b) eine kostenintensive Verlegung der Kanäle in tiefere Straßenanlagen vermied;

– die nach dem damals neuesten internationalen Stand der Bautechnik errichtet wurde: gebrannte, glasierte Tonrohre mit modernster Verbindungstechnik, Gullys mit Sandfang, Schwachgefälle zur Vermeidung des Leerlaufens der Leitungen, gemauerte Ei-Kanäle und imposante Sonderbauwerke, z. B. dort, wo mehrere begehbare Kanäle zusammentrafen (Abb. 33);

– Bei dem das Ende des Klärprozesses ohne Belastung der Flüsse stattfand, die Rieselfelderwirtschaft zudem ökonomisch verwertbar war und die Beschaffung der Felderflächen ebenfalls in Abhängigkeit von der Bauentwicklung der Radialsysteme sukzessive erfolgen konnte (Abb. 34);

– deren Elemente quantitativ so weitsichtig ausgelegt worden sind, daß ein Großteil dieser Anlagen heute noch nach über 100 Jahren Betriebszeit für unseren Bedarf ausreichend und voll funktionsfähig sind.

2.6 Stadtentwässerung in »Regie« und nicht in »Enterprise«

Die Verdienste *Hobrechts* werden nicht geschmälert, wenn im Widerspruch zu vielen Darstellungen in der Stadtbaugeschichte klargestellt wird, daß *Hobrecht* nicht der Erfinder der genannten Anlagenelemente und -konstruktionen war. *Hobrecht* selbst hat dies auch nirgendwo behauptet, auf die Nennung von entwurflichen und kon-

konstruktiven Urheberschaften hat er allerdings auch wissentlich verzichtet – bis auf seinen Vermerk in »Berlin und seine Bauten« von 1877, S. 108: »*Dieses Projekt beruht in seinen Einzelheiten auf dem älteren Wiebe'schen Plane, zeigt jedoch eine veränderte generelle Disposition.*« Nur, *Wiebe* war auch nicht der Erfinder der Elemente und Verfahren. Er aber hat die Personen, Orte und Verfahren aus dem britannischen Kanalbauwesen genannt und beschrieben – bevor er seinen Entwässerungsentwurf verfaßte.

Sowohl das »*Radialsystem*«, das um 1850 der Ingenieur *Henry Austin* in die Debatte in London einbrachte [von Simson 1983, S. 26], die *Straßen-Parallelleitung* und deren Verbindungen untereinander, so viel wie möglich kleinere *Tonrohrleitungen* und so wenig wie nötig *begehbare Kanäle, Revisionsbrunnen* (auch *Straßenschächte* oder *Mannlöcher* genannt) für die nicht begehbaren Leitungen im regelmäßigen Abstand von ca. 50 Metern, *Notauslässe* für die Bewältigung der Ebbe- und Flutzustände [alle Einzelheiten bei Wiebe 1861 beschrieben] als auch die auf dem Kopf gestellte *Ei-Kanalform* waren von *Hobrecht* aus Britannien importierte Bauelemente und -verfahren.

Wie groß der englische Einfluß auch sonst noch bei dem Prozeß der Berliner Entwässerungsplanung war, zeigt die »*Einmischung*« des über London hinaus in Europa bekannten Stadthygienikers *Edwin Chadwick*. In einer Beilage zum *Kommunalblatt* von Berlin wurde sein Schreiben 1872 veröffentlicht, in dem er »*die Notwendigkeit betonte, die üblen Zustände in Berlin durch eine verbesserte Wasserversorgung, Wasserklosetts und Kanalisation zu beheben. Berlin gehöre durch seine mangelhaften städtehygienischen Einrichtungen zu den ›übelriechendsten‹ Hauptstädten Europas; woanders könne man die, die aus Berlin kämen, ›an dem Geruche ihrer Kleidung erkennen‹.*« [zit. bei von Simson 1983, S. 123]. Ob diese Initiative *Chadwicks* ausschließlich städtehygienischen Zielen und zur Stärkung der Position von *Virchow und Hobrecht* dienen sollte oder in Verbindung mit englischen Unternehmerinteressen gestanden hat, konnte nicht geklärt werden. Jedenfalls bedauerte *Ernst Bruch* 1870, daß die Gemeinde im Falle der Gas- und Wasserversorgung, des Viehmarkt- und Schlachtwesens sowie des Beerdigungswesens sich ihrer ursprünglichen kommunalen Pflichten entledigt hatte, diese Privatisierung bei der Entwässerungsaufgabe aber nicht geschehen dürfte. Eine englische Gesellschaft, bestehend aus privaten Kapitalgebern [Barry/Etlinger 1870], und eine deutsche für die anstehende Erweiterung der Wasserversorgungsanlagen hatten der Kommune bereits ein Angebot unterbreitet. *Bruchs* Appell »*Eine Gemeinde wird nur dann erstarken und für den Bau ihrer Zukunft die besten, solidesten Fundamente legen, wenn sie allein für ihre eigenen Bedürfnisse zu sorgen im Stande ist*« [Bruch 1870, S. 113] und gleichlautende Ansichten *Virchows* zum Thema Stärkung des Selbstbewußtseins der Stadt durch

Übernahme von Pflichten und damit Erhalt von Rechten bestärkten *Hobrecht* bei seinem Vorschlag, die Kanalisation nicht in »*Enterprise*« (Privatunternehmung), sondern in »*Regie*« (Öffentliche Hand als Unternehmer) durchführen zu lassen.

Der in der Abwicklung von Bauvorhaben erfahrene *Hobrecht* (Bauführung beim Bau des Packhofs in Königsberg, Abteilungsbaumeister beim Eisenbahnbau Frankfurt/Oder nach Küstrin, Stadtbaurat in Stettin) begründete 1884 [S. 157 ff.] seine Entscheidung mit bauwirtschaftlichen und baurechtlichen Argumenten, die auch heute noch gelten:

– Bereits übliche Submissionsverfahren bergen Schwierigkeiten, die aber in der Höhe unvergleichbar sind bei »*General-Enterprise*«, bei dem der Generalunternehmer aus »*Angst vor Verlusten*« bzw. aus »*Gewinnstreben*« Überschüsse erzielen will »*durch schlechte Materialien oder schlechte Arbeit*« ;

– Probleme erwachsen aus der schwachen Rechtsstellung des Bestellers bei der Mitbestimmung über Sub-Submissionäre, Vorhabendauer oder über die »*unsichtbare Arbeit*« ;

– Der Titel »*Unvorhergesehenes*« wäre zu vage, es werden immer neue Nachtragsangebote vom Generalunternehmer eingeholt werden müssen, der Gesamtbetrag wird am Ende mehr durch den Posten »*Unvorhergesehenes*« als durch die Posten »*vorhergesehene Arbeiten*« bestimmt.

Der Magistrat unter Vorsitz des Oberbürgermeisters *Arthur Hobrecht* (Amtszeit 1872–78), »*dem verdienstvollen Bruder des berüchtigten Baurates*«, so Hegemann 1930 [S. 255], und die *Stadtverordneten-Versammlung* entschieden sich 1873 für den bautechnischen und baurechtlichen Plan von *James Hobrecht*. Wegen der am weitesten fortgeschrittenen Ausstattung der Gebäude mit Wasserklosetts in der inneren und äußeren Friedrichstadt und Dorotheenstadt begann man 1873 mit der Ausführung des Radialsystems III. (Karte, S. 99))

2.7 Wassernetz behinderte Stadtentwicklung und Gesundheitspflege

Parallel zu dieser für Berlin zwischen 1860 und 1875 erfolgreich abgeschlossenen Entwässerungsplanung verlief der eng damit verflochtene Prozeß der Wasserversorgung. Bericht und Kommentierung über diese Entwicklungsphase ist unter der Kapitelüberschrift »Stärkung städtischer Selbstverwaltung« deshalb interessant, weil seit 1852 ein vom Staat autorisiertes Privatunternehmen die alleinige Aufgabe zur Wasserversorgung übernommen hatte.

Das ab Mitte der 1860er Jahre fehlende öffentliche Wasserangebot für die nördlich und südlich des Stadtkerns stattfindenden Stadterweiterungen zwang die Stadt,

diese – bisher durch den Staat und das von ihm beauftragte Unternehmen unzureichend erfüllte – Aufgabe selbst zu übernehmen. Am Schönhauser Thor hatte z. B. der Mangel bereits eine Wasser-Verkaufsstelle entstehen lassen. Von hier aus fuhren Wasserhändler in die »obere Stadt« und verkauften Wasser eimerweise. [Bärthel 1997, S. 58] Nachdem 1867 die englische Aktiengesellschaft *Berlin Waterworks Compagny (BWW)* die Aufforderung zur Ausdehnung der Wasserversorgung – vor allem für das Gebiet vor dem Schönhauser Thor – verweigerte, beauftragte der *Magistrat* und die *Stadtverordneten-Versammlung* (zum ersten Mal gemeinsam) 1868 *Ludwig Alexander Veitmeyer*, einen Plan für eine »*constant service-*, (...) *an jedem einzelnen Hahne continuirliche*« – Wasserversorgung in der ganzen Stadt für 1,5 bis 2,0 Millionen Menschen aufzustellen.

Grund für die 1867 stattgefundenen Gespräche zwischen Staatsminister *Graf von Itzenplitz*, Vertretern von der *BWW* und der Stadt waren die Folgen der Cholera in 1866 und die während dieser Seuchenzeit beklagte mangelhafte Rinnsteinspülung durch die *BWW*. Weil die Gespräche erfolglos blieben, suchte man fortan nach Möglichkeiten, um aus dem noch bis 1881 dauernden Vertrag mit der *BWW* aussteigen zu können. Das Rechtsgutachten von Stadtrat *Duncker* wies dem allmählich sich einstellenden Bündnis zwischen Staat und Stadt den Weg: Über § 70 »Einleitung zum Allgemeinen Landrecht« konnte »*die Aufhebung nur aus überwiegenden Gründen des öffentlichen Wohles gegen Entschädigung des Privilegierten geboten sein*« [WEV 1956, S. 19].

Wie sehr das »*öffentliche Wohl*« gefährdet schien, läßt ein Schreiben des Stadtrats *von Henning* erkennen [zit. bei WEV 1956, S. 19]:

»*(...), daß nicht nur neue Stadttheile, deren Häuser bei dem Neubau gleich mit Wasserleitung eingerichtet worden sind, das Wasser entbehren müssen, sondern daß auch in allen Stadttheilen, in denen nur eine geringe Anzahl von Eigentümern Kontrakte mit der Gesellschaft der Wasserwerke abgeschlossen hat, die Röhren einen so geringen Durchmesser haben, daß sie weder zur Straßensprengung und zur Spülung der Rinnsteine noch zum Feuerlöschen genügende Quantitäten von Wasser liefern.*«

Die *BWW* wehrte sich zwar mit dem Argument, sie hätte alle 1852 vereinbarten Vertragspflichten erfüllt, doch ihr inaktives Verhalten den Wünschen und Forderungen der Stadt gegenüber hatte tieferliegende unternehmerische Gründe. Erstens stand ein kostenintensiver Wechsel in der Technik der Wassergewinnung kurz bevor. Die Entnahme von Oberflächenwasser aus den immer schmutziger werdenden Flüssen gehörte bald der Vergangenheit an (ab 1870 wurden in Europa keine Werke mehr gebaut, die Oberflächen-Flußwasser entnahmen), zukünftig sollte Wasser nur noch aus Brunnen entlang der Flüsse und Seen (Uferfiltratwasser) gewonnen werden. Zweitens wurden auch von der *BWW* Signale registriert, die einen baldigen Übergang der Wasserversorgungsrechte von private in öffentliche Hände ankündigten – vor allem in Verbindung mit der komplementären Entwässerungsaufgabe.

Aus heutigem Abstand beobachtet scheinen diese Gründe ausschlaggebend gewesen zu sein für die »Verweigerung«, nicht die in der Literatur (*Veitmeyer, Bruch, Boerner, WEV*) genannten wie »*unzureichende Druckverhältnisse und Netzkapazität*« und »*Kapitalmangel*«.

Die »*Druckverhältnisse*« hätte die mit englischem maschinentechnischen know how ausgestattete *BWW* leicht verbessern können, so daß auch die 10–15 m höher als die Niedrigstadt gelegenen Barnim-Gebiete in der nördlichen Stadterweiterung hätten versorgt werden können. Die mehrmaligen Aktionen zur Vergrößerung der Filterflächen im Werk Stralauer Thor (um damit den für das Stadtnetz zur Verfügung stehenden Druck bei unveränderten Druckerzeugungsanlagen zu erhöhen) in den Jahren 1866, 1868 und 1872 waren deshalb nur halbherzige.

Mit »*Kapitalmangel*« argumentierte die Aktiengesellschaft nur solange wie sie auf der Grundlage des bestehenden 1852er Vertrages zur Netzerweiterung aufgerufen wurde. Sie bot dagegen den Kontrahenten an, die zukünftige Wasserversorgung Berlins dann zu übernehmen, wenn die Vertragsdauer um weitere 25 Jahre prolongiert werden könnte.

Die *BWW* war bereits 1860 – nach nur vier Betriebsjahren – in die Gewinnzone gelangt, der Anfang der 1860er Jahre eingeführte »*Waschkeller-Tarif*«, ein kostengünstiger Locktarif für die Eigentümer, die einen Zapfhahn im Waschkeller installieren ließen und damit den massenhaften Einzug der Wasserleitung in die Gebäude einleitete, hatte sein Ziel übererfüllt: Während zwischen 1860 und 1867 die Einwohnerzahl Berlins »nur« um etwa 40 % anstieg, konnte die *BWW* ein Wachstum in der Wasserförderung von etwa 300 % verbuchen [WEV 1956, S. 63)]. Der Trend war ungebrochen, damit günstige Voraussetzungen für Abfindungsverhandlungen für den Fall, daß die Alternative »Verlängerung der Vertragsdauer« abgelehnt werden sollte.

2.8 *Veitmeyers* genialer Zentralwasserplan

Parallel zu diesen marktstrategischen Ereignissen begann 1868 der seit etwa acht Jahren mit Stadtreinigungsfragen Berlins befaßte Civil-Ingenieur *L. A. Veitmeyer* seine Studien über das Wasserangebot (geeignete Quellen) zur Deckung der zu definierenden Wassernachfrage (Bedarf über das Jahr, den Tag bis zu dem in einer Sekunde) mit Hilfe langfristig erweiterbarer Systeme (Maschinenanlagen und Rohrnetze). Er wollte eine in die Zukunft weisende Lösung erarbeiten, die »*allmählich ausgebaut und zu einem organischen Ganzen entwickelt werden kann.*« [Veitmeyer 1871, S. LXXIX].

Veitmeyer besuchte 1840 das von *Beuth* geleitete Gewerbeinstitut. In den 1850er Jahren war er bei der Maschinenfabrik *J.F.L. Wöhlert* beschäftigt. Über Jahrzehnte war er Vorsitzender der *Polytechnischen Gesellschaft Berlin* und des *Vereins Deutscher Maschinenbauingenieure*. Zudem war er Mitglied der Akademie des Bauwesens in Berlin. Ein Schwerpunkt seiner Beschäftigungen galt den »*Leuchtfeuern an den Seeküsten*« [Berliner Wasser Betriebe 1996, S. 6].

Berlin sollte nicht das Schicksal der meisten großen Städte erleiden, die alle 15 bis 20 Jahre ihre Systeme total verändern mußten: »*London hat in der Mitte der fünfziger Jahre seine, bis dahin mit sehr großen Kosten angelegten Werke umbauen und verlegen müssen, und behandelt jetzt schon wieder die Frage eines neuen gänzlichen Systemwechsels und Herbeileitung von Wasser aus 32 Meilen entfernten Seen. Wien hat seine Anlagen nicht nur für ungenügend, sondern auch für nicht erweiterungsfähig erkannt, will seine bisherigen Wasserorte verlassen, und ist mit dem Bau einer neuen auf eine andere Art der Wasserentnahme gegründeten Leitung beschäftigt. In Paris sind ähnliche Arbeiten theils vollendet, theils im Bau begriffen.*« [Veitmeyer 1871, S. C].

Veitmeyer legte der Projektierung den bereits 1861 von *Wiebe* ermittelten durchschnittlichen Tageswasserbedarf je Einwohner von 140 Litern zugrunde (identisch mit dem Wasserverbrauch der Haushalte in Berlin(W) bis 1990, heute etwa 130 l/Person und Tag für ganz Berlin). Diese Bedarfszahl wurde durch eine ausführliche Analyse *Veitmeyers* von Verbrauchswerten aus fast allen Großstädten Europas (dazu New York) ausdrücklich bestätigt. Es erstaunt nicht, daß dieser Wert auch heute noch Gültigkeit hat, weil bereits vor 120 Jahren der Anteil »WC-Spülung« mit 30–40 % dominierte. Mit 1,5 Millionen Einwohner multiplizierte er diesen Wert und erhielt den bis zum Ende des 19. Jahrhunderts zu deckenden durchschnittlichen Tageswasserbedarf für Berlin.

Bevor *Veitmeyer* sein neues System konzipierte, nahm er 1868 den Bestand des von der *BWW* betriebenen Versorgungsnetzes auf. Sein Wassernetz-Bestandsplan wurde mit dem Bestandsplan der etwa zur gleichen Zeit existierenden Mietshausbauten von Geist/Kürvers 1984, S. 344 f. zu der Karte »Wasserversorgung Berlin – Stand um 1865«, S. 83 kartographisch »überlagert«. Die Karte vermittelt sowohl die städtebaulichen Erweiterungslinien entlang der radialen Straßen und Chausseen als auch die noch nicht mit *BWW*-Wasser versorgten Gebiete. Die größten Versorgungslücken sind in den höher gelegenen Teilen der Stadt festzustellen, z. B. im Wedding, im äußeren Spandauer Revier, aber auch in Moabit und südlich des Landwehrkanals im Schöneberger- und Tempelhofer Revier.

Der in Wasserversorgungs-Angelegenheiten weitgereiste *Veitmeyer* entschied sich für zwei Wassergewinnungsorte, zum einen für die östlichen Uferzonen des Tegeler Sees und zum anderen für die westlichen und nörd-

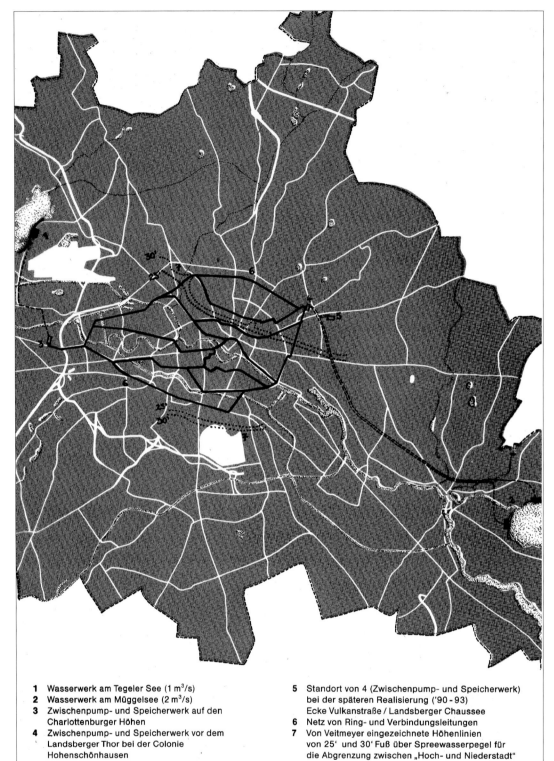

1 Wasserwerk am Tegeler See (1 m³/s)
2 Wasserwerk am Müggelsee (2 m³/s)
3 Zwischenpump- und Speicherwerk auf den
   Charlottenburger Höhen
4 Zwischenpump- und Speicherwerk vor dem
   Landsberger Thor bei der Colonie
   Hohenschönhausen

5 Standort von 4 (Zwischenpump- und Speicherwerk)
   bei der späteren Realisierung ('90 - 93)
   Ecke Vulkanstraße / Landsberger Chaussee
6 Netz von Ring- und Verbindungsleitungen
7 Von Veitmeyer eingezeichnete Höhenlinien
   von 25' und 30' Fuß über Spreewasserpegel für
   die Abgrenzung zwischen „Hoch- und Niederstadt"

Abb. 35
Veitmeyer 1871:
Plan Wasserver-
sorgung Berlin

lichen am Müggelsee (Abb. 35). Damit sah er sowohl die sich abzeichnenden Stadterweiterungen nach Westen und Osten als auch die Höhenverhältnisse in der Stadt berücksichtigt. Die schlechten Erfahrungen mit dem *BWW*-Betrieb im Blick, führte er zwei Versorgungszonen mit verschiedenen Anlagendrücken (4,5 und 6,0 bar) ein, für die Niederstadt mit zu der Zeit ca. 650.000 Einwohnern und niedriger als acht Metern über mittlerem Spree-

wasserstand (Versorgung durch Tegel-Anlagen) und für die Hochstadt mit ca. 50.000 Einwohnern und höher als acht Metern, die von den Anlagen am Müggelsee versorgt werden sollten.

Das Gesamtsystem bestand aus drei typengleichen Wassergewinnungsanlagen – zwei am Müggelsee (Spitzenleistung je Anlage ein Kubikmeter je Sekunde) und einer am Tegeler See (1 m³/s), wobei die Errichtung der

WASSERVERSORGUNG BERLIN

STAND UM 1865

Maßstab 1 : 50 000

0   500   1000   1500   2000   2500 m

———— Stadtgrenze 1861

———— Leitungen der privaten Gesellschaft Berliner Wasser Werke

············ Leitung zwischen Wasserwerk und Wasserthurm - Bassin

▮ Wasserwerk Stralauer Thor

● Wasserthurm - Bassin am Windmühlen Berg

Quellen:
Bauatlaskarte der geschlossenen Mietshausbebauung in Berlin zwischen 1862 und 1925, aus :
Geist, J.F. und Kürvers, K.: Das Berliner Mietshaus 1862 - 1945, Prestel - Verlag, München 1984
Veltmeyer , L.A.: Vorarbeiten zu einer zukünftigen Wasserversorgung Berlins, Verlag Dieter Reimers,
Berlin 1871

Kartographische und reprotechnische Bearbeitung : B. JANKOWSKI
Kartenautor : Prof. Dr. H.TEPASSE (Hochschule der Künste Berlin, Fachbereich Architektur)
Hergestellt im Rahmen des Forschungsvorhabens " Unterirdischer Städtebau Berlins im
19. Jahrhundert"
Druck : TFH Berlin 1988

Baustufen in Tegel sofort beginnen sollte, die Baustufen Müggelsee nacheinander bei steigendem Bedarf. Jede der drei Anlagen bestand aus 66 Brunnen zum Sammeln des Uferfiltratwassers, aus Formsteinen gemauert, 2,30 m Durchmesser, Sohle auf neun Meter unter Sommerwasserstand, etwa zehn Meter Abstand zwischen den Brunnen und etwa 65 m vom Seeufer entfernt.

Die Saug- und Druckkräfte für die Systeme besorgten »Seemaschinen« am Tegeler See und Müggelsee sowie »Stadtmaschinen« an den Zwischenpump- und Speicherwerken auf den »Charlottenburger Höhen« und vor dem »Landsberger Thor«. (Abb. 35) Sie sollten aus kohleversorgten Kesseln bestehen, die Dampf produzierten, mit dem die Kolbenpumpen ihre mechanische Arbeit verrichten konnten.

Von den Wassergewinnungsorten sollte das Wasser zu hoch gelegenen Speichern transportiert werden, die unabhängig von Verbrauchsschwankungen für einen kontinuierlichen Pumpbetrieb sorgten:

In Kombination mit den Anlagen am

- Müggelsee: vor dem Landsberger Thor, in der Nähe der Colonie Hohenschönhausen, auf der durch den spitzen Winkel der Oderbruchstraße und Hohenschönhauser Straße (*Pharus*-Plan) entstehenden Fläche, dort, wo im *Sineck*-Plan von 1871 die höchste Höhenliniemarke von 85,5 Fuß verzeichnet ist; bei der 20 Jahre später stattfindenden Realisierung dieses Zwischenpump- und Speicherwerks verlegte *Gill* den Standort um etwa 200 m nach Osten, Landsberger Chaussee / Ecke Vulkanstraße:
  - Erdspeicher mit 370.000 m³ auf ca. 26 m über Spreewasserstand
  - 4 Wasserturmspeicher;
- Tegeler See: auf den Charlottenburger Höhen im Westend, Spandauer Chaussee, neben dem Krankenhaus Westend:
  - Erdspeicher mit 185.000 m³ auf ca. 26 m
  - 2 Wasserturmspeicher.

Die »*Rohrfahrten*« von den Wassergewinnungsorten bis zu den Speicherorten sollten mit gußeisernen Rohren und einem Durchmesser von 1,32 m ausgeführt werden, den zur damaligen Zeit im Gießereiwesen größtmöglich herstellbaren Gußrohren (zwei Rohre zwischen Müggelsee und dem Speicherwerk vor dem Landsberger Thor sowie ein Rohr zwischen Tegel und Westend, vgl. Abb. 35).

Veitmeyers 1870 erstellten Pläne verdienen aus heutiger Beobachtung großen Respekt. Er berücksichtigte nicht nur langfristige städtebauliche Entwicklungen bei der Festlegung der Wassergewinnungsorte, legte der Anlagenauslegung Bedarfswerte zugrunde, die auch 120 Jahre danach noch Gültigkeit besitzen, sondern entschied sich – wie kurz danach *Hobrecht* 1871 – aus topographischen und betriebswirtschaftlichen Gründen für mehrere Versorgungszonen, deren typengleiche (damit reparaturfreundliche) Anlagen Stück für Stück gebaut werden konnten in Abstimmung mit der wachsenden Stadt für 2

Millionen Einwohner. Am Ende seines Vorwortes wies er in angemessener Weise auf die besondere Bedeutung seines Planwerks hin:

»Wenn man aber in Betracht zieht, dass bisher noch nirgends ein einheitliches Werk von solchem Umfang in Aussicht genommen worden ist, dass in allen übrigen Grossstädten die entsprechenden Anlagen allmählich entstanden sind und stets mehrere neben einander sich in die Aufgabe getheilt haben, dass London selbst, die grösste aller neueren Wasserversorgungen, mit 8 à 9 ganz selbständigen und von einander unabhängigen Werken 3 Millionen Einwohner speist, während hier bis zu 2 Millionen auf eine einheitliche, wenn auch aus Theilen zusammengesetzte Anlage, und auf sehr wenige Wasserorte angewiesen sind, so kann es nicht überraschen, dass hier ungewohnte Dimensionen und Grössen-Verhältnisse eintraten. Mit solchen zu arbeiten und sie zu bewältigen, ja sich an dieselben zu gewöhnen, war nicht so leicht und einfach als es scheinen mag. Diese ganz aussergewöhnliche Größe der Wassermengen, sowie aller zu bearbeitenden Anlagen, war es auch, welche die Arbeit in nicht vorausgesehener Weise vergrössert und erschwert hat.« [Veitmeyer 1871, S. H]

2.9 Vertragsausstieg des Staates zugunsten des »öffentlichen Wohls« der Stadt

Wir kommen am Ende des zweiten Kapitels zu der politischen Seite dieses Falles zurück, zum letzten Versuch des Staates Preußen, einen Kompromiß zwischen den Interessen der Stadt auf der einen und der englischen *BWW* auf der anderen Seite zu erzielen. Analog zur Geschichte der Gasversorgung Berlins (vgl. Kap. 6.1) schlug 1868 der Polizeipräsident *von Wurmb* dem Magistrat folgendes vor:

(1) Die *BWW* erhält das Versorgungsgebiet links der Spree, die Stadt das Gebiet rechts von der Spree oder

(2) Vertragsverlängerung mit der *BWW* auf unbeschränkte Zeit unter Verzicht des Monopols.

Nach Meinung *von Wurmbs* stellten diese die Versorgungspflichten aufteilenden Lösungen – vor allem im Wissen um die immer defizitären Finanzhaushalte der Stadt – sinnfälligere dar. Zu seinem Vorschlagspaket gehörte aber auch die Forderung der Stadt auf »*sofortige Lösung des Vertrags und Übernahme der Werke durch die Stadt*« [WEV 1956, S. 20], wobei er davon ausging, daß die Annahme dieses Vorschlags an der fehlenden Finanzkraft der Stadt scheitern würde.

Der Magistrat begründete seine Ablehnung zu den Vorschlägen (1) und (2) mit der dadurch eintretenden Unmöglichkeit, das »*öffentliche Wohl*« der Stadt gewährleisten zu können. Er überging danach den Polizeipräsidenten, weil dieser bereits im Sinne des Vorschlags (2) in Verhandlungen mit der *BWW* eingetreten war. Sein An-

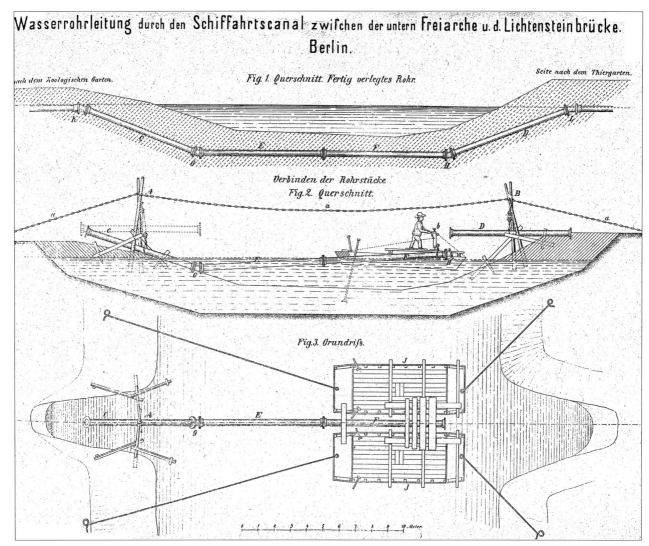

Abb. 36   Wasserleitung unter den Schiffahrskanal an der Lichtensteinbrücke (Zoolog. Garten) 1874

liegen trug er 1870 unter Vorlage des *Veitmeyer*-Plans dem Handels- und Innenminister *Graf von Itzenplitz* vor. Ein halbes Jahr später entschied der Minister, die einseitige Auflösung nach § 25 des Vertrags von 1852 zu erwirken.

Nach dem inzwischen vorliegenden Entwässerungs-Generalbericht von *Virchow* 1872, dem dort anliegenden Entwässerungsplan von *Hobrecht*, der nur dann Erfolg versprach, wenn sich die Stadt als Bauherr und Betreiber der Anlagen einsetzen würde, fiel *Wilhelm I* die Entscheidung nicht schwer: Er ermächtigte im Dezember 1872 seine Minister, das bisherige Recht des Staates zur Wasserversorgung Berlins auf die Stadt zu übertragen. Die Gemeinde Berlin übernahm *»Nutzungen und Lasten des Kaufobjekts«* [WEV 1956] bereits Mitte 1873, die Übergabe des *»Wasserwerkes mit den Wasserleitungen und sämtlichem Zubehör, wie es steht und liegt,«* erfolgte im Februar 1874. Das Entschädigungsgeld von ca. 8,4 Millionen Thalern setzte sich zu 55 % aus dem von 1873 bis 1881 zu erwartenden Verlusten an Dividenden, zu 33 %

für den materiellen Wert der Maschinenanlagen, Rohrnetze und dem Rest von 12 % für den Wert der Grundstücke der *Berliner Wasserwerke* zusammen. Eine den derzeit herrschenden Regeln in der Gründerzeit – dank reichlich fließender Reparationszahlungen aus Frankreich – wahrhaft königliche Abfindung aus dem *Akzisesack* des von der Stadt zum Vertragsausstieg gedrängten Staates.

Das eiligst vom Magistrat bestellte Curatorium unter Vorsitz von Bürgermeister *Duncker* schlug die Gründung der *»Städtischen Wasserwerke Berlin«* vor und berief 1874 den bisherigen Direktor der *BWW, Henry Gill,* zu deren Leiter. Im selben Jahr reichte *Gill* dem Magistrat die auf dem *Veitmeyer*-Projekt basierenden ersten Bauabschnittspläne für die Errichtung des neuen Wasserversorgungssystems zur Genehmigung ein. Darin waren die ersten Baustufen in Tegel und das Zwischenpump- und Speicherwerk auf den Charlottenburger Höhen im Westend für die Versorgung der Niederstadt vorgesehen. (Abb. 35)

Für die Übergangszeit bis zum Bau / Betrieb (1890/93) der Müggelsee-Anlagen in Kombination mit dem Zwischenpump- und Speicherwerk in Lichtenberg sah *Gill* für die Versorgung der Hochstadt weitere Hochspeicher und Pumpen auf dem ehemaligen Gelände der *Berliner Wasserwerke* an der heutigen Belforter Straße vor.

Um 1874 war die etwa 14 Jahre dauernde Diskussions- und Planungsphase für die Entwässerung und Wasserversorgung der Stadt beendet. Die Zeit der Realisationen und Erweiterungen der unterirdischen Städtebauanlagen konnte nun beginnen. (Abb. 36) Die folgende Übersicht zeigt in Stufen die Entwicklung der städtischen Selbstverwaltung Berlins anhand der Kriterien »Erhalt der Verfügungsrechte« bzw. »Übernahme von Ver- und Entsorgungsaufgaben in den Bereichen Gas, Wasser, Abwasser, Straßen und Plätze«:

GASBELEUCHTUNG [Kap. 5–8]: Ab 1826 durch englisches Unternehmen *Imperial Continental Gas Association (ICGA)* im Auftrag des Staates; ab 1847 gemeinsam durch die *Städtischen Gasanstalten* und *ICGA* bei der Innenraumbeleuchtung, bei der Straßenbeleuchtung allein die *Städtischen Gasanstalten;*

WASSERVERSORGUNG: Bis 1856 und darüber hinaus durch von Hauseigentümern angelegte Brunnen; von 1856 bis 1873 Zentralwasserversorgung durch das englische Unternehmen *Berliner Waterworks Compagny (Berliner Wasserwerke)* im Auftrag des Staates; ab 1873 durch die *Städtischen Wasserwerke Berlin;*

ABWASSERENTSORGUNG: Bis 1838 Anlage / Unterhalt von Rinnsteinen im Rahmen des Straßenbaus durch den Staat (Fiskus) und 1838–1875 Anlage/Unterhalt von neuen Rinnsteinen durch den Staat (Kostenübernahme von der Stadt) und Anlage/Unterhalt von Abtrittsgruben durch Hauseigentümer, unkoordinierte Straßenkanalverlegungen durch Private 1860–1869 und durch die Stadt 1864–1872; ab 1873/75 baute und unterhielt die Stadt die Radialsysteme der öffentlichen Entwässerung;

STRASSEN/PLÄTZE: Bis 1875 lag das Verfügungsrecht beim Staat, ab 1876 baute und unterhielt die verfügungsberechtigte Stadt.

Die Selbstverwaltung der Millionenstadt Berlin verfügte 1876 über

– die städtebaulich relevanten Rechte an Straßen/Plätzen,
– alleinige Rechte und Pflichten zur Wasserver- und Abwasserentsorgung mit weitreichenden Auswirkungen auf Hygiene und Gesundheit in der Stadt,
– Teilrechte im Altberliner Stadtkern und über alleinige Rechte und Pflichten in den Stadterweiterungsgebieten bei der Gasversorgung.

Nicht in städtischer Hand lagen das *Beerdigungswesen* (Teile desselben bis heute nicht), das *Viehschlachtwesen* (erst ab 1881) und der *Stadtverkehr*, über den entweder staatlich (Ringbahn mit Betrieb ab 1871 und Stadtbahn mit Betriebsbeginn ab 1877) oder privat (Dampfstraßenbahn, Pferdebahnen, Omnibus- und Droschkenverkehr mit Pferden) verfügt wurde.

3. Stadtwachstum diktiert stadttechnische Erweiterungen (1873–1895)

Zusammenfassung

Ab 1874 verordnete man aus gesundheitspolitischen und betriebswirtschaftlichen Gründen den Anschluß-zwang an die Kanalisation sowie die Einrichtung von water closets und stellte dadurch die Einheit zwischen Wasser und Abwasser her. Feste Abtrittsgruben durf-ten nur noch befristet betrieben, die mobile »Heidel-berger Tonne« konnte dagegen weiterhin zur Abfuhr der Fäkalien eingesetzt werden.

Bis zur Jahrhundertwende dauerte infolge der WC-Einführung der Engpaß auf der Seite der Wassergewin-nung. Trotz der – diese Nachfrage dämpfenden – Maß-nahmen wie die Einführung von kostenerhöhenden, verbrauchsabhängigen Tarifen oder die die Spitzenlast senkenden Tagesspeicher in Gebäuden, konnten die *Städtischen Wasserwerke* es nicht verhindern, daß sich mehrere neue private Wassergesellschaften in den Vor-ortgemeinden (z. B. »*Charlotte Wasser*«) gründeten.

Mitte der 1890er Jahre besaß Berlin neben dem Was-serwerk Tegel am Tegeler See auch das Wasserwerk Friedrichshagen am Müggelsee. Der *Veitmeyer*-Plan von 1870 war fast vollständig umgesetzt. Von der ersten Zentralwasser-Generation der *BWW* verblieb neben Tei-len des Leitungsnetzes nur noch der Speicher am Windmühlenberg, nach dem das zugehörige Wasser-werk am Stralauer Thor 1893 demontiert worden war.

Mit dem im Auftrag des Magistrats erstellten »Hy-gienischen Führer durch Berlin« [Boerner 1882] anläß-lich der 1883 stattfindenden ersten Hygiene-Ausstel-lung (die zweite 1911 in Dresden) und dem Bericht über die »Canalisation von Berlin« [Hobrecht 1884] standen zwei Vorzeigewerke zur Verfügung, die den immer noch auftretenden Kritikern den Beweis liefern sollten, daß

– das Entwässerungssystem in den acht Betriebsjah-ren seinen Zweck voll erfüllt hatte und für die hiesi-gen Verhältnisse kein anderes Verfahren bessere Er-folge hätte erzielen können, obgleich selbst *Hob-recht* zugestand, daß der Rieselfeldbetrieb und der dafür erforderliche hohe Landverbrauch noch zu wünschen übrig ließ und

– seit Einführung der Stadtentwässerung die Sterb-lichkeitsraten erheblich gesenkt werden konnten.

Stadttechnik folgte in der Regel städtebaulichen Ent-wicklungen. Diese Richtung verändernde Einflußnah-men konnten bis auf Vorgänge in den Vorortgebieten in den 1890er Jahren nicht festgestellt werden: Dort durfte ein Grundstück an einer kanalisierten Straße (Grundstück »1. Klasse«) im Vergleich zu einem an einer »nicht regulierten« Straße zu 25 % dichter bebaut wer-den. Dieses Statut führte – wie in den 1860er Jahren in Berlin – zum unkoordinierten »wilden Kanalbau«, der wegen des fehlenden Klärprozeßendes wesentlich »bil-liger« war. Anhand zahlreicher Fälle von bis heute noch nebeneinander stehenden dichteren und offeneren Be-bauungen könnte diese These des Stadttechnikeinflus-ses auf den oberirdischen Städtebau einer Prüfung un-terzogen werden.

Auf der Suche nach kostengünstigeren Entwässe-rungssystemen für weniger dicht bebaute Vorortgebie-te stand die Stadttechnikzunft um die Jahrhundertwen-de auf einem – heute vergleichbaren – sehr hohen in-novatorischen Stand: Je nach Art und Umfang der Aufgabe setzte man maßgeschneiderte flexible Netz-strukturen (Saug-/Druckluft- statt Gefälleleitungen) und die verschiedenartigsten Klärsysteme ein.

3.1 Wassermangel durch das verordnete water closet

Während über die 1874 in Kraft getretene »Polizeiord-nung betreffend die Kanalisation der Stadt Berlin« in Ver-bindung mit dem »Ortsstatut betreffend den Anschluß von Grundstücken an die Kanalisation« jeder Grundstückseigentümer ohne Ausnahme gezwungen wurde, Wasserklosetts einzurichten und sich an die ab Ende 1875 betriebsbereiten Straßenkanalisation in der Friedrichsstadt anzuschließen, mußte er sich laut Ortsstatut an die Leitungen der öffentlichen Wasserversorgung nur dann anschließen, wenn der Betrieb der Wasserklosetts nicht durch private Wasserversorgungseinrichtungen sicher zu stellen war. Die ab 1874 einsetzende Anschlußentwicklung aber beweist, daß diese Regularie keine neuerliche künstliche Trennung zwischen Abwasser und Wasser hervorgerufen hat, sondern sich die Einheit zwischen Be- und Entwässerung praktisch durchsetzte: Der Wasserverbrauch aus dem öffentlichen Netz stieg rasch, von 1875 bis 1882 im Durchschnitt um 10 % je Jahr, also um ca. 70 % oder 8.000 Grundstücksanschlüsse in dieser Zeitspanne – soviel wie insgesamt in den 18 Jahren von Beginn der Wasserversorgung an. Das verordnete Wasserklosett führte 1878 dazu, daß die vom Wasserwerksdirektor *Henry Gill* nach Plänen *Veitmeyers* gebaute und 1877 in Betrieb gehende erste Baustufe des Tegelersee-Wasserwerkes und des Speicher/Pumpwerkes im Westend die Nachfrage nicht mehr befriedigen konnte.

Die nun etwa 10 Jahre dauernde Mangelwirtschaft bis zum vollständigen Ausbau des Tegelersee-Werkes wurde zudem noch von Sorgen um die Qualität des geförderten Trinkwassers begleitet. Die Kombination von eisenhaltigem Wasser und Algenbildung ließ bräunliche Ablagerungen entstehen, die sowohl die Verwendung in der Industrie als auch im Bereich der Haushalte in Frage stellte. Die über vier Jahre dauernde Untersuchungszeit durch namhafte Fachleute führte zu keiner praktikablen Lösung bei der Grundwasserförderung. Man entschied sich für den (rückschrittlichen) Vorschlag von *C. Bischoff*, ab 1883 wieder gefiltertes Oberflächen-Seewasser anstatt Grundwasser einzusetzen. Welche ordnungspolitischen Folgen diese Zeit der Wassermangelwirtschaft hatte, zeigen drei Ereignisse.

Nach Inbetriebnahme des Wasserwerkes in Tegel beantragte die Vorortgemeinde Schöneberg 1877 den Anschluß an das Berliner Netz für die Gebäude der Motz-, verlängerten Genthiner- und Bülowstraße. Der Magistrat der Stadt lehnte dieses Begehren ab mit der Begründung der für Berlin nicht ausreichenden ersten Tegeler Ausbaustufe. Dazu die sozialistischen *WEV*-Berichter 1956: »*Es soll den damaligen Stadtvätern zugute gehalten werden, daß sie erst die Versorgung der eigenen Stadt sicherstellen wollten, aber bei der offensichtlichen Geringfügigkeit der Befriedigung der angetragenen Wünsche lag doch eine Kurzsichtigkeit in der Beurteilung der wirtschaftlichen Entwicklung vor, was sich dahin auswirkte, daß die damalige private Charlottenburger Wasserwerke AG später Einfluß auf die Versorgung dieser Gemeinden südlich und westlich Berlins gewann.*« [WEV 1956, S. 25]

Die aus dem Konkursverfahren zur Auflösung der Baugesellschaft »*Westend-Gesellschaft Quistorp & Co*« auf Aktien gegründete Wassergesellschaft begann 1878 ihr Wassergeschäft, das erst 1928 mit der Übernahme und Entschädigungszahlung durch den Magistrat von Groß-Berlin endete. Das Verhalten der Aktiengesellschaft – sie gehörte zu den größten deutschen privaten Wasserversorgungsunternehmen – war mit dem der englischen *Berliner Waterworks Compagny* in den 1860er Jahren deckungsgleich: 1919 versuchten Stadtvertreter vergeblich die Kommunalisierung der AG mit einer Sondergesetzgebung zu erreichen. Der 1925 neu auflebende Streit zwischen der Stadt und den von der AG nicht ausreichend erfüllten Lieferpflichten lief wieder auf die – von der *Waterworks Compagny* bekannte – Antwort der AG hinaus, Vergrößerungen des Netzes und der Förderungskapazitäten für die Versorgung der westlichen und südlichen Stadterweiterungen in den 1920er Jahren nur dann vornehmen zu können, wenn dafür die Stadt eine ausreichend lange Vertragsverlängerung als Gegenleistung erbringen würde.

Ein weiteres Indiz für das nicht ausreichene Wasserangebot sind sanitärtechnische Anlagenlösungen, die eine zeitweilige Abkehr von dem Ziel der »*kontinuirlichen*« Versorgung bedeuteten: Um die Spitzenbelastungen zu senken, verfuhr man nach dem Londoner und Hamburger Muster, das bekanntlich Tagesspeicher verwendete, die zu Schwachlastzeiten aus dem öffentlichen Wassernetz gefüllt werden konnten und zu Spitzenlastzeiten die vom Wasserwerk unabhängige Versorgung des Gebäudes übernahmen. Beispiele dieser diskontinierlichen zentralen Wasserversorgung finden sich in den Beschreibungen der Projekte der *Deutsch-Holländischen Baugesellschaft* und der Baugeschichte über »Meyers Hof« in der Ackerstraße bei Geist/Kürvers 1984.

Ungleichgewichte zwischen Angebot und Nachfrage wirkten auf Preise und Kosten, sie sensibilisierten aber auch die Verhaltensweisen zwischen dem städtischen Regiebetrieb, den Verbrauchern und den staatlichen Behörden: Hohen Kostenbelastungen durch Baumaßnahmen in Tegel und Westend, für gleichzeitig stattfindende Erweiterungen des Speicher-/Pumpwerkes in der Belforter Straße und für Untersuchungen und Entwicklungen zur Verbesserung der Wasserqualität in Tegel, stand um 1878 eine Tarifgestaltung gegenüber, die dem privatwirtschaftlich erfahrenen Direktor *Henry Gill* keine ausreichende Kontrolle und Planung des Betriebserfolges gestattete. Etwa ein Viertel aller Verbraucher rechneten noch nach der Pauschale »*x % von der Jahresmiete*« mit den *Städtischen Wasserwerken* ab. Diese bei stärker steigendem Wasserverbrauch für den Lieferanten ungünstige Abrechnungsart wurde ab Oktober 1878 abgeschafft, die Wasserlieferung erfolgte von nun an nach dem »*Tarif und Regulativ*« unter Einsatz von ausschließlich von *Siemens & Halske* gelieferten Wassermessern. (Erst 1890 beschloß die Stadtverordnetenversammlung während der Etatdebatte für 1891 unter dem Antrag *»Anschaffung von Wassermessern«* den Zusatz *»durch die Firma Siemens & Halske«* (...) *»als überflüssig«* zu streichen. [Landesarchiv Rep 255, Nr. 2]) Die bereits 1870 unter der *Berliner Waterworks Compagny* begonnene Teilung des Wasserpreises in konstantem »Jahres-Grundpreis« (für die Zurverfügungstellung einer stündlichen Kapazität in »Mark je m³/h« – ausgedrückt in der Typengröße des Wassermengenzählers) und in dem von der tatsächlich verbrauchten Wassermenge abhängigen »Arbeitspreis« in »Mark je m³« war nun für alle Kunden verbindlich.

Einen Einblick in die Praxis bei der Anwendung des Tarifvertrags in Verbindung mit dem Ortstatut von 1874 zwischen den Beteiligten Stadt, Kunde und Staat vermittelt das 1881 ergangene Urteil des Königlichen *Oberverwaltungsgerichts*:

Der Staat, vertreten durch das Königliche Polizeipräsidium, versuchte den Magistrat der Stadt (*Städtische Wasserwerke*) mit dem Hinweis auf *»Ordnungs-, sanitäts- und sicherheitspolizeiliche«* Pflichten daran zu hindern, durch *»Sperrung der Wasserzuleitung«* den säumigen Wasserkunden in der Hagelsberger Straße 17 zur Zahlung des Wassergeldes zu bewegen. Der Staat argumentierte, *»daß die Wasserleitung mit dem Zeitpunkt ihres Ueberganges an die Stadt den Charakter einer Kommunal-Anstalt anzunehmen habe (...)«* und *»Die öffentliche Wasserleitung sei gleich der Kanalisation kein freies Privateigenthum der Stadtgemeinde, sondern lediglich eine dem öffentlichen Wohle und der Gesundheitspflege dienende Kommunal-Anstalt«.* Und daß die damit zusammenhängend erteilte Gewerbesteuerbefreiung für das Wasserunternehmen nicht dazu führen darf, *»die industrielle Anlage als dem Gelderwerb dienstbar rücksichtslos auszunützen.«* [Gemeinderecht 1903, S. 186]

Das Gericht maß den Argumenten des Staates nicht viel Bedeutung zu, weil nach seiner Meinung die Sperrung der Wasserzuleitung an sich noch keine Gemeingefahr für die Gebäudebewohner darstellte und weil in § 5 des Ortsstatuts von 1874 kein Zwang zum Anschluß an die öffentliche Wasserleitung bestand. Sie tadelte darüber hinaus die Polizeibehörde, nicht ihrerseits polizeiliche Mittel eingesetzt zu haben, um damit den Hauseigentümer zur Zahlung des Wassergeldes bewogen zu haben. Die Oberverwaltungsrichter wiesen *»im Namen des Königs«* die Berufungsklage der Staatsbehörde ab, *»den Magistrat von Aufsichtswegen anzuweisen, daß er künftighin die Zahlung der Wasserleitungsabgabe nicht durch Schließung der Zuleitungsröhren, sondern auf dem Wege der gewöhnlichen administrativen Exekution zu erzwingen sucht.«* [S. 190]

3.2 Entwicklungen bei Mietshäusern und Wasserversorgung

Quantitative und qualitative Mängel auf Zeit bei der Wassergewinnung wirkten sich nicht auf die Wasserverteilung aus, somit nicht auf den Anschlußwillen der Hauseigentümer. Im Gegenteil, eine zentralwasserversorgte Wohnung erwirtschaftete höhere Mieteinnahmen bei vergleichsweise niedrigen Investitionskosten der damaligen Mindestausstattung: Zapfhahn plus Ausgußbecken in der Küche jeder Wohnung und einem wassergespülten Gemeinschaftsklosett je Etage oder im Hof. Die Karte »Wasserversorgung Berlin – Stand um 1880«, S. 91 vermittelt den Überblick über die nahezu vollständige Versorgungslage des um 1880 existierenden Mietshausbestands nach Geist/Kürvers 1984 [S. 344, Bauphase 2]. In der Karte wurden die städtebaulichen und stadttechnischen Bestände wieder kartographisch überlagert. Darüber hinaus zeigt die Karte die in Schichten 1865/1875/1880 sich vollzogene, verschieden große Expansion des Wasserversorgungsnetzes in den Stadtgebieten.

Erinnert sei daran, daß 1879 die Radialsysteme RS I, II, III, IV und 1881 das RS V ihren Entwässerungsbetrieb aufgenommen hatten (vgl. Karte, S. 99), das Berliner Stadtgebiet vom Landwehrkanal im Süden bis zur Ringbahn im Norden nach den modernsten Regeln der Städtebautechnik entwässert wurde. Obwohl kein Wasser-Anschlußzwang verordnet war, überrascht die von den *Städtischen Wasserwerken* hergestellte Versorgungslage um 1880: Bis auf wenige Mietshäuser an den im Norden zur Weichbildgrenze führenden Radialstraßen werden alle städtebaulichen Erweiterungen vom Wassernetz erfaßt. Es werden sogar unbebaute Gebiete bereits vorsorglich einbezogen. Derselbe *Henry Gill*, der bis 1872 die fehlende Bereitschaft zur Netzausdehnung seiner privaten Gesellschaft *Berliner Waterworks Compagny* öffentlich verantwortete, hatte nun als städtischer Wasserwerksdirektor gute Arbeit geleistet. Wie der Zahlenvergleich zwischen 1872 und 1882 zeigt, verdoppelte er nahezu die Wasserförderung und erweiterte die Rohrnetzlänge um mehr als das Doppelte [WEV 1956, S. 63, 81]:

	Einwohner-zahl	Wasserförderung in m³/Jahr	Rohrnetz-länge in km
1872	840.000	14 Mio	250
1882	1.180.000	26 Mio	525

In der Karte deutlich erkennbar ist die verhältnismäßig große Erweiterung des Netzes durch die *Städtischen Wasserwerke* in der Phase zwischen 1875 und 1880 gegenüber der von der *Berliner Waterworks Compagny* zwischen 1865 und 1875 – hier besonders im Norden/ Nordwesten, aber auch vor dem Halleschen Thor und auf dem Köpenicker Feld.

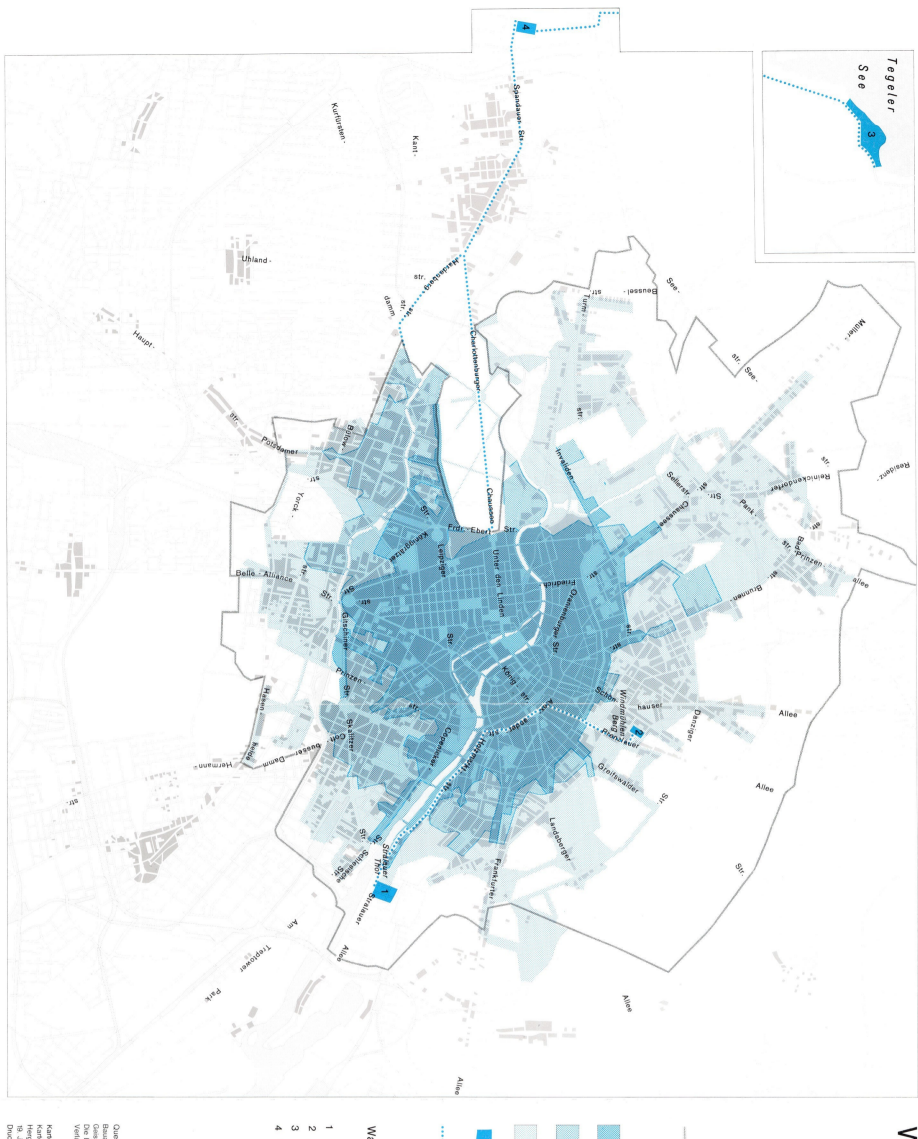

WASSERVERSORGUNG BERLIN

STAND UM 1880

Maßstab 1:50 000

0	500	1000	1500	2000	2500 m

Stadtgrenze 1861

Versorgungsgebiet um 1865
Berliner Wasser Werke (BWW)

Versorgungsgebiet um 1875
Städtische Wasserwerke Berlin (StWW)

Versorgungsgebiet um 1880
Städtische Wasserwerke Berlin (StWW)

 Wasser-, Pump- und Speicherwerke

Versorgungsleitung zwischen Wasser-, Pump- und
Speicherwerken

Wasser-, Pump- und Speicherwerke:

	Standort	Inbetriebnahme	Betreiber
1	Wasserwerk Stralauer Thor	1856	BWW
2	Hochspeicher Windmühlen Berg	1856	BWW
3	Wasserwerk Tegel	1877/79	StWW
4	Pumpstation Charlottenburg	1877	StWW

Quellen:
Bauaiterskarte der geschlossenen Mietshausbebauung in Berlin zwischen 1862 und 1925, aus:
Geist, J. F. & Kürvers, K.: Das Berliner Mietshaus 1862-1945, Prestel-Verlag, München 1984
Die Beleuchtung, Wasserversorgung und Kanalisation der Stadt Berlin, DVGW-Festschrift,
Verlag von Julius Springer, Berlin 1883

Kartographische und reprotechnische Bearbeitung: B. JANKOWSKI
Kartenautor: Prof. Dr. H. TEPASSE (Hochschule der Künste Berlin, Fachbereich Architektur)
Hergestellt im Rahmen des Forschungsvorhabens "Unterirdischer Städtebau Berlins im
19. Jahrhundert"
Druck: TFH Berlin 1988

Abb. 37 Standrohr und offener Wasserspeicher nördlich des Windmühlenbergs 1856

Mit Hilfe der Karte ist auch die wenig weltstädtische und kommunalpolitisch kurzsichtige Ablehnung des Antrags der Stadt Schöneberg auf Anschluß an das Berliner Wassernetz durch den Magistrat der Millionenstadt 1877 erkennbar: Um 1875 lagen die Leitungen bereits in der Potsdamer Straße bis zur Winterfeldtstraße. Die Versorgung der Gebäude entlang der Potsdamer-/Hauptstraße bis zum heutigen Innsbrucker Platz hätte nur einer wenige hundert Meter kurzen Rohrleitung bedurft.

Die Investitionen für die Rohrnetzerweiterungen in den 1870er Jahren verursachten eine noch steilere Anschlußentwicklung in den 1880/90er Jahren. Der gleichzeitig betriebene Ausbau der Wasserwerke führte 1887 zur Inbetriebnahme der zweiten Ausbaustufe des Tegelersee Wasserwerkes, das nun wie geplant einen Trinkwasserstrom in der Spitze von einem Kubikmeter pro Sekunde liefern konnte, ca. 86.000 m³/Tag, ausreichend für den durchschnittlichen Verbrauch von 800–900.000 Einwohnern. Der Einwohnerrest wurde noch von dem Werk Stralauer Thor versorgt.

Die berechtigte Sorge um die zukünftig gesicherte Versorgung mit Trinkwasser veranlaßte *Gill*, dem Magistrat noch im selben Jahr den Baubeginn des Müggelsee-Werkes zu empfehlen, das vor allem deshalb erforderlich wurde, weil die Trinkwasserqualität aus dem Spreewasser-gespeisten Wasserwerk am Stralauer Thor immer bedenklicher wurde und *Gill* für die Stillegung plädierte. Von der Genehmigung des (*Veitmeyer-*) Plans 1888 und Baubeginn des nun mit »Friedrichshagen« benannten Wasserwerks in 1889 vergingen nur drei Jahre bis zur Fertigstellung der zwei ersten (1893), weitere drei Jahre bis zur Eröffnung der dritten (1896) Baustufe. Gleichzeitig fand der Bau des Speicher-/Pumpwerkes in Lichtenberg statt. Das Werk Stralauer Thor wurde

1893 stillgelegt und kurz darauf abgerissen. An die private *Berlin Waterworks Compagny* erinnerte jetzt nur noch das Speicher-/Pumpwerk an der Belforter Straße nördlich des Windmühlenbergs. Diese Anlage auf und unter der erdbedeckten, erhöhten Platzfläche, heute eingerahmt von der Knaack-, Kolmarer-, Belforter- und Diedenhofer Straße, hat eine fast 150-jährige Geschichte hinter sich, die in den wichtigsten stadttechnischen Entwicklungsstufen darzustellen lohnt:

1856:

Offener Hochbehälter (ca. 3000 m³) mit einem nach oben hin offenen, 34 m hohen Standrohr zum Ausgleich von Druckschwankungen und zur Netzbe- und entlüftung (Abb. 37). Das ca. 30 m über dem Niveau der Niederstadt liegende Speicherwasser wurde über eine Gußrohrleitung vom Wasserwerk am Stralauer Thor versorgt, um dann aufgrund der statischen Druckhöhe die Wasserkunden beliefern zu können.

1857/58:

Abdeckung des offenen Wasserspeichers; die Überwölbung war wegen der Staubverunreinigungen und wegen des nicht bedachten Winterfrostes erforderlich geworden. Schon drei Jahrzehnte vorher wollten die *ICGA*-Ingenieure bei der Installation des Gasnetzes in Hannover die deutlich verschiedenen meteorologischen Winterbedingungen zwischen dem Inselklima und dem Landklima nicht wahrhaben: Das Kondenswasser gefror und verhinderte 1825/26 den Gastransport.

1875/77:

Was *H. Gill* als *BWW*-Direktor kurz zuvor noch abgelehnt hatte, unternahm er 1875 als erster Direktor der *Städtischen Wasserwerke* in einem Sofortprogramm [Bärthel 1997, S.59 ff.]: Für die Versorgung der Kunden auf den Barnim-Höhen des Prenzlauer Bergs wurde ein

Abb. 38
Wasserturm mit
Speicher 1878

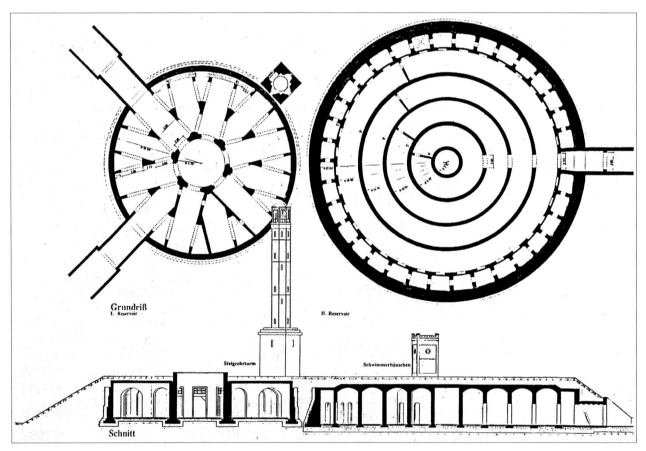

Abb. 39   Neuer erdbedeckter Hochbehälter zum alten und Standrohr 1888/90

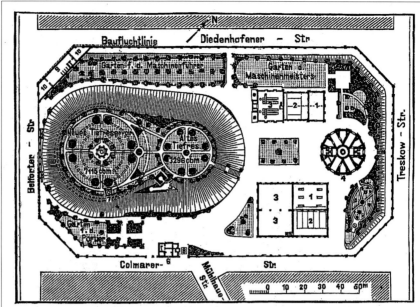

Abb. 414. Hebestation des Wasserwerks Belforter Strafse (Lageplan).

1. Kohlenhaus. 2. Kesselhaus. 3. Maschinenhaus. 4. Hochreservoir. 5. Standrohrthurm. 6. Portierhaus. 7. Schwimmerthurm. 8. Wage. 9. Depot der Strafsenreinigung. 10. Hof.

Abb. 40
Lageplan Speicher und Pumpwerk
Belforter Straße um 1896

separates Verteilnetz errichtet, das von einer eigenen dampfbetriebenen Pumpstation, bestehend aus Kohlen-Dampf-Kesseln und Kolbenpumpen, entlang der Diedenhofer Straße betrieben wurde. Das Netz wurde anfangs mit Wasser aus dem Stralauer Werk, ab 1877 über eine Leitung 610 mm vom neuen Wasserwerk Tegel gespeist.

1878:

Dem Sofortprogramm folgte die langfristige Lösung: Bau eines 44 m hohen Wasserturmes mit Wasserspeicher in der Dachgeschoßzone. Damit konnte man nachts den Pumpenbetrieb einstellen und mit der statischen Druckhöhe die Versorgungsaufgaben erfüllen. Der Wasserturm wich von der üblichen Bauart ab, hatte 25 m Durchmesser, aus dem ein Aufsatz als Rundgang und ein 1,50 Lichtweite großer Schornstein heraus ragte. Im Erdgeschoß befanden sich Arbeitsräume und Wohnungen in den Obergeschossen für das Betriebspersonal (Abb. 38).

1888/90:

Ein weiterer erdbedeckter Hochbehälter (7115 m³) wurde neben dem bestehenden kleineren (3296 m³) gebaut. Dazu ein zweites Maschinenhaus an der Colmarer Straße (Abb. 39). Aus dem Lageplan Abb. 40 ist die Anordnung der drei Speicher, zwei Maschinenhäuser, des Standrohr-Turmes und des Portierhauses mit Waage abzulesen.

1893:

Wechsel des Wasseranschlusses vom Wasserwerk Tegel nun vom neuen Wasserwerk Friedrichshagen über das Zwischenpumpwerk Lichtenberg.

1907:

Weil die statische Druckhöhe für die Versorgung der höher liegenden Wohnungen der Häuser in der nach Norden hin sich vollziehenden Stadtentwicklung nicht mehr ausreichte, wurde der Speicher im Wasserturm um ca. sieben Meter aufgestockt mit einem Durchmesser von ca. 17 Metern. (Abb. 41) In Verbindung mit dieser architektonischen Lösung des Gebäudeaufsatzes verkleinerte sich der Speicherinhalt von 1065 auf 835 m³.

1914:

Das Pumpwerk und seine Kesselanlagen wurden stillgelegt, weil die erforderlichen Netzdrücke nun vom inzwischen erweiterten Zwischenpumpwerk Lichtenberg zur Verfügung gestellt werden konnten. Nur der Wasserspeicher auf 87 m über NN im Turm war noch Teil des Betriebssystems. Auch die erdbedeckten Hochbehälter erfüllten nicht mehr ihre ursprünglichen Funktionen (wurden und werden heute zu Lagerzwecken und zu kulturellen Ereignissen genutzt).

1952:

Wegen der relativ hohen Bebauung in der Stalinallee reichte die statische Druckhöhe des Wasserspeichers im Turm nicht mehr aus. Der Betrieb wurde eingestellt. Von nun an stand nur noch das Arbeits- und Wohnraumangebot und Denkmalschutzabsichten im Mittelpunkt immer wiederkehrender Versuche, sich des Turms durch Abriß zu entledigen.

1995:

Das gesamte Ensemble wurde 1995 unter Denkmalschutz gestellt: Standrohr 1856; überwölbte Hochbe-

Berlin   Treschow-Str. mit Wasserturm

Abb. 41
Wasserturm nach
Aufstockung 1907

hälter 1858/1890 (Abb. 42); Wohnungen im Wasserturm 1878/1907.

Henry Gill verstarb 1893, kurze Zeit vor der Eröffnungsfeier des Wasserwerks Friedrichshagen am Müggelsee. Ihm, dem Planausführenden, nicht dem ingeniösen Planverfasser *Veitmeyer*, setzte man ein Denkmal in Form einer Bronzebüste, die dann während des zweiten Weltkriegs der Metalleinschmelze zugeteilt wurde [WEV 1956, S. 30].

Der Ausbau der vierten und letzten Baustufe des Werkes Friedrichshagen dauerte deshalb bis 1909, weil man ab 1901 in Tegel und ab 1904 in Friedrichshagen begann, die Seewasserförderung nun endgültig auf eine bis heute andauernde Grundwasserförderung umzustellen. Verschmutzungen sowohl durch vermehrte Industrieansiedlungen an Seen und Flüssen als auch durch den zunehmenden Schiffahrtsverkehr machten diese Art der in Tegel zwischen 1877 und 1882 bereits eingeleiteten Wassergewinnung erforderlich. Die zentrale Versorgung Berlins mit Trinkwasser zwischen dem Beginn 1856 und den 1909 realisierten Plänen *Veitmeyers* für 1,5 – 2,0 Millionen Einwohner erfolgte schichtenweise mit Fluß- und/oder See-Oberflächen-wasser:
- 53 Jahre (1856 – 1909) zentrale Trinkwasserversorgung mit Oberflächenwasser, davon:
  - 21 Jahre Flußwasser (Spree)
  - 16 Jahre Fluß- (Spree) und Seewasser (Tegeler See, davon 5 Jahre Grundwasser)
  - 16 Jahre Seewasser (Tegeler See und Müggelsee).
Über technische Einzelheiten und Entwicklungsstufen dieser Wasserwerksgeschichte geben die Autoren in [WEV 1956, S. 57 ff.] und in »Berlin und seine Bauten« [BusB 1896, S. 298 ff.] detailliert Auskunft. Die Betriebseröffnung der halben Kapazität des Wasserwerks

Friedrichshagen 1893 setzte die *Städtischen Wasserwerke* nun in den Stand, Anträge von Vororten auf Anschluß an das Wassernetz positiv zu bescheiden, der noch 1877 begangene kommunalpolitische Fehler mit der Ablehnung des Schöneberger Antrags wiederholte sich nicht: Angeschlossen wurden 1894 Treptow, 1895 Stralau, 1896 Weißensee, 1899 Niederschöneweide, 1902 Friedrichshagen und 1905 Teile Pankows.

Zu dieser Einschätzung hat sicherlich die Arbeit der 1885 gebildeten »*Wasserbedarfs-Kommission*« der *Deutschen Vereinigung der Gas- und Wasserfachmänner* beigetragen. Die *DVGW* wurde 1870 gegründet und war aus der seit 1859 bestehenden *Deutschen Vereinigung der Gasfachmänner (DVG)* hervorgegangen. Die *Kommission* hatte sich zum Ziel gesetzt, den inzwischen schlechten Ruf der Bedarfsplaner im Gas- und Wasserbereich abbauen zu helfen sowie für die Vereinheitlichung des Einheiten- und Meßwesens einzutreten. Dieses den Handel und das Handwerk fördernde Wirken der *DVGW* begann 1882 mit der Herausgabe der »*Normalientabelle*«, die den Installateuren als Richtlinie diente bei der Auswahl von Rohrnennweiten für die Versorgung von z. B. x Stück Zapfhähnen oder für die Verlegung von Rohrleitungen (DVGW 1959). Diese Tabellen wurden 1885 als »*Normblatt*« herausgegeben. Es kann als Vorläufer der heutigen DIN 1988 »Trinkwasser-Leitungsanlagen in Grundstücken« bezeichnet werden.

Die 30 bis 40 Jahre dauernde Städtebauaufgabe für die zentrale Regulierung von Wasser und Abwasser war Mitte der 1880er Jahre in Berlin grundsätzlich gelöst. Mehr als 85 % aller Haushalte konnten – wenn die Hauseigentümer es wollten – die Vorteile von »*fließendem Wasser*« zum Trinken, Kochen, Waschen und für Spülungen aller Art genießen. Das hiermit anfallende

Abwasser verschwand für die Laien ohne Geruchsbelästigungen in den »Untergrund« – für diesen Fall zwangsweise verrohrt, polizeiverordnet und ohne weitere Alternativen.

Die Folgen von großstädtischer Dichte, technischem Fortschritt bedeutete zum einen den Verlust von (ländlichen) Freiheitsgraden, zum anderen auch den Verlust zur Übernahme von Verantwortung für eigenes Tun und Unterlassen in diesem wichtigen Alltagsbereich. Diese Verantwortung übernahmen nun die von der Gesundheitspolizei autorisierten Beamten der städtischen Wasser- und Entwässerungswerke, denen z. B. laut § 4 des Kanalisations-Ortsstatuts von 1874 »jederzeit der Zutritt behufs Revision der Hausentwässerung gestattet werden (mußte).«

3.3 Stadttechnische Relationen

Anfang der 1880er Jahre waren Teile des Großwasserwerkes Tegel und fünf der sieben wichtigsten Radialsysteme des Hobrechtschen Entwässerungsplans in Betrieb. Für die Gasbeleuchtung in den Straßen, auf Plät-

zen und in den Wohnungen standen bereits vier städtische Gasanstalten zur Verfügung. Ab 1881 wurde das Vieh- und Schlachthofwesen von der Stadt kontrolliert und die Reichstagsabgeordneten hatten das Kranken- und Unfallversicherungsgesetz verabschiedet. Berlin war auf dem »Gebiete der Hygiene und des Sanitätswesens«, zu dem an der Friedrich-Wilhelm Universität und Technischen Hochschule eine Reihe von Vorlesungen gehalten wurden [Boerner 1882, S. 296], für die Mitglieder des »Deutschen Vereins für Gesundheitspflege« und des »Deutschen Vereins für Gesundheitstechnik« eine Reise wert. Der ob seines in 20 Jahren erlangten Standes der Stadthygiene stolze Magistrat bewilligte Mittel und beauftragte Paul Boerner, den »Hygienischen Führer durch Berlin« herauszugeben. Er sollte den Mitgliedern der o. g. Vereine als Festschrift anläßlich ihrer Jahresversammlung überreicht werden und hatte sich die Aufgabe gestellt, »die mit den sanitären Zuständen der Stadt nicht Vertrauten leicht zu orientieren und ihnen die Mittel und Wege anzugeben, sich die ihnen erwünschte Kenntniß so bequem, so schnell und so ausreichend als möglich zu verschaffen.« [S. III]

Abb. 42   Räume innerhalb des 1888/90 gebauten zweiten Hochbehälters heute

Abb. 43 Straßenarbeiten in Berlin um 1880

Berichte über imposante Errungenschaften und deren festliche Inbetriebnahmen sind Zielsetzungen von Festschriften, z. B. der Gaswerke, Elektrizitäts- und Wasserwerke oder Stadtregierungen. Näheres über die mühsamen Wege dort hin, findet man in diesen Schriften nur selten. Bei *Julius Rodenberg,* der 1885 »Bilder aus dem Berliner Leben« beschrieb, ist über die Belästigungen der Bewohner Berlins wegen der Durchführung des unterirdischen Städtebaus im Nebensatz zu lesen [S. 30]:

»*Wo das, was man jetzt die allgemeine Wohlfahrt nennt, den Einzelnen noch nicht verhinderte, an die seine zu denken! Wo noch nicht so viel Menschen auf der Welt waren, noch nicht so viel Lärm machten! Wo noch Ruhe war in den Straßen und Gemüthlichkeit in den Häusern! Wo noch kein Gerassel von Omnibussen war und kein Geklingel von Pferdebahnen, keine Canalisationsarbeit, welche jahrelang bald hier, bald da die Stadt aufwühlt und in tiefe Gruben und unübersteigliche Sandberge verwandelt.*«

Diese scheinbar unkoordinierte »Buddelei« (Abb. 43) erfolgte unter der Regie von *James Hobrecht,* nach seinen mit Akribie aufgestellten Ausführungsplänen. Die Karte »Entwässerung 1880«, S.99 ist wieder eine Montage des Bestandes an in die Erde verlegten Netzen innerhalb der Radialsysteme I bis V einerseits und dem Be-

stand an Mietshäusern nach Geist/Kürvers 1984, S. 344, Bauphase 2 andererseits – derselben Basis wie bei der Wasser-Karte auf S. 91:

Der bei der Wasserversorgung um 1880 erreichte Versorgungsgrad wurde bei der Abwasserentsorgung verständlicherweise bei weitem nicht erreicht. Um 1880 waren erst die RS I bis V in Betrieb, wobei das Leitungsnetz der RS IV und V noch nicht flächendeckend erstellt war. Große bebaute Stadtteile im Norden und Westen, vor allem im Süden jenseits des Landwehrkanals waren immer noch auf Abfuhr und Rinnsteinentwässerung angewiesen.

Bestandsaufnahmen über Entwicklungen in Berlin von vor etwa 100 Jahren sind so verschieden wie der jeweilige gesellschaftliche Standort der Autoren. Als Beispiel für diese Gegensätze stehen einerseits die Präsentation prächtiger Stahlstiche von *Max Ring* 1883/84 in seinem Werk »Die deutsche Kaiserstadt Berlin«, andererseits die in dieser Zeit beginnenden Berichte der *Arbeiter-Sanitäts-Kommission* von *Adolf Braun* 1893 als einem der vielen Verfasser und Herausgeber genannt, die auf die inhumanen Wohn- und Arbeitsverhältnisse der meisten Berliner hinter den die wahren Verhältnisse nicht widerspiegelnden Fassaden aufmerksam machten.

Andere krasse Gegensätze in und vor Berlin fallen auf, die zum Verständnis der damaligen Verhältnisse beitragen helfen: Die bei *Max Ring* zu besichtigende Momentaufnahme des bildbestimmenden Verkehrs in der Friedrichstraße vor dem Stadtbahnhof gleichen Namens, zu Fuß, mit Pferden und auf Bahngleisen, vor der Kulisse des *Zentral-Hotels,* das über Freileitungskabel von der Verteilerleiste auf dem Scheitel der Stahl-/Glastonne des Bahnhofs bereits mit Gleichstrom für Beleuchtungszwecke versorgt wurde, produziert in der für den *Unions-Club* in der Schadowstraße errichteten 25 Kilowatt-Anlage. (Abb. 44)

Im Gegensatz dazu ein Blick in das dörfliche Tempelhof von 1883/84, jenseits der Ringbahn, gut sechs Kilometer vom Stadtbahn-Bahnhof Friedrichstraße entfernt – auch dieser präsentiert von *Max Ring:* Das Verkehrliche vor den im Hintergrund von Strauchwerk und einer Baumgruppe halbverdeckten zweigeschossigen Landhäusern einfachster Art bestand hier nur aus einigen Fuß- und Spaziergängern, einem Mann zu Pferde und einem gerade aus der Stadt Berlin eintreffenden, von Pferden gezogenen Omnibusses. (Abb. 45)

Bilder derartiger Gegenüberstellungen von »Stadt und Land« sind noch verständlich, Erstaunen dagegen muß sich ausbreiten bei der Betrachtung des 1885 entstandenen Bildes von *Franz Skarbina* »Hinter dem Nollendorfplatz« (Abb. 46): Vor der schmucklosen Kulisse der Baukörperkehrseiten auf der östlichen Platzseite, der Grenzlinie zur Großstadt Berlin (Abb. 47) ist die morastische, von krüppeligen Bäumen in unregelmäßigen

ENTWÄSSERUNG BERLIN

STAND UM 1880

Maßstab 1:50 000

0 500 1000 1500 2000 2500 m

—— Stadtgrenze 1861

▨ Entwässertes Gebiet

—— Grenze der Radialsysteme

—— Pumpstation und Druckleitung bis 1880

---- Pumpstation und Druckleitung nach 1880

Radialsysteme:

	Pumpstation	Notauslaß	Fertigstellung
I	Paul - Lincke - Ufer, Försterstraße	Landwehrkan.	1879
II	Gitschiner Straße, Alexandrinenstraße	Landwehrkan.	1879
III	Schöneberger Ufer, Hallesches Ufer	Landwehrkan.	1876
IV	Scharnhorststraße, Sellerstraße	Spand. Schiffahrtskan.	1879
V	Holzmarktstraße, Andreasstraße	Spree	1881
VI	Baerwaldstraße, Wilmsstraße	Landwehrkan.	1883
VII	Lützowstraße, Lützowufer	Landwehrkan.	1883
VIII	Levetzowstraße, Alt - Moabit	Spree	1886
IX	Seestraße, Nordhafen	Spand. Schiffahrtskan.	1886
X	Grünthaler Straße, Badstraße	Panke	1883
XI	Gudvanger Straße	Spree	1893
XII	Rudolphstraße		

Quellen:
Bauälterskarte der geschlossenen Mietshausbebauung in Berlin zwischen 1862 und 1925, aus:
Geist, J. F. & Kürvers, K.: Das Berliner Mietshaus 1862 - 1945. Prestel - Verlag, München 1984
Die städtischen Gaswerke in Berlin 1847 - 1897. Verlag von Julius Springer, Berlin 1897
Hobrecht, J.: Die Canalisation von Berlin, Verlag Ernst & Korn, 1884

Kartographische und reprotechnische Bearbeitung : B. JANKOWSKI
Kartenautor : Prof. Dr. H. TEPASSE (Hochschule der Künste Berlin, Fachbereich Architektur)
Hergestellt im Rahmen des Forschungsvorhabens "Unterirdischer Städtebau Berlins im
19. Jahrhundert ".
Druck : TFH Berlin 1988

Abb. 44
Stadtverkehre um
1880: Berlin
Bahnhof Friedrich-
straße

Abständen markierte Chaussee zu sehen, die eine nicht definierbare, platzähnliche Ausdehnung umfährt und auf der eine winterlich gekleidete Gestalt mit einem Korb am Arm die Stadt verläßt.

Einblicke in die Verhältnisse in und vor Berlin, am Ende der Nollendorfplatz vor 115 Jahren im Schnittpunkt der Gemeindegrenzen zwischen Berlin, Wilmersdorf und Schöneberg.

Wie die haus- und stadttechnische Lösung bei einer Großbaumaßnahme »vor der Stadt« in dieser Zeit aussah, ist am Beispiel der in der Gemeinde Wilmersdorf erbauten »höheren Schulanstalt für Knaben«, dem Königlichen Joachimsthal'schen Gymnasium in der Kaiserstraße, etwa 1,5 Kilometer Luftlinie vom Nollendorfplatz entfernt, zu entdecken. (Abb. 47) Es wurde in der vorher erwähnten Festschrift zur Hygiene-Tagung von

Eine Straße in Tempelhof.

Abb. 45
Verkehr am
Stadtrand in
Tempelhof um
1880

Abb. 46
F. Skarbina 1885:
»Hinter dem
Nollendorfplatz«

Boerner 1882 unter dem Kapitel »Schulwesen« als vorzeigewürdiges Gymnasium aufgeführt, »welches allerdings außerhalb Berlins befindlich, indessen zweifellos zu den interessantesten hygienischen Objekten der Hauptstadt gehört.« [S. 178]. Das Internat für etwa 200 »Alumnen« (Zöglinge) wurde nach dem Entwurf von Heinrich Strack 1875–79 erbaut und bestand neben dem Hauptschulgebäude aus Wirtschaftsgebäude, Krankenstation, Turnhalle, Schwimmbassin, Kegelbahn und Pferdestall. Das neben dem Wirtschaftsgebäude gelegene Maschinenhaus hatte Kohlenkessel zur Dampferzeugung für die dampfbetriebenen Pumpen, die das Grundwasser aus den zwei »Röhrentiefbrunnen« hoben und es in das Schwimmbassin, in ein kleines Re-

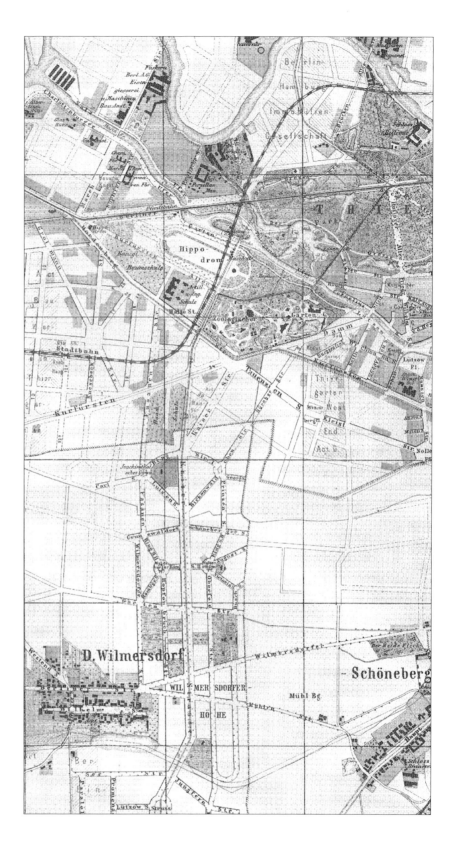

Abb. 47 Straube-Planausschnitt 1876:
Nollendorfplatz – Kaiserstraße

servoir auf dem Dachboden des Hauptgebäudes und in das eigentliche Hauptreservoir pumpten. Letzteres befand sich in dem nördlich aus dem Hauptgebäude heraustretenden, eigens für die Wasserversorgung errichteten Turmgebäudes (heute an der Bundesallee, Ecke Schaperstraße). Ein Hochspeicher, der unabhängig von der Pumpenarbeit über die statische Höhe für den nöti-

gen Fließdruck beim Gebrauch der sanitären Armaturen an den Objekten in den einzelnen Gebäuden sorgte. (Abb. 48)

Dem Betrieb der Wasseranlagen widmete *Boerner* große Aufmerksamkeit, die Abwasserseite gehörte nach wie vor zu den *»Heimlichkeiten«*, wurde nur mit einer Zeile abgehandelt: *»Die Closets sind nach dem Heidel-*

Abb. 48   Joachimsthaler
Gymnasium, Wasserturm

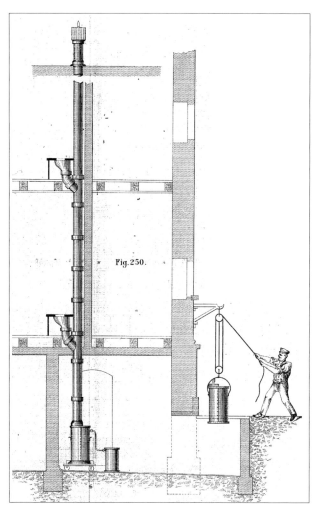

Abb. 49   Abfuhrsystem »Heidelberger Tonne«

berger Tonnensystem angelegt.« [S. 179] So wie *Wilhelm Beielstein jun.* 1885 in der ersten, 1894 in der zweiten Auflage seiner Bücher das Abfuhrsystem der Fachöffentlichkeit vorstellte (Abb. 49), muß die Fäkalentsorgung im Gymnasium stattgefunden haben. Was mit dem Abwasser aus Küche, Waschanstalt usw. geschah, ob es in die umliegenden Wilmersdorfer Felder versickerte, konnte nicht geklärt werden.

Das *»Heidelberger Tonnensystem«*, bei dem Abfuhrunternehmer die mit Fäkalien gefüllten mobilen Tonnen durch leere auswechselten, diente schon 1844 *Beuth* als musterhafte Entwässerungslösung (vgl. Abb. 8, S. 25) und mußte deshalb den Gesundheitspflege- und Gesundheitstechnik-Vereinsmitgliedern nicht weiter vorgestellt werden. Die Beschreibung, besser die Nichtbeschreibung der Abwasseranlagen für dieses Gymnasium, welches nach *Boerner »zweifellos zu den interessantesten hygienischen Objekten der Hauptstadt«* gehörte, ist ein passender Übergang zu dem um 1884 wieder aufkommenden Streit zwischen *James Hobrecht* und den Gegnern der Schwemmkanalisation.

3.4 Kritik an Entwässerungssystem

Obwohl 1880 bereits fünf Radialsysteme funktionierten und die jenseits des Landwehrkanals geplanten weiteren zwei RS VI und VII gerade vom Magistrat für die Ausführung freigegeben worden waren, galt die Stadtreinigungsfrage für den Stadtverordneten *Albert Schultz*

1881 noch nicht als abgeschlossen beantwortet. Er gehörte wie *Virchow* zu der vom Oberbürgermeister *von
Forckenbeck* geleiteten *Städtischen Deputation für die
öffentliche Gesundheitspflege* an [Boerner 1882, S. 80].
Schultz war nicht damit einverstanden, daß der Magistrat seine Entscheidung auf »*die durchweg günstigen
Erfahrungen, welche seit einer Reihe von Jahren in der
allgemeinen städtischen Kanalisation angeschlossenen Stadtgebieten über die Wirkungen derselben gemacht werden*« [Schultz 1881, S. 2] stützte. Von 7.000
(375.000 Einwohner) möglichen Häusern waren Ende
1880 erst 3.810 Häuser (147.000 Einwohner), in den
Radialsystemen RS III (3.000 Häuser), RS II (580), RS I
(230) angeschlossen. Dieser Anschlußbestand und die
in dieser kurzen Zeit gesammelten Erfahrungen berechtigten nicht – so *Schultz* – von »*durchweg günstigen Erfahrungen in einer Reihe von Jahren*« zu sprechen.

Schultz gehörte zu den Gegnern der Schwemmkanalisation, der Rieselfelderbewirtschaftung und wider-
sprach öffentlich *Hobrecht* und *Virchow*. *Virchow* warf
er Schwerwiegendes vor: »*Um unberechtigten Angrif-
fen von vorne herein den Boden zu entziehen, muß ich
hier erklären, daß ich zwar Mitglied der betreffenden
Commission gewesen, aber sowohl den vorstehend ab-
gegebenen Beschlüssen, als vielen anderen entschieden widersprochen und überdies die ganze Entste-
hungsweise des Generalberichts* (Virchow 1872, A.d.V.)
für durchaus illoyal erklärt habe (Berliner Tageblatt Nr.
34 v. 9.2.1873), *weil er keineswegs in der Commission
berathen, sondern fertig gedruckt zur Unterschrift, die
ich verweigert habe, vorgelegt worden ist.*« [Schultz
1881, S. 61]

An eine »*gesunde Hygiene*« stellte *Schultz* drei tri-
viale Hauptforderungen: »*(...) reiner Boden, reines Wasser, reine Luft*«. Die dritte sah er im Gebäude nicht ein-
gelöst mit den praktizierten Lüftungssystemen. Vor allem traute er dem WC-Syphon als Geruchverschluß
nicht, zitierte aus einem Artikel der Times von 1874:
»*Die Schwemmkanäle seien der verlängerte kranke
Darm.*« Dieselbe Hauptforderung sah er auch nicht erfüllt für den Bereich der Rieselfelder und Umgebung.
Der Generalbericht hätte in diesem Punkt nur »*beru-
higt*« und *Wiebes* Bedenken nicht berücksichtigt:
»*Wenn sich also hier bei Berlin, die Besorgnis des
Stinkens der Rieselfelder nach Angabe der Generalberichts nicht bestätigt hat, so kann dann doch wohl die
Erfahrung weniger Jahre (2¹/₂) nicht gegen die von 200
Jahren (Edinbourgh) gestellt werden, und man höchs-
tens sagen: zur Zeit stanken die Rieselfelder bei Berlin
nicht.*« [S. 83]

»*Reines Wasser*« war ebenfalls nach Ansicht von
Schultz durch die in Berlin praktizierte Schwemmkanalisation nicht zu bewahren, dagegen sprächen undichte
Kanäle und Tonrohrleitungen, die zudem zu Verstopfungen neigten sowie die Verunreinigungen von Brun-

nen- und Flußwasser durch die Abflüsse des Sicker-
wassers von den Rieselfeldern und durch den Abwas-
ser-Bypass durch die Notauslässe nach Starkregener-
eignissen. Und endlich wäre auch kein »*reiner Boden*«
erreichbar, weil die Böden die durch die WC-Spülungen entstehende Wasserfülle nicht mehr rechtzeitig
biologisch abbauen könnten.

Schultz machte auf den verschwenderischen Flä-
chenverbrauch bei der Felderberieselung aufmerksam.
Wie unsicher der von *Dunckelberg* im Generalbericht
1872 veranschlagte spezifische Feldflächenverbrauch
von »*1 Morgen je 100 Einwohner*« (26 m² / Einwohner
bei 26 Ar je preußischem Morgen, A.d.V.) war, hätte
Hobrecht selbst eindrucksvoll bewiesen: »*Der Baurath
Hobrecht hatte für das Gefängnis Plötzensee 5 Morgen
als genügend für Rieselland erklärt, aber überlassen,
eventuell sich auf 10 Morgen* (260 m² / Einwohner, A.d.V.)
*einzurichten. Es sind 30 Morgen gebraucht und man
hört davon sprechen, daß auch diese nicht genügen.*«
[S. 60]

Auf dem Höhepunkt der Rieselfelderwirtschaft in
den 1920er Jahren (110.000 km² aptierte Rieselfeldflä-
che) wurden je Einwohner immerhin 300 m² benötigt.
[Hahn/Langbein 1928, S. 432]

Diese noch herrschende Unsicherheit führte auch
dazu, daß die Anfang 1880 vom Magistrat diskutierte
Absicht, das gekaufte Rieselland an Gewerbetreibende
für die Bewirtschaftung zu verpachten, noch zurückge-
stellt wurde mit dem Argument, Erfahrungen darüber
abzuwarten, wie sich die Ent- und Bewässerung gestalten würde, wenn alle drei Radialsysteme RS I, II und III
vollständig betrieben würden. Auch der Winterbetrieb
war zu dieser Zeit wegen divergierender Gutachten
wieder strittig.

Schultz hielt nach wie vor nichts von der Fäkalien-
verdünnung, von der *Hobrecht*schen Maschinen- und
Druckrohrtechnik. Seine Vorstellungen für die Zukunft
sah er eher in dem Mix von Alternativen: Zum Beispiel
in der Abfuhr über Tonnensysteme, in den für bestimmte Stadtbereiche einzurichtenden dezentralen Fäkalien-
Absaugesystemen des Niederländers *Liernur* und in
der Fäkalien-Verbrennung mit Hilfe des Feuerclosets
des Berliners *Scheiding*. Die Vorstellungen des mit
Städtereinigungsfragen seit etwa 20 Jahren beschäftigten Stadtverordneten *Schultz* lagen um 1880 aber
nicht im Trend. Ohne den Kritiker beim Namen zu nennen, ging *Hobrecht* 1884 in seinem Werk, das nicht nur
die Berliner Kanalisation darstellen, sondern auch
»*gleichzeitig ein technischer Leitfaden für die Lösung
ähnlicher Aufgaben sein*« [S. 68] sollte (er bearbeitete
gerade einen Entwässerungsplan für Moskau und wurde 1887 mit derselben Aufgabe für Tokio beauftragt),
ging er auf die Kritik von *Schultz* ein. Er verteidigte die
Errichtung von Pumpstationen und Druckrohrleitungen. Für große Städte, deren Kerne an Flußtäler liegen,
wären die Höhendifferenzen überwindenden Maschi-

nenanlagen unumgänglich: »*Und für Berlin ist dem auch so; die hiesigen Verhältnisse lassen ausnahmslos ein anderes Verfahren nicht zu.*« [Hobrecht 1884, S. 66]

Auf die Rieselfelder bezogen muß *Hobrecht* nach acht Betriebsjahren Risiken zugeben [S. 68]:

»*Diese Ansicht halte ich fest, nicht, obgleich die Berliner Rieselfelder unvorhergesehene Schwierigkeiten verursachen und manche vorschnelle Erwartung nicht erfüllt haben, sondern, weil dieselben durch ihren jetzt etwa achtjährigen Betrieb den Beweis geliefert haben, daß die mit der Sache selbst meist in gar keinem Zusammenhang stehenden Schwierigkeiten sich vermindern, daß in unerwarteter Weise das hülfreiche Entgegenkommen der routinemäßigen Landwirthschaft eintritt und bemerkbar ist, daß die gehegten Befürchtungen schwinden, die wesentlichen Hoffnungen und Erwartungen sich – in steigendem Maße erfüllen, und endlich auch die, so wichtige Rentabilität des landwirthschaftlichen Berieselungsverfahrens noch keineswegs als ausgeschlossen angesehen zu werden braucht.*«

Indirekt nannte *Hobrecht* den Grund für das noch nicht erfolgreiche Rieselfelderverfahren: Die Nachfrage nach Rieselland, das die richtige Nähe zur Stadt bei noch ausreichender Entfernung zu den künftigen Ansiedlungen, Versickerungsfähigkeit und günstige Abflußbedingungen (Wasserläufe) besaß, das zudem noch mäßig erhöht lag (geeignet für das Verteilen des Abwasser mit natürlichem Gefälle), traf auf reale Flächenangebote, die nicht alle Anforderungen ideal vereinen konnten. Nicht zuletzt bestimmten die zum Erwerb der Felder vorliegenden Konditionen den mehr oder weniger großen Kompromiß, der nach *Hobrecht* für den um 1880 noch nicht durchschlagenden Erfolg verantwortlich war. Die ersten 2.000 Hektar Riesellandankäufe von Rittergütern erfolgten 1874 in Osdorf (810 ha, südlich von Berlin, jenseits der heutigen Stadtgrenze), von den Eigentümern *Beer* und *Mumme* sowie 1875 in Falkenberg / Bürknersfelde (1.160 ha, östlich von Berlin auf dem heutigen Standort der Großsiedlung Marzahn) von der Eigentümerin Familie *von Humboldt*. Die nächsten 4.000 ha erwarb die öffentliche Hand erst 1881/82. [Hahn/Langbein 1928, S. 35 und Abb. 34]

Allen Schwierigkeiten und Gegnerschaften zum Trotz verteidigte der Landvermesser und Baumeister *Hobrecht* sein Werk und warb als Stadtplaner für diese zukunftsweisende Lösung:

»*So neu sind die Anforderungen an Reinlichkeit und Gesundheitpflege, so neuen Datums ist in deutschen Städten die Einführung der Wasserleitung, so klein ist noch die Zahl derjenigen Städte, welche erkannt haben, daß die alten Kunstgriffe, um sich nur irgendwie, wenn auch in unvollkommener und belästigender Weise, der verunreinigten Effluvien zu entledigen, thatsächlich nur in neue Verlegenheiten führen, – daß wohl noch lange Zeit vergehen wird, ehe es ein allgemein*

gültiges Axiom geworden, daß nächst der Lebensmittel-Versorgung die Beseitigung der Abwässer und des denselben beigemischten Unraths die wichtigste und bedeutendste kommunale Aufgabe ist. Es resultirt aus dieser Neuheit der Sache die noch vielfach auch an ernsten und maßgebenden Stellen vorhandene Empfindung, daß die Kanalisation eine Art Luxus sei, welchen sich nur besser situirte Gemeinwesen erlauben können, daß die Kanalisation ein zwar gutgemeintes aber, was die Nothwendigkeit derselben anbetrifft, doch zweifelhaftes Experiment des Ingenieurs sei.« [Hobrecht 1848, S. 59 f.]

Die Worte am Ende seiner Darstellung der »Canalisation von Berlin«, im Auftrag des Magistrats der Reichshaupt- und königlichen Residenzstadt Berlin, lassen dennoch keinen Zweifel an dem Selbstbewußtsein des Ingenieurs entstehen:

»*Ich glaube, daß diese Probe, welche doch nunmehr während eines Zeitraums von etwa 8 Jahren stattgefunden hat, den Beweis jener Zweckerfüllung liefert.*« [S. 330]

3.5 Polizeiverordnungen und Gesundheitserfolge stützten die Stadtentwässerung

Es ließ sich auch gut selbstbewußt sein. Nicht nur, daß die bereits fertigen unterirdischen Netze und Anlagen 1884 für den Sach-Zwang zum Weiterbauen sorgten, auch das Bau- und Betriebsgeschehen begleitende Vorschriftenwerk tat sein Übriges. Gleichzeitig mit dem Baubeginn des ersten Radialsystems RS III, noch etwa 2 Jahre vor dem ersten Grundstücksanschluß, wurde 1874 die Einleitung des Regen-, Haus- und Wirtschaftswassers in den Straßenkanal für alle bebauten Grundstücke staatlich verordnet. Neben der entwässerungstechnisch detaillierten Polizeiverordnung vom Juli, die nach Anhörung des Gemeindevorstands von Berlin (Oberbürgermeister *Arthur Hobrecht*, dem Bruder von *James*) verabschiedet wurde, erließ der Magistrat der Stadt das alle zwei Jahre revisionsfähige »*Ortsstatut betreffend den Anschluß von Grundstücken an die Kanalisation*«.

Mit der 1875 erschienenen »*Bekanntmachung*« des Polizeipräsidiums an die Hausbesitzer, »*sofort, längstens aber binnen 6 Wochen vom Tage der Veröffentlichung dieser Bekanntmachung im Intelligenzblatt (daß der Anschluß an die Straßenkanalisation erfolgen kann, A.d.V.) an gerechnet, ein vollständiges Entwässerungsprojekt für das betreffende Haus dem Polizei-Präsidium vorzulegen*«, war der in § 1 der Polizei-VO von 1874 verankerte Anschlußzwang auch administrativ geregelt. Gefordert wurde der genehmigungsfähige Plan, vom Lage-, Grundriß- und Schnittplan mit allen entwässerungsrelevanten Eintragungen bis zur Angabe der Dimensionen, des Gefälles und der verwendeten Materialien. Dieser Inhalt wurde Bestandteil der Polizei-VO vom August 1875 (Ergänzung der 1874er Verordnung), in der nun die Beseitigung noch vorhandener Abtrittsgruben bis Jahresfrist verlangt wurde (in der 1874er VO durften keine neuen mehr angelegt werden, geduldet wurden nur noch die Bestände). Dagegen waren »Abtritte mit Tonnenvorrichtungen, jedoch ohne Grube« von diesem Verbot nicht betroffen. Die »Heidelberger Tonne« war die Berliner Übergangslösung für die an noch nicht kanalisierten Straßen liegenden Grundstücke.

Die Verordnung von 1874 detaillierte die technischen Anschlußbestimmungen und Geräteausbildungen, zum Beispiel den Wasserverschluß (»Geruchverschluß«) an jedem Ausguß und Klosett, die Systemlüftung über die Verlängerung der Fallleitung bis über Dach oder durch Anschluß an einen Schornstein. Es war ein Rahmenwerk, das in den folgenden Jahrzehnten in vielen Einzelheiten ergänzt worden ist, aber erst 1908/10 durch eine neue ersetzt wurde. Hobrecht war an der Entstehung dieser Bestimmungen beteiligt, für diese Annahme sprechen auch die Änderungen unter seinem Einfluß, von denen er 1884 berichtete [S. 244 ff.]:

- Die Einbauvorschrift von Wasserverschlüssen (Syphons) in Grund- und Sammelleitungen wurde 1876 wegen Verstopfungsgefahren zurückgenommen; (vgl. Abb. 63, Seite 124, rechtes Bild »B« links)
- Gleichlautende Einbauvorschrift von Wasserverschlüssen am Fuß von Regenfalleitungen entfiel wegen Einfriergefahren.

Welche Bedeutung das abwassertechnische Regelwerk in den kommenden Jahrzehnten hatte, zeigt die Beschäftigung von Fachleuten und Juristen mit dem Thema »Abwasserrückstau nach starken Regenfällen in Mischwassersystemen«.

Obwohl die Hobrecht-Planung grundsätzlich vorsah, das Niveau der Straßenkanäle so einzurichten, daß normalerweise das Hausabwasser über – innerhalb der Kellerbodenplatte verlegte – Grundleitungen in die Straßenkanäle fließen konnte, waren offene Bodenabläufe im Kellerfußboden nicht geschützt gegen rückstauendes Abwasser im Falle eines Starkregens. Die Verordnung von 1874 sah deshalb eine Rückstauklappe vor, »eine selbstthätige, hängende, metallene Klappe«, deren Mechanismus das Fließen des Abwassers nur in einer Richtung zuließ.

Bereits kurz nach Betriebsbeginn des RS III galt die Rückschlagklappe als unsicher. Ab 1879 mußte jeder Abwasserablauf, der unterhalb der örtlich festgelegten Rückstauebene lag, mit einer Rückstaueinrichtung versehen werden. Die aus bereits entstandenen Schäden klüger gewordene Stadtbehörde verweigerte 1876 kurzerhand, Schadensregulierungen zu übernehmen. Fortan mußte jeder Eigentümer sich selbst gegen Rückstauschäden versichern.

Versuche von Eigentümern, sich dagegen zu wehren, mißlangen. So auch der des Färberei-Fabrikbesitzers Wilhelm Riedel in der Köpenicker Straße 50. [Gemeinderecht 1903, S. 116 ff.] Nach Verlegung der Straßenkanäle in diesem RS II hatte das Intelligenzblatt 1880 die Aufforderung an die Straßenanlieger veröffentlicht, binnen sechs Wochen einen ausführungsreifen Entwässerungsplan für das jeweilige Grundstück einzureichen. Das Abwasser aus der Riedelschen Fabrik war bisher in die Spree geflossen. Die Entwässerung des Walkerei-Gebäudes war problematisch, da die Bodeneinläufe unterhalb der Rückstauebene lagen, also tiefer als die für das RS II verordnete »Minimal-Ausgußhöhe von 4 m über dem Nullpunkt des Dammmühlenpegels«. Der Antrag auf Befreiung von einem wirtschaftlich unzumutbaren Entwässerungsprojekt wegen – von der Kommune zu vertretenden – zu hoch verlegter Straßenkanäle, wurde von der zuständigen Behörde abgelehnt. Wenn er, Riedel, schon zum Anschluß gezwungen werde, müsse er die geforderte Erklärung verweigern, selbst für mögliche Schäden nach Überschwemmungen seines Grundstücks infolge von Abwasserrückstau aufzukommen. Riedel kam der wiederholten Aufforderung zur Planvorlage nicht nach und erhielt 1886 deshalb die Androhung einer Geld- oder Haftstrafe. Das Oberverwaltungsgericht wies 1887 die Klage Riedels auf Zurücknahme der Behördenandrohungen unter Angabe folgender Gründe zurück:

Die Androhung wäre zulässig, weil es sich »um die Beseitigung eines dauernden gesetzwidrigen Zustandes handele«, weil die Radialsystemplanung nicht auf Grundstücke Rücksicht nehmen müßte, die in Relation zu den übrigen zu tief lägen und weil es Sache des Eigentümers wäre, Lösungen für schwierige Fälle vorzulegen, diese schwierigen Fälle nicht auf die Kommune abwälzbar wären (in der Begründung unterbreitete das OVG dennoch einen Vorschlag des »Stadt-Bauraths Dr. Hobrecht« zur möglichen Lösung dieses Falles).

Derartige Streitfälle führten dann 1894 zu der Vorschrift, daß Einläufe unter Straßenbordstein-Niveau nur dann noch zugelassen werden konnten, wenn diese ins Grundbuch eingetragen wurden [Hahn/Langbein 1928]. Ab 1899 verzichtete man auf diese Grundbucheintragung. Dafür mußte jeder Bodeneinlauf unterhalb der Rückstauebene mit einem Rückstau-Doppelverschluß einschließlich einer Absperrvorrichtung ausgestattet werden – vergleichbar dem heutigen Stand der Technik.

Der von großtechnischen Zentralanlagen ausgehende Sachzwang war von A. Schultz und anderen Gegnern der Schwemmkanalisation nicht aufzuhalten. Hinzu kamen die gesundheitspolitischen Erfolge – im Gegensatz zu vielen heutigen großtechnologischen Entwicklungen.

Boerner verwies 1882 in seinem weiter oben erwähnten Hygiene-Führer [S. 54] auf den 1880 von Prof.

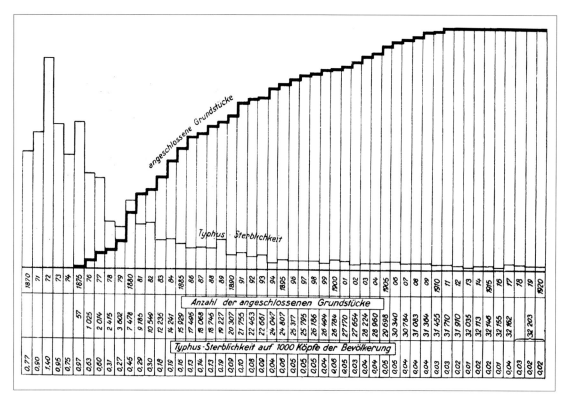

Abb. 50
Typhussterblich-
keit und Anzahl
kanalisierter
Grundstücke

Skrzeczka erstellten Medizin-Generalbericht, der überzeugend nachwies, daß die Anzahl von Typhuserkrankungen und -todesfällen in kanalisierten Stadtteilen rückläufig war. Diese Darlegung, so *Boerner*, »dürfte genügen, um die Gegner der Kanalisation zum Schweigen zu bringen.« [S. 129] Er erinnerte zudem an die Nachweise über Typhusfälle »vorher und nachher« von *Simon* in englischen Städten, *Kraus* in Hamburg, *Varrentrapp* in Frankfurt a. M., *Lievin* in Danzig und von *Soyka* in München. Und schließlich am Ende des fünften Kapitels »Kanalisation«: »Den Boden reinzuhalten, ihn vor Infection zu schützen, war das maßgebendste Motiv für die Kanalisation und hat das durchaus als richtig erwiesen.« [Boerner 1882, S. 130]

Die abnehmende Zahl von Typhus-Sterbefällen bei zunehmender Anzahl an Grundstücken, die an die Kanalisation angeschlossen waren, setzte sich bis etwa um 1900 eindrucksvoll fort wie die Graphik bei Hahn/ Langbein 1928, S. 37 ausweist. (Abb. 50)

Auch die Bestandaufnahme von *Hobrecht/Adams* in »Berlin und seine Bauten« von 1896 versuchte den Einfluß auf die Gesundheitsverhältnisse nachzuweisen. Hier interessanterweise nicht mit der »Typhussterblichkeit«, weil ab Mitte der 1880er Jahre andere Krankheitsbilder hinzukamen bzw. die Typhuserkrankung allgemein abnahm, sondern mit Hilfe der »Sterblichkeitsziffer«. Starben hier noch um 1875, zu Beginn des Kanalisationsbetriebs, etwa 30 von Tausend, so wurden ab 1890 nur noch etwa 20 von Tausend Todesfällen registriert. *Hobrecht/Adams:* »Wenn auch noch andere

Dinge hierauf Einfluß gehabt haben und niemand in der Lage ist, zu beweisen, in welchem Maße der ursächliche Zusammenhang zwischen Canalisation und der thatsächlich eingetretenen Verminderung der Sterblichkeitsziffer besteht, so dürfte es doch nicht zweifelhaft sein, daß die Canalisation an dieser Verminderung (...) einen erheblichen Antheil hat«. [BusB 1896, S. 356]

Reinhard Baumeister, Vertreter des sich ausbreitenden modernen Städtebaus, verweist 1890 in dem »Handbuch der Baukunde«, 3. Heft »Städtisches Straßenwesen und Stadtreinigung« auf drei Erfolge der systematischen Reinigung und Entwässerung von Städten:

»Erstens hat die Empfänglichkeit für Epidemien, namentlich Cholera und Typhus, abgenommen (...). So dann sind gewisse ständige Krankheiten gleichsam ausgetrieben, nachdem die Ursachen der Disposition, besonders miasmatische Zustände aufgehoben waren. Fast am wichtigsten aber zeigt sich die dauernde Verminderung der allgemeinen Sterblichkeitsziffer, welche zugleich die grössere Widerstandfähigkeit der Menschen gegen das gelegentliche Auftreten besonderer ansteckender Krankheiten nachweist. Freilich haben dazu auch andere, besonders baupolizeiliche und sittenpolizeiliche Massregeln, ferner öffentliche Wasserversorgung beigetragen. Neben der letzteren muß aber die systematische Reinigung und Entwässerung schon um deswillen als Hauptfaktor angesehen werden, weil der Segen frischen Wassers ohne geregelte Ableitung des verbrauchten garnicht recht ausgenutzt werden kann.« [Baumeister 1890, S. 167 f.]

3.6 Kanalisationseinflüsse auf Straßen und Stadterweiterungen

Reinhard Baumeister, Oberbaurat und Professor an der Technischen Hochschule Karlsruhe, gehörte zu dem Kreis von Fachleuten mit *Felix Genzmer, Joseph Brix* und *Rudolf Eberstadt,* die die Orts- und Stadterweiterungen der 1870er Jahre kritisierten und sich um die Einführung neuer städtebaulicher Vorstellungen und Regeln bemühten. Wesentliches Element für ihre »oberirdischen« Überlegungen waren die Bedingungen des »unterirdischen« Städtebaus, den Fachinhalten des Tiefbaus. Davon zeugen die Titel der Veröffentlichungen, z. B. von *Baumeister* (1876: »*Stadterweiterungen in technischer, baupolizeilicher und* wirtschaftlicher *Beziehung«* ; 1890: »*Städtisches Straßenwesen und Städtereinigung«),* aber auch die Fachgebietsbenennung des von 1904 an der Technischen Hochschule Charlottenburg gegründeten Lehrstuhls »*Städtebau und städtischer Tiefbau«,* auf den *Joseph Brix* berufen wurde. Wie eng Inhalte des Tiefbaus und des Städtebaus miteinander verknüpft waren, zeigen die von *Baumeister* ausgearbeiteten und vom Verband deutscher Architekten- und Ingenieurvereine beschlossenen und veröffentlichten »*Grundsätze für Stadterweiterungen«* aus dem Jahre 1874. [Vorträge 1911, S. 20]

Weil trotz aller Bemühungen städtebauliches Gedankengut von »*Straßenverkehr und Straßenkanalisation«* beherrscht wurde, stellte *Eberstadt* in den Vorträgen 1911 fest: »*Wir treiben in Deutschland keinen Städtebau, sondern in Wirklichkeit Straßenbau«.* [S. 9]

In diesem Zusammenhang interessierte die Frage, ob die technische Infrastruktur, die Kanalisation allein, einen bemerkenswerten Einfluß auf die städtebauliche Entwicklung Berlins ausgeübt hat? In der Regel und auf Dauer konnte kein städtebauverändernder Einfluß festgestellt werden. Die Erweiterung der Gas-, Wasser- und Abwassernetze erfolgte nach der an den Verkehrsradialen bereits entstandenen Grundstücksbebauungen, hatten keinen Einfluß auf Bebauungsdichte und Geschoßhöhen – bis auf folgende Ausnahme: Die für die prosperierende Bautätigkeit in den Vororten Berlins grundlegende »Baupolizeiordnung für die Vororte Berlins« von 1892 enthielt gegenüber der »Bauordnung für Berlin« von 1887 Regelungen über die Bebauungsdichte in Abhängigkeit von der entwässerungstechnischen Ausstattung der Straße. So gehörte ein Grundstück nur dann zur »*1. Klasse«,* wenn dieses an einer regelrecht be- und entwässerten Straße lag, und durfte zu 5/10 bebaut werden. Dagegen war nur eine 4/10 dichte Bebauung erlaubt, wenn die anliegende Straße »*nicht reguliert«* war. Voraus ging eine von der Stadt Berlin sich in die umliegenden Vororte hin entwickelnde rege Bautätigkeit nach den Regeln der Bauordnung von 1887. Diese setzte regulierte Straßenverhältnisse voraus, die in den Vororten – bis auf kleine Teile Char-

lottenburgs und Schönebergs – aber noch nicht vorlagen.

Die Folge war, daß die straßenhygienischen Zustände der 1860er Jahre von Berlin sich in den Vororten um 1890 wiederholten. Das war 1892 der äußere Anlaß für die Einladung der Mitglieder des *Architekten-Vereins Berlin,* über die »Bebauung der Vororte Berlins« nach Berichten des Charlottenburger Baurats *Theodor Koehn, Karl Muehlke* und *Friedrich Wilhelm Buesing* zu diskutieren. Der eigentliche Anlaß dieser Anstrengungen war die Vorstellung, die bestehende, von der Berliner Mietshausbebauung sich unterscheidende Landhausbebauung vor der anrollenden Bauspekulantenwelle in den Vororten zu retten bzw. zu fördern. Hierzu sollte die noch weitgehend fehlende Straßenkanalisation als ein Mittel zum guten Zweck dienen. [Architekten Verein 1892]

Koehn, unterstützt von *Buesing,* hielt nur dann die Anwendung der 1887er Bauordnung Berlins in den Vororten für zulässig, wenn die Vorortstraßen dieselbe »*Anbaufähigkeit«* besäßen wie die Straßen Berlins. Anbaufähig wären Straßen erst dann, wenn sie mit einer »*geordneten Entwässerung«* ausgestattet seien – nicht bloße Straßenrohre, die ohne Klärung in Vorfluter oder Sickergruben mündeten. Es wurde über die Bildung von Bauzonen, deren Einteilung nach dem Bodenwert und letzterer wiederum abhängig von der »*Nähe zum Vorfluter«,* diskutiert.

Weil die Vorort-Bauordnung 1892 die Möglichkeit der dichteren Bebauung nach Berliner Muster bei regulierten Straßen zuließ, gerieten die Vorort-Baupolitiker in eine Zwickmühle. Einerseits waren die stadttechnischen Wohlfahrtseinrichtungen (Wasser, Abwasser, Gasbeleuchtung) Voraussetzung für eine gewollte »*Beförderung des Zuzugs aus der Stadt«.* Andererseits fehlte den Vorortgemeinden das Geld für die Erstellung der kostspieligen Anlagen. Derartig hohe Kostenübernahmen waren nur dann für Straßenanlieger zumutbar, wenn sie auf eine große Zahl von Gebäuden und deren Mieter verteilt werden konnten. Die nach »*x Meter Straßenfrontlänge«* berechneten anteiligen Kosten konnten von einer Landhausfamilie jedenfalls in der Regel nicht getragen werden. Diesem Druck mußten die Vorortgemeinden auf Dauer unterliegen, zumal dieser Prozeß noch durch das Baufluchtliniengesetz von 1875 beschleunigt wurde, das sich doch nicht um die Gestaltung im Innern der Baufluchtlinien kümmerte, sondern allein um die Regelung der Bedingungen für den Verkehr, die Feuersicherheit und die öffentliche Gesundheit besorgt war.

Hat schließlich der bei der Stadterweiterung entstehende Zwang, entwässerungstechnisch regulierte und dadurch möglichst viele »*1. Klasse«-* Straßen zu erhalten, deren Kosten in den Vororten privatisiert werden mußten, indirekt doch zu der städtebaulichen Dichteentwicklung in den Vororten Berlins um die Jahrhundertwende geführt? Die zahlreichen Fälle von neben-

Abb. 51   Merten 1896: Druckluft-Centrale für Canalisation des Geländes der Berliner Gewerbe-Ausstellung 1896

einander stehender dichter und offener Bebauung in den Vororten könnten diese These bestätigen.

Der Bedarf nach Straßenentwässerungen in den Vororten wurde – je nach Besiedlungsdichte und damit Nähe zur Berliner Stadtgrenze und Nähe zu den Vorflutern – unterschiedlich gedeckt. An die Berliner Kanalisation wurden angeschlossen [Gemeinderecht 1903] :
- 1885 ein Teil von Charlottenburg (etwa vom Nollendorfplatz bis zum Breitscheidplatz) an das RS VII,
- 1894 ein weiteres, an den Breitscheidplatz nach Südwesten anhängiges Teilgebiet von Charlottenburg an das RS VII,
- 1894 ein Teilgebiet Charlottenburgs an das RS VIII, das von Spree, Verbindungskanal und Weichbildgrenze begrenzt wurde,
- 1886 Teile der Gemeinde Schöneberg (südlich des Nollendorfplatzes) an das RS VII.

Es folgten Teile von Lichtenberg (1899, RS XII), Stralau (1900, RS XII), Tempelhof (1900, Anschluß an ein zu den südlich gelegenen Rieselfeldern führendes Druckrohr) sowie die Übernahme des gesamten Abwassers der Gemeinden Mariendorf (1900) und Niederschönhausen (1900, RS XII). [Gemeinderecht 1903]

Der verbleibende größere Teil Charlottenburgs wurde in zwei Zonen aufgeteilt, erhielt Anfang der 1890er Jahre ein den Plänen Hobrechts vergleichbares Mischkanalsystem, das die Abwässer zur Verrieselung auf die Felder des Gutes Karolinenhöhe – nordwestlich von Gatow – leitete.

Die Charlottenburger Kanalisation übernahm auch die Abwässer der Gemeinden Schöneberg, Wilmersdorf, Friedenau, Schmargendorf und der Kolonie Grunewald, die sich bis dahin des »Schwarzen Grabens« (der heutigen Bäke) als Vorflut bedient hatten. Die wachsende Belastung durch vermehrte Anschlüsse hatten den Graben in ein stinkendes Rinnsal verwandelt. Der Anschluß an Charlottenburg sollte vorübergehend stattfinden, bis zum Jahre 1905 hatten sich die

Gemeinden vertraglich verpflichtet, eigene Kläranlagen zu erstellen.

Soweit die Versuche der Vorortgemeinden, entweder über den direkten Anschluß an die Kanalisation Berlins oder über den Bau in etwa desselben Systems so rasch und kostengünstig wie möglich zu »regulierten« Straßen und zu hochbewerteten Baugrundstücken zu kommen. Stellvertretend für die übrigen Vororte, die sich noch in den 1890er Jahren als nicht anschlußfähig erwiesen, sind Entwicklungen in Steglitz und Pankow bemerkenswert.

Sowohl die Topographie der Gemarkung Steglitz als auch der fehlende Vorfluter zwangen den im Stab Hobrechts arbeitenden Bauinspektor Robert Adams von dem Mischkanalsystem Abstand zu nehmen. Steglitz war damit »der erste Ort auf dem europäischen Festlande, in dem das Trennsystem voll zur Durchführung gelangte.« [Lobeck 1928, S. 9] Der ausgeführte Plan sah 1891 vor, das Schmutzwasser auf die Rieselfelder in Klein-Ziethen und das Regenwasser nach mechanischer Reinigung in den Teltowkanal zu leiten.

Zur Entwicklung über die Regen- und Schmutzwasser trennenden oder mischenden Kanalsysteme berichtete Lobeck [S. 60], daß von den 46 selbständig kanalisierten Stadt- und Landgemeinden Groß-Berlins 38 nach dem Trennsystem, vier nach dem Mischsystem und vier nach Trenn- und Mischsystem entwässert wurden. Dabei erfaßte das Trennsystem aber nur die Hälfte der Fläche Groß-Berlins.

Besonders das kostenaufwendige Systemende, Erwerb, Aptierung, Betrieb der Rieselfelder und des Druckrohrsystems war seit seiner Einführung umstritten. Zu Beginn der 1890er Jahre versuchten die Vororte, kostengünstigere Alternativen zu finden.

Nach guten Erfahrungen in Potsdam führte man 1893 das chemisch-mechanische Klärsystem nach Roeckner-Rothe in Pankow ein. Diesem Beispiel folgten Spandau (1896), Tegel und Reinickendorf (1898), Oberschöneweide (1900) und Köpenick (1906). Auch hier wurde das Trennsystem eingerichtet, bei dem das Schmutzwasser in einem tiefliegenden Sandfang gesammelt, Kohlenstaub, Kalkmilch und Tonerde beigemischt und über die Behältergröße zu einer bestimmten biochemischen Einwirkzeit zwangsweise gespeichert wurde. Das so geklärte Abwasser konnte ohne Bedenken in die Wasserläufe geleitet werden. Der sich niederschlagende Schlamm wurde getrocknet, gepreßt und – damals noch unbedenklich im Vergleich zu heute – in Pulverform als Düngemittel verkauft.

Weitere Details über ortsbezogene Anschlüsse und deren technische Varianten findet man in »Berlin und seine Bauten« von 1896, in dem von Buesing 1901 erstellten Kompendium der »Städtereinigung«, bei Lobeck 1928 und bei Hahn/Langbein 1928.

Für kleinere Gemeindeansiedlungen, öffentliche Großbauten ohne Anschlußmöglichkeit an die öffentliche

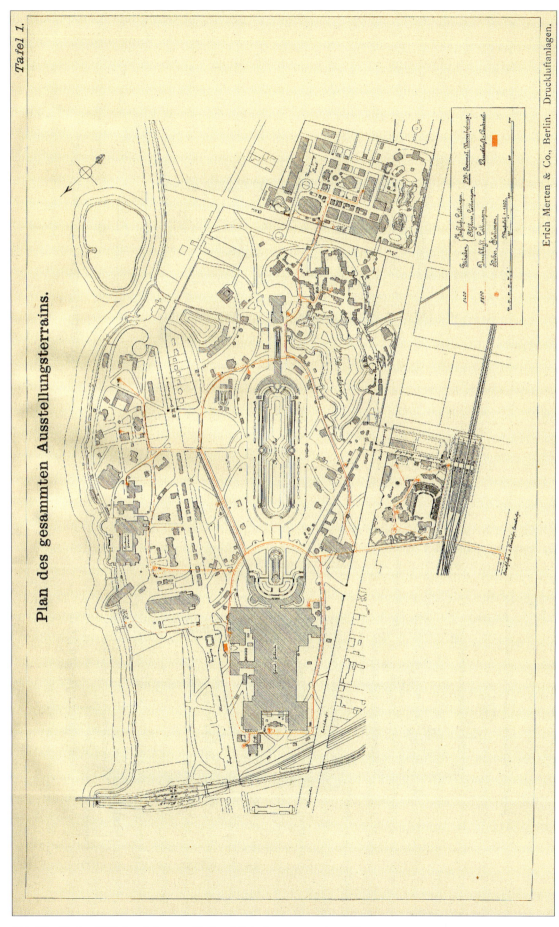

Abb. 52   Merten 1896: Ausstellungsgelände mit Entwässerungssystem »Shone«

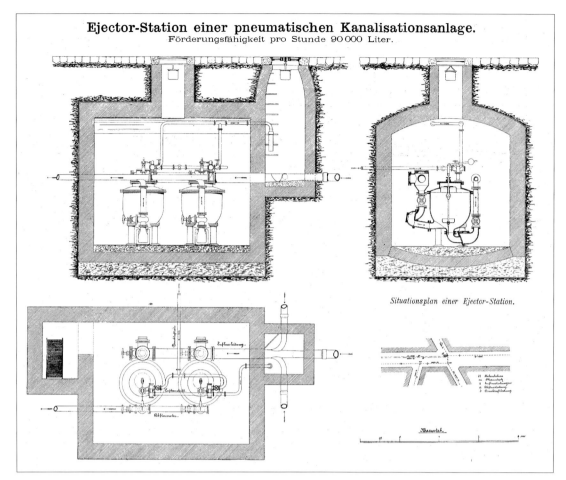

Abb. 53
Merten 1896:
Ejektor-Station

Kanalisation offerierte die Industrie sowohl Systeme nach dem »Saugprinzip« (Liernur-System) als auch nach dem »Druckluftsystem« des Engländers Shone. Welche Bedeutung die damalige Suche nach kleinteiligeren Entwässerungssystemen hatte, die kostspielige Kopien der Hobrechtschen Radialsysteme vermied, zeigt die von der Firma Erich Merten & Co, Berlin für das Terrain der Berliner Gewerbe-Ausstellung 1896 ausgeführte Kanalisationsanlage, die nach dem Shone-Prinzip funktionierte. Die Anlage diente der Schmutzwasserentsorgung des Treptower Parkgeländes im Trennverfahren und galt gleichzeitig als eines der Gewerbeausstellungsstücke der Berliner Industrie [Merten 1895/96, Abb. 51, 52]. Herzstück dieser luftdruckbetriebenen (pneumatischen) Abwasserhebeanlage war die »Ejektor-Station« (Abb. 53), die jeweils an der tiefsten Stelle eines zu entwässernden Stadtgebietes einzurichten war und das »radial« angelegte Kanalnetz aufnahm. Die Station bestand aus einem birnenförmigen Behälter, der sich allmählich füllte und eine Schale auf der steigenden Abwasseroberfläche mitsteigen ließ bis diese am oberen Behälterrand über einen Mechanismus das Preßluftventil öffnete und so mit Hilfe des Luftdrucks das Abwasser über die Druckrohrleitung entweder zum Rieselfeld oder zu einer anderen Kläranlage strömen konnte. Die Druckhöhe betrug dreißig bis fünfzig Me-

ter Wassersäule und wurde in einer Energiezentrale über dampfproduzierende Kohlenkessel, Kompressoren erzeugt und über ein Rohrsystem zu den dezentral gelegenen Ejektor-Stationen geführt.

Über das etwa 1000 Quadratkilometer große Ausstellungsgelände im Treptower Park waren 22 Ejektor-Stationen verteilt, damit 22 dezentrale eigenständige »Entwässerungsgebiete« entstanden. Ersetzt man die zentrale Druckluftversorgung gedanklich durch eine an jedem Behälter montierte elektromotorisch betriebene Kreiselpumpe, so handelt es sich prinzipiell um die heutige Abwasserhebeanlage.

Die Vorteile der Shone-Entwässerungsanlage lagen in der einfachen Mechanik, das bis auf kleinste Entwässerungsaufgaben anpassungsfähige Baukastensystem und in der Möglichkeit, statt Abwasser auch andere Flüssigkeiten zu sammeln, zu verteilen oder zu heben. Beispielsweise dienten diese Ejektor-Stationen 1896 auf dem selben Gewerbeausstellungsgelände in Berlin auch der Wasserversorgung, nachdem bereits 1893 auf der Weltausstellung in Chicago dieses System mit Erfolg angewendet worden war. [Buesing 1901, S. 554]

Das Streben nach Entwässerungssystemen wie das Trennsystem von Shone, das zwar höheren Leitungsaufwand, dafür aber weniger Straßenraum beanspruchte, gehörte um die Jahrhundertwende zu den wichtig-

Abb. 54
U-Bahn-Bau:
Tauentzienstraße
um 1900

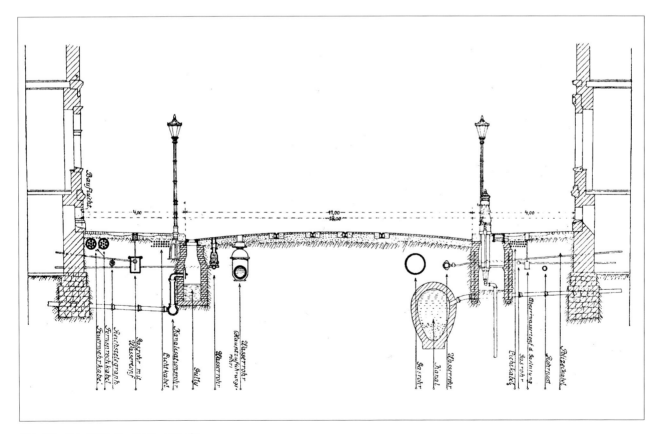

Abb. 55   Brix 1909: Profil Hauptstraße

QUERSCHNITT DURCH DIE BISMARCKSTR.

Abb. 22.

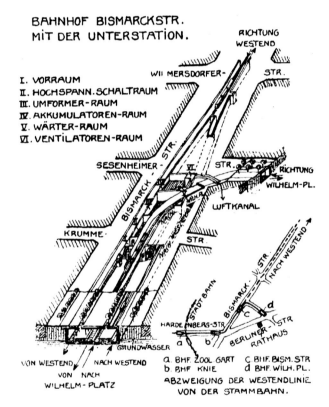

BAHNHOF BISMARCKSTR.
MIT DER UNTERSTATION.

I. VORRAUM
II. HOCHSPANN. SCHALTRAUM
III. UMFORMER-RAUM
IV. AKKUMULATOREN-RAUM
V. WÄRTER-RAUM
VI. VENTILATOREN-RAUM

a. BHF. ZOOL. GART   c. BHF. BISM. STR.
b. BHF. KNIE   d. BHF. WILH. PL.
ABZWEIGUNG DER WESTENDLINIE
VON DER STAMMBAHN.

Abb. 23.

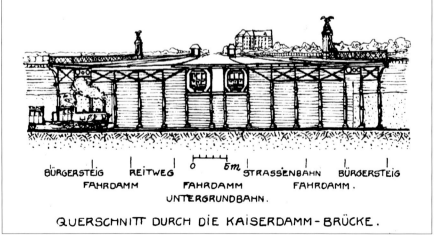

BÜRGERSTEIG   REITWEG   STRASSENBAHN   BÜRGERSTEIG
FAHRDAMM   FAHRDAMM   FAHRDAMM.
UNTERGRUNDBAHN.

QUERSCHNITT DURCH DIE KAISERDAMM-BRÜCKE.

Abb. 56   Brix 1909: Skizzen
Bismarckstraße

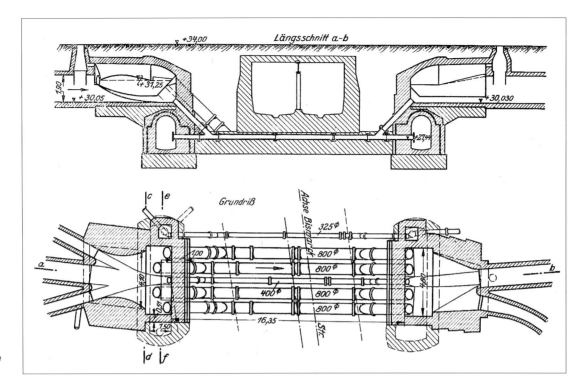

Abb. 57
Abwasser-
Dückeranlage
1920er Jahre

sten Tiefbauaufgaben. Der unterirdische Straßenraum erhielt durch den nun einsetzenden Bau von Untergrundbahnen eine neue Bedeutung wie das Bild vom Bau der U-Bahn in der Tauentzienstraße von 1900 erkennen läßt. (Abb. 54).

Die großstädtischen Straßenquerschnitte und deren ober- und unterirdische Ausbildung wurden 1909 im Seminar für Städtebau an der Königl. Technischen Hochschule zu Berlin-Charlottenburg von *Joseph Brix* behandelt, der die »Normalien« zur Unterbringung von Straßenkanälen, Wasser-, Gas-, Druckluft-, Rohrpost-, Post- und Feuertelegraphen-, Fernsprech-, Stark- und Schwachstromleitungen neben der neuen wichtigen Aufgabe, den Raum unterhalb der Straßenfahrbahn für Untergrundbahnen vorzuhalten, in der Reihe »*Städtebauliche Vorträge*« vorstellte [Vorträge 1909]. Er verwies darin auf den Stadtbaurat *James Hobrecht*, der 1894 in einem in Hamburg gehaltenen Vortrag die Zuhörer beschwor, alle Ver- und Entsorgungsleitungen unter die Bürgersteige zu verlegen, um den Raum für U-Bahnen vorhalten zu können.

Die für Berlin von *Brix* vorgetragenen *Normalien* sahen deswegen für Bürgersteige in Hauptstraßen eine Mindestbreite von fünf Metern vor, bei der alle oben aufgezählten Leitungsarten nach bestimmten Lage- und Abstandsregeln verlegt werden konnten (Abb. 55). Wie ein unterirdischer Hauptstraßenraum mit U-Bahn-Haltestellen und -kreuzungen um die Jahrhundertwende aussah, zeigt die Skizze von *Brix* in Abb. 56 [Vorträge 1909, S. 20]. Der dann zwei Jahrzehnte später dokumentierte Bestandsplan bei Hahn/Langbein 1928 (Abb. 57) über die wegen des nachträglichen U-Bahn-Einbaus erforderliche Dückeranlage in der Kanalisation (von denen zu Anfang des Jahrhunderts allein 67 große gebaut werden mußten [S. 259]) zeigt eine weitere Stufe des »verdichteten« unterirdischen Städtebaus.

Am Ende dieses dritten Kapitels könnte ein vergleichender Blick auf die etwa 60 Jahre auseinander liegenden unterirdischen Hauptstraßenräume interessant sein: *Crelles* Zeichnung um 1840 (Abb. 19, S. 42), die von *Glagau* um 1870 veröffentlichte (Abb. 25, S. 62) und die Skizzen von *Brix* um die Jahrhundertwende in Abb. 55 und 56.

4. Wohnungsverhältnisse und Sanitärtechnik (1880–1910)

Zusammenfassung

Ab Mitte der 1880er Jahre waren die Fragen zur Stadthygiene grundsätzlich beantwortet. In den Vordergrund traten nun die für die Masse der Bevölkerung im Argen liegenden Wohnverhältnisse.

Dank sozialwissenschaftlicher Forschungen von *R. Eberstadt*, der wichtige Vergleichskriterien zur »Gesundheitsmäßigkeit« aufstellte, des *Vereins für Sozialpolitk* und der Aufklärungsarbeit über die realen Wohnverhältnisse von *A. Braun* und seiner *Arbeiter-Sanitäts-Kommission,* mußten die offiziellen Verlautbarungen (Oberbürgermeister *von Forckenbeck* 1882: *»Berlin sei zur gesündesten Großstadt der Welt geworden«*) bald revidiert werden. Die Mißstände im Wohnungsbereich waren nicht mehr zu bestreiten und führten allmählich zu zaghaften Gesetzesinitiativen.

Besserungen wurden angestrebt bei der sanitären Ausstattung in der Wohnung und im Gebäude. Im Vordergrund stand die Diskussion über die noch zumutbare Anzahl an Benutzern je WC: Die von verschiedensten Seiten empfohlene maximale Benutzerfrequenz von 4–10 Personen je WC wurde im Alltag mit 20–30 für mindestens ein Drittel der Bevölkerung Berlins weit überschritten. Sie wurde unstreitig als eine *»krankmachende«* Ursache angesehen.

Im Interessensverbund von *AEG, Borsig* und dem *Architektenverein Berlin* wurden 1892 Wohnungsentwürfe ausgestellt, die das Gemeinschafts-WC vom Hof über die Etage und das Treppenpodest bis hin zum WC innerhalb der Wohnung transportierten.

Makaber mutet heute die damals diskutierte Frage von hygienisch noch ausreichendem Luftvolumen eines Raumes an, die aber für die Zulassung eines baurechtlich noch genehmigungsfähigen Raumes mit der entsprechenden Mindestfläche von eminent wohnungswirtschaftlicher Bedeutung war.

Ein weiteres die Wohnverhältnisse betreffendes Thema rankte sich um die These, ob über die Gebäude-Schmutzwasserleitungen und die daran angeschlossenen Sanitärobjekte sich die gesundheitsschädlichen »miasmatischen« Kanalgase aus dem Straßenkanal innerhalb der Wohnung ausbreiten könnten.

Diese und andere Befürchtungen wurden aber rasch durch gemeinsame Anstrengungen von Ingenieuren, Architekten und Fabrikanten beseitigt. Das Sanitärhandwerk verbreitete Mitte der 1890er Jahre den hohen Stand seiner Technik. Die Palette an Werkzeugen, sanitären Gegenständen, Armaturen, Rohrleitungen und Geräten ist erstaunlicherweise heute nach über 100 Jahren größtenteils unverändert existent.

Dazu gehört auch der in »Berlin und seine Bauten« 1896 veröffentlichte Muster-Entwässerungsplan für ein bebautes Grundstück. Bis auf wenige Formalien bestehen im Vergleich zu heute aufgestellten Entwässerungsplänen keine grundsätzlichen Unterschiede. Bemerkenswert sind hier die Muster-Entwurfsvarianten mit Blick auf die WC-Einrichtungen:

– Podest-WC's« auf halber Treppe für zusammen 26 Wohnungen im Seitenflügel und Hinterhaus (10–12 Personen je WC);
– WC's im Bad in den acht Wohnungen des Vorderhauses und
– ein zusätzliches WC als Gästetoilette in vier von acht Wohnungen des Vorderhauses (Benutzerfrequenz ca. 3–4 Personen je WC).

4.1 Kriterien zur »Gesundheitsmäßigkeit«

Das 1909 erschienene »Handbuch des Wohnungswesens« mit in kleineren Lettern gedrucktem Annex *»und der Wohnungsfrage«* von *Rudolf Eberstadt* beginnt mit der Unterscheidung zwischen der *»Wissenschaft des Wohnungswesens«,* die *»die Erkenntnis der besten Be-*

dingungen für die Herstellung, die Benutzung und die Bewertung der menschlichen Wohnung« zum Ziel hat, und der *»Wohnungsfrage«*, die die Behandlung der realen Wohnungsverhältnisse mit Hilfe wohnungsbaupolitischer, wirtschaftlicher, rechtlicher, architektonischer und bautechnischer Mittel zum Gegenstand hat. Voraussetzung für beide Wissenschaftszweige war die Bestandsaufnahme der herrschenden Wohnungsverhältnisse.

Die in den 1860er Jahren beginnenden, bis Ende der 1880er Jahre sich dramatisch entwickelnden Mißstände im Bereich der Arbeiterwohnungen standen Anfang der 1890er Jahre im Mittelpunkt des öffentlichen Interesses. Selbst Kaiser *Wilhelm II* kündigte in seiner 1901 gehaltenen Thronrede gesetzgeberische Maßnahmen auf dem Gebiete der Wohnungsfrage an [Haberland 1904, S. 1 f.]. Der preußische Staat konnte die *»erheblichen Mißstände nicht mehr ernstlich bestreiten«*. Der von der Staatsregierung verfaßte *»Gesetzentwurf zur Verbesserung der Wohnungsverhältnisse«* begründete die Mißstände mit:

(1) Mangel an Kleinwohnungen,
(2) Mietpreise und Einkommen stünden in keinem rechten Verhältnis für einkommensschwache Bevölkerungsschichten,
(3) Teil des Wohnungsbestandes wäre mangelhaft ausgestattet,
(4) die außerordentlich große Überfüllung der Kleinwohnungen.

Dieser Gesetzentwurf, der sich im Unterschied zu Bauordnungen nicht um die Herstellung und die *»sichere«* Benutzung des Bauobjekts, sondern um Qualitätsmerkmale des Wohnens kümmerte, scheiterte 1903 an der parlamentarischen Mehrheit derjenigen, die gegen eine allgemeine Einführung der Wohnungsaufsicht waren. In Folge des Dreiklassenwahlrechts waren zu dieser Zeit noch 75 % aller Stadtverordneten in Kommunalparlamenten Preußens Hausbesitzer. [Nipperdey Bd. II 1993,S. 157] Was in Bayern (ab 1901), Hessen, Sachsen und Baden möglich war, in dem von Mißständen des Wohnens geplagten Berlin wollten sich die Mietshausbesitzer nicht beaufsichtigen lassen [Eberstadt 1909, S. 253 ff.].

Eine am Ende einer großstädtischen Fehlentwicklung stehende Wohnungsaufsicht hätte das eigentliche Übel auch nicht beseitigen können. Es mangelte an preiswerten Kleinwohnungen für die unkontrolliert in Massen einströmenden Menschen. War der Industrielle auf dem Lande aus arbeitsmarktpolitischem Erfordernis gezwungen, für *»verbesserte Wohnungen zu Preisen, die im richtigen Verhältniß zu ihrem Lohne stehen, die zu einem gesunden, glücklichen Familienleben erforderlich sind«* [Centralstelle 1892, S. 3] zu sorgen, entledigten die Arbeitgeber in der Großstadt sich dieser Pflicht. Bereits 1874 klagte *Arminius* (Synonym der *Gräfin von Döhna*) die Stadtgemeinden an: *»(...) die*

Überwachung der baulichen Ausdehnung der Städte (sei) in erschreckendem Grade versäumt worden« [Arminius 1874, S. 12]. Die *»Wohnung für das Existenzminimum«* war auch kein Thema für die Monatskonkurrenzen des *Architekten-Ingenieure-Vereins* oder für die in allen europäischen Großstädten diskutierten Stadterweiterungspläne [Österreichs Kaiser *Joseph* zu dem Erweiterungsplan Wiens: *»Ich will eine elegante Hauptstadt«* – zitiert bei Arminius 1874, S. 5].

Preiswerte Wohnungen werden heute und wurden damals »vernichtet«, weil die durch Zuzug wachsende Stadt eine spekulative Erhöhung der Bodenpreise bei den herrschenden Eigentumsgesetzen nicht verhindern konnte. Entweder wurden wegen der markttechnischen Bodenpreissteigerungen die Mieten erhöht oder der Abriß machte Platz für rentablere Nutzungen. In beiden Fällen ging der Arbeiter seinem sozialen Schicksal in die *»Wohnungsnot«* entgegen. Im ersten Fall wurde die höhere Miete dadurch ausgeglichen, daß er an *»Chambregarnisten und Schlafgänger«* untervermieten mußte. Die von *Schwabe* definierte *»Behausungsziffer«*, die Durchschnittszahl der auf einem Grundstück Lebenden, betrug in Berlin 1864 50 Personen, 1880 61 (im Vergleich dazu 45 in Breslau, 39 in Leipzig und 26 in Hamburg) und 1890 bereits 73 Personen. In Einzelfällen konnte diese Behausungsziffer auf 200, 400 ansteigen. Auf einem Grundstück in der Ackerstraße mußten gar 1.074 Bewohner Raum finden [Braun 1893, S. 24 und Geist/Kürvers 1984].

Die Überfüllung, wobei nicht selten fünf bis zehn Personen in einem Raum leben mußten, garantierte soziale Spannungen und hygienisch unzumutbare Verhältnisse. Diese Zustände förderten den Wohnungswechsel, der immer Hoffnung auf Besserung einschloß, der aber gleichzeitig die alten und neuen Vermieter veranlaßte, die *»Ware Wohnung«* mit einem Preisaufschlag zu verteuern.

Im zweiten Fall löste die wohnungslose Arbeiterfamilie Wohnungsnachfrage bei den an der Peripherie entstehenden, teureren Mietwohnungen der Bauspekulanten aus. Weil sie so rasch wie möglich den Mietshausneubau mit Gewinn wieder verkaufen wollten, ließen sie zwar die Fassade *»putzen«*, sparten aber an Materialqualität und auch an haustechnischen Anlagen und Einrichtungen. Der neue Mieter zahlte mehr für mindere Qualität und größere Entfernung zum innerstädtischen Arbeitsplatz. Auch in diesem Fall führte die zu hohe Mietkostenbelastung zwangsläufig zur Untervermietung.

Das Übel überfüllter Wohnungen konnte durch bessere sanitärtechnische Ausstattung zwar nicht beseitigt, dafür die daraus entstehenden Folgen aber gemildert werden. Die nach dem Bebauungsplan zwischen 1860 und 1885 realisierten Straßen, Plätze, die gleichzeitig eingebrachten Netze der Wasserversorgung und Abwasserentsorgung hatten zwar die unzumutbaren hygienischen Mißstände innerhalb der städtischen Räume beseitigen können, für die sanitärtechnische Ausstattung jeder Wohnung wurde dieses mehr oder weniger freibleibende Stadttechnikangebot von den Bauherren noch wenig genutzt. Statistiken von *Neefe* [Verein Socialpolitik 1886, S. 176 ff.] stützen diese These.

Von 1880 insgesamt 18.837 bebauten Grundstücken waren in Berlin rund ...

Wasser	16.000	an die Zentralwasserversorgung angeschlossen,
Abwasser	10.000	mit Wasserklosetts ausgestattet, die zu 75 % an die Schwemmkanalisation angeschlossen waren, 25 % noch mit Tonnensystemen oder Sammelgruben in Verbindung standen,
Abwasser	3.000	Grundstücke mit mobilen Tonnensystemen (Abfuhr) und
Abwasser	8.000	mit Sammelgruben (Abfuhr) ausgestattet,
Gas	14.000	Grundstücke waren an das Stadtgasnetz angeschlossen.

Dieser relativ hohe Ausstattungsgrad, der sich innerhalb weniger Jahre bis zur Sättigung hin entwickelte, von ver- und entsorgten Grundstücken, sagte noch nichts über die *»Gesundheitsmäßigkeit«* einer Wohnung aus – für *Leuthold* und die Mitglieder des *Vereins für Socialpolitik* eines der Merkmale zur Beurteilung einer *»guten«* Wohnung, neben den anderen Merkmalen *»Festigkeit, Feuersicherheit und Zugänglichkeit«* [Verein Socialpolitik/Leuthold 1886, S. 2 ff.].

Zur *»Gesundheitsmäßigkeit«* gehörten die engeren Kriterien:

(1) Lage der Wohnung im Gebäude: Zum Beispiel Kellerwohnungen, die unbesonnt, mangelhaft belichtet und belüftet und in der Regel zu feucht waren; z. B. Dachwohnungen, die im Winter zu kalte, im Sommer zu warme Umschließungsflächen hatten und in der Regel ohne Wasserzapfstelle (unzureichender Netzdruck) ausgestattet waren.

An dieser Stelle ist ein Vorschlag von *Arminius* bemerkenswert, die für die damalige Zeit eine weitere Abhängigkeit zwischen Städtebau und Haustechnik herstellte: *»Die Lage einer Familienwohnung über drei Stockwerke hinaus scheint im Allgemeinen unnatürlich (...). Uebrigens, sobald Wasserleitungen auch in die höheren Stockwerke allgemeiner eingeführt sind, wodurch das Beschwerliche eines Haushaltes in dieser Höhe bedeutend vermindert wird, dürfte vielleicht für Familienwohnungen auch das vierte Stockwerk innerhalb der Stadt und der Vorstädte noch zulässig sein«* [Arminius 1874, S. 50];

(2) Belichtung, Belüftung, Beheizung: Um 1880 gab es in Berlin rund 256.000 Wohnungen, von denen die Hälfte nur ein beheizbares Zimmer besaß, unbeheizt waren 3.230 Wohnungen, in 30.000 Wohnungen wurden vier und mehr heizbare Zimmer registriert. Mehr als die Hälfte aller Wohnungen war heiztechnisch ungenügend eingerichtet, dagegen 12 % *»herrschaftlich«* ausgestattet [Verein Socialpolitik / Neefe 1886, S. 161 ff.].

Diese Relation von ca. 52 % schlecht und 12 % bestversorgten Wohnungen zeigt die Schwierigkeit an, bau- und haustechnische Standards im auslaufenden 19. Jahrhundert zu diskutieren. Weil nur in den teuren Wohnungen der oberen Klasse der Mehraufwand für den Einbau haustechnischer Innovationen von z. B. Aufzügen, Gas-/Strombeleuchtung, Bädern über höhere Mieten möglich war, werden diese Einzelereignisse aber keine wirksamen Veränderungen in den mehrheitlichen Bedarfsstrukturen hervorrufen können. Sie sind vergleichbar mit den heutigen *»Pilotprojekten«*, in denen Erfahrungen gesammelt werden für die wohnungstechnischen Verbesserungen innerhalb der Masse der schlechtversorgten Wohnungen.

Diese Masse der Kleinwohnungen für Volksschichten mit niedrigen Einkommen kennzeichnet eine über Jahrzehnte dauerhafte Beständigkeit von Grundriß und Ausstattung. Verbesserungen im Bestand der wohnungstechnischen und hygienischen Ausstattung konnten und können nur über neue baurechtliche Anforderungen eingeführt und wirksam umgesetzt werden. Zu diesen Anforderungen gehörte z. B. der für den dauernden Aufenthalt benötigte Mindestluftraum pro Person in einem Raum – einem aus heutiger Sicht makabren Spiels zwischen Hygienikern, Gesetzgebern und Bauspekulanten.

Wird der heutige Maßstab mit ca. 90 m³/Person (mittlere Wohnfläche je Person mit 35 m² multipliziert mit 2,60 m Raumhöhe) vergleichsweise angewendet, so erhalten die Meßergebnisse der Berliner *Arbeiter-Sanitäts-Kommission* von 1893 aus der Sorauer Straße wohnungspolitische Bedeutung: Aus den Behausungsziffern und dem zur Verfügung stehenden Wohnraumvolumen errechnete sich, daß ca. 43 % der Bewohner über weniger als 20 m³ Luftraum verfügten [Braun 1893, S. 55 ff.], dem in der Mehrzahl von Hygienikern und Ärzten genannten Mindestwert, der die hygienisch erforderliche Verdünnung der CO_2-Konzentration bei ausreichendem Luftaustausch innerhalb der Wohnung noch garantieren konnte. Als einziges schrieb das Land Sachsen diesen Wert in seine ab 1900 geltende Bauordnung vor.

Im Zusammenhang mit den Bemühungen des *Vereins für Socialpolitik* für die Einbringung eines *»Reichsgesetzentwurfs über das ungesunde Wohnen«* schlug *Leuthold* 1886 vor:

»In der einzelnen Wohnung muß auf jeden Bewohner mindestens 10 m³ Wohnraum jederzeit nachgewiesen werden können (...). Küchen, Vorsäle, Treppen, Kel-

ler- und Bodenräume (...) bleiben bei Bemessung des Mindestwohnraums außer Betracht«. [Verein Socialpolitik 1886, S. 16]

Bei einer bereits in der *Bauordnung für Berlin von 1887* vorgeschriebenen Mindestraumhöhe von 2,50 m betrug damit die Mindestwohnraumfläche ohne Nebenflächen 4 m² je Person. Es dauerte bis 1929, bis diese Mindestforderung für einen *»Aufenthaltsraum«* mit 4 m² bei einer Mindestseitenlänge von 1,50 m und einer Raumhöhe von mindestens 2,50 m in die fünfte Berliner Bauordnung festgeschrieben wurde.

Was im Berliner Wohnungsbau für einkommensschwache Volksschichten über ein halbes Jahrhundert mit Rücksicht auf die Rentierlichkeit von Spekulationsobjekten nicht vorgeschrieben werden konnte, war wie selbstverständlich zwingend vorgeschrieben im Gewerbe-, Militär- und Strafvollzugsbereich. So schrieb die Berliner Polizeiverordnung ab 1880 vor, daß mindestens 10 m³ Schlafraum pro Person für *»Penner, Schlafgänger in Nachtherbergen«* vorzuhalten war, in Kasernen lautete die diesbezügliche Bestimmung 13 m³ je Person und in Gefängnissen waren sogar 30 m³ Raumluftvolumen je Insasse vorgeschrieben.

Soweit der Einblick in die Wohnungslufthygiene, in das wohnungsbaupolitisch und -wirtschaftlich relevante Mindestraumvolumen. Das wahre Ausmaß von Auswirkungen auf die Wohngesundheit würde sich aber vor allem dann erst zeigen, wenn die bei Seiten-, Hinterhäusern in der Regel fehlende Querlüftung oder Übereckslüftung sowie die zu engen Hinterhöfe, deren Abmessungen eine selbstinduzierte Luftumwälzung innerhalb des Hofes verhinderte, mit in die Diskussion einbezogen würden;

(3) Ausreichende Wasserversorgung und Beseitigung des Abwassers: Kurios verlief die damalige Sanitärgeschichte: Das Dimensionieren einer Abflußleitung war vorgeschrieben. Es bestand der Zwang z. B. zum Einbau des Geruchsverschlusses an jedem sanitären Gegenstand. Aber wieviele Benutzer ein Wasserklosett maximal »verkraften« konnte oder ob jede Wohnung mit mindestens einem Zapfhahn und einem Ausgußbecken ausgestattet werden sollte, war dem Spiel der freien Kräfte zwischen Mieterbedürfnissen und Vermieterangeboten überlassen. Daß wie selbstverständlich die sanitäre und damit die sanitärtechnische Wohnungsausstattung mit den sozialen Verhältnissen in Wohnquartieren mit hohen Behausungsziffern zusammenhing, wußte man nicht erst durch Berichte über die Arbeiterwohnungsfrage in England von *Aschrott*, der 1886 über *model dwellings* für ein bis zwei Familien als Alternative zu großen Mietshäusern in London berichtete:

»Man findet überall in den model-dwellings eine geradezu musterhafte Sauberkeit und Ordnung; Streitigkeiten zwischen den Hausgenossen sind (...) äußerst selten. Daß dies so ist, wird man einerseits den streng

durchgeführten Hausordnungen zuschreiben müssen, andererseits dem Umstande, daß durch bauliche Einrichtungen Alles geschehen ist, um die einzelnen Wohnungen möglichst selbständig und abgeschlossen zu machen: je mehr die einzelnen Wohnungen selbständige Vorrichtungen für Closet, Spülraum, Wasserleitung usw. enthalten, um so geringer ist der Anlaß zu Reibungen zwischen den Hausgenossen«. [Verein Socialpolitik 1886 / Aschrott, S. 137]

4.2 WC wurde Teil des Wohnungsgrundrisses

Welche Vorschläge und Empfehlungen für die WC-Benutzung wurden vor etwa 100 Jahren bekanntgemacht? Hier das Ergebnis der Recherche:

(1) *Deutscher Verein für öffentliche Gesundheitspflege:* Beschluß von Straßburg 1889 zum »Entwurf von reichsgesetzlichen Vorschriften zum Schutze des gesunden Wohnens« [zit.bei Albrecht 1891, S. 88 ff.], § 5: *»1. Die Zahl der erforderlichen Aborte eines Gebäudes ist nach der Anzahl der regelmäßig in demselben sich aufhaltenden Menschen zu bestimmen. In der Regel ist für jede Wohnung ein besonderer, umwandeter, bedeckter und verschließbarer Abort anzulegen«* (das heißt, mindestens vier Personen je WC und Wohnung, A.d.V.).

(2) *Centralstelle für Arbeiter-Wohlfahrtseinrichtungen,* einer 1891 gegründeten Vereinigung unter staatlichen, behördlichen und industriellen Interessen mit dem Zweck, *»eine Sammelstelle der auf Schaffung von Wohlfahrtseinrichtungen für die unbemittelten Volksklassen gerichteten Bestrebungen zu werden«* [Centralstelle 1892, S. III]: Die 1892 stattfindende Konferenz unter dem Motto *»Die Verbesserung der Wohnungen«* wurde von einer Ausstellung von Plänen gebauter und geplanter Wohnhausanlagen begleitet. Die Ausstellung fand in den Räumen des *Berliner Architektenvereins* statt, wurde durch Spenden von u. a. dem *Verein zur Beförderung des Gewerbefleißes in Preußen* (zweithöchste Spende 600 Mark), der Firma *August Borsig* (100 Mark), der *AEG*, die die Kosten für die Beleuchtungseinrichtungen übernahm, finanziert. Die Pläne zeigten nur gute Beispiele von der *»Stube / Küche-Lösung«* der *»Berliner Gemeinnützigen Gesellschaft«* [Centralstelle 1892, S. 289 ff.]:

- mit Podest-WC für maximal zwei Familien, d. h. unter Anwendung der Wohnungsbelegungsstatistik ein WC für acht bis zehn Personen, für *»unbemittelte Volksklassen«*, in der Buchholzer Straße 17 (Abb. 58),
- über Stadthausentwürfe von *Theodor Goecke* mit der verbesserten Lösung *»Stube/Kammer/Küche«*, wieder mit Podest-WC für zwei Familien (Abb. 59),
- den Bebauungsentwurf des *Weisbach*'schen Terrains von *Alfred Messel* mit *»Stube/Küche-Grundrißlö-*

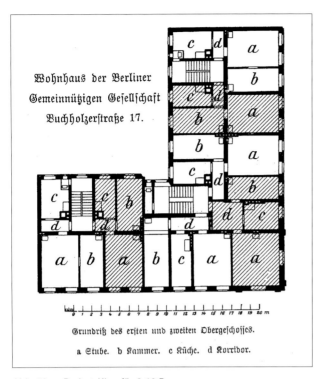

Abb. 58   »Podest-Klo« für 8-10 Personen

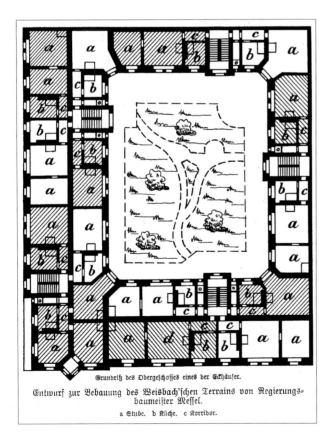

Abb. 59   Podest-WC für 2 Familien

sungen und WC« innerhalb der Wohnung und Aussenwandanschluß (Abb. 60) bis hin zu den
– Wohnhäusern Helmstraße 4/5 von *Erdmann+Spindler* mit *»Stube/Kammer/Küche«*-Lösungen und der bekannten, seit der Bauordnung von 1887 entstandenen Kombination von WC-Raum und Speisekammer, wobei die Belichtung und Entlüftung des WC-Raums über das Fenster oberhalb der Speisekammer erfolgte. (Abb. 61)

Zusammengefaßt wurde Anfang der 1890er Jahre eine Benutzungszahl von vier bis zehn Personen je WC empfohlen. Etwa zehn Jahre später schlug *S. Haberland* im Zusammenhang mit dem diskutierten, aber nicht eingeführten Gesetzentwurf zur Verbesserung der Wohnungsverhältnisse im Sinne der Mietshausbauer vor, *»daß die Wohnungen in der Regel einen eigenen verschließbaren Abort besitzen müssen«*, wobei er es nicht für angemessen hielt, diese schwammige Neubauregelung auf den Althausbestand zu übertragen. Für noch vertretbar hielt er den Zustand *»Ein Abort für drei Familien«*. [Haberland 1904, S. 32]

Die Differenzen zwischen Empfehlungen und den realen Verhältnissen wurden Anfang der 1890er Jahre tagtäglich in der Tageszeitung *Vorwärts* oder in den Berichten der Berliner *Arbeiter-Sanitäts-Kommission* von *Adolf Braun*, dem u. a. die Ärzte *Alfred Blaschko* und *Ignatz Zadeck* bei Bestandsaufnahmen mit Fachverstand zur Seite standen, beschrieben. Ohne auf die Einzelheiten näher einzugehen, werden diese Bestandsaufnahmen den oben aufgeführten Empfehlungen gegenübergestellt:

Der empfohlenen Benutzerfrequenz von vier bis zehn Personen je WC stand der in der Praxis festgestellte Regelbereich von 20–30 Personen je WC für mindestens ein Drittel der Bevölkerung Berlins gegenüber. Welche unzumutbaren Verhältnisse des Wohnens mit gesundheitlichen Folgen damit verbunden waren, ist aus heutiger Praxis nicht vorstellbar. Offiziell wurden diese Zustände nicht zur Kenntnis genommen. So brüstete sich 1882 der liberale Parteifreund *Virchows*, der spätere Oberbürgermeister *von Forckenbeck* damit, *»Berlin sei zur gesündesten Großstadt der Welt geworden* (er blickte dabei voller Stolz auf die stadttechnischen Errungenschaften wie Kanalisation und Wasserversorgung, A.d.V.), *so vergaß er leider, wie es um die Wohnverhältnisse und den Gesundheitszustand der ärmeren Bevölkerung stand!«* [zit. bei Lange 1972, S. 104]

Boerner gab 1882 in seinem im Auftrag des Magistrats herausgegebenen »Hygienischer Führer durch Berlin« kleingedruckt zu Protokoll, die *»Berliner Sanitätscommission* (im Zuständigkeitsbereich des Ministerium des Innern, A.d.V.) *(...) tritt im Plenum nur zusammen, wenn der Polizei-Präsident sie beim Auftreten von Epidemien in der Stadt zusammen ruft, während ein Bureau derselben dauernd vorhanden ist. (...) Auch* *die Revier-Sanitätscommissionen führen ein Leben zumeist in tiefster Verborgenheit«.* [Boerner 1882, S. 75]

Die seit den 1870er Jahren jährlich vom Polizeipräsidenten herausgegebenen staatlich *»koordinierten«* Gesundheitsbulletins [Generalberichte Gesundheitswesen] berichteten mehr über die Erfolge gesundheitsbezogener Maßnahmen in Berlin. Die Zustände in den Arbeiterwohnquartieren erreichten nicht das Blickfeld von Regierungs- und Geheimen Medizinal-Räthen.

Der Staat wollte nicht, die Stadt konnte nicht dem Druck des Baukapitals begegnen. Davon zeugt ein 1909 verfaßtes Zwischenresummé von *Eberstadt,* dem eingangs vorgestellten anerkannten Fachvertreter des theoretischen *»Wohnungswesens«* und der praktischen *»Wohnungsfrage«*:

»Der gegenwärtige Abschnitt des Städtebaus in Deutschland wird gekennzeichnet durch die Entwicklung und schließlich vollständige Herrschaft der Spekulation auf allen Gebieten des Wohnungswesens. Von der Bereitstellung und Aufteilung des Baulandes bis zum Besitz der fertigen Wohnung ist die Gestaltung des Städtebaus und der Verkehr in Bodenwerten der Spekulation übertragen. Die Bodenparzellierung ist Sache der Spekulation. Die Bauweise, die Hausform und die Wohnungsproduktion werden durch die Spekulation bestimmt. In ihrer Hand stehen Grundeigentum und Hausbesitz; sie verfügt über den Realkredit und das Grundbuchwesen. Eine tiefgreifende, die meisten Gebiete des städtischen Lebens erfassende Umwälzung ist die Folge dieser Entwicklung, die ihre schärfsten Formen in Deutschland während der letzten drei Jahrzehnte angenommen hat«. [Eberstadt 1909, S. 66 f.]

Ab den 1880er Jahren verloren die städtebaulichen Hygienefaktoren in Berlin an Bedeutung, die der Wohnung und des Wohnens traten dafür in den Vordergrund des öffentlichen und privaten Interesses – vergleichbar intensiv wie in Paris 1830 und 1850 [Corbin 1988]. Dort gestaltete sich der Übergang von den belästigenden *»Miasmen der Straße«* zu den für das Bürgertum noch bedrohlicher empfundenen Mikroben der Elendswohnungen sogar zum Erzählstoff für volkstümliche Romane. *Philippe Passot* beschrieb diese Wandlung mit der einfachen, mathematisch eindringlichen Formel: *»Die Gesundheit einer Großstadt ergibt sich aus der Summe aller Privatwohnungen.«* [zit. bei Corbin 1988, S. 189]

Einer der dringlichsten Aufgaben war, die Schmutz und Gestank verbreitenden Gemeinschaftsaborte in den zu engen Gebäudehöfen zu entfernen. Es begann der Prozeß der Privatisierung der Defäkation, dem offenbar einzigen Weg, Geruch und Schmutz unter Kontrolle zu bekommen. Er ist in der Geschichte des Wohnungsgrundrisses nachvollziehbar über den ersten Schritt des Etagen-Abtrittraums, z. B. in den Plänen *Crelles* (vgl. Abb. 11, 12), in dem transportable Nachtstühle standen, über den zweiten Schritt des Etagen-

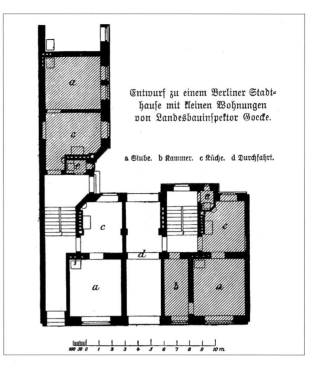

Abb. 60 WC innerhalb der Wohnung, Außenwandanschluß

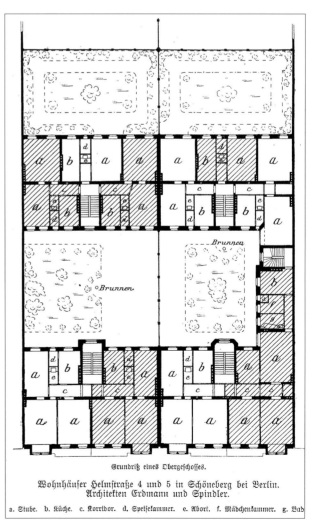

Abb. 61 WC innerhalb der Wohnung, Belichtung und Belüftung oberhalb der Speisekammerdecke

WCs für immer noch zu viele Familien, den dritten Schritt in Form des abschließbaren Podest-WC »auf halber Treppe« für in der Regel zwei bis vier Familien (ab 1887) bis zu dem letzten Schritt wohnungseigener WC-Räume für Wohnungen aller Volksschichten erst ab den 1920er Jahren. Zwischenzeitlich fand das WC Eingang in »herrschaftliche« Wohnungen ab den 1860er und in »bürgerliche« Wohnungen ab den 1890er Jahren. Zum Ende des 19. Jahrhunderts verschwand der unbelichtete, unbeheizte Abtritt, erweiterte sich zum wirklichen Raum innerhalb der Wohnung und integrierte Wasch- und Pflegefunktionen. Sanitäre Gegenstände wurden analog den Wohnungsmöbeln »verkleidet« eingebracht. So glich in Luxuswohnungen z. B. die Badewanne der Form nach einem Sofa oder einer Ottomane, es gab süddeutsche, französische und englische Wannenformen.

Die technisch identischen Klosett-Kunstwerke um die Jahrhundertwende konkurrierten »oberflächlich« miteinander im »Raised Acanthus-«, »Mulberry Peach-«, »Blue Magnolia-« und »Pedestal Lion« -Design, hatten handelsgeschützte Namen. Klosetts für den Massenabsatz fehlte das Oberflächendesign. Zu den erfolgreichsten Produkten zählten das Klosett »Tornado« und »Undine« und das danach massenhaft eingesetzte Klosett namens »Normal-Closett« von dem Bochumer Fabrikanten Beielstein (Abb. 61). Die Möbel und Tapeten des sanitären Zimmers verschwanden. Die »Desodorisierung auch dieses Zimmers« begann mit dem Einbringen putzfreundlicher Wand- und Bodenbeläge, den nach sanitärtechnischen Regeln »aufgereihten« bodenständigen bis zu den heute wandhängenden Sanitärobjekten. Der Schritt bis zur heute dominierenden Atmosphäre der technisch beleuchteten und gelüfteten Sanitärzelle als »Garant für die Unsinnlichkeit und die Unschuld des Ortes« [Murand/Zylber- man 1980, zit. bei Corbin 1988, S. 232] war bald vollzogen.

4.3 Gemeinsamkeiten zwischen Gebäude-Fallleitung und Straßenkanal

Mit der Vermehrung der WC-Räume innerhalb des Gebäudes bis in jede einzelne Wohnung war zwangsläufig auch die verzweigte Verlegung der Abwasserleitung verbunden. Gleichzeitig stellten diese Abflußrohre die Fortführung der Straßenkanalisation dar und – zum Leidwesen der Hygieniker – übernahmen sie dabei weitgehend die Entlüftung des Gesamtsystems. Die verbreiteten Ängste des Bürgertums vor zu wenig Luft in den engen Mietshauskomplexen und der nun noch zusätzlich möglichen Belastung durch austretende »Kanalgase« aus den Abwasserrohrleitungen war das die sanitärräumliche Entwicklung begleitende sanitärtechnische Thema der 1880/90er Jahre. Denn im Unter-

schied zu den Bedingungen für Straßenkanäle, so argumentierten die »Kanalgastheoretiker«, lägen im Falle der Gebäudeabflußleitungen günstige Bedingungen für die Gasbildung vor:
– Der Abwasserabfluß erfolge hier stoßweise,
– die relativ engen Rohrdurchmesser förderten die Bildung und Strömung der Kanalgase. Darüber hinaus wären die Leitungen unzugänglich, damit nicht kontrollierbar und das in Deutschland noch wenig erfahrene Handwerk könne noch keine fehlerfreie Montage gewährleisten.

Bereits 1874 veröffentlichte Pridgin Teale in Leeds seinen »illustrirten Führer zur Erkennung gesundheitlicher Mängel im Wohnhause« unter dem dramatischen Titel »Lebensgefahr im eigenen Hause«, der über die zweckmäßigen und fehlerhaften Abflußvorrichtungen (Abb. 63) und seine gesundheitlichen Folgen durch austretende »Kanalgase« mit Hilfe vieler Zeichnungen informierte. F. Esmarch, Chirurg an der Kieler Universität, setzte sich für die Übersetzung und Veröffentlichung dieses Werkes ein. Erst nach Jahren gelang ihm 1886 dieses Vorhaben, finanziert von Lübecker Kaufleuten, bearbeitet für deutsche Verhältnisse von dem Kieler Stadtingenieur H. Wansleben und nach der Übersetzung der vierten englischen Auflage durch Ihre Königliche Hoheit Prinzessin Christian von Schleswig-Holstein, Prinzessin von Großbritannien und Irland. Schwerpunkte des Teale'schen Führers zur Abwehr der Kanalgase waren die Wasservorlagen in den Syphons, das exakte Installieren der Leitungen, die Führung der Abfluß-Lüftungsleitungen bis über das Dach des Hauses und das heute noch in Großbritannien praktizierte Verlegen der Abflußleitungen an den Außenseiten der Hauswände, das – über Fußnoten von Wansleben vermerkt – aus klimatischen Gründen nicht auf deutsche Verhältnisse übertragbar war. Erst alle Maßnahmen zusammen garantierten Teale, daß die »krankmachenden Kanalgase« den Hausbewohnern nicht schädlich werden konnten.

Eines der wesentlichen Elemente zur Verhinderung des Übertritts der Kanalgase aus der städtischen Kanalisation über die Hausleitungen in die Wohnräume war der am Übergang zwischen der privaten Hausinstallation und dem öffentlichen Straßensystem vorgesehene Syphon im »Hauskasten« (Abb. 63, Bild rechts »B«) der nach englischem Muster Einbauvorschrift in der ab 1874 geltenden Polizeiverordnung wurde. Weil aber die englischen Verhältnisse mit der vorwiegend Ein- bis Zweifamilienhausbebauung mit der 15 bis 20-Familienhausbebauung in Berlin nicht vergleichbar waren, kam es hier wegen der syphonbedingten Rohrumlenkung ständig zu Verstopfungen. Der für die Entwässerungstechnik in Berlin zuständige James Hobrecht nahm diese für die Einführung der Kanalisation ungünstigen Wirkungen zum Anlaß, seinem Dienstherrn zu raten, auf den Einbau des Rohrsyphons an dieser zen-

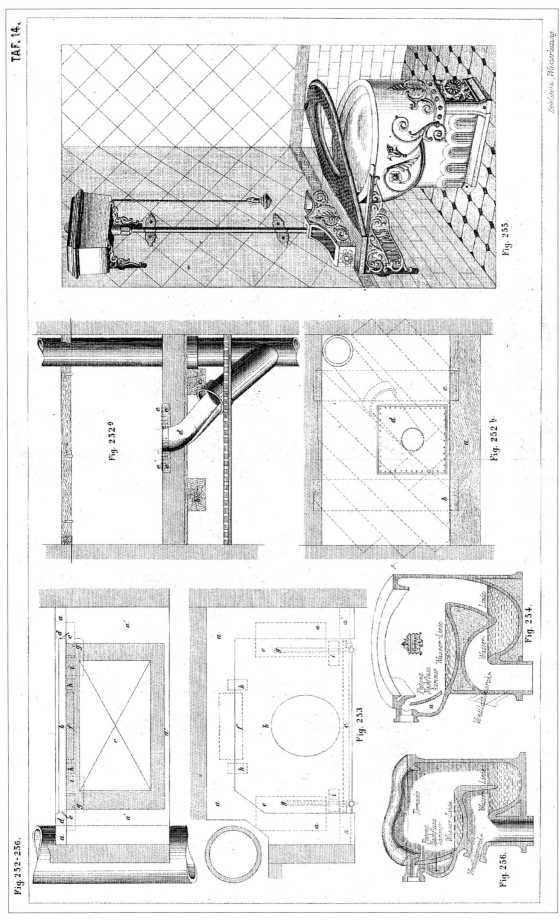

Abb. 62 Klosetts »Tornado«, »Unitas«

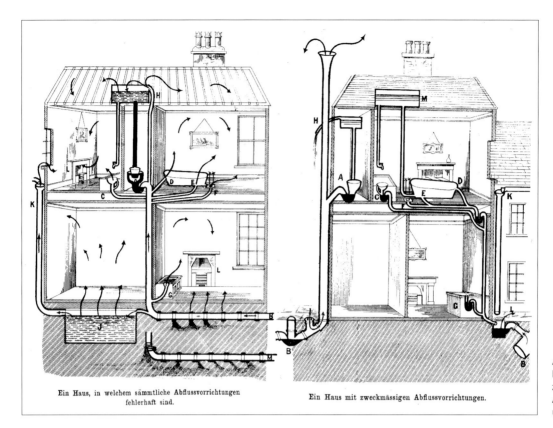

Ein Haus, in welchem sämmtliche Abflussvorrichtungen fehlerhaft sind.

Ein Haus mit zweckmässigen Abflussvorrichtungen.

Abb. 63
Fehlerhafte und
zweckmäßige
Abwasserabflüsse
und -lüftungen

tralen Übergabestelle zu verzichten. Bereits 1876 – bevor noch das erste Grundstück innerhalb des im Bau befindlichen Radialsystems RS III angeschlossen werden konnte – wurde diese Vorschriftenänderung polizeilich verordnet.

Der Weg der Kanalgase aus dem städtischen Straßensystem über die Hausabflußleitungen bis über Dach des Hauses war nun vorbestimmt und wurde damit zum technischen Prinzip erklärt. Umso wichtiger wurde dadurch das fachgerechte Verlegen und Verbinden der Rohrleitungen und Formstücke sowie das Einbauen funktionierender Syphons an jeder einzelnen Abwasserablaufstelle in den Wohnräumen durch autorisierte Handwerksbetriebe.

Die rasche Entwicklung im Bereich des Handwerks von Sanitärinstallationen war Mitte der 1890er Jahre auf einem Technikstand, der in vielen Teilbereichen in den Grundzügen mit dem von heute vergleichbar ist. In dem 1894 zu Weimar veröffentlichten Werk (zweite Auflage, die erste erschien 1885) von *Wilhelm Beielstein jun.* befindet sich ein beigefügter Atlas, der sämtliche Werkzeuge, Arbeitsgänge, Einrichtungsgegenstände, Apparate, Hähne, Formstücke usw. zeigt, die zum Ende des Jahrhunderts im Sanitärhandwerk Verwendung fanden. Der größte Teil dieser »*Ausstellung*« ist heute noch im Einsatz. Bis auf die heute möglichen Varianten bei der Warmwasserbereitung, die eine umfassende Änderung zu den damaligen Techniken erfahren haben, haben sich die Konstruktionen und Formen der sanitä-

ren Einrichtungsgegenstände (Klosett, Waschbecken, Bade-/Duschwannen, Bidet), der Wasserablaufstellen (Bodeneinläufe), der Auslauf- und Absperrventile als auch der Rohrmontagen grundsätzlich nicht verändert [vgl. auch Assmann 1893].

Infolgedessen kann auch der hohe Stand der Sanitärplanung zum Ende des 19. Jahrhundert nicht überraschen. Als Beispiel dient der Entwässerungsplan für ein Berliner Grundstück und Gebäude in »Berlin und seine Bauten« von 1896 (Abb. 64), aufgestellt an einem Musterentwurf des Stadtbaumeisters *Hoese* [S. 347]. Die aufgrund der Veröffentlichungsqualität teilweise nicht lesbare Leitungsführung und deren Detaillierung wurde neu hinzugefügt (Abb. 65). Auf dem »*Mustergrundstück*« mit 18 m Frontbreite und 90 m Grundstückstiefe befindet sich ein fünfgeschossiges, C-förmiges Mietshaus mit einem sechs mal sechs Meter kleinen, unterkellerten Hof und einem 16 x 12 m großen Hofgarten. Im Vorderhaus sind jeweils vier »*Mittelstandswohnungen*« mit fünf und mit drei Zimmern, im Seitenflügel sechs Wohneinheiten mit je zwei Zimmern und im Hinterhaus 20 Einzimmerwohnungen untergebracht. Im Abstand von zwölf Metern vom Hinterhaus steht eine viergeschossige Papier herstellende Fabrikanlage, an die sich am Ende das Kessel- und Maschinenhaus mit Schornstein und eine Remise mit Pferdestall anschließt. In der Tabelle ist die unterschiedliche sanitärräumliche und -technische Ausstattung der Wohnungen festgehalten.

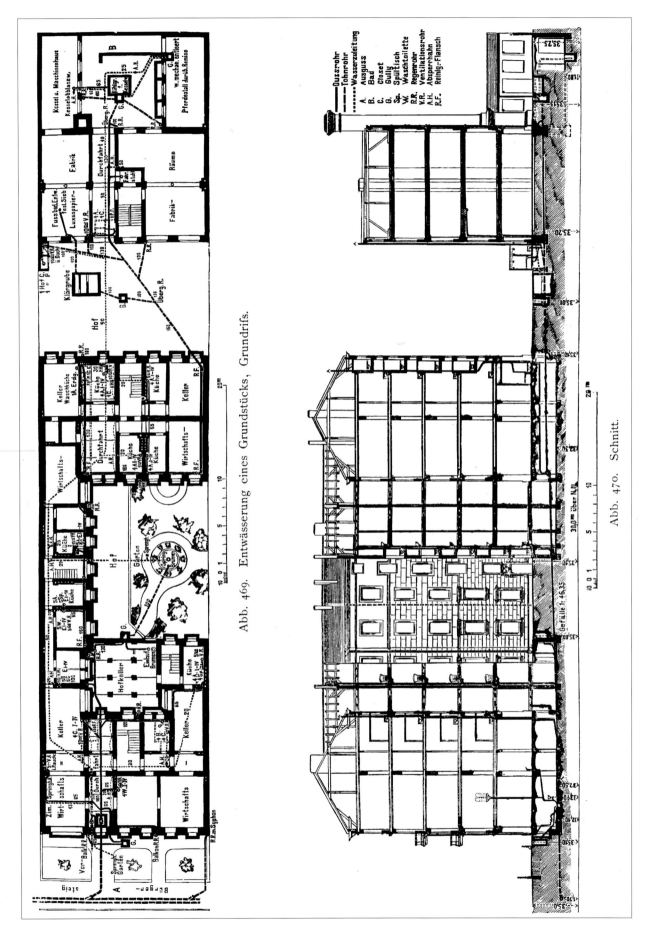

Abb. 469. Entwässerung eines Grundstücks, Grundrifs.

Abb. 470. Schnitt.

Abb. 64 Hoese 1896: Musterentwurf

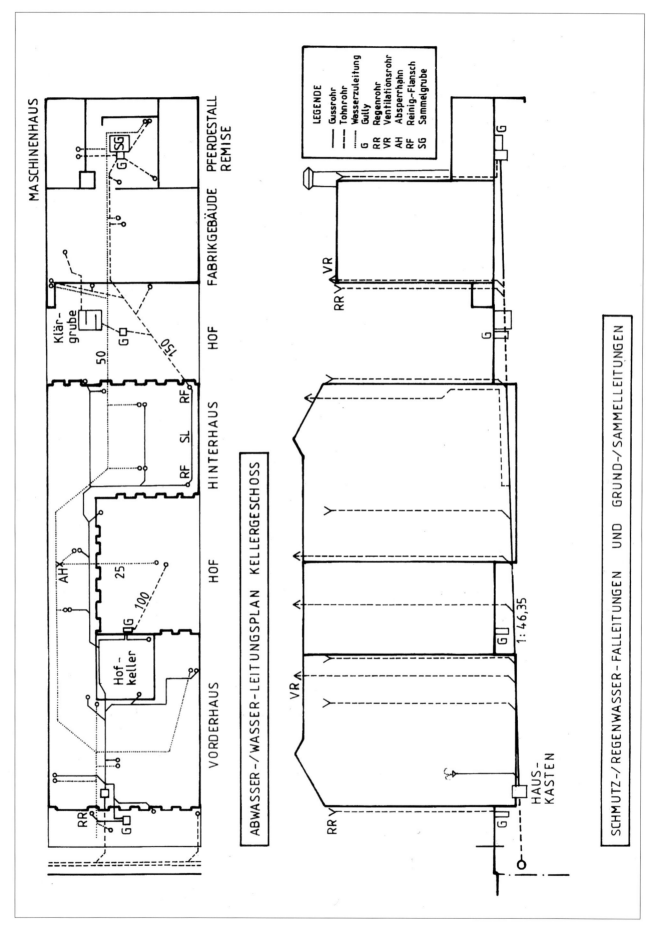

Abb. 65   Hoese 1896: Sanitäre Leitungsführung und Strangschema

Sanitärräumliche und -technische Ausstattung der Wohnungen des Musterentwurfs nach *Hoese*
[BusB 1896, S. 347], vgl. Abb. 64

Ausstattungsart	Vorderhaus		Seitenflügel	Hinterhaus
	4 WE 5 Zi	4 WE 3 Zi	6 WE 2 Zi	20 WE 1 Zi
Bad	X	X		
Gäste-WC	X			
Zimmer mit Waschtisch	X	X		
Küche mit Ausguß und Spültisch	X	X	X	
Küche mit Ausguß				X
WC auf halber Treppe (»Podest-WC«)			X	X
Waschküche mit Ausguß im KG				X

Mit Bezug zu Abb. 64 und 65 erfolgt die Beschreibung des Verlaufs der Entwässerungsleitung: Der Abwasserabfluß beginnt etwa 1,30 m unter Hofterrain am Hofgully G, an dem die Sammelgrube SG für das Abblasewasser der Dampfkesselanlage angebaut ist und in dem die Regenrohre des Maschinenhauses, der Remise und des Fabrikgebäudes münden. Bis zum Übergang in den Keller des Hinterhauses nimmt die Grundleitung das Schmutzwasser von einem Ausguß, einem Closet aus dem Fabrikgebäude, von einem Hof-Closet, das in einer Klärgrube vorgeklärte Spülwasser aus der Papierfabrikation sowie das Regenwasser der Hoffläche und der Dachfläche des Fabrikhauses auf. Sichtbar an den Kellerwänden des Hinterhauses und Seitenflügels entlang führt die 150 mm im Durchmesser starke Sammelleitung, nimmt die einzelnen Sammelleitungen SL der über Dach entlüfteten Falleitungen auf, wobei jede Umlenkung größer als 45° mit einem Reinigungsflanschett versehen wurde. Das mit 1 : 46,35 angegebene Leitungsgefälle ist die Ursache dafür, daß die Sammelleitung ab dem Hofkeller des Vorderhauses wieder ins Erdreich als Grundleitung verlegt werden mußte bis zum »Hauskasten« als Kontrollschacht mit Reinigungsflanschett, einer mit einer Stahlplatte abgedeckten gemauerten Grube unter der Durchfahrt in Höhe der Vorderhausfront. Vom Hauskasten führt dann der Anschlußkanal zum ca. 400 mm großen Straßen-Mischwasserkanal, der gemäß der Planungsrichtlinien von *Hobrecht* wegen der den Verkehr nicht behindernden Anschlußarbeiten nicht im Bereich der Fahrbahn, sondern im Bereich des Bürgersteigs nahe dem Fahrbahnrand liegt, um noch ohne großen technischen Aufwand das Regenwasser der Straßenfläche aufnehmen zu können. Bis auf die Formalität, daß das Strangschema in der heutigen Sanitärplanung aus Gründen der übersichtlichen Darstellung nicht mit dem architektonischen Gebäudeschnitt kombiniert wird (bekanntlich vertikal maßstäblich, nicht horizontal), bestehen zu heute aufgestellten Entwässerungsplänen keine bemerkenswerten Unterschiede.

Gas und Strom

5. Bedürfnis nach künstlicher Helligkeit (bis 1825)

Zusammenfassung

Die Konkurrenzen zwischen Gas und Strom beschränkten sich zeitlich auf das Ende des 19. Jhs. und den Sektor »Lichtgebrauch«. Danach hatten beide Sparten immer alle Hände voll zu tun, um die stetig steigende Energienachfrage (Licht, Kraft, Wärme) untereinander gewinnmehrend aufzuteilen. Vorher – zu Beginn des 19. Jhs. – stand alles allein im Zeichen des Gaslichts nach der Ablösung vom Kerzen- zum Öllicht.

Die Einführung energietechnischer Entwicklungen verlief oft nach einem 20–30 Jahre dauernden Schema: Die eigentliche technische Erfindung wurde über ein »spektakuläres Ereignis« gesellschaftlich bekannt gemacht. Gleichzeitig verbanden sich unternehmerische Initiatoren und Kapitalinteressen zu dem Ziel, das Pilotprojekt zur industriellen Produktionsreife zu führen.

Waren diese Marktmechanismen in der Gassparte zu Beginn des 19. Jhs. z. B. in England bereits in vollem Gange, organisierte 1804 der Staat in Berlin mit militärischen Kräften die erste öffentliche Straßenbeleuchtung – mit Öllaternen.

In diese gastechnologische Provinz stießen die Aquisiteure der eigens für kontinentale Gasgeschäfte gegründeten Londoner *Imperial Continental Gas Association*. Weil die Gasbeleuchtung betriebswirtschaftliche Erfolge durch längere Maschinenlaufzeiten in englischen Fabriken erzielt hatte und zudem überall Regierende im Verbund mit vermögenden Bürgern durch die Einführung der Gaserleuchtung in den Städten eine erhöhte »Sittlichkeit und Sicherheit« erwarteten, kam es 1825 zur freihändigen Vergabe des staatlichen Auftrags an die *ICGA*. Die Gaserzeugungsanstalt, die Rohrnetze wurden nach englischem know how und mit englischem Geld gebaut. Der Bestand an Öllaternen wurde umgerüstet und 1829 brannten im Vergleich zu den Öllichtern alle Gaslaternen mit der vom Auftragnehmer versprochenen »zweifachen Lichtmenge«.

5.1 Spektakuläre Ereignisse verhalfen Technikentwicklungen zum Durchbruch

Selbstverständliches aus dem Bereich Haustechnik ist auf die Stadttechnik übertragbar: Wenn dort zum Wasserauslaufventil unmittelbar die Wasserablaufstelle gehört, so ist hier analog der städtische Verbrauch an Wasser nicht ohne die Behandlung des Abwassers langfristig denkbar. Diese für das 19. Jh. und die Städteentwicklung wichtigen Abhängigkeiten standen im Mittelpunkt der bisherigen Kapitel.

Aus ganz anderen Gründen sind auch die Energieträger Gas und Strom miteinander verknüpft. Gemeinsam dienten sie zuallererst der Befriedigung gesellschaftlicher Bedürfnisse nach Licht, um »die Nacht zum Tage zu machen«. Es kam einem Quantensprung gleich, als eine vom Gebrauchsort weit entfernte Energiestation Gas(Strom-)mengen erzeugte, diese über Rohre (Kabel) verteilt wurden, um sie dann in offenen oder geschlossenen Leuchten mit Lichtgewinn zum Brennen oder Glühen zu bringen.

Die bis dahin Kerzen und Öllampen gewöhnten Menschen verloren damit ihre Autarkie, die bis heute andauernde abhängige Vernetzung begann. Für die meisten berichtenden Zeitzeugen war dieser Verlust es aber wert. Der Ära der »blakenden Funzeln«, Fackeln und Kerzen wurde nicht ernsthaft nachgetrauert.

»Lichtgebrauch« war also der gemeinsame Antrieb für Gas- und Stromentwicklungen und der Strombereich profitierte von den Erfahrungen aus dem Gasbereich. Nicht nur der Glaskolben der von *Thomas Alva Edison* konzipierten Kohlefaden-Glühbirne ähnelte den gasversorgten Glühlicht-Glaskolben, auch der drehbare Gasregulierhebel (der wiederum eine Weiterentwicklung des Rades zur Dochtregulierung an der Öllampe war) unterschied sich nicht von den ersten elektrischen Drehschaltern. Vor allem aber war die Struktur von Gasproduktionsstätten nebst Rohrnetzen fast in

Gänze auf den Strombereich übertragbar. Die grundlegenden Kenntnisse für die zentrale Gasversorgung stammten wiederum aus dem Bereich der wesentlich älteren zentralen Wasserversorgungen in den Städten, dem noch die Wasserbaukunst in den Garten- und Landschaftsarchitekturen voraus ging.

Ab Mitte des 19. Jhs. konkurrierten Gas und Strom miteinander. Über den Wettbewerb um die Lichtkunden trieben sie sich zu immer besseren technischen Neuerungen. Stellvertretend für viele Beispiele ist die Einführung des aus seltenen Erden bestehenden, nach dem »Bunsenbrenner«-Prinzip erhitzten »Glühstrumpfes« in den 1880/90er Jahren des sowohl im Gas- als auch im Strombereich erfolgreichen *Carl Auer* (Lehrjahre an der Universität Heidelberg bei dem Chemiker *Robert Wilhelm Bunsen*) hervorzuheben. Nicht die Leuchtkraft, sondern der Heizwert setzte von da an Maßstäbe für die Gasqualität – ein die Gasproduktion und -anwendung evolutionierendes Ereignis. Dadurch erkämpfte sich die Gasbeleuchtung schon verlorengegangene Marktanteile wieder zurück und hat sie bis heute auch behalten: Das »Glühstrumpf«-Prinzip findet heute immer noch seine Anwendung, z. B. bei den über 80.000 Gaslaternen in der Bundesrepublik, wovon über 40.000 allein in den Straßen Berlins stehen.

Zum Ende des 19. Jhs. standen Gas und Strom zwar im Wettbewerb um die Marktanteile im Lichtsektor, dieser fand allerdings bei stetig und stark steigender Nachfrage statt. Die Abnahme der Gasbeleuchtung zugunsten der Strombeleuchtung verlief moderat. Im Ausgleich dafür entdeckte die Gaswirtschaft neue Absatzgebiete: Es wurde vermehrt mit Gas gekocht, das Warmwasser mit Gas bereitet, Motoren mit Gas betrieben und bald auch Räume mit Gas beheizt.

Noch ein weiterer Grund für das hier gemeinsame stadttechnische Behandeln von Gas und Strom: In der Regel war das große Gas- und Stromgeschäft »in einer Hand«. Der Zusammenschluß von Unternehmen zur Konzentration von Kapital und know how führte nach englischem Muster zu mehr Macht und Einfluß. Die Energiewirtschaft war das Symbol für Konzentration und Zentralisierung – nicht zuletzt wegen der hier vorliegenden kostendegressiven Produktionsbedingungen. In nach außen hin getrennten Unternehmen waren sowohl das Bankenkapital als auch die Kommunen mehrheitlich an den Gas- und Elektrizitätsunternehmen beteiligt. Zudem lieferten die großen Industrieunternehmen wie z. B. *Siemens*, *AEG* selbstverständlich komplette Gasanstalten und zentrale Stromstationen, Gaskandelaber und elektrische Bogenlichtlampen, später Gas- und Elektroherde für den Haushalt. Der zunächst in Gasangelegenheiten geniale *Carl Auer* gründete 1889 in Berlin die *Deutsche Gasglühlicht Auer GmbH (Degea)* am Stralauer Thor. Die Gasglühstrumpf-Produktion erweiterte sich dann zu Beginn des 20. Jhs. um die von *Auer* entwickelte elektrische (Osmium) Metallfadenlampe. Der Volkseigene Betrieb, das *VEB Kombinat NARVA* – zuständig für die Versorgung der *DDR* mit elektrischen Glühbirnen – war eines der Nachfolgeunternehmen der *Degea*, das in der Folge der staatlichen auch seine unternehmerische Auflösung erfahren hat.

Der Wechsel von einer Energieart zur anderen verlief also fließend und über Jahrzehnte, oft über technologische Entwicklungen in ein- und demselben Unternehmen. Dabei sind ähnlich verlaufende Zyklen von der am Anfang stehenden bahnbrechenden Erfindung bis zur massenhaften Umsetzung zu beobachten. Der Veröffentlichung der technischen Erfindung folgte in der Regel das von fachlich interessierten Unternehmern initiierte »spektakuläre Ereignis«, dem dann der unternehmerische Zusammenschluß mit dem Bankenkapital folgte. Das so finanziell ausgestattete Vorhaben konnte das Produkt dann technologisch verbessern, die Produktionsstruktur optimieren und die Absatzmärkte erkunden und aufbauen.

Schauen wir beispielsweise auf den Übergang von den von Hand mit Öl zu füllenden Behältern der Laternen auf »*Pfosten*« am Straßenrand, an Stahlseilen über der Straßenmitte hängend oder an den Häuserwänden montiert, zu den aus Gasrohrnetzen gespeisten nahezu identischen Straßenlaternen. In der Literatur über die Gasgeschichte [z. B. Accum, Blochmann, Schilling, Körting, Städtische Gasanstalten, Lux] werden übereinstimmend die Experimente des Schotten *William Murdock* als richtungsgebend genannt. Der im Textilunternehmen *Boulton & Watt* in Soho bei Birmingham beschäftigte Ingenieur hat als erster die in erhitzten Retorten stattfindende Vergasung von Steinkohle, das Sammeln des Gases in Glasballons und die Leuchtkraft spendende Verbrennung des Gases in mobilen Gaslampen 1792 in seinem eigenen Hause vorgenommen. Einige Jahre danach richtete er 1799 die zentrale Gasbeleuchtung in der Gießerei von *Boulton & Watt* ein. Die zur selben Zeit in Paris von *Philippe Lèbon* erfundene »*Thermolampe*« verfolgte nicht das Erleuchten von Industriehallen. *Lèbon* wollte das Einzelhaus beleuchten und zudem mit der Apparatur das Haus beheizen und damit auch das Kochen ermöglichen. Eine geniale Idee, die aber zu jener Zeit noch keine öffentliche Anerkennung, keinen industriellen Förderer und hinreichend viele Abnehmer fand.

Murdocks Ideen dagegen trafen auf starkes Interesse der Industrie: Mit den Tag und Nacht erleuchteten Hallen entfielen fortan Maschinenstillegungen wegen Dunkelheit bzw. nicht ausreichender Helligkeit für die bei der Textilproduktion lichtintensiven Arbeitsvorgänge. Zudem setzte *Murdock* als erfahrener Dampfmaschinenbauer auf Steinkohle, deren flüchtige Gasbestandteile ergiebiger waren als die vergleichbaren des Holzes, der Energieträgerbasis bei der »*Thermolampe*« des Franzosen *Lèbon*.

Das »spektakuläre Ereignis« fand 1804 statt. *Murdock* beleuchtete die Fassaden der Fabrikhallen von *Boulton & Watt* anläßlich von Feierlichkeiten zum Friedensvertrag zu Amiens 1802 zwischen England und Frankreich. Mit diesem Übergang von der Innen- zur Außenbeleuchtung in den Straßenraum wurde mehr öffentliches Interesse geweckt. Die Nachfrage nach Gaserleuchtungen in den Straßen wuchs rasch. Das Angebot der sich nun gründenden Gesellschaften war in den folgenden Jahrzehnten immer kleiner als die wirksame Nachfrage nach Gas für Beleuchtungszwecke. Von der öffentlich erfahrbaren Technikerfindung *Murdocks* zu Anfang der 1790er Jahre bis zur massenhaften Umsetzung in den 1810er Jahren in England vergingen etwa 20 Jahre. Die durch die englische Gesellschaft *ICGA* auf den Kontinent exportierte Technik, u.a. nach Preußen (Hannover 1925, Berlin 1826), dauerte nochmals eine weitere Dekade.

Die Periode des Wechsels von der Gas- zur Strom-Beleuchtung dauerte nicht nur Jahrzehnte, sondern verlief auch in den Ländern und Städten unterschiedlich lang. Die Periode zu fixieren fällt umso schwerer, wenn man den Absatzmarkt in die verschiedenen Nutzungen wie Straße, Industrie, öffentliche Gebäude oder Wohnungen gliedert. Versucht man dennoch, die Wechselmarken in der Literatur zu entdecken, so findet die massenhafte Umsetzung des Stromlichts in Europa erst ab Mitte der 1910er Jahre statt. In Berlin wird dieser Umbau nicht nur durch die langfristig geplante Übernahme der *Berliner Elektrizitätswerke* (1915: *BEW* mit sechs Kraftwerken und einer elektrisch installierten Kraftwerksleistung von zusammen 174 Megawatt, heute 1998 sind es 2.200 MW) in den Besitz der Stadt nach 15-jähriger Privatwirtschaft begleitet, sondern auch durch nun mögliche Übertragungstechniken mittels hochgespanntem Drehstrom, entwickelter Kabelsysteme mit besseren Isolierungen (Gummikabel von *Siemens & Halske* für Hochspannungsübertragung, *S. Kuhlo*-Rohrdraht, *Peschel*-Rohr für Niederspannungsübertragungen, *S. Bergmann*-Rohr aus imprägnierter Pappe) und vor allem durch die seit über zehn Jahren technisch ausgereifte Metallfaden-Glühbirne von der *Degea* (Osmium) und *Siemens* (Wolfram). Bekanntlich fusionierten die beiden Betriebsabteilungen der Unternehmen und gründeten 1919 die Firma *Osram*, weil *Siemens* kriegsbedingte Produktionsbeschränkungen auferlegt bekommen hatte.

Voraus gingen in den 1890er Jahren zahlreiche Gründungen von Energieversorgungsunternehmen durch Kommunen und Private unter der Beteiligung des Bankenkapitals (z. B. gründete *W. Lahmeyer* und einige Bankengesellschaften 1898 die *RWE*). In 1884 wurden die *Städtischen Elektrizitätswerke,* der 1900 in *Berliner Elektrizitätswerke* umbenannten, gegründet, um dann 1915 in den Besitz der Kommune überzugehen. Diese dann über 82 Jahre dauernde kommunale Versor-

gungsaufgabe, verbunden mit stadtbaupolitisch gestaltenden Rechten und Pflichten und durchgehend von der Gemeindekasse verbuchten Ertragsüberschüssen, haben in Berlin die politisch Verantwortlichen 1997 »lediglich« wegen defizitärer Finanzhaushalte de facto wieder der Privatwirtschaft übergeben.

Zu den »spektakulären Ereignissen« im Strombereich müssen die in kurzen Abständen stattfindenden Internationalen Ausstellungen gezählt werden – von der 1889 in Paris bis hin zur Gewerbeausstellung 1896 in Berlin. Das Gelände des Treptower Parks entlang der Spree, gegenüber der Halbinsel Stralau und seine Ausstellungshallen müssen sich 1896 nach Berichten der *Gesellschaft Berliner Gewerbeausstellung* in einer aufreizenden künstlichen Helligkeit präsentiert haben. Die eigens dafür von *Werner von Siemens* eingerichtete, nach dem dynamo-elektrischen Prinzip arbeitende Zentralstation, lieferte den Gleichstrom für das gleißende Licht der Bogenlampen, das sich zwischen den Kohlestäben als Elektroden und unter Abbrand der Staboberflächen infolge der Spannungsentladung im Bogen »spannte«. Es handelte sich noch um ein offenes Glühlicht nach dem 1876 vorgestellten *Jablotschkow*-Prinzip, dessen Ablösung durch das Kohlefaden-Glühlicht (*Edison* 1879) im luftleeren Glaskolben – unserer heutigen Metallfaden-Glühbirne vergleichbar – sich bereits abzeichnete.

Die Gewerbeausstellung 1896 hatte auch kritische Beobachter, die ihr trotz der fünf Millionen Besucher eine finanzielle Pleite attestierten und den politischen Mißbrauch durch *Wilhelm II* kritisierten, der die Ausstellung für »*Marine-Schauspiele*« – untermalt von sechsmal täglichen Geschützsalven – benutzte *(»Deutschlands Zukunft liegt auf dem Wasser«).* Dennoch überwog die Meinung, dem deutschen Unternehmertum sei eine eindrucksvolle Demonstration ihrer industriellen Produkte gelungen. Herausragend war dabei der Stromsektor – allen voran die Berliner Unternehmen *Siemens* und *AEG:*

»Als die Gewerbeausstellung ihre Pforten schloß, blieb ein zertrampelter Park zurück, zu dessen Wiederherstellung es Jahre bedurfte. Es blieb die erst nachträglich fertig gewordene, als schottische Ruine erbaute Gaststätte ›Abtei‹ (auf der heutigen Insel der Jugend). Es blieb vor allem das Riesenfernrohr, das, während der Ausstellung im Freien aufgestellt, nun Kernstück einer Volkssternwarte wurde. Der Initiative des jungen Friedrich Archenhold, Schüler des berühmten Berliner Astronomen Friedrich Wilhelm Foerster, und der tatkräftigen Unterstützung der Arbeitergewerkschaften verdanken es die Berliner, daß dieser einzigartige Refraktor binnen weniger Monate in Jena gebaut und im Treptower Park aufgestellt worden worden war. Mit den Arbeitergroschen sorgten dann vor allem die Gewerkschaften dafür, daß das zunächst behelfsmäßig in einem Holzbau untergebrachte Lehrinstitut für Laien

1907 durch eine massive Sternwarte ersetzt werden konnte, die heute den Namen Archenholds trägt.« [Lange 1967, S. 62 f.]

Ein weiteres Relikt der 1896er *Gewerbeausstellung* stößt unterirdisch auf das Gelände des Treptower Parks: Der 454 Meter lange Tunnel von der Halbinsel Stralau unterhalb der Spree bis zum Ausflugslokal *Zenner* auf dem Parkgelände. Die Idee der *AEG* um 1890, Untergrundbahnen zur Entlastung des Straßenbahnverkehrs einzuführen (*Siemens* setzte auf Hochbahnen), stieß auf bautechnische Bedenken der Berliner Bauverwaltung. Im Lichte der *Gewerbeausstellung* sollte der Versuchstunnel mit U-Bahntechnik die Besucherströme befördern und gleichzeitig die Bauverwaltung von der Machbarkeit dieses Verkehrsmittels überzeugen. Die 1894 eigens für dieses Vorhaben gegründete »*Gesellschaft für den Bau von Untergrundbahnen GmbH*« (*AEG, Philipp Holzmann, Deutsche Bank* u.a.) [Gesellschaft U-Bahnen 1899] baute auf eigene Rechnung, zeigte 1896 der Öffentlichkeit ein 160 Meter langes Probetunnelstück und eröffnete 1899 den Fahrbetrieb, der von den Staatsbahnen bis 1920 übernommen wurde. Bis zum Krieg diente er als Fußgängertunnel. Im Krieg erhaltene Schäden haben ihn dann dem Zeitverschleiß übergeben. In den *Pharus*-Stadtplänen der 1930er Jahre ist der Tunnel noch markiert. Seit Kriegsende wird der Tunnel in der Bewirtschaftungsliste der Berliner »Brücken und Tunnel« bei der Senatsbauverwaltung nicht mehr aufgeführt. Weil er nach Aussage der Verwaltung nicht mehr revitalisierbar ist, ist er »folgerichtig« in den heutigen Karten Berlins nicht mehr verzeichnet. Zur Erinnerung bleibt nur noch die »Tunnelstraße«.

Zu einem für die *Gewerbeausstellung* angemessenen Wahrzeichen reichte es nicht, war es doch »nur« eine nationale Ausstellung. Es sollte ursprünglich eine Weltausstellung werden, zu gern hätte man in Berlin den Erfolg derselben von 1889 in Paris wiederholen wollen. In Paris verhandelte man wie dort bei *grand projets* üblich in anderen Dimensionen. Mit dem Aussichtsturm des Ingenieurs *Gustave Eiffel* konkurrierte um die Realisierung des Wahrzeichens der Weltausstellung der 360 Meter hohe Lichtturm der Arbeitsgemeinschaft zwischen dem Architekten *Bourdais* und dem Ingenieur *Sèbillot*. [Schievelbusch 1983, S. 125 ff.] Von diesem einzigen Hochpunkt aus wollten sie ganz Paris des Nachts beleuchten. Vorbilder für den Jahre zuvor die USA bereisenden *Sèbillot* waren die Beleuchtungstürme in Detroit, die als einzige Großstadt nicht über Straßenlaternen, sondern von 122 Türmen mit elektrischen Bogenlichtern aus ca. 50 Metern Höhe erleuchtet wurde.

In einer dem Eiffelturm vergleichbaren Konstruktion wollte der Ingenieur seinen Turm gebaut sehen, mußte sich aber den Ideen seines Architektenkollegen unterordnen, der dieses Monument in der *»Ähnlichkeit mit dem Turm von Pisa«* der Wettbewerbsjury und der Pa-

Abb. 66   Bourdais/Sèbillot 1889: Sonnen-Leuchtturm Paris

riser Öffentlichkeit präsentierte: *»Ich hatte zunächst an eine Eisenkonstruktion gedacht«* bekannte *Sèbillot*, *»aber Monsieur Bourdais, dem ich meinen Plan mitteilte, erhob dagegen Einspruch. In einer Stadt wie Paris müsse der ›Fackelträger‹ einen mehr künstlerischen Charakter haben.«*

Der aus Mauersteinen bestehende 66 Meter hohe kubische Sockel sollte ein Elektrizitätsmuseum aufnehmen. (Abb. 66) Darüber ragte ein ca. 300 Meter hoher Säulenschaft mit den Aufzügen und einem »*absolut leeren Zylinder mit einem Durchmesser von acht Metern für alle denkbaren wissenschaftlichen Experimente, wie z. B. freier Fall von Körpern, Kompressionen von Dampf und Gas, Foucault-Pendel usw..*« [zit. bei Schievelbusch 1983, S. 126] Die oberste Aussichtsplattform sollte ein Fassungsvermögen von 1.000 Besuchern gleichzeitig haben und die Spitze aus einer Monumentalstatue bestehen – eine Darstellung der Allegorie des Genies der Wissenschaft. Das mittels Reflektoren verbreitete elektrisch erzeugte Bogenlicht sollte das Stadtgebiet ausleuchten – »*bis ins Innere der Häuser und Wohnungen dringen.*«

Nicht diese gigantische, »von oben« verordnete Stadterleuchtungsidee war der Grund für die Ablehnung, sondern die Gefahren des blackouts durch technisches Versagen oder durch Anschläge von Aufständigen im Falle dieser einzigen Lichtquelle. So kam der Turm von *Gustave Eiffel* auf den ersten Rang, der ursprünglich ebenfalls ein elektrisches Bogenlicht auf der Turmspitze vorgesehen hatte, dieses aber wegen der befürchteten zu starken Blendungen nicht realisiert worden ist.

Dieses »Ereignis« steht stellvertretend für zahlreiche Ideen, Pläne und ausgeführte Vorhaben zur Illumination von Gebäuden, Plätzen und Straßen in dieser Zeit. Die dafür erforderlichen technischen Innovationen waren das Bogenlicht der *Jablotschkow-Kerze* (1877, Abb. 67), die von dem *Siemens*-Mitarbeiter *Hefner-Alteneck* weiterentwickelte Bogenlichtlampe, die in der Lichtstärke regulierfähige Differential-Bogenlampe (damit wurde 1879 die Kaisergalerie und der Schlesische Bahnhof beleuchtet, zwei »spektakuläre Strom-Beleuchtungsereignisse« in Berlin) und der entscheidende Durchbruch zur zentralen Stromversorgung von *Edison* um 1880: Sein Angebot umfaßte die komplette Erleuchtungsanlage, die Strom produzierte und auf viele steuerbare Lampen verteilte, die aus dem geschlossenen Glaskolben mit dem aus Bambusholz präparierten, glühfähigen Holzkohlefaden bestanden. Seine zuerst 1979 patentierte Lampe war noch mit einem Platinfaden ausgestattet und hatte wenig Ähnlichkeit mit dem zwei Jahre später in Paris ausgestellten Glaskolben (Abb. 68).

Allen Lampenarten gemeinsame Basis war der seit 1866 erhältliche, Gleichstrom liefernde Generator nach dem »dynamo-elektrischen Prinzip« von *Werner Siemens* (Abb. 69).

Auf der ersten internationalen Elektrizitätsausstellung in Paris 1881 stellte *Edison* seine revolutionierenden Ergebnisse erstmals vor und erwies sich zudem als erfolgreicher Vermarkter seiner urheberrechtlich geschützten Patente. Er verkaufte seine Rechte in kürzester Zeit an über 63 Gesellschaften, die sich mit ca. 430 Millionen Mark Grundkapital [Gross 1936] in nur drei Jahren neu gründeten. Die Lizenz zur Einführung der

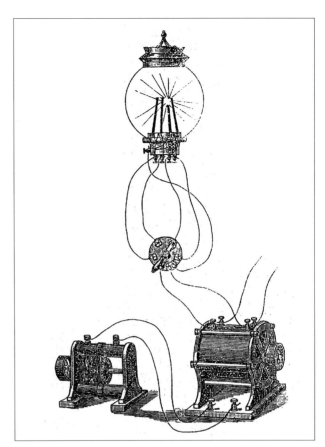

Abb. 67   Jablotschkow 1877: Bogenlichtkerze

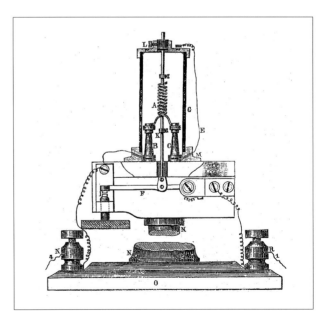

Abb. 68   Edison 1879: Platinfaden-Glaszylinder (Patentschrift)

Anlagentechnik *Edisons* in Deutschland erwarb auch *Emil Rathenau* 1881 in Paris.

Rathenau (1838 – 1915 [Riedler 1916]), vom ehemaligen *Bewag*-Vorstandsvorsitzenden *von Gersdorff* 1988 als »*Der Vater von ›Elektropolis‹*« bezeichnet, war gelernter Maschinenbauer (*Wilhelmshütte* in Sprottau), studierte in Hannover und Zürich und arbeitete als In-

Elektrische Stromerzeuger zum Betriebe von 16 Jablochkoff'schen Kerzen, von Siemens & Halske, Berlin.

Abb. 69   Siemens & Halske
1866: Gleichstrom-Generator

genieur bei *Borsig* in Berlin und *Penn* in London. Er erwarb 1865 die Maschinenfabrik *Weber* in Berlin (1870 verkauft) und wurde als erstes für die Herstellung eines Schiffes für den Bühnenraum zur Oper »Die Afrikanerin« von *G. Meyerbeer* im Königlichen Theater beauftragt. Danach absolvierte er Wanderjahre in Amerika. Mit *Werner Siemens* traf er 1878 zusammen und schlug ihm vor, die elektrische Straßenbeleuchtung in Berlin gemeinsam einzuführen. In diesem Fall kam es noch nicht zur Zusammenarbeit: *S & H* erleuchtete 1879 allein die Kaisergalerie.

Nach dem Erwerb der *Edison*-Lizens gründete er im selben Jahr die *Deutsche Edison Gesellschaft* unter der Beteiligung der *Bank Berliner Handelsgesellschaft* und von *Siemens & Halske*. Die nächste größere gemeinsame Unternehmung zwischen *Rathenau* und *Siemens* erfolgte 1903 mit der Gründung der *Telefunken Gesellschaft für drahtlose Telegraphie m.b.H.*. Vor allem der Schritt 1881 wird in der Technikgeschichte Berlins als der Beginn einer der erfolgreichsten Perioden seiner Industriegeschichte angesehen.

Dieser kurze Abriß von der Präsentation der Technikneuerung um 1880 über die spektakulären Ereignisse und Unternehmensgründungen bis hin zur massenhaften Umsetzung des Stromlichts ab Mitte der 1910er Jahre dauerte mehr als 30 Jahre. Es hat mehr an Zeit gebraucht, von der Gas- zur elektrischen Beleuchtung zu wechseln als vergleichsweise der Wechsel von der Öl- zur Gaslampe gedauert hat. Das hat zum einen damit zu tun, daß der qualitative Sprung von der einzelnen, handbedienten Öllampe zur vernetzten, automatischen Gasflamme wesentlich größer war und damit umso dringender empfunden wurde. Zum anderen hat die stark verbesserte Lichtqualität des *Auer*schen Glühstrumpfes ab der 1890er Jahre der elektrischen Kohlefaden-Glühbirne einen Jahre dauernden, überraschend

hohen Marktnachteil beschert. Drittens standen sich die privaten und kommunalen Gasunternehmen in der Absicht, auch das Stromgeschäft aufzunehmen, selbst im Wege: Viele erste Werksgründungen fanden in den 1840er Jahren statt und hatten betriebswirtschaftlich begründete Vertragslaufzeiten von 50 Jahren kalkuliert und vereinbart. Wegen dieser Vertragsbindungen und den zu erwartenden Einbußen am Gasmarkt, versuchte die Gasindustrie die Verbreitung des Stromeinsatzes um die Jahrhundertwende zu behindern bzw. zu verzögern.

5.2 Anfänge der Berliner Stadtbeleuchtung

Über die erste organisierte Straßenbeleuchtung Berlins im 17. Jh. berichteten die *Berliner Gaswerke* in ihrer 1926 erschienenen 100 Jahre Festschrift [Städtische Gaswerke 1926]. So wie bereits in Paris, Köln oder Hamburg erprobt, sollten ab 1677 auf Anordnung des *Großen Kurfürsten* an jedem dritten Haus eine Laterne hinausgehängt werden. Sie sollten mit Kerzen bestückt und abwechselnd »*von den lieben Nachbarn besorgt*« werden. In den »Mitteilungen« des *Vereins für die Geschichte Berlins* zur «Straßenbeleuchtung« wird 1905 zu Beginn angemerkt, daß »*von der Erleuchtung der Residenzstadt Berlin in früheren Zeiten nur recht wenig bekannt (ist).*« Eine »*früheste Erwähnung einer Gassenbeleuchtung geschieht im Jahre 1680*«, die dort zu lesenden beiläufigen Bemerkungen sind – so die »Mitteilungen« – »*ein sicherer Beweis dafür, daß davon urkundlich nur sehr wenig aufgezeichnet worden ist*«. [Verein Geschichte 1905, S. 156]

In der Annahme des damals auch in stadttechnischen Belangen intensiven Austausches zwischen Paris und Berlin, wird zur Stützung dieser Datenlage eine

»Anmerkung« in *Walter Benjamins* »Passagen-Werk« beitragen können: »*›et hocturnis facibus illustrata‹. Die Medaille von 1667 zur Erinnerung an die Einführung der Straßenbeleuchtung in Paris.*« [Benjamin 1982, S. 698]

Vom September bis zum Mai brannten nach kurfürstlicher Anordnung in Berlin etwa 2.400 Kerzen-Laternen. Das Erleuchtungswesen unterstand dem »Polizei-Direktorium« und der Betrieb war an »*einen besonderen Kommissionarius der kurmärkischen Kriegs- und Domänenkammer verpachtet.*« [Verein Geschichte 1905, S. 156]

Zu diesen immobilen Beleuchtungseinrichtungen mußten die im Dunkeln in der Stadt Wandelnden sich selbst als mobile »*Fackelträger*« und später »*Laternenträger*« betätigen oder sie konnten diese Dienste mieten, die u.a. in Paris, London auf »*Plätzen (als) lebendige Laternenpfähle anzutreffen*« waren. Automatisch machte sich in der Regel derjenige verdächtig, der bei Dunkelheit ohne ein Licht angetroffen wurde.

Das Berliner Beleuchtungswesen wurde 1803/4 revidiert und auf Öllaternen umgestellt. [Verein Geschichte 1905, S. 156 f.]. Die Abb. 70 zeigt den Opernplatz von der im Schatten stehenden Gebäudeecke des Königlichen Opernhauses zur Ansicht der Königlichen Bibliothek: Erkennbar sind die unterschiedlichen Laternenarten von der repräsentativen symmetrischen Anordnung der Laternen am Eingang, den auf gußeisernen Pfosten bis zur Behrensstraße stehenden Laternen und den an der Opernhaus-Ecke wandhängend angebrachten Laternen, die alle in den 1820er Jahren von den »Gemeinen« mit Rüböl versorgt, angezündet, gelöscht und gewartet werden mußten.

Zu dieser Zeit diskutierte man in London bereits über *William Murdocks* Gas-Illuminationen in Soho auf der technologischen Basis von Steinkohlen, Retorten, Speichern, Rohren und Leuchtkörpern. *Albert Winsor,* alias *Winzer,* trug in London seine Vorstellungen über Gaszentralen zur Straßenbeleuchtung der ganzen Stadt vor. Die von *Friedrich Wilhelm III* eingeführte Straßenbeleuchtung in Berlin wurde von einer nach militärischen Regeln organisierten *Erleuchtungs-Invaliden-Kompagnie* betrieben. In den 60 Laternenrevieren waren 60 »Gemeine« dafür verantwortlich, je ca. 50 Laternen mit Öl zu versorgen, anzuzünden, zu löschen, zu reinigen und zu reparieren. Den »Gemeinen« überstanden fünf Unteroffiziere, ein Feldwebel und ein Direktor. Diese »Compagny« – in blauen Hosen und Jacken mit dunkelroten Krägen, kurzen Stiefeln und rundem Hut mit Schild gekleidet – unterstand wie vor dem Polizei-Direktorium.

Im Brandfalle waren sie verpflichtet, sich in den Spritzenhäusern (Öl-Depots) einzufinden, beim Transport der Löschwerkzeuge zum Brandort behilflich zu sein und für die Beleuchtung des Brandortes zu sorgen. Im Sommer, wenn die Beleuchtung wegfiel, hatte die *Kompagnie* die Aufgabe, bei trockenem Wetter die staubigen »Linden« und den Platz zwischen dem Opernhaus und dem Prinz-Heinrich-Palais mit Wasser aus Spritzenwagen zu sprengen. Diesen im Sommer für das Straßensprengen verantwortlichen »Laternenanzündern« begegnet man noch viel später in dem von *Otto Glagau* veröffentlichten *unterirdischen Städtebild* (Abb. 25).

Über die Art und Funktion der Lampe findet man in

Abb. 70
Laternenarten
in den 1820er
Jahren

den »Mitteilungen« keine Hinweise. Es werden die zu der Zeit üblichen vier- oder sechsseitig verglasten Kästen auf Holz- oder Gußeisenpfosten gewesen sein. (Abb. 70)

Die Leuchtkraft der Flamme wurde im *Argand*-Brenner produziert: Der die Verbrennungsluft an die Flamme transportierende hohle, textile Rohrdocht tränkte sich mit Rüböl aus dem Kleinspeicher. Die gezündete Flamme brannte relativ flackerfrei im Glaszylinder und spendete durch Heraus-/Hineindrehen des Dochtes mehr oder weniger Licht. Diese von dem Chemiker *Francois Ami Argand* zum Ende des 18. Jhs. entwickelte Öldochtlampe war und blieb bis zu Beginn des 20. Jhs. die am häufigsten verbreitete Lampe für die Beleuchtung der Wohnräume. (Abb. 86 (a))

Argand (Walrath, Trane, Öle), *Lèbon* (Holz), *Murdock* (Steinkohle) wendeten alle die in den 1770er Jahren revolutionierenden Erkenntnisse von *Antoine Laurent Lavoisier* an: Nicht das Material selbst »brannte«, sondern die durch Wärmeeinwirkung (Zündvorgänge) aus dem Rohstoff sich bildenden Gase in der richtigen Mischung zwischen dem Kohlenstoff des Materials und dem Sauerstoff der Verbrennungsluft »brannten«. Während die Lichtproduktion über Zündung freiwerdender Ölgase in der *Argand*-Lampe und die Lichtnutzung am selben Ort stattfand, fingen z. B. *Lèbon* das Holzgas in kleineren Kupferbehältern, *Murdock* das Steinkohlengas in größeren Flaschen auf, um es mobil einsetzen zu können. Ein paar Jahre später, in den 1810er Jahren, gelang es *Samuel Clegg* (Mitarbeiter von *Murdock* bei *Boulton & Watt*), Steinkohlengas in immobilen Großspeichern zu sammeln, das Gas über das Gewicht der Speicherglocke unter Druck zu setzen, um es dann über ein Rohrnetz zu den Orten des Lichtgebrauchs transportieren zu können. Die Einrichtung zur Flammenbildung – zunächst in Rund-, dann in Fächer- und z. B. in Schmetterlingsformen – war anfangs nichts anderes als ein »*mit einem Hahn versehenes, mehr oder weniger verziertes Rohr*«. [Schilling 1866, S. 379]

Gleich zu Anfang des 19. Jhs. war es um das städtische »*Berliner Leben*« nicht zum besten bestellt. Nach den »Befreiungskriegen« und dem Abzug der Truppen *Napoleons* litten der Staat und die Städte unter einer enormen Schuldenlast (Kontributionszahlungen an Frankreich ab 1806), die der Staat Preußen teils zögerlich, teils gar nicht übernahm. So konnte sich die Stadt nur schwerlich entwickeln, obwohl die Rahmenbedingungen dazu vorhanden waren: Die 1808 in Kraft getretene *Städteordnung* (Freiherr vom und zum Stein), die 1809 erfolgte Wahl der ersten Berliner *Stadtverordneten-Versammlung* boten erstmals strukturelle Voraussetzungen zu einer eigenständigen Stadtpolitik.

Wie nach jedem Wegfall von Grenzen oder handelsrechtlichen Schranken, waren kurzfristige Einbußen bei einem Teil der bestehenden Gesellschaftsstruktu-

ren nicht zu vermeiden. So erging es auch dem Handwerk, das nach Wegfall der Zünfte und Einführung der Gewerbefreiheit 1811 zunächst in ein tiefes Siechtum verfiel. Das handwerkliche Herstellen von Einzelstücken konkurrierte fortan mit der manufakoriellen Fertigung von Produkten in Massen in den nach englischem Muster entstehenden Fabriken. Das sich innerhalb des Handwerks gebildete selbstbewußte Bürgertum wurde geschwächt, das dafür wachsende Proletariat in den Manufakturen war noch weitgehend schutzlos und ohne einklagbare Rechte. Die Klage des Zeitzeugen *Granier* vermittelt dieses Stimmungsbild:

»*Die Städeordnung würde, so wie die ganze Einrichtung des bürgerlichen Lebens, welche sie hervorbringt, mit weit mehr Beifall aufgenommen werden, wenn nicht überall der Zweifel die Bürger ängstigte; wie es möglich sei, die Gelder zu den öffentlichen Ausgaben, für Brücken, Erleuchtung usw., die übrigen Lasten ungerechnet, aufzubringen.*« [zit. bei Glatzer 1963, S. 59]

So wurde z. B. der 1817–19 entstandene Entwurf *Schinkels* für ein neues Rathaus eben deshalb nicht realisiert, weil die veranschlagten 90.000 Thaler – reduziert um den zu geringen königlichen Zuschuß von 15.000 Thalern – über die Akzise von den Bürgern der Stadt nicht aufgebracht werden konnten. [Rave 1962, S. 102]

Es fehlte an Geld zum Bau von Landstraßen, von öffentlichen städtischen Bauwerken und erleuchteten Stadtstraßen zur Förderung der Mobilität und gewerblichen Unternehmungen. Diesen Aufgaben widmete sich bekanntlich *Hanns Christian Beuth*, der wie z. B. *von Stein* und *von Hardenberg* dem neuen reformtragenden, selbstbewußten Bürgertum, der in Diensten des Staates stehenden Beamtenschaft angehörte. Sie betrieben die Erneuerung von Staat und Gesellschaft in Preußen nach den Grundzügen der französischen Revolution von 1793. Umwälzendes geschah mit der Befreiung der Bauern aus der Leibeigenschaft, mit der freien Berufswahl, dem Wegfall von Handelshemmnissen nach den Vorschlägen von *Adam Smith*, der Reform des Bildungswesens (allgemeine Schulpflicht), Stärkung der Eigentumsrechte, der allgemeinen Wehrpflicht und Pflicht zur Zahlung von Steuern. Es lief der nun langjährige »*Versuch, aus den Untertanen Bürger zu machen, die Sache des Staates zu ihrer Sache zu machen (...)*« [Nipperdey 1983,S. 34 f.] Die Brisanz dieser Vorhaben, der neuen Gesellschaftsidee »*(...) richtete sich gegen die alte Welt der Stände und der Aristrokratie: nicht Geburt, sondern Talent und Leistung sollten den sozialen Status des Menschen bestimmen (...)*« [S. 60]

Zu dem zweckfreien Bildungsideal »*Wissen und Geist*« *Humboldts* gesellte sich die zweckgebundene Offensive zur Ausbildung *Beuths* (Gewerbeinstitut) sowie sein 1821 mit begründeter *Verein zur Beförderung des Gewerbefleißes in Preußen.* Diese erste wirtschafts-politische Interessensvereinigung flankierte die Gründungen im Bereich Ausbildung (Bauakademie, Gewerbeinstitut) und im Bereich Bildung (Humboldt-Universität). Erfolge stellten sich ein. Viele Straßen wurden gebaut und es entstanden öffentliche Bauten (z. B. die von *Karl Friedrich Schinkel* zwischen 1816–23 realisierten Bauwerke Neue Wache, Schauspielhaus, Schloßbrücke). So ist es folgerichtig, daß der Ruf ab Mitte der 1820er Jahre nach der in England bereits weit verbreiteten Straßenbeleuchtung mit Gaszentralen sich verstärkte. Die eigens für den Export von Gasbeleuchtungsanlagen 1821 gegründete englische *Imperial Continental Gas Association (ICGA)* hatte dank guter Verbindungen zwischen den königlichen Familien in London und Hannover 1825 ihre erste Stadtgasanlage in Hannover bereits realisiert. So war das Angebot des *ICGA*-Repräsentanten *Sir William Congreve* an den preußischen Innenminister – technisch exakt dieselbe auch in Berlin zu errichten – selbstverständlich, hatten doch 1823 bereits 52 englische Städte Gasbeleuchtungen und waren 62 Gasgesellschaften vom englischen Parlament zugelassen [Treue 1966, S. 45].

Das in England um die Jahrhundertwende durch Kolonialbesitz reichlich vorhandene Kapital versprach sich nach den gastechnischen Anfängen große Entwicklungschancen und engagierte sich bereits in den 1810er Jahren an Großprojekten: *Samuel Clegg*, Nachfolger seines Lehrmeisters und Pioniers *Murdock*, baute die ersten größeren Gasanlagen zwischen 1812–14 für die Beleuchtung der Straßen um das Westminster-Parlamentsgebäude in London.

Zu den unermüdlichen Werbern der Gaserleuchtungstechnik gehörte neben *Murdock* der aus Deutschland stammende *Friedrich Albert Winzer*, der sich in London *Winsor* nannte. Der umtriebige Kaufmann dachte schon früh in zentralen Dimensionen bei der Erleuchtung ganzer Städte mit Gas. 1804 sicherte er sich in London ein Patentrecht im Zusammenhang mit der Gaserleuchtungsanlage im Lyceum-Theater [Poppe 1827], das *»von Murdock mit Recht, aber ohne Erfolg angefochten worden war«* [Körting 1936, S. 85]. *Winsor* erhielt 1812 das vom Parlament erteilte Privileg zur Gründung des ersten Gasunternehmens unter dem Namen *Gas Light Coke Company.* Die Gründung stand unter keinem guten Stern. Weil *»die Fachleute fehlten, (...) die Apparate versagten, die Rohre verstopften«* gingen die Geschäfte schlecht. Erst mit der Verpflichtung von *Samuel Clegg* – ausgebildet bei *James Watt* und *William Murdock* –, dem Erbauer einer der ersten größeren Anlagen 1808 für die Baumwollmühlen, Büros und Wohnhäuser der Manufaktur *Philips & Lee* in Manchester [Accum 1815], wurden durch zahlreiche Erfindungen diese Mängel beseitigt. *Clegg* und die *Gas Light Coke Company* erleuchteten mit Erfolg zum Sylvestertag 1813 die Westminster-Brücke und 1814 den

Stadtteil Londons St. Margareths. [Körting 1936, S. 86]

Über diese Fortschritte zu berichten, sah sich der in London lebende deutsche *»practische Chemiker« Friedrich Christian Accum* veranlaßt. Als gelernter Apotheker ging er 1793 nach London, wurde 1803 am *Surrey-Institut* zum Professor berufen und erwarb seine Verdienste auf dem Gebiet der Ammoniakgewinnung. *Accum* ging 1822 wieder zurück nach Berlin, um 1824 den Ruf als Professor an der Bauakademie und als Dozent am Gewerbeinstitut anzunehmen.

Er verfaßte 1815 eine *»Praktische Abhandlung über die Gaserleuchtung; enthaltend eine summarische Beschreibung des Apparats und der Maschinerie welche am tauglichsten sind, Straßen, Manufacturen und Privatgebäude mit Kohlen-Wasserstoffgas oder Kohlengas zu erleuchten, mit Bemerkungen über die Nützlichkeit und Sicherheit dieses neuen Zweiges, des bürgerlichen Haushalts und dessen Natur im allgemeinen.«* Sie wurde *»auf Befehl der Regierung gedruckt«.* [Accum 1815, S. XIII] Der im selben Jahr stattfindende Wiener Kongreß sorgte nicht nur für ein neu geordnetes Europa nach der zu Ende gegangenen Militärherrschaft *Napoleons.* Er hat auch die von *Napoleon* verfügte *»Kontinentalsperre«* aufgehoben. Damit war die Welt- und Seemacht England in der Lage, in kürzester Zeit den Handel in Europa zu beherrschen. Der Publizist *Ernst Moritz Arndt* schrieb 1815 in *»einer scharfen Flugschrift, England – der Krämer, der unsere Meere und Ströme beherrscht und ganz Deutschland womöglich in ein englisches Warenlager verwandeln will.«* [zit. bei Nipperdey 1983, S. 98]

Der in Gasangelegenheiten bekannteste deutsche Vertreter, Professor für Chemie und Hüttenkunde an der Bergakademie in Freiberg (Sachsen), *Wilhelm August Lampadius,* übersetzte die *Accum*-Schrift. Er hatte bereits die Thermolampe *Lèbons* 1799 im Schloß zu Dresden demonstriert [Treue 1966, S. 44]. Er beleuchtete 1811 einige Häuser und 1816 baute *Lampadius* eine der ersten größeren Gasbeleuchtungen für das *Königlich sächsische Amalgierwerk* in Freiberg.

Accums Abhandlung über das Gaslicht von 1815, über den *»Einfluß der Künste auf die Sittlichkeit und den Zustand des Menschengeschlechts«* [S. 1], erfolgte nach eigener Bekundung in völliger Unabhängigkeit, da er *»weder Theilhaber noch Director irgend einer Gaserleuchtungsgesellschaft, und weder unmittelbar noch mittelbar dabei interessirt«* [S. 5] war. Er verglich die Gasbeleuchtung in seiner Bedeutung mit dem Plan der Weltmeere, der Erfindung des Buchdrucks, der Entdeckung des Schießpulvers und der Dampfmaschine: *»Der künstliche Ersatz des Lichts wenn die Sonne unter dem Horizont ist, behauptet ohne Zweifel einen ausgezeichneten Rang unter den wichtigsten Künsten des civilisirten Lebens«.* [S. 4]

Bevor er sich im zweiten Abschnitt dem künstlichen Gaslicht und den Anwendungsbeispielen von *Mur-*

Abb. 71   Glegg 1810er Jahre: Apparat zur Gaserzeugung

dock, Henry, Clegg u.a. widmete, befaßte er sich im ersten mit der Theorie der Lichter (Wachskerze, Öldochtlampe) und mit der für den Qualitätsvergleich erforderlichen Leuchtstärkenbestimmung. Es handelt sich um eine eindrucksvolle Abhandlung eines Chemikers zu Beginn des 19. Jhs., in der Zeit des Übergangs vom »Absoluten« zum »Relativen«.

Accum war auf dem Buchdeckel als Korrespondent der Königlichen *Academie der Wissenschaften* in Berlin ausgewiesen. Es ist anzunehmen, daß das in der *Flittnerschen Buchhandlung* zu Berlin verlegte Buch der praktischen Anleitung zur Gaserleuchtung – mit vielen heute noch in Gasveröffentlichungen verbreiteten Zeichnungen – rasche Verbreitung fand. Eine der Skizzen zeigt einen von *Samuel Clegg* für das Etablissement *Ackermann* entworfenen und gebauten »*Apparat von mittlerer Größe zur Erleuchtung von Factoreien oder mehrerer Häuser*« (Abb. 71), der aus folgenden wichtigen Elementen bestand: Retortenofen zur Kohlendestillation [Fig 1], Theerbehälter zur Sammlung aller Nebenprodukte [Fig. 2], Kalkbehälter zur Gasreinigung [Fig. 3], Gassammler [Fig. 4] und den Details Speicherinhaltsanzeiger [R], eiserner Deckel [T] mit zu-

gehörigem Riegel [U] – passend für die noch liegend konstruierten Retorten [A A].

Der übersetzende *Lampadius* war wie *Accum* in der Vorrede davon überzeugt, daß »*wenn etwas das Sonnenlicht ersetzen kann, so ist es das Gaslicht, welches man das reine Elementfeuer nennen könnte, wie jeder bestätigen wird, der Gelegenheit gehabt hat, die wunderbare Wirkung in London selbst zu sehen*«. [S. III] Unter dem Eindruck der von Gaslaternen illuminierten Westminster Brücke schlug *Lampadius* vor, daß die preußische Regierung – »*obgleich sie jederzeit theurer administrirt, und ihre Unternehmung immer für die öffenlichen Fonds und dem Privatmann kostspieliger sind, wenigstens den ersten Impuls geben müßte, wenn die Sache Fortgang haben soll*«. [S. IX]

Nicht der Gasfachmann *Lampadius* selbst (er war zu dieser Zeit mit der Erstellung der Gasanlagen im Amalgierwerk in Freiberg beschäftigt), sondern der Leiter der Berliner Straßenbeleuchtungsanstalt, Bauinspektor *E. Mandel* und der »Mechanikus« *G. Freund* traten 1818 mit dem Vorschlag an den preußischen Innenminister *Fürst zu Wittgenstein* heran, Berliner Straßen zentral mit Gas zu beleuchten. Der ablaufende Prozeß bis zur

Ablehnung erfuhr *Günther Hintze* 1935 aus dem im *Geheimen Staatsarchiv* bewahrten Nachlaß *Wilhelm von Humboldts* [Staatsarchiv, Rep 92]:

Der Vorschlag schloß die Gasbeleuchtung des Berliner Schlosses, des Lustgartens und seiner näheren Umgebung ein. Der vorgesehene Standort des Gaswerksgebäudes *»in einer Ecke des Lustgartens«* wurde von der an der Realisierung des Vorhabens interessierten Regierung in *»hinter dem Dom«* geändert – genauer hinter der Börse, wo später das Maschinenhaus für die Bewässerung des Lustgartens und den Betrieb des Wasserspiels im Brunnen stand (Abb. 17, 18). Der Regierung erschien das Duo zwar als ausreichend kompetent, gedachten aber Erkundungen über die technische Machbarkeit und – vor allem – über die Höhe der veranschlagten Kosten in London einzuholen.

Die Pläne von *Mandel/Freund* sandte der Innenminister nach London zu *Wilhelm von Humboldt,* der am englischen Königshofe als außerordentlicher Gesandter tätig war. Dieser gab die Unterlagen zur Prüfung weiter an *Friedrich Accum,* derzeit *»Aufseher des Londoner Gaswerks«. Accum* begutachtete die Pläne, sprach sich aber weder für noch gegen sie aus. Er vergaß dabei aber nicht, die englischen Einrichtungen zu loben und fügte hinzu, *»daß er selber hoffe, seine Erfahrungen für das Vaterland noch auswerten zu können«.* [Hintze 1935, S. 84] *Von Humboldt* übermittelte *von Wittgenstein* seine Einschätzung, daß *Accum »seine Erfahrungen als ein Geheimnis betrachte«* und *»sich damit selbst in Empfehlung bringen wolle«.* Unter dem Einfluß des zögerlichen Gutachtens sprach sich *von Humboldt* gegen die Pläne von *Mandel/Freund* aus – das Projekt wurde nicht mehr weiter verfolgt. Diese kleinmutige ministerielle Entscheidung verhinderte eine mögliche frühe Technikentwicklung in Preußen, wie sie sich z. B. ein paar Jahre später in Dresden ereignen konnte.

Statt dessen beklagte sich *von Wittgenstein* in einem Antwortschreiben an *von Humboldt* über *»den weiten Rückstand der Berliner Gastheoretiker«* und endete mit dem Hinweis, daß *»er einen jungen Mann, der viele Anlagen verspricht und schon in mehreren Privathäusern Gasanstalten errichtet hat, zum Studium der englischen Gasbereitungsverhältnisse nach London schicken wollte (...), wenn sich die Kosten für den Staat nicht zu hoch belaufen«.* Die Aktenlage – so *Hintze* – verrät nicht, ob es sich bei diesem *»jungen Mann«* um *G. Freund* handelte, der zwischen 1816–18 nachweislich zwei *»Gas-Erleuchtungs-Apparate«* für das Geschäftshaus *Hensel und Schumann* in der Niederwallstraße errichtet hatte. [Hintze 1935, S. 85]

Um die Klage, aber auch den Kleinmut *Wittgensteins* über die um 1818/19 in Berlin noch nicht stattfindenden größeren Gasvorhaben besser einschätzen zu können, sei an einige bereits gebaute internationale Vorhaben auf dem Gebiet städtischer Gaszentralanlagen erinnert: 1806 Baltimore, 1812 London, 1817 Glasgow,

1819 Brüssel und 1821 Paris [Treue 1966, S. 43 ff.]. Um 1817/18 kümmerten sich *J.J. Prechtl* in Wien und *G. Reichenbach* auf Veranlassung des Königs um großstädtische Gasversorgungen in München. Bei *Reichenbach* studierte *Rudolf Sigesmund Blochmann,* der die erste *»von deutscher Hand erbaute«* Straßenbeleuchtungsanlage 1828 in Dresden erstellte und in den 1840er Jahren, zusammen mit seinem Sohn, die zweite zentrale Berliner Gasversorgung im Auftrag der Stadt Berlin baute.

Hat die Entwicklung einer technischen Neuerung einmal ihren Lauf genommen, weil im Falle der Gasbeleuchtung um 1820 von den Regierenden und den vermögenden Bevölkerungsschichten mit ihrer Einführung eine erhöhte *»Sittlichkeit und Sicherheit«* erwartet wurde, weil Fabrikanten steigende Gewinne durch längere Maschinenlaufzeiten durchsetzen konnten und der Kapitalmarkt eine langfristig lukrative Anlagemöglichkeit entdeckt hatte, so wird man wenig Kritisches über das Einführen des Zentralgases in der damaligen Literatur finden können. Ein Kritiker konnte nicht erwarten, daß sein Manuskript wie im Falle der werbenden *Accum*-Schrift *»auf Befehl der Regierung gedruckt«* werden würde. Deshalb ist die folgende Sammlung einiger kritischer Beiträge für unser heutiges Verständnis der Zusammenhänge von zusätzlichem Wert.

Die für öffentliche *»Moral, Ordnung, Sicherheit«* Verantwortlichen forderten zu allen Zeiten die künstliche Beleuchtung von städtischen Straßen und Plätzen. Diese Wertschätzung des Lichtes während der dunklen Tageszeit wurde aber nicht von allen getragen – wie *Wolfgang Schievelbusch* in seinem kurzweiligen »Lichtblicke«-Buch erzählt. Der *Réverbère* (Reflektorlampe) von *Lavoisier* erhielt 1763 den ersten Preis in einem vom Pariser Polizeichef angeregten Wettbewerb der *Académie des Science.* Lichtspender war dabei nicht mehr die Kerze, sondern eine Öllampe mit mehreren Dochten. Die Leuchtkraft wurde von einem über den Flammen angebrachten, halbkugelförmigen glänzenden Metallreflektor nach unten reflektiert. Waren die Kerzenlaternen nie mehr als *»Positionslichter«* gewesen, konnten diese *Rèverbéres* einen gehörigen Straßenbereich um den Laternenstandort herum erhellen. Neben den mobilen Wacheinheiten und Fackelträgern stellten diese Öllaternen einen wichtigen Posten innerhalb der polizeilichen *»Ausstattung«* dar. Sie benützten das Laternenlicht zum *»Wachen«,* andere dagegen fühlten sich dadurch jedoch *»überwacht«.* So gehörte das *»Laternenzerstören«* am Ende des 18. Jhs. zum Alltagsgeschehen, das als *»Akt der Rebellion«* von Teilen der Bevölkerung begriffen wurde. [Schievelbusch 1983, S. 94]

Das Zuviel an öffentlichem Licht zu Zeiten, wenn es die private Nutzung in den Häusern nicht vertrug, dieser Konflikt zieht sich ebenfalls durch die Literatur der Lichtgeschichte. So wie der aus Mattglas bestehende Schirm aus der zu starken direkten Leuchtkraft der

Gasflamme oder elektrischen Glühbirne ein mildes indirektes Schirmlicht herstellte, so diente der zu Anfang des 19. Jhs. aufkommende Fenstervorhang und die Fenstergardine nicht nur zum Schutz vor ungebetene Einblicke, sondern auch zur Milderung der innenräumlichen Lichtwirkung durch Gas- und später stromversorgte Straßenlaternen. *Cornelius Gurlitt* beschreibt die anfänglichen Schwierigkeiten bei der Abstimmung zwischen »Außenlicht« und »Innenlicht«. [Gurlitt 1888, S. 188]

Auch die rußigen Rückstände aus der offenen Gasflamme, die unvermeidbaren Geruchsbelästigungen und lufthygienischen Beeinträchtigungen durch Kohlen-Wasserstoffgase wurden eher als unvermeidbare Nebenwirkung erwähnt oder schlichtweg ignoriert. Bezeichnend hierfür steht die Befragung des Unternehmers *Lee* durch die Abgeordneten des Parlaments in London [zit. bei Accum 1815, S. 71]:

»Folgende Zeilen in Ansehung der Gesundheit der Gaserleuchtung, sind von dem Zeugnisse des Herrn Lee im Unterhause copirt, als er über diesen Gegenstand befragt wurde.

Frage. Hat die Gesundheit unserer Manufakturarbeiter durch den Gebrauch des Gases gelitten?

Antwort. Nicht im mindesten, sonst würde ich es nicht angewendet haben. Ich glaube dem Committée schon angezeigt zu haben, daß ich die Gaserleuchtung in einem eignen Hause zuerst einführte.

Frage. Haben Sie gar keine Veränderung in der Gesundheit Ihrer Arbeiter bemerkt?

Antwort. Nicht die geringste. Hätte ich dergleichen bemerkt, würde ich dieses für ein entscheidendes Hinderniß gehalten haben.

Frage. Und können Sie in Ansehung Ihrer Familie dasselbe versichern?

Antwort. Mit großer Bestimmtheit«.

Die Gefahr des Erstickens bei Gasaustritt an den Flammenhähnen oder aus undichten Rohren war wegen des sich dann rasch verbreitenden typischen Gasgeruchs anfänglich kontrollierbar. Sie wurde erst dann zum ernsten Problem, als das Gas ab Mitte des 19. Jhs. durch bessere Reinigungsverfahren geruchloser wurde, die Gebäudefassaden dichter gebaut werden konnten und gegen Ende des Jhs. die Zentralheizung eingeführt wurde und damit der erzwungene höhere Raumluftwechsel durch den Zimmerofenberieb (Luftnachströmen über die undichte Raumhülle nach Abzug der Verbrennungsluft als Rauchgase über den Kamin) wegfiel.

Ein in der Gasgeschichte oft erwähnter journalistischer Widerstand in der *Kölnischen Zeitung* vom 26.3. 1919 [zit. bei Städtische Gaswerke 1926, S. 6 f.] ist es wert, in vollem Umfang vorgestellt zu werden, weil er die in der Bevölkerung damals verbreiteten Ängste über die revolutionierende Gastechnik erahnen läßt, über die in der Literatur der Gaszunft selbstverständlich nur milde gelächelt wurde:

»1. Aus theologischen Gründen: weil sie als Eingriff in die Ordnung Gottes erscheint. Nach dieser ist die Nacht zur Finsternis eingesetzt, die nur zu gewissen Zeiten vom Mondlicht unterbrochen wird. Dagegen dürfen wir uns nicht auflehnen, den Weltplan nicht hofmeistern, die Nacht nicht zum Tage verkehren wollen.

2. Aus juristischen Gründen: weil die Kosten dieser Beleuchtung durch eine indirekte Besteuerung aufgebracht werden sollen. Warum soll dieser und jener für eine Einrichtung zahlen, die ihm gleichgiltig ist, da sie ihm keinen Nutzen bringt oder ihn gar in manchen Verrichtungen stört.

3. Aus medizinischen Gründen: die Gasausdünstung wirkt nachteilig auf die Gesundheit schwachleibiger und zartnerviger Personen und legt auch dadurch zu vielen Krankheiten den Stoff, weil sie den Leuten das nächtliche Verweilen auf den Strassen leichter macht und ihnen Schnupfen, Husten und Erkältung auf den Hals zieht.

4. Aus philosophisch-moralischen Gründen: die Sittlichkeit wird durch Gassenbeleuchtung verschlimmert. Die künstliche Helle verscheucht in den Gemütern das Grauen vor der Finsternis, das die Schwachen von mancher Sünde abhält. Die Helle macht den Trinker sicher, dass er in den Zechstuben bis in die Nacht hinein schwelgt, und sie verkuppelt verliebte Paare.

5. Aus polizeilichen Gründen: sie macht die Pferde scheu und die Diebe kühn.

6. Aus volkstümlichen Gründen: öffentliche Feste haben den Zweck, das Nationalgefühl zu wecken. Illuminationen sind hierzu vorzüglich geschickt. Dieser Eindruck wird aber geschwächt, wenn derselbe durch allnächtliche Quasi-Illuminationen abgestumpft wird. Daher gafft sich der Landmann toller in dem Lichtglanz als der lichtgesättigte Grosstädter.«

Ein weit größeres Problem stellten die bei einer bestimmten Mischung aus Kohlen-Wasserstoffgasen und Luftsauerstoff durch Zündvorgänge möglichen Explosionen dar. Ohne ins Detail zu gehen, erwähnt *Poppe* 1827 von mehreren Unfällen in London zwischen 1804/7. *Accums* Abhandlung von 1815 ging bereits im Titel auf die *»Sicherheit dieses neuen Zweiges«* ein und verwies in einem allzu nüchternen chemischen Beschrieb auf die Möglichkeit des explosiven Gas-Luftgemisches in den mobilen Gasballons, die in der Zeit noch fehlender Rohrnetze zwischen den Orten der Erzeugung und des Verbrauchs zirkulierten. [Accum 1815, S. 68]

Johannes Körting informierte über die Einrichtung eines königlichen Ausschusses um 1820 in London, der die Umstände einer Gasexplosion im Unternehmen *Gas Light Coke* aufzuklären hatte [Körting 1963, S. 72]. Diesem Ausschuß gehörte u.a. *William Congreve* an. Er galt als der Militärexperte und Kanonenfachmann, verfaßte 1807 ein Lehrbuch über die Herstellung von Raketen und war der Erfinder der furchtauslösenden, seinen Namen tragenden Brandrakete [Vollmer 1826,

S. 64]. Als Vertrauter des Königs *Georg IV* wurde er 1822 zum Inspektor im *Home Office* ernannt, zuständig für die Londoner Gaswerke.

Der geadelte General *Congreve* war 1822 maßgeblich an der Gründung der *ICGA* beteiligt und bereiste als Repräsentant die Großstädte des Kontinents. Seinen ersten Aquirierungserfolg verzeichnete er in Hannover. Von 1825 an wurden Straßen und Plätze 20 Jahre lang durch die *ICGA* beleuchtet. Für denselben Preis in Höhe der bisherigen Beleuchtungskosten durch Öl versprach die *ICGA* die »zweifache Lichtmenge«. Gleich im ersten Winterbetrieb gab es Ärger: Wegen der nicht hinreichend bedachten niedrigeren Außentemperaturen im Vergleich zu den Temperaturen auf der Golfstrom-begünstigten Insel (zu geringe Verlegetiefe der Rohrleitungen) gefror das Kondenswasser in den Rohrleitungen. Die Gaslieferung wurde kurzerhand ersatzlos eingestellt, die Stadtvertreter forderten die Absetzung des *ICGA*-Direktors *Leonard Drory*. Das Verhältnis stand bis 1833 nicht zum besten bis zur Ablösung *Drorys,* der dann der ICGA in Berlin vorstand, durch *Ernst Körting.* [Körting 1963, S. 107]

5.3 Staat verfügte erste Zentralversorgung Berlins

Trotz durchaus vorhandener kritischer Stimmen stand Anfang der 1820er Jahre der Einführung der Gasbeleuchtung in Berlin nichts mehr ernsthaft im Wege. Der Austausch zwischen den treibenden Kräften in Preußen und England hatte einige Jahre nach Aufhebung der Kontinentalsperre im Güterverkehr (1815) längst die informelle Ebene verlassen. *Peter Christian Beuth* setzte sich 1815 z. B. für das von der Regierung geförderte Projekt der belgischen Gebrüder *Cockerill* ein, in der Neuen Friedrichstraße einen Maschinenbau-Musterbetrieb zu bauen. In der Eigenschaft als Direktor der *Technischen Deputation* schickte er 1819 den aus Westfalen stammenden Schlosser *Franz Anton Egells* zum Studium der industriellen Produktion nach England [Weiher 1974, S. 36]. *Egells* gründete dann 1822 in Berlin das erste Maschinenbauunternehmen, in dem für die industrielle Entwicklung Berlins wichtige Persönlichkeiten wie *Wöhlert, Borsig, Hoppe u.a.* später ausgebildet wurden.

Sicherlich wird *Beuth* bei seiner Reise nach England 1822 von den Impulsen durch die prosperierende Gaswirtschaft für den Bereich des Maschinenbaus beeindruckt worden sein, wobei ihm z. B. die große Nachfrage nach Röhren für den Gastransport aufgefallen sein wird: Gußeiserne Rohre von 1,8 – 2,7 m Länge je nach Durchmesser wegen des waagerechten Gußverfahrens; mit Muffen, die mit Werggarn ausgestopft, mit flüssigem Blei vergossen und im kalten Zustand mit Hammer und Meißel verdichtet wurden; Hauptröhren

wurden geradlinig mit Gefälle, in den breiten Straßen an beiden Bürgersteigseiten verlegt und erhielten im Abstand von ca. 400 Metern am tiefsten Leitungspunkt einen Sammeltopf für das Kondenswasser. Nebenröhren bestanden häufig aus Eisenblech mit Teeranstrich und Verbindungsstücke mit Verschraubungen. Alle Rohre wurden mit dem vierfachen Betriebsdruck auf Dichtheit geprüft. Innerhalb der Häuser wurden Kupfer- oder Eisenblechrohre mit gelöteten Nähten verwendet. Soviel über den Stand der Installationstechnik – nachzulesen bei *Accum* 1815.

Zur Umrüstung der seit 1804 betriebenen Beleuchtung mit Öllaternen durch Gaslaternen fehlte dem Staat und der Stadt Berlin das nötige Geld. Der defizitäre Stadthaushalt war mit Ausgaben für die Armenpflege, das Schulwesen und für den Straßen- und Bürgersteigbau überfordert. Die für die öffentliche Ordnung verantwortliche Polizei Preußens, das zuständige Innenministerium war wie überall in den Metropolen an erleuchteten Straßen und Plätzen interessiert und verhandelte ab 1824 mit dem *ICGA*-Repräsentanten General *William Congreve.* Im April 1825 fand der Vertragsabschluß zwischen *ICGA/Congreve* und dem preußischen Innenminister *von Schuckmann* statt. Für 21 Jahre durfte die *ICGA* gegen Entgelt die öffentliche Beleuchtung auf Straßen und Plätzen innerhalb der Ringmauern in Berlin übernehmen. Dort, wo die Rohrnetzführung einen unvertretbaren Aufwand verursachte, konnten die Öllaternen weiterhin betrieben werden. Von ca. 3.000 Laternen brannten 2.000 mit Gas und 1.000 weiterhin mit Öl. Dieser wesentliche Vertragsgegenstand war 1829 nach knapp zwei Jahren Bau- und Betriebszeit bereits erfüllt.

Auf die einzelnen vertraglichen Abmachungen [vgl. Körting 1963, DVGW 1883, Lux 1896, Technikmuseum 1997] soll hier nicht eingegangen werden. Auf ein Kuriosum des Vertrags ist aber deshalb hinzuweisen, weil es Ursache war sowohl für den ab 1847 einsetzenden Preiskampf zwischen der *ICGA* und der *Städtischen Gasanstalt* als auch für das äußerst lukrative Berlin-Projekt der *ICGA:* Gegenüber dem Vertrag in Hannover erreichte die *ICGA* in Berlin einen besonderen Rechtsanspruch. Nicht nur ließ sich die *ICGA* unter den besonderen Schutz der preußischen Regierung stellen im Falle von Streitigkeiten mit der Stadt (erinnert sei an die Querelen mit der Stadt Hannover wegen des Mißgeschicks der eingefrorenen Rohrnetze), sie erhielt darüber hinaus das Recht, nach Ende des Vertrags ab 1847 oder im Falle der einseitigen Kündigung durch die Stadt vor Vertragsende auch weiterhin alte und neue Privatkunden auf unbegrenzte Zeit mit Gas beliefern zu dürfen. Die Folgen dieser einmaligen vertraglichen Vereinbarung werden weiter unten noch häufiger Gegenstand von Besprechungen sein.

Das mit englischem Kapital ausgestattete Exportunternehmen *ICGA*, das die Gaswirtschaft in Europa über

Abb. 72
ICGA um 1830:
Gas-Erleuchtungs
Anstalt am
Halleschen Thor

knapp 100 Jahre beherrschte, Anlagen u.a. in Hannover, Berlin, Gent, Antwerpen, Lille, Bordeaux, Köln,
Frankfurt/M., Liverpool, Wien, Amsterdam, Aachen
baute und betrieb, schrieb 1957 an *Johannes Körting*
(Sohn von *Ernst Körting*, der dem *ICGA-Gaswerk* in
Hannover ab 1833 vorstand) in einer persönlichen Mitteilung: »*So begann* (1826, A.d.V) *eine Verbindung mit
der Stadt Berlin, die über 93 Jahre währte und sich als
das beste Geschäft erwies, das die Gesellschaft jemals
besessen hat.*« [Körting 1936, S. 108]

Ende 1825 begann die *ICGA* die Bauarbeiten am Hellweg (bis 1845 »Hellweg«, 1845–52 »Hallesche Kommuni-
kation«, 1852–68 »Hellwegstraße« und ab 1868 »Git-
schiner Straße 19–31« [Technikmuseum 1997, S. 18,
FN 3]), in der Nähe des Halleschen Thores am Schafgraben (Abb. 72). Sämtliche Materialien, Werkstoffe und
Einrichtungen für die Gasanstalt und Rohrnetze sowie
der bauleitende Ingenieur *John Perks* kamen aus England, sogar über den Wasserweg die Steinkohle. Im September 1826 brannten die ersten 26 Gasflammen in der
von *David Gilly* entworfenen und in der *Königlichen Eisengießerei* hergestellten Laternen auf der Straße Unter
den Linden. Ein paar Jahre später (1830) entwarf *Karl-
Friedrich Schinkel* einen neunflammigen Kandelaber der
»*zwischen dem Portal des Schlosses und der Breiten
Straße*« [Technikmuseum 1997, S. 45] aufgestellt wurde
(Abb. 73). Der große Rest von ca. 1.800 Öllaternen wurde von der *ICGA* auf Gasbetrieb umgerüstet. Die Anzahl
der Laternen veränderte sich also nicht, jedoch brannten
1829 im Vergleich zu den Öllichtern alle Gaslaternen –
wie in Hannover – mit der »*zweifachen Lichtmenge*«.

Die Eröffnung der Gasepoche in Berlin – etwa 15 Jahre waren seit den Pionierprojekten in London vergan-

gen – wurde von den Offiziellen und der Presse als fortschrittlich gepriesen, doch große Begeisterung wollte
wegen des importierten know how aus England nicht
aufkommen. Ein Eindruck von dieser verpaßten Chance, nicht in eigener Regie tätig geworden zu sein, vermittelt die 1826 erschienene Publikation des Dozenten
für Physik und Chemie *Wilhelm Vollmer*. Das Werk
schrieb er zu jener Zeit als »*die Röhren noch zum Teil
auf dem Gaswerksgrundstück vor dem Halleschen Thor
gestapelt lagen und zum anderen Teil schon in den
großen Straßen verlegt wurden*«. Über die Unternehmung »*Erleuchtung Berlins*« wollte er »*Authentisches*«
mitteilen, »*damit Mißverständnisse, schiefe Ansichten
und falsche Urtheile, aufgehoben, die unbegründete
Furcht widerlegt, die Gefahrlosigkeit gezeigt, und die
höchste Anwendbarkeit der ganzen Methode bewiesen
werde.*« [Vollmer 1826, S. 3]

Seine »*Abhandlung über den Nutzen und die ver-
meindlichen Gefahren der Gas-Erleuchtung nebst Beschreibung des dazu erforderlichen Apparates*« sollte
»*mit besonderer Rücksicht auf Preußens Hauptstadt*«
verfaßt werden. Gleich zu Anfang beklagte *Vollmer*,
daß die Versuchsergebnisse von *Lampadius* um die
Jahrhundertwende (»*Lampadius (...) war der Erste, der
aufmerksam auf die Flamme des Brennmaterials machte, ihren Ursprung zeigte (...)*«) in Deutschland kein
Aufsehen erregt hatten, während die »*industriösen
Engländer und Franzosen sie jedoch schnell auffaß-
ten*« [S. 5 f.]. Von den englischen Verhältnissen wußte
Vollmer zu berichten, daß 1826 das Parlament 63 Gas-
erleuchtungsgesellschaften autorisiert hatte – verteilt
auf 52 Städte. Den Grund dafür sah er in dem in England niedrigen Geldmarktzins, der die »*Kapitalisten*«

Abb. 73
Gas-Candelaber
am Schloß,
entworfen von
K.F. Schinkel

bewegte, ihr Geld bei den Gewinn versprechenden Gasgesellschaften anzulegen [S. 63].

Weiter glaubte er nicht recht an das für die Gasentwicklung erforderliche private Engagement in Preußen: »*Ich habe in Paris Ballsäle mit 3 bis 4000 Lampen, d.h. Flammen, beleuchtet gesehen, nirgends aber an den Wänden oder Möbeln einen Niederschlag (Ruß) bemerkt. Ob wir hier bald so ungemein schöne Erleuchtung in den Privat-Anstalten finden werden, wie sie dort sind? Ich zweifle fast*«. Weiter schwärmt *Vollmer* von den prächtig erleuchteten Kaffehäusern, in den »*man sich in die Welt der Feen und Sylphen versetzt glaubte*«, beschrieb die Kunst der »*industriösen Pariser*«, die »*brennende Blumensträuße in Körben, aus (Gas) Feuer geflochten*« präsentierten. [Vollmer 1826, S. 62]

Vollmer appellierte an die Verantwortlichen, die Vorstädte bei der Erleuchtung nicht zu vergessen: »*Sehr wünschenswert wäre es, daß bei dieser Reform des Erleuchtungswesens die Vorstädte auch mit in Betracht gezogen würden, denn da sie ohne Laternen und ohne Nachtwächter sind, bleiben sie der Sammelplatz alles liederlichen Gesindels (...) besonders dort, wo keine Thorwachen mehr sind, z. B. in der Kottbuser Vorstadt.*« [S. 67] Und weil es das Berliner Stadtleben 1826 durch einen Zeitzeugen so trefflich beschreibt, hier noch ein weiteres Zitat: »*Die Finsterniß aber, welche in jenen Gegenden herrscht, (...) gibt zu anderen Gefahren Anlaß. Wie manchem Wagen ist so im Dunkeln an den Prellsteinen der Chausseen ein Rad zerschellt, der Weg von Berlin nach Schöneberg, besonders der Theil zwischen dem Potsdamer Thore und der Brücke, welcher über den Schafgraben führt, ist deßwegen berück-*

sichtigt, er ist sehr frequent, häufig müssen die Wagen einander ausweichen, (...) auch ist der Fußsteig hier so übel, daß man bei Regenwetter, selbst am Tage, fast bei jedem Schritt besorgt sein muß, in den kothigen Graben zu fallen; wie viel mehr ist dieß nicht im Finstern zu fürchten.« [S. 68]

Am Ende seiner Schrift bekundete *Vollmer* seine Unabhängigkeit: »*Ich stehe (...) in keiner Verbindung mit irgend einem Mitglied der Gesellschaft*« und erklärt abschließend: »*hat dieses Werkchen nur ein Paar Männern von falschen Ansichten befreit und für das Treffliche der Unternehmung gewonnen, so hat es seinen Zweck erreicht.*« [Vollmer 1826, S. 69]

Vollmer wie auch *Beuth* gehörten zu dem Kreis derjenigen, die den maschinentechnologischen Abstand zwischen England und Preußen so schnell wie möglich beseitigt sehen wollten. So fertigte *Beuth* auf seinen »*technologischen Reisen*« in die westlichen Provinzen Preußens (Textilsektor) bis zum Maschinenbauer *Cockerill* bei Lüttich selbst Zeichnungen von modernen englischen Maschinen an, um sie dann auf seinen folgenden »*Instruktionsreisen*« nach Schlesien, »*an interessierte Unternehmen*« zu verteilen. Was ihm mit diesem Technologietransfer in der Form der von *Alfred Heggen* bezeichneten »*Industriespionage*« 1821 noch gelang, mußte in der Wiederholung 1829 an der Wachsamkeit der von ihm aufgesuchten Unternehmer scheitern [Heggen 1975, S. 22].

Einer der zu diesem Wandel in den technisch-wirtschaftlichen Beziehungen beigetragen hat war der nahe bei Dresden geborene Mechanikus *Rudolf Sigismund Blochmann.* [Blochmann 1929, S. 145 ff.] Nach erfolgreichen Arbeitsjahren im *Münchener Mechanikinstitut* von *Georg Reichenbach*, wo er 1816/17 seine ersten gastechnischen Versuche unternahm, erhielt er 1818 die Berufung zum Inspektor des *Königlich mathematisch-physikalischen Salons und der Kunstkammer* in Dresden und kehrte nach Sachsen zurück. Er brachte 1819 eine Gaslaterne an der Hausfront seines Instituts in Dresden an und versorgte sie aus einer kleinen Gasstation auf Steinkohlenbasis. Weil das königliche Polizeikollegium auf fürstlichem Erlaß seit 1816 nach Lösungen »*für einen Versuch der Straßenbeleuchtung Dresdens mittels Gaslicht Vorschläge zu machen*« suchte, erhielt *Blochmann* 1821 den Auftrag, ein Anlagenkonzept zu erstellen. Der sich anschließende Plan wurde 1825 genehmigt, die Gaslaternen in den Straßen um das Schloß und die Hofkirche herum brannten 1828 zum ersten Mal.

Im Falle Dresden erhielt der erfolgsgewöhnte *ICGA*-Repräsentant *Congreve* einen geschäftlichen Mißerfolg. Nach den erhaltenen Aufträgen in Hannover (1824) und Berlin (1825) erschien er 1825 auch in Dresden und suchte auf Empfehlung des Ministers *Graf von Einsiedel* (Miteigentümer des *Einsiedelschen Eisenwerks Lauchhammer*) *Blochmann* auf. *Congreve* unterbreitete ihm ein »*glänzendes Anstellungsangebot*«, welches *Blochmann* aber nicht annahm »*auf Grund der bereits gut gelungenen Versuche und, um das bisher erlangte Vertrauen rechtfertigen zu können, sowie diesen neuen Industriezweig auf deutschem Boden entwickeln zu helfen.*« [Blochmann 1929, S. 147]

Eine der größten Schwierigkeiten bereitete den Gasfachleuten außerhalb Englands zu dieser Zeit die Herstellung dichter Gasrohrverbindungen und die Gewährleistung des Gastransports in den Rohren bei frostigen Außentemperaturen. Dieses alles gelang aber *Blochmann* bereits in fruchtbarer Zusammenarbeit mit dem *Einsiedelschen Eisenwerk* in Lauchhammer. Auf diese Schwierigkeiten wies *Sir Congreve* bei seinem Versuch, *Blochmann* zum Eintritt in die *ICGA* zu gewinnen, besonders hin, um ihn von seinem eigenständigen Vorhaben abzuhalten.

Von dieser erfolglosen Aquirierung erfuhr man bald in Berlin und mußte nun zusehen wie das erste – mit staatlichen Mitteln in heimischer Regie gebaute – städtische Gaswerk und Gasnetz in Dresden betrieben wurde. Der Dresdener Fall barg noch eine zusätzliche Überraschung: Nur fünf Jahre danach übertrug 1833 der Staat Sachsen alle Rechte und Pflichten zur Gasbeleuchtung der Straßen Dresdens an die Organe der städtischen Selbstverwaltung. Dieser für das städtische Selbstverständnis wichtige Akt fand in Berlin erst 1846 statt.

Auch das Gasgeschäft für die Stadt Frankfurt a.M. entging der *ICGA*, wo *Schiele* und *Knoblauch* 1828 das städtische Gaswerk errichteten, dort übrigens nicht auf der Basis der Steinkohlen-, sondern der Ölvergasung,

um sich nicht vom Import englischer Steinkohlen abhängig zu machen. Ein Indiz für die seit 1815 (Aufhebung der »Kontinentalsperre«) andauernde wirtschaftliche Macht Englands über die Kontinentalstaaten.

Auf diesem Hintergrund erfüllte die *ICGA* in Berlin die vertraglichen Aufgaben bis 1829 und dachte ab Anfang der 1830er Jahre nicht daran, auf Forderungen der Stadt einzugehen, die Gasbeleuchtung auf die Stadtbereiche nördlich der Spree zu erweitern. Obwohl sie einerseits vertraglich zur allgemeinen Versorgung verpflichtet war, war sie andererseits wegen der zu jener Zeit noch nicht möglichen Rohrverlegung in einem bzw. unter einen Flußlauf dazu objektiv nicht in der Lage. Aber auch zum Bau eines neuen Gaswerks nördlich der Spree konnte die *ICGA* wegen der unvertretbar hohen Kosten bzw. wegen der dann anfangs zu geringen Auslastung vertraglich nicht gezwungen werden. [Technikmuseum 1997, S. 46]

Verstimmungen zwischen den Stadtvertretern und der *ICGA* vermeldete auch Hannover zu Anfang der 1830er Jahre. [Körting 1963, S. 108] Die Gesellschaft wollte sich einseitig aus den Vertragspflichten der öffentlichen Gasbeleuchtung stehlen, vermutlich deshalb, weil sie sich nur noch der lukrativeren Versorgung der privaten Gasflammen-Kundschaft widmen wollte. Daraufhin drohte die Stadt, das *ICGA*-Rohrnetz demontieren zu lassen. (Der Vertrag mit Berlin schloß gerade dieses Drohmittel aus!) Der Streit in Hannover wurde erst 1833 beigelegt, nachdem der englische *ICGA*-Direktor *Leonard Drory*, Bruder des *ICGA*-Gründers *George William Drory* und Vater von nicht weniger als acht Söhnen, die in den europäischen Gasfilialen der *ICGA* führende Funktionen inne hatten [Technikmuseum 1997, S. 15 ff.], nach Berlin »versetzt« und dort zum neuen Direktor ernannt wurde. An seine Stelle trat in Hannover *Ernst Körting*.

Ein für die *ICGA* weiterer Grund, sich mit der Ausdehnung der Gasversorgung in Berlin zurückzuhalten, war sicherlich die sich noch nicht erfüllende Erwartung bei der privaten Nachfrage nach Gasflammen [Städtische Gaswerke 1926].

Ein selten zu findendes Plädoyer für die Verbreitung der privaten Gasbeleuchtung in den Häusern und Wohnungen hielt 1833 *August Leopold Crelle*, der gerade mit dem Vorhaben der Eisenbahn zwischen Berlin und Potsdam beschäftigt war [Crelle 1833, S. 32 ff.]: »*Die Gas-Beleuchtung ist unstreitig einer der wesentlichen Wöhnlichkeits-Vorzüge und eine der schönsten und zugleich wohlthätigsten Zierden dieser Stadt.*« *Crelle* war nach eigener Bekundung einer der ersten, die in Berlin nach Einrichtung der Straßenbeleuchtung das Gaslicht seit 1827 in seiner Wohnung benutzten und empfahl, nicht nur in Fluren und Läden, sondern auch in den »*Wohnzimmern der Privat-Häuser*« sich dieser Technik zu bedienen.

6. Privates und kommunales Gasgeschäft (1830–1860)

Zusammenfassung

Nach Plänen von Vater und Sohn *Blochmann*, die durch die Errichtung der zentralen Gasversorgungen in Dresden und Leipzig erfahrenen *»Gasfachmänner«*, erbaute die Stadt Berlin 1845/46 rechts und links der Spree zwei im Prinzip von der Form und Größe her deckungsgleichen Anlagen: Gaswerk Stralauer Platz mit Gasspeicher Auguststraße rechts der Spree und das Gaswerk Gitschiner-/Prinzenstraße nebst Speicher in der Georgenstraße links der Spree. Das öffentliche Erleuchtungswesen oblag nun allein der Kommune. Zusammen mit der *ICGA* kümmerten sich die *Städtischen Gasanstalten* (Name ab 1872 *Städtische Gaswerke*) um die Gewinnung privater Flammenkunden.

Etwa 10 Jahre dauerte der vorausgehende Streit, während dessen die Stadt mehr Flammen und längere Brenndauern von der *ICGA* forderte. Diese wäre aber nur dann zur Erfüllung der Forderungen bereit gewesen, wenn man ihr eine Vertragsverlängerung um weitere 21 Jahre und dazu höhere Preise zugestanden hätte. Staat und Stadt gemeinsam ließen diese Erpressung nicht zu und beendeten den 1846 auslaufenden Vertrag, der aber die Kuriosität zur zeitlich unbegrenzten Betreuung alter und neuer Privatkunden durch die *ICGA* enthielt.

Bereits um 1850 wies die »Städtische Erleuchtungskasse« einen kleinen Überschuß aus. Dieser und die weiteren wurden u. a. dafür verwendet, den jahrzehntelangen »ruinösen« Wettbewerb gegen die *ICGA* zu führen, zur »Finanzierung« von halbierten Gaspreisen gegenüber vergleichbaren in Europa.

Weil der Preiskampf über Schlichtungsverträge in Grenzen gehalten werden konnte und der abnorm niedrige Gaspreis offensichtlich für extrem steigende Absatzmengen sorgte, stiegen auch die Gewinne beider Unternehmen ebenfalls stetig, so daß am Ende nur Gewinner übrig blieben: *ICGA, Städtische Gaswerke* und die Berliner Gasverbraucher. Die *ICGA* bekannte sich später zu der Wertung, daß Berlin das *»beste Geschäft«* in ihrer gesamten europaweiten Tätigkeit gewesen sei.

6.1 *ICGA*-Verhalten trieb Stadt in die Selbständigkeit

Weil sich die Einnahmen aus dem privaten Gasgeschäft der *ICGA* anfangs nicht erwartungsgemäß einstellten, versuchte sie, höhere Erträge aus dem Gasverkauf für die öffentliche Beleuchtung zu erzielen. Die für 1929 vereinbarte Abgabe – laut Vertrag von 1825 – von 31.000 Thalern erhöhte sich für den Staat bis 1844 wegen der realen Erhöhung der Brenndauern auf 50.000 Thaler je Jahr. [Magistrat 1844, S. 1 f.] In Kenntnis der Dresdener Verhältnisse und der *ICGA*-Gewinne in anderen europäischen Städten, beabsichtigte die Stadt ab Mitte der 1830er Jahre, die lukrativen Gasgeschäfte selbst zu betreiben. Davon erwartete man nicht nur eine Verringerung der permanenten Haushaltsdefizite und der Abhängigkeit von ihrer Deckung durch den Staat, sondern auch bessere Bedingungen für die städtebauliche Entwicklung bei stetig steigenden Einwohnerzahlen. Hinzu kam die Aussicht, den gewerblichen Berliner Maschinenbau – vor allem die Berliner Röhrenproduzenten – durch öffentliche Aufträge zu fördern.

Der Blick auf die veröffentlichten Einnahmen der *ICGA* von 1843 bekräftigt diese nun eingeschlagene stadtpolitische Richtung: Insgesamt verbuchte die *ICGA* Einnahmen in Höhe von 190.000 Thaler, davon ca. 140.000 aus dem Sektor *»Privatflammen«* (7.000 Stück). Werden etwa 3.000 öffentliche Flammen (2.000 Gas, 1.000 Öl) in Rechnung gestellt, so kommt zu dem Übergewicht des privaten Gasgeschäfts noch hinzu, daß je Privatgasflamme ein ca. 20 % höherer Durchschnittpreis gegenüber der »öffentlichen Gasflamme« zu erzielen war. [Magistrat 1844, S. 2 ff.]

Mit dem erfahrenen Dresdener *Rudolf Sigesmund Blochmann* trat der Magistrat der Stadt Berlin bereits frühzeitig in Kontakt. [Blochmann 1848, S. 3]. Die laufenden Verhandlungen mit der *ICGA* – begleitet durch »*gutachterliche Äußerungen*« *Blochmanns* – mit dem Ziel der Ausdehnung der Netze und Verlängerungen der Jahres-Brenndauer der Laternenlichter waren für die Stadt nicht zufriedenstellend verlaufen. Die stark wachsende Nachfrage konnte auch nicht mit dem Bau des zweiten Gaswerks der *ICGA* 1838 am Spreeufer in der Holzmarktstraße 27 befriedigt werden. Einvernehmlich mit der *Stadtverordneten-Versammlung* beschloß der Magistrat 1842, nach Ablauf des Staatsvertrages mit der *ICGA* am 31.12.46, die Gasbeleuchtung selbst in die Hand zu nehmen. Im Oktober 1843 erhielt *R.S. Blochmann* den Auftrag, »*bis spätestens 1850 durch die Apparate der Gaswerke und das zugehörige Röhrensystem alle Straßen und Plätze der Stadt Berlin innerhalb der Ringmauern (...) mit Gaslicht*« [Blochmann 1848, S. 6] zu versorgen.

Über das Verhalten der *ICGA,* der unentschlossenen Staatsregierung und über die an mehr Selbständigkeit interessierte Stadtverwaltung gibt der *Magistratsbericht* vom Dezember 1844 [Magistrat 1844] einen umfassenden Einblick. Daraus kurz zusammengefaßt:

(1) Bereits 1840 forderte das königliche Polizeipräsidium die *ICGA* auf, mehr Flammen und längere Brennzeiten für z. B. die Friedrich-Wilhelm-Stadt einzurichten. Die *ICGA* signalisierte zwar Bereitschaft, forderte dafür ultimativ neue Vertragsbedingungen mit den Zielen:

– Prolongation des Vertrags um weitere 21 Jahre bis 1868,
– Erhöhung der Lieferpreise für neue Flammen und für alle Flammen, deren Brenndauer von 1.300 auf 2.000 Jahresstunden erhöht werden sollten (von ca. 16 auf 25 Thaler je Flamme und Jahr),
– unentgeltliche Zurverfügungstellung von Spreeufer-Grundstücken für den Bau eines dritten Gaswerks und einen dafür erforderlichen Kapitalvorschuß von 150.000 Thalern.

(2) Das prüfende Polizeipräsidium war vor allem mit den Finanzkonditionen nicht einverstanden und setzte dieses Mal eine Kommission von *Stadtvertretern* zur Ausarbeitung eines Plans ein. Die Mitglieder besuchten Dresden und Leipzig (Gasanstalten von *R. S. Blochmann* gebaut), Sachverständige untersuchten modellhaft den Gasertrag aus der Steinkohlenvergasung, die Kosten und der Transport des Steinkohlenimports wurden ermittelt sowie Musterröhren aus inländischen und Berliner Gießereien begutachtet.

(3) Die *ICGA,* die 1841 von der Prüfung des Polizeipräsidiums informiert worden war, bat 1842 den König um Vertragsverlängerung. Nach der vorläufigen Genehmigung des Innenministers für die städtische Initiative, wurde im Juli 1843 eine aus London eingereichte *ICGA*-Petition zurückgewiesen. Im November 1843 kam es zum ersten Treffen zwischen der städtischen Kommission und

der *ICGA,* bei dem nun die Kommission ihrerseits die folgenden Bedingungen nannte für den Fall einer Vertragsverlängerung mit der *ICGA:*

– eine Vertragsdauer von nur 10 Jahren,
– Senkung der Gaspreise,
– Festsetzung der Versorgungsumfänge,
– Option des Kaufs der *ICGA*-Anlagen durch die Stadt nach Vertragsende,
– Aufgabe des *ICGA*-Rechts, nach Vertragsende weiterhin Privatflammen zu versorgen.

Die *ICGA* zeigte sich lediglich bei den Lieferpreisen verhandlungsbereit, alle anderen Punkte lehnte sie im Dezember 1843 ab. Der Magistrat übernahm die Empfehlung der Kommission und beschloß im selben Monat, »*von der Prolongation des bisherigen oder Abschließung eines neuen Vertrages gänzlich abzusehen und eigene Gasanstalten zu errichten*« [Magistrat 1844, S. 7]. Von dieser Entscheidung wurde die *ICGA* im Januar 1844 in Kenntnis gesetzt.

(4) Im März 1844 reichte der Magistrat den von *R. S. Blochmann* und seinem Sohn *G. M. S. Blochmann* aufgestellten Plan beim preußischen Innenminister ein. Nach einigen Konferenzen »*gab*« das Innenministerium im Mai 1844 dem Magistrat »*auf*«, den Plan zwecks Überprüfung durch die *ICGA* (die um dieses Recht nachgesucht hatte, weil sie dessen Richtigkeit anzweifelte) an sie herauszugeben. Die Stadt verweigerte sich und ließ nur eine nochmalige Prüfung durch die *Königlich technische Ober-Bau-Deputation* zu.

Ein weiterer Antrag auf Vertragsverlängerung durch die *ICGA* am 13.8.44 erledigte sich durch den Akt der Genehmigung des Magistrat-Plans durch *Friedrich Wilhelm IV* am 25.8.44.

Auf Wunsch des Königs fanden nochmals Gespräche mit der *ICGA* statt, die aber im Oktober 1844 endgültig abgebrochen wurden. Verknüpft mit diesem Abbruch hielt der Magistrat es atmosphärisch für berichtenswert, daß zu einem anberaumten Treffen die *ICGA*-Vertreter nicht erschienen waren und stattdessen der Bevollmächtigte einige Stunden vorher schriftlich mitteilte, »*daß er der deutschen Sprache nicht so mächtig sei, um sich rasch zu orientieren und die ihm mündlich gestellten Fragen unzweifelhaft richtig aufzufassen, und daß er deshalb, und weil es überhaupt nothwendig sei, etwa gewünschte Modificationen vorher überlegen und zu beraten, bitten müsse, ihm solche noch vor der Conferenz mitzutheilen*«. [Magistrat 1844, S. 12]

Ein zu dieser Zeit im Eisenbahnwesen stattfindendes Ereignis unterstreicht die wachsende Rivalität zwischen englischen und preußischen Unternehmen [Geist/Kürvers 1980, S. 117 ff.]: Auf der 1838 fertiggestellten Teilstrecke Zehlendorf-Potsdam des Eisenbahnprojektes zwischen Berlin und Potsdam absolvierten die vom englischen Unternehmer *Stephenson* gelieferten Lokomotiven »*Rocket*« erste Probefahrten. *August Borsig* erhielt die dafür nicht selten erforderlichen Reparaturaufträge und war danach selbst in der Lage, seine Lokomotive »*Borsig*« zu bauen. Zum Wettbewerb kam es 1841 auf der Bahnstrecke Berlin-Jüterbog: Die Wettfahrt der beiden Lokomotiven gewann die »*Borsig*« mit einem Vorsprung von 10 Minuten. Die Folge dieses Ergebnisses war der Auftrag für die Lieferung von 18 Lokomotiven an die *Preußische Eisenbahn-Verwaltung* [Weiher 1974, S. 48]. Das preußische Eisenbahnnetz wuchs in den 1840er Jahren um jährlich 20 % [Nipperdey 1983,S. 190], 1840 zählte man in Preußen im Bergbaubereich 174 Dampfmaschinen mit zusammen 5400 PS, 1849 dagegen 332 mit einer installierten Leistung von zusammen bereits 13.200 PS [S. 188]. Diesen maschinentechnischen Wachstumsdaten stand der damit zusammenhängende Preisverfall z. B. von Textilprodukten gegenüber, wenn 1850 nur noch 57 % des Preisniveaus von 1800–1810 erzielt werden konnte. Das damit erklärbare Elend der schlesischen Weber war das Ergebnis der aus England – mit Hilfe dampfbetriebener Maschinen hergestellt – den Kontinent überschwemmenden Webwaren. Erst 3,79 % der 1846 in Preußen betriebenen Webstühle hatten mechanischen Antrieb. [S. 186]

Zusammen mit den Mißernten dieser Jahre in der Landwirtschaft wuchs das soziale Elend der Bevölkerung in Preußen, daß sich noch immer keine Verfassung gegeben hatte, die erst einklagbare Grundrechte für alle verbürgen konnte. Die liberalen Kräfte in ihrer Auflehnung gegen Adel, Militär, Bürokratie und Monarchie bestimmten den Revolutionsprozeß 1848/49.

6.2 Errichtung der städtischen Gasversorgung

Diesem Ablauf des Verwaltungsweges im vorigen Kapitel folgen zur Abrundung des Blickes in die stadttechnische Entwicklung Berlins der 1840er Jahre – erinnert sei an die zur gleichen Zeit beginnende Diskussion um die zentrale Wasserversorgung – nun einige anlagentechnische Details aus dem Erläuterungsbericht des Civilingenieurs *G. M. S. Blochmanns,* Sohn des Commissionsraths *R. S. Blochmann.* Sein »*Schriftchen*« von 1848 sollte zum einen die allgemeinen Anlagenfunktionen beschreiben und zum anderen die interessierte Fachöffentlichkeit über den Stand der Arbeiten und die ersten Betriebserfahrungen Ende 1847 informieren:

Rechts und links der Spree wurden bis zum Jahresende 1846 zwei vom Prinzip, von der Form und Größe her deckungsgleiche Anlagen gebaut: »*(...) die Gasbereitungs-Anstalt am Stralauer Platz und dem in der Auguststraße ausgeführten Gasometer für das rechte Spreeufer und die (...) vor dem Cottbusser Thore zunächst des Landwehrgrabens mit dem in der Georgenstraße errichteten Gasometer für das linke Spreeufer*«.

Bei der Erstellung der Gasanstalten und Speicher war die Maschinenfabrik *Wöhlert* maßgeblich beteiligt. Die Wände der Retortenöfen zum Erhitzen der Steinkohlen

wurden mit Rathenauer Ziegel gemauert, die Wände des Feuerungsraumes zusätzlich mit feuerfesten Ziegeln aus der »*Gesundheitsgeschirr-Fabrik bei Charlottenburg*« ausgemauert, die Ecken wegen der Wärmedehnungen durch starke gußeiserne Winkel verstärkt.

Nach dem »*Probebetrieb von Tagen*« wurden beide Anstalten Ende 1846 in Betrieb genommen. Die Steinkohlen kamen aus den *Barrington Gruben* aus England. Der von der *Erleuchtungskommissions-Deputation* bevollmächtigte *Adolph Fleming* von der Firma *Martin & Co, Hamburg* hatte im Juni 1846 750 Last (gleich 72 preußische Scheffel) »*ungesicherte*« (im Falle eines unvorhersehbaren Ereignisses kann die preisgünstigere, weil nicht sichere Lieferung ohne Anspruch auf Schadensersatz ausfallen) Steinkohlen geordert, die per Schiff über Nord/Ostsee, Stettin und die Oder nach Berlin kamen. [Landesarchiv 1846, Rep. 239, Acc. 1644, Nr. 9]

Wie von Vater und Sohn *Blochmann* dem Magistrat 1844 gegenüber versprochen, brannten am 3. Januar 1847 alle 2.072 öffentlichen und 300 privaten Flammen aus dem von der *ICGA* übernommenen Flammenbestand in den elf Distrikten.

Von der sorgfältigen Auswahl der Eisengießereien für die Röhrenlieferungen berichtete *Blochmann.* Er vertraute auf die Bauerfahrungen in Dresden und Leipzig, wo sie

a) die verlegten Rohrleitungen mit »*dem 30-fachen Druck, welchen die Röhren beim späteren Gebrauche auszuhalten haben*«, geprüft und

b) die Rohre mit einem »*eigenthümlichen Lack überstrichen*« hätten. Der Lack hatte nach *Blochmanns* Beobachtung »*nach einer 16-jährigen Dauer in der Erde nichts weiter als seine glänzende Textur verloren.*« [Blochmann 1848, S. 10]

Für die Lieferung der gußeisernen Rohre und Formstücke wurden vier Berliner und zwei »*auswärtige preußische Eisenhüttenwerke*« ausgewählt, die Lose aufgeteilt nach den offenbar verfahrenstechnischen Erfahrungen der Firmen:

– *J. E. Freund & Comp.* 10" (1 Zoll = 25,4 mm, A.d.V.);
– *Eggels* 5/3";
– *Lehmann* 3/2";
– *Baller* 2";
– *Königl. Eisengießerei Lauchhammer* 8" und 2 1/2 ".

In dem *Amtlichen Bericht* über die *Deutsche Gewerbe-Ausstellung zu Berlin* 1844 im Zeughaus – zu den wichtigsten Initiatoren gehörte *Beuth* und der *Verein zur Beförderung des Gewerbefleißes in Preußen* – wurden 77 Gußwaren-Aussteller gezählt. Unter ihnen auch *J. E. Freund* vom Charlottenburger Felde bei Berlin, der drei Gußrohrstücke von 10", 4" und 2" (Innendurchmesser ca. 250, 100 und 50 mm) für Wasserleitungszwecke präsentierte. [Gewerbeausstellung 1846] Wenn die Erzeugnisse für die höheren Anforderungen (Druck, Dichtheit, Hygiene) des Wassertransports geeignet waren, so mit Sicherheit auch für die Gasfortleitung. Die Absicht des Magistrats von Berlin war mit dem Einstieg in das Gasgeschäft erreicht: Das Maschinenbaugewerbe fand Gelegenheit, ein städtisches Großvorhaben mit eigenen Produkten langfristig beliefern zu können.

Unter Zuhilfenahme des *Verwaltungsberichts Berlin* von 1847 [S. 39] ist die Aussage zu wagen, daß die *»Städt. Erleuchtungskasse«* bereits 1850 einen kleinen Überschuß erwirtschaftet haben mußte: Angenommen, die 1847 ausgewiesenen 91.000 Thaler Erleuchtungskosten würden sich in 1850 (von 2.000 auf 3.400 öffentliche Flammen) auf z. B. 160.000 Thaler erhöht haben, so werden die 1850 versorgten 15.000 Privatflammen, bewertet mit durchschnittlich 12 Thalern je Jahr (Halbierung der Preise durch Preiskampf mit der *ICGA),* eine Einnahme von ca. 180.000 Thalern erbracht haben. Wenn auch der 1847 einsetzende Preiskampf mit der *ICGA* die Gewinne beider Gesellschaften schmälerte, so sind dennoch beide mehr als auf ihre Kosten gekommen. Die nicht ganz risikolose Entscheidung, selbst in die städtische Gasversorgung eingestiegen zu sein und damit zur teilweisen Deckung der Zuwendungen im Jahre 1847 für das *Armenwesen* (392.000 Thaler) und *Schulwesen* (226.000 Thaler) zu gelangen, hat die Stadt nicht mehr bereut.

Auch dieses seit 150 Jahren lukrative kommunale Gasgeschäft – neben dem bereits 1992 abgewickelten Stromgeschäft – haben die 1998 regierenden Stadtpolitiker wegen (mittelfristig) defizitärer Stadthaushalte zukünftig wieder den Privaten überlassen, nachdem sie bereits vor ein paar Jahren 48,8 % Anteile des Landes Berlin an Private veräußert hatten. Zurück in das Jahr 1844:

Für jede Hauptstraße wurde 1844 ein spezieller Rohrplan nebst beigefügtem Nivellement hergestellt. Am 1.7.45 begannen die Rohrverlegungsarbeiten auf dem Stralauer Platz in Richtung Holzmarktstraße und Krautgasse (vgl. Karte, S. 167) Der schwierigste Teil erfolgte 1846 mit der Verlegung der acht Zoll Rohrleitung unter der Sohle des Spree-Flußbettes in Höhe der Schleuse, die die beiden rechts- und linksseitig der Spree liegenden Netze miteinander verband.

Die Rohrleitungen innerhalb der Häuser wurden wegen der erforderlichen höheren Dichtheit (Brandgefahr) schmiedeeisern ausgeführt und mit Flanschen verbunden. Die Längs- und Quernähte wurden mit *»Schlagloth oder Kupfer«* gelötet [Blochmann 1848, S. 55].

Ende 1847 waren bereits 1.588 private Abnehmer mit zusammen 6.624 Flammen (300 waren es bei Betriebsgewinn, die 7.000 von der *ICGA* betreuten Privatflammen nicht einbezogen). *Blochmann* wies darauf hin, daß bei weiter anhaltender Nachfrage *»der ursprünglich geplante Bedarfsansatz (25.000 Flammen) schon bald erreicht werden würde.«* [S. 58]

Von einem besonderen Versorgungsfall, der Königlichen Oper, berichtete *Blochmann* ausführlich: Ab Juli 1847 wurde das Opernhaus an das Gasnetz, mit einem eigens für das Opernhaus angelegten Zwischenspeicher in der Georgenstraße, angeschlossen. Die bis dahin tägliche Anlieferung von Gasballons konnte eingestellt wer-

den. Es wurde ein hausinternes Rohrsystem zur Versorgung der 2.164 Flammen installiert – aus Gründen des Brandschutzes in neun Untersysteme aufgeteilt. Die Gasmengen-Regulierhähne für die Kulissenleuchten und den Kronleuchter im Zuschauerraum waren mit der konstruktiven Besonderheit, einer *»Schraube ohne Ende«* zur stufenlosen Steuerung der Lichtstärke, ausgestattet.

6.3 Ruinöser Wettbewerb

Die Stadt legte sich ab 1847 mit der Gasbeleuchtung eine neuartige städtische Aufgabe zu. Neben der Verteilung der vom Staat erhaltenen Haushaltmittel zum größten Teil für die Armenpflege und das Schulwesen stand nun ein Instrument des freien Wirtschaftens zum Ausgleich zwischen verschiedenen Budjetposten zur Verfügung. Die Stadttechnik stärkte damit die städtische Selbstverwaltung und beeinflußte das Verhältnis zwischen der Residenzstadt und dem Staat Preußen.

Das Ereignis eröffnete auch den nun einsetzenden Wandel von der privaten zu der öffentlichen Initiative zur Erledigung großstädtischer Aufgaben wie z. B. Reinigung der Straßen, Postwesen und schon bald die Wasserversorgung. Für den Mathematiker, Planer und Baufachmann *Crelle* lagen die Kostenvorteile auf der Hand, die durch Großanlagen über den Degressionseffekt für den Einzelnen zu erzielen waren. So hatte er 1842 die Stadt aufgefordert, die Straßenreinigungsaufgabe sowie die Gasbeleuchtung in öffentlicher Regie zu übernehmen. Mit dem Hinweis auf die das Stadtleben förderliche zentral organisierte Stadtpost wies er auf die Vorteile größerer Versorgungsumfänge hin: *»Wollte und müßte jeder Einzelne so viel Licht aufstellen, als nöthig sein würde, die Straße im Dunkeln so hell zu machen, wie es jetzt ist, so würde die Beleuchtung den Bewohnern gewiß zwei und drei mal so viel kosten, als jetzt«.* [Crelle 1842, S. 365]

Der Hinweis *Crelles* zur vorteilhaften Bündelung von Versorgungsfällen unter einem Anlagendach mit der Folge geringerer Kosten für den Einzelnen sollte durch den ab 1847 einsetzenden, europaweit einmaligen Preiskampf der Gaslieferanten *ICGA* und *Städtische Gasanstalten* mit einem jahrzehntelangen Preisvorteil für die Berliner Gaskonsumenten überlagert werden. Die *ICGA* halbierte den Gaspreis je Kubikmeter von 35,5 auf 17,7 Pf und dazu die Jahresgebühr für den Gasmesser. Dem ersten Direktor der *Städtischen Gasanstalt,* Stadtrath *Friedrich Baerwald* blieb nichts anderes übrig, als in der Werbung um Privatkunden gleichzuziehen. Gestützt wurde er dabei durch die vom Magistrat eingesetzte *Erleuchtungsdeputation,* der er selbst, der Stadtbaurath, zwei Stadträthe und sieben Stadtverordnete angehörten. Daraufhin reagierte die *ICGA* mit einer neuen Offerte und gewährte auf alle Konditionen nochmals fünf Prozent Rabatt. [Städtische Gaswerke 1897, S. 4]

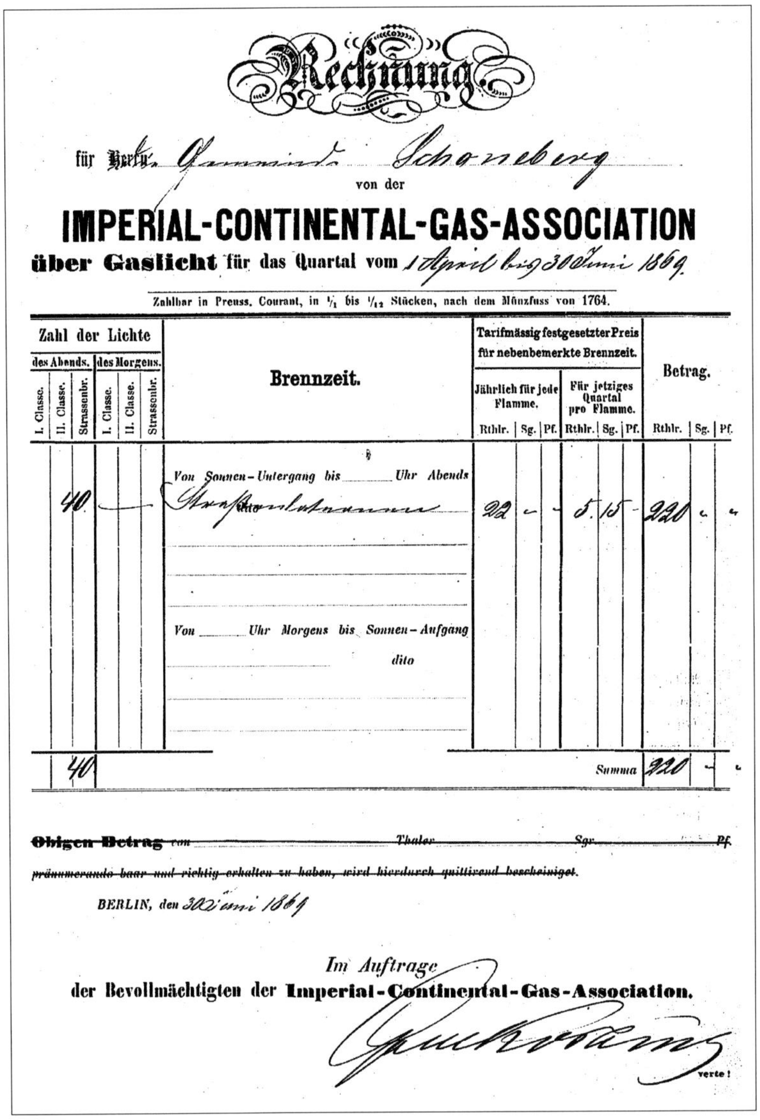

Rechnung

für Berlin Gemeinde Schöneberg

von der

IMPERIAL-CONTINENTAL-GAS-ASSOCIATION

über Gaslicht für das Quartal vom 1 April bis 30 Juni 1869

Zahlbar in Preuss. Courant, in 1/1 bis 1/12 Stücken, nach dem Münzfuss von 1764.

Zahl der Lichte des Abends			Zahl der Lichte des Morgens			Brennzeit	Tarifmässig festgesetzter Preis für nebenbemerkte Brennzeit: Jährlich für jede Flamme			Für jetziges Quartal pro Flamme			Betrag		
I. Classe	II. Classe	Strassenbr.	I. Classe	II. Classe	Strassenbr.		Rthlr.	Sg.	Pf.	Rthlr.	Sg.	Pf.	Rthlr.	Sg.	Pf.
40						Von Sonnen-Untergang bis ___ Uhr Abends: Strassenlaternen	22	–	–	5	15	–	220	–	–
						Von ___ Uhr Morgens bis Sonnen-Aufgang dito									
40						Summa							220	–	–

~~Obigen Betrag von ___ Thaler ___ Sgr. ___ Pf. pränumerando baar und richtig erhalten zu haben, wird hierdurch quittirend bescheinigt.~~

BERLIN, den 30 Juni 1869

Im Auftrage
der Bevollmächtigten der Imperial-Continental-Gas-Association.

verte!

Abb. 74 ICGA 1869: Geschäftstätigkeit für Schöneberg

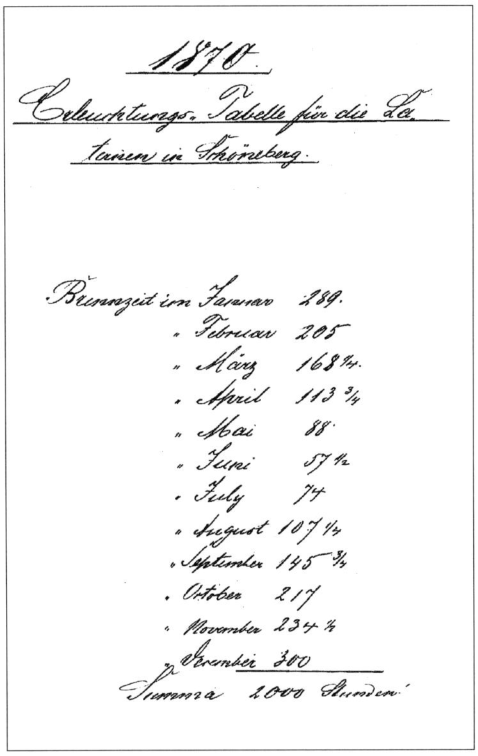

1870.

Beleuchtungs-Tabelle für die Laternen in Schöneberg.

Brennzeit im Januar	289
" Februar	205
" März	168 1/4
" April	113 3/4
" Mai	88
" Juni	57 1/2
" July	74
" August	107 1/4
" September	145 3/4
" October	217
" November	234 1/4
" December	300
Summa	2000 Stunden

Abb. 75 ICGA 1869 für Gemeinde Schöneberg: Aufteilung der Brenndauer-Vereinbarung

Dieser Preissturz zog nun die Verbraucher in Massen an. Insofern mußte der *ICGA*-Versuch, den städtischen Konkurrenten betriebswirtschaftlich ruinieren zu wollen, scheitern. Die Umsatzerlöse stiegen sogar, die Einbuße durch niedrige Preise wurde mehr als ausgeglichen durch steigende Absatzmengen. Der von der *Drory*-Dynastie beherrschten *ICGA* wäre dieser Coup bei einer »normalen« Absatzentwicklung wohl gelungen. Sie hätte ja ihre Verluste aus dem Berliner Geschäft mit den Gewinnen in den zahlreichen anderen Filialen in Europa ausgleichen können. So konnte der unternehmerische Erfolg der *Städtischen Gasanstalt* eben aus der Multiplikation »große Absatzmenge mal kleinem Preis« gesichert werden mit der Folge, daß zum Zeitpunkt eines gerade in Betrieb gesetzten neuen Gaswerks schon der neue Versorgungsengpaß wieder in Aussicht stand. Diese wenig disponible Spirale führte dann auch Mitte der 1910er Jahre in die Absatzkrise für die *Städtische Gasanstalt,* aus der sie sich erst mit der endgültigen Einstellung der *ICGA*-Tätigkeit 1929 erholen konnte.

Nicht nur der Preiskampf, der nur über mehrere Schlichtungsverträge zwischen 1881 und 1901 in noch verträglichen Grenzen gehalten werden konnte, sondern auch durch fortgesetzte gerichtliche Streitigkeiten bis hin zu Entscheidungen des *Höchsten Gerichtshofs* über Rohrnetzverlegungen und Versorgungsabgrenzungen wurde das Verhältnis zwischen den Unternehmen belastet. [Verein Geschichte 1915, S. 40]. Der *ICGA* gelang es trotz (oder wegen?) dieser Auseinandersetzungen, den Auftrag für die Straßenbeleuchtung Schönebergs (1853) und Tempelhofs (1878) für die Dauer von 50 (!) Jahren zu erhalten. Das wiederum führte durch Gerichtsentscheid zu dem Umstand, daß die *Städtische Gasanstalt* im Zuge der Eingemeindung 1860 von Ortsteilen Schönebergs gezwungen wurde, zu ungünstigeren Bedingungen in die bestehenden *ICGA*-Verträge einzutreten. Sowohl die *ICGA*-Rechnung für die Gemeinde Schöneberg für das zweite Quartal 1869 für den Gaserleuchtungsbetrieb von 40 Straßenlaternen (Abb. 74) als auch die monatsweise Aufteilung der vereinbarten Lieferung in 1870 von *»2000*

Stunden Brennzeit« (Abb. 75) zeugen von *ICGA*-Geschäften in Schöneberg. [SchönebergMuseum/Archiv]

Die Mitteilung des *Vereins für die Geschichte Berlins* unter der Überschrift *»Die englische Gasgesellschaft«* endete 1915 so:

»Die Engländer haben durch Ihre Gasanstalt viel Geld aus Berlin gezogen. Voraussichtlich wird das Unternehmen nun bald in städtischen Besitz kommen und dann die englische Gasversorgung der Stadt nur noch eine geschichtliche Erinnerung sein.« [Verein Geschichte 1915, S. 40]

Die zur Zeit des ersten Weltkriegs forcierten Übernahmeverhandlungen der Stadt scheiterten an dem Veto des Kriegsministeriums, das sich nicht nur Vorteile aus den gesicherten Gaslieferungen eines gut organisierten Unternehmens versprach, sondern auch Interesse an den militärischen Produkten der *ICGA* (Sprengstoffgrundsubstanz Tuolon) [Landesarchiv Berlin Rep. 211, Acc 2292] zeigte. Erinnert sei an den *ICGA*-Repräsentanten *Sir William Congreve*, dem Militärexperten und Kanonenfachmann. Erst 1925 verzichtete die *Deutsche Gasgesellschaft AG*, Berlin (Interessensverwalter der *ICGA* ab 1915) mit Wirkung zum 1.4.1929 auf jegliche Gasversorgungen von »Alt-Berlin« zugunsten der Stadt.

An die schriftliche Äußerung der *ICGA* 1957 an *Johannes Körting*, daß über die Dauer von 93 Jahren die *ICGA* mit Berlin das *»beste Geschäft«* in ihrer gesamten europaweiten Unternehmungstätigkeit vollzogen habe, soll an dieser Stelle nochmal erinnert werden.

Hier sind nur einige Aspekte zur *ICGA*-Geschichte skizziert. Sie wäre es aber wert, ausführlicher behandelt zu werden, um nicht derart mißverständlich dazustehen wie nach der Lektüre des Bandes 16 der *Berliner Beiträge zur Technikgeschichte und Industriekultur* in der Schriftenreihe des *Deutschen Technikmuseums Berlin* von 1997. Dort wird der Band mit dem Untertitel *170 Jahre Gas in Berlin 150 Jahre Städtische Gaswerke* tatsächlich mit einer ausführlichen Huldigung über *»Die Familie Drory«* eröffnet. In der Art einer bezirklichen Heimatchronik über die *Drory*-Familien und deren Berliner *ICGA*-Direktoren (*Leonard* von 1833–66 (war einer der ca. 5000 Toten der Choleraepidemie 1866), *Leonard George* 1866–96, *Edward* 1896–1904, *Luis Robert* 1904–18) wird zu ehrenrührig berichtet, ohne eine im rechten Verhältnis dazu notwenige Aufklärung über den fast ein Jahrhundert dauernden Wirtschaftskrimi im Rahmen dieser anspruchsvollen Schriftenreihe anzubieten.

Die Konkurrenz belebte das Gasgeschäft, der Preisverfall und das vermehrte Gasangebot waren die Ursachen für die immensen Wachstumsraten sowohl bei der Anzahl der Gasflammen als auch bei der Erhöhung der Jahresbrenndauern: Betreute die *ICGA* 1829 gerade mal 1.783 Gasflammen bei 1.300 Jahresstunden Brenndauer, waren es 1847 schon 9.000 Flammen bei beiden Gesellschaften (2.000 h/a), so steigerte sich die Flammenzahl in Berlin auf ca. 30.000 um 1850 bei dann schon 2.500 Jahresstunden Brenndauer [DVGW 1883 und Städtische Gas-

werke 1897]. Wie Abb. 75 zeigt, blieb es 1870 in Schöneberg bei bescheidenen 2.000 jährlichen Brennstunden.

Um 1860 hatte die *Städtische Gasanstalt* 4.146 öffentliche und 100.489 private Gasflammen zu versorgen [Verwaltungsbericht 1851–60, S. 41]. Die Folge war der Bau des dritten städtischen Gaswerkes in der Müllerstraße (am heutigen Nordhafen), das 1859 den Betrieb aufnahm (vgl. Karte, S. 167).

Auch das Rohrnetz wurde ständig erweitert, z. B. in der Oranienburger und Rosenthaler Vorstadt, in den Hauptstraßen des Voigtlandes um 1855 bis zur Invalidenstraße, die bis dahin noch mit Öllampen ausgestattet waren. Im Süden Berlins wurde das Netz bis in den bebauten Teil des Köpenicker Feldes ausgedehnt. Dazu kamen die umfänglichen Änderungen der nicht ausreichend großen Hauptleitungen, *»da bei der ersten Anlage nicht erwartet werden konnte, daß die Anstalt in einer verhältnismäßig so kurzen Zeit den gegenwärtigen Umfang erreichen würde. Deshalb mußten besonders die von den Anstalten ausgehenden Haupträhren, deren weitester Durchmesser früher 10 Zoll (254 mm lichte Weite, A.d.V.) betrug, durch 20, 15 und 12-zöllige Röhren ersetzt werden«.* [Verwaltungsbericht 1851–60, S. 43]. Die Länge sämtlicher Rohrleitungen betrug 1860 866.324 laufende Fuß oder 36,1 deutsche Meilen. Eine Besonderheit stellten die Verbindungsleitungen zwischen den Netzen der drei Anstalten dar: An der Schleuse, Marschallbrücke, Adalbertbrücke und Grünstraßenbrücke unter dem Spreebett, an der Stralauer Brücke unter den Königsgraben, an der Gas-Anstalts-Brücke und Kottbusser Brücke unter den Landwehrkanal verliefen die Stichleitungen, so daß im Falle des Versagens einer Anstalt die anderen einspringen konnten.

Wie effizient die *ICGA* das Gasgeschaft betrieb, zeigt eine Relation zwischen »Gaskapazität und Netzgröße«: Die *ICGA* besaß ca. 1.000 m^3 Gaskapazität je Tag und Netzkilometer, die *Städtischen Gaswerke* dagegen »nur« 645 [DVGW 1883, Städtische Gaswerke 1897]. Diese Kennzahl zeigt, daß die *ICGA* nur dort Netze verlegte, wo auch infolge der Nachfragedichte großer Absatz zu erwarten war. Die *Städtische* dagegen mußte ihrem öffentlichen Auftrag gemäß auch die anfangs noch unterentwickelten Stadtgebiete versorgen.

Beiden Gesellschaften kamen die stetig wachsenden Einwohnerzahlen, die damit verbundene Bautätigkeit sowie die erhöhten Ansprüche an Leuchtstärke und Brenndauer zugute. *Johannes Körting* wies nach, daß ab 1860 die progressiven Kurvenverläufe *»Bevölkerungswachstum«* und *»Gasproduktion«* nahezu identisch verliefen [Körting 1963, S. 648]. Wenn auch das Heizen und Kochen mit Gas in der Relation zum Beleuchten mit Gas noch überhaupt keine wirtschaftliche Bedeutung erreichte, so war die Suche nach neuen Absatzmärkten ein Gebot der Stunde um 1860: Sowohl das Petroleum (die ersten erfolgreichen Erdölbohrungen fanden in Pennsylvenia/USA statt) als auch das elektrische Licht sollten

Abb. 76   J. Pintsch um 1870: Werbung im Journal für Gasbeleuchtung

sich bald als Konkurrenten bemerkbar machen. So wird in der Gasgeschichte ab 1840 von Herdkonstruktionen zum Kochen, Backen, Braten und auch gasversorgten Warmwasserbereitern berichtet, doch fanden sie nur selten Anwendung. Die Angebote dieser Gasgeräte aber mehrten sich, dazu beispielhaft die Werbung des Berliner Fabrikanten *R. W. Elsner* in dem *Journal für Gasbeleuchtung* von 1859, der seit 1858 im *Oldenbourg Verlag* in München unter seinem Schriftleiter *N. H. Schilling* erschienenen Fachzeitschrift [Journal Gas 1859/2, S. 209]:

»*Das Institut zur allgemeinen Anwendung brennbarer Gase für den Haushalt, für die Technik wie für die Fabrikation von R. W. Elsner in Berlin, Zimmerstrasse Nr. 78 empfiehlt sein Lager*
- *Transportable Gas-Koch-Apparate*
- *Gas-, Koch-, Back- und Brat-Heerde in allen Größen*
- *Gas-Heiz-Öfen und -Kamine*
- *Gasapparate aller Art für Gewerbetreibende*
- *Gasapparate für Apotheker, Chemiker und chemische Laboratorien*
- *Luft-, Warmwasser-, Dampf-, Douche-, Brause-, Sitz- und Reisebäder*
- *Wärm-Schranke mit Gasheizung*
- *Desinfections-Schränke mit Gasheizung*
- *Gas-Absenge- und Trocknen-Maschinen*
(...) Gaskronen für Zimmer (...) und Gas-Illuminations-Gegenstände, letztere auch leihweise &c., &c.«.
Nikolaus Heinrich Schilling war der herausragende Pionier der deutschen Gaswirtschaft. Bei der Herausgabe des 1. Jahrgangs des Journals 1858 war er Inspector der *öffentlichen Erleuchtung* in Hamburg, ab 1859 wurde er Direktor der *Gasbeleuchtungs-Gesellschaft* in München. Das erste »Handbuch der Steinkohlen-Gastechnik« gab er 1866 heraus.

Die Werbung im Monatsjournal als »Organ des Ver-

eins von Gasfachmännern Deutschlands« (bis 1869, danach traten die Wasserfachmänner hinzu) nahm ab Mitte der 1860er Jahre zu. Ständige Anzeigen sind von folgenden Berliner Unternehmern zu finden:

- *Schäffer & Walcker*, Lindenstraße 19: Fabrik für Gas- und Wasseranlagen, Lustres, Wand- und Hängeleuchter, Candelaber und Laternen, Springbrunnen kombiniert mit Gascandelaber;
- *Sigmar Elster*, Fabrikant für Meßtechnik;
- *Theodor Spielhagen*, Gasmesser;
- *Julius Pintsch*, (ab 1866, Abb. 76) ist mit der Berliner Gasgeschichte eng verknüpft. Nach dem Besuch des Gymnasiums *Zum grauen Kloster* und dem *Gewerbeinstitut* absolvierte *Pintsch* eine Klempnerlehre, arbeitete als Geselle in einer Lampenfabrik. Er legte die Meisterprüfung ab und gründete 1843 sein eigenes Unternehmen. Seine Werkstatt am Stralauer Platz lag in unmittelbarer Nähe zu dem 1845 in Bau und 1847 in Betrieb gehenden Gaswerk der *Städtischen Gasanstalten*, von der er Aufträge erhielt. Über Instandsetzungsarbeiten an Rohrleitungen, Gasmessern und -einrichtungen konzentrierte er sein Werkstattprogramm auf diese Gastechnik. In der neu errichteten Werkstatt in der Andreasstraße 72/74 baute er u.a. 1863 einen neuartigen Gasmesser (nachdem er die englischen repariert hatte; ähnlich verhielt es sich bei der Entstehung der »Borsig«-Lokomotive nach Reparatur der »Rockets« von *Stephenson*). Der Durchbruch zum Großunternehmen gelang *Pintsch* mit der Erfindung eines auf Ölgasbasis betriebenen Beleuchtungssystems für Eisenbahnwagen. Beauftragt dazu wurde er 1868 von der *Niederschlesisch-Märkischen Eisenbahngesellschaft*, das 1870 seine Erprobung auf der Strecke Berlin-Breslau bestand. Dieser Erfolg war der Beginn einer bis in unsere Zeit dauernden Unternehmerschaft.

7. Vom Gashandwerk zur Gasindustrie (1860–1890)

Zusammenfassung

Der jährliche Produktionszuwachs an Gasmengen betrug zwischen 1860 und 1875 in Berlin durchschnittlich 25 %, eine danach nie mehr erreichte Wachstumsgröße. Die dieses Wachstum verursachende Gasnachfrage veränderte die Produktionsbedingungen grundlegend. Zum Beispiel vergrößerte sich das gebaute Speichervolumen unter den von *J. W. Schwedler* konstruierten Kuppeldächern um den Faktor vier, feuerungstechnische Erkenntnisse verbesserten die Wirkungsgrade grundlegend, die Lichtausbeute wurde mit dem Brennerprinzip nach *R. Bunsen* evolutioniert. Umgesetzte wissenschaftliche Erkenntnisse reduzierten nicht nur die Betriebskosten, sondern senkten auch die Abhängigkeit von knapper und teurer werdenden Kohlenimporten aus England. Das bis dahin eher verbreitete wissenschaftliche Einzelereignis gerierte nun zum allgemeinen Programm aller industriellen, natur- und agrarwirtschaftlichen Unternehmungen. *Virchow* formulierte 1865: »*Es ist die Wissenschaft für uns Religion geworden.*« [zit. bei Nipperdey 1983, S. 447]

Nicht mehr zwingend waren ab den 1860er Jahren Gaswerkstandorte an schiffbaren Flüssen, nach dem die Eisenbahnen den Transport heimischer Kohlen aus Oberschlesien und dem Ruhrgebiet übernahmen.

Die Gasbeleuchtung hielt allmählich Einzug in die Häuser: Flure, Treppenhäuser, Höfe wurden mit Gas erleuchtet. Aus »Sicherheitsgründen« wurden ab 1880 die Hausbesitzer zu dieser absatzbefördernden Maßnahme verpflichtet. Der massenhafte Einzug das Gaslichts in die Wohnzimmer ließ aber noch mehr als ein Jahrzehnt auf sich warten, weil das Verbrennen des Gases noch zu hohe Emissionen verursachte und z. B. die Lampenkonstruktionen mit dem nach oben gerichteten Lichtkegel noch zu große nach unten wirksame Schattenwürfe erzeugten.

Im Unterschied zum Wassersektor, in dem die Wassergewinnung und die zentralen Druckverhältnisse Ursachen für Versorgungungsengpässe waren, verursachten im Sektor Gas die ständig unterdimensionierten Rohrnetze Ungleichgewichte zwischen Nachfrage und Angebot. Ein eigens dafür berufenes *Erleuchtungs-Curatorium* war in Berlin über Jahrzehnte damit beschäftigt, Rohrnetze zu erneuern, Laternen auszuwechseln und die Laternenanzahl zu erhöhen.

7.1 Technischer Fortschritt durch »Nützlichkeit« und Wissenschaft

Die Bedingungen für die Gasproduktion und -verwendung wandelten sich ab den 1860er Jahren, traten in die zweite, bis in die 1890er Jahre reichende Phase. Die Produktion wurde nun wissenschaftlich begleitet und dadurch wirtschaftlich effektiver gestaltet. Anlässe waren Engpässe bei den Steinkohlenimporten aus England und die auftretenden Konkurrenten Erdöl und Strom, wobei diese Energieträger aber anfangs noch zu teuer waren. Die auf chemischem Wege verbesserte Gasreinigung sowie die revolutionierende Flammenbildung nach dem Brennerprinzip von *Robert Bunsen* wiesen nicht nur dem Leuchtgaseinsatz neue Perspektiven. Ein weiterer Grund für die sich regende Gaswirtschaft war das Ablaufen vieler Verträge mit Laufzeiten von 25–30 Jahren, die in den Gründungsjahren um 1830 abgeschlossen worden waren.

Die Zeit der »*Gasschusterei*« – wie in Wien das Gashandwerk genannt wurde – ging dem Ende entgegen. Wie der handwerkliche Gaslicht-Betrieb noch in den 1850er Jahren verlief, vermittelt uns heute die Schilderung von der Eröffnungsfeier des Hoftheaters in Hannover [Körting 1936, S. 95]:

»*Es enstand eine solche Hitze, daß in den Pausen das Publikum fluchtartig die Zuschauerräume verließ.*

Übrigens versagte in Gegenwart des Königs die Gasbeleuchtung noch obendrein kurz vor Schluß der Vorstellung, und die alten Ölfunzeln mußten noch einmal hervorgesucht werden. Das Theater lag am Ende einer zu schwachen Gashauptleitung. Man hatte in Voraussicht des zu geringen Gasdrucks schon einen kleinen Gasbehälter im Theater selbst aufgestellt, der tagsüber gefüllt worden war. Da sich die Eröffnungsfeierlichkeiten länger hinzogen als geplant, reichte der Inhalt dieses Behälters nicht aus.«

Diese Zeit der Pioniere war geprägt vom örtlichen, für Außenstehende nur unscharf nachvollziehbaren Experimenten, von den persönlichen Erfahrungen, die dann an die Söhne vererbt wurden (»Familiendynastien« *Drory, Blochmann, Schilling, Körting*). Vor allem gehörte der von *N. H. Schilling* geförderte *Hans Bunte* zu den *»Begründern der Wärmewirtschaft«*, die zur Entwicklung von der handwerklichen zur industriellen Gaswirtschaft maßgeblich beitrugen. [Körting 1963, S. 90 ff.]

An zwei verfahrenstechnischen Beispielen wird der technologische Wandel erkennbar: Die noch in den 1860er Jahren verbreiteten gußeisernen Retortenbehälter (Prozeß zur Kohlenentgasung, vgl. Abb. 71, Fig. 1, AA) wurden nach zu kurzer Zeit spröde und brachen. Sie wurden bald durch wesentlich größere, senkrecht stehende keramische Behälter abgelöst. Oder das Beispiel der Speicher: Man verlor allmählich die Angst vor den Gasspeichern, die dann zu wesentlich größeren, wirtschaftlicheren Einheiten ausgebaut werden konnten. So beschränkte man sich in Berlin – bis auf eine Ausnahme von insgesamt neun Speichern für zusammen drei Gaswerke – bis 1859 auf die maximale Göße von 97.500 Kubikmetern. Der neue Speicher des Gaswerks in der Müllerstraße besaß 1859 dann ein Volumen von 360.000 m³.

Der auch zu dieser Zeit eingeführte revolutionäre Flügelgassauger ermöglichte die Überwindung gestiegener Druckverluste sowohl bei der Gasreinigung als auch durch die Erhöhung des Gasmengendurchsatzes innerhalb der Netze bei unveränderten Rohrdurchmessern. Dabei erfolgte die Auslegung der Rohrquerschnitte noch nicht auf der Basis strömungsmathematischer Berechnungen, sondern nach praktischen Erfahrungen der Projektanten.

Die Leuchtbrenner, die ja anfangs lediglich ein »offenes Rohrende« waren und später die Flamme über Austrittsaufsätze »Hahnenkamm-, Fischschwanz-, Schmetterlings-« Formen annahmen, erhielten nun mit der Ringbrennerform nach dem erfolgreichen Muster des *Argandschen*-Ölbrenners in Verbindung mit der regulierbaren Verbrennungsluftzufuhr nach dem *Bunsen*-Brennerprinzip (jeder konnte sich dessen bedienen, weil *Bunsen* 1855 keinen Wert auf Patentschutz seiner bis heute wichtigen Erfindung gelegt hatte) einen Anwendungsschub.

In einem Aufsatz über die Entwicklung der Chemieindustrie stellt *Wilhelm Treue* 1966 fest: »*Der Be-*

darf also führt zur Ausnutzung alter Erfindungen – falls man sich an sie erinnert – und regt zu neuen Erfindungen an.« [S. 26] Nach seiner Analyse blieben Erfindungen solange ungenützt und wirtschaftlich bedeutungslos bis volkswirtschaftliche Bedürfnisse einen Massenbedarf an diesen Entdeckungen erzeugten. In Analogie dazu: Wäre nicht der Bedarf an Kunstlicht zur Verlängerung der täglichen Arbeitszeit in der zu Beginn des 19. Jhs. prosperierenden Textilmanufaktur entstanden oder wäre nicht das Lichtbedürfnis zum Zwecke des »Überwachens« der durch unkontrolliertem Zuzug in die Großstädte strömenden Menschen geweckt worden, hätte es wohl nicht eine derart kurzweilige gastechnologische Entwicklung von der auf das Haus bezogene *Lèbon*-Thermolampe 1799 bis zur ersten zentralen Straßenbeleuchtung 1814 in mehreren Stadtvierteln Londons und zur zentralen Stadterleuchtung 1826 in Berlin gegeben.

Mit der Nachfrage nach Baumwollbekleidung, der Erfindung des Webstuhls und anderer Einrichtungen zwischen 1770 – 90 wuchs zwangsläufig auch der Bedarf an chemischen Produkten, z. B. nach Schwefelsäure, Soda und Chlor zur Stoffbleiche. Die Schwefelsäure-Produktion stieg z. B. von 1.500 Tonnen um 1800 auf 6.500 Tonnen in 1820, in einem Jahrhundert auf ca. 140.000 Tonnen – allein für den Bleichprozeß der Baumwolle. »*Für uns ist (...) nur wichtig zu sehen, daß hier der Weg von der Apotheke zur Fabrik erzwungen und der zur Großindustrie nötig wurde.*« [Treue 1966, S. 27]

Der Prozeß der Gasgewinnung ist ebenfalls primär ein chemischer, beispielsweise der Entgasungsvorgang aus der Steinkohle, die Abscheidung von den anfangs abfälligen und später dann profitablen Nebenprodukten, z. B. Teer als Basis von Teerfarbstoffen bei der 1860 in Berlin gegründeten Firma *Technikdestillation* [S. 49] oder der sowohl selbst genutzte und absatzfähige Koks. Aber auch die Gasreinigung, der Betrieb der Gasnetze (z. B. Gaszusätze, um das Einfrieren des Kondensats zu verhindern), die Herstellung gegossener Eisenrohre bis hin zum mit seltenen Oxydantien imprägnierten textilen Glühstrumpf des *Carl Freiherr von Auer*. Die Theorie und Praxis der chemischen Vorgänge bei der Verbrennung und der Bildung der Leuchtflamme gehören ebenfalls dazu. (Abb. 77, 78) Diese bereits zu Anfang des Gashandwerks bestandene enge Zusammenarbeit zwischen Mechanik, Konstruktion und dem Chemismus können Interessenten in der vortrefflichen Schrift von *W. Accum* von 1815 nachlesen.

Als sich die Gasversorgung noch im handwerklichen Stadium befand, ging man im Chemiewesen bereits über in die Größenordnung von Großfabriken, z. B. gründete sich Mitte des 19. Jhs. die *Badische Anilin Soda Fabrik (BASF). Justus von Liebig* veröffentlichte ab 1844 seine *»Chemischen Briefe«* und wurde dadurch zu einem frühen Mittler zwischen Wissenschaft und der sich allmählich zur industriellen Großform ent-

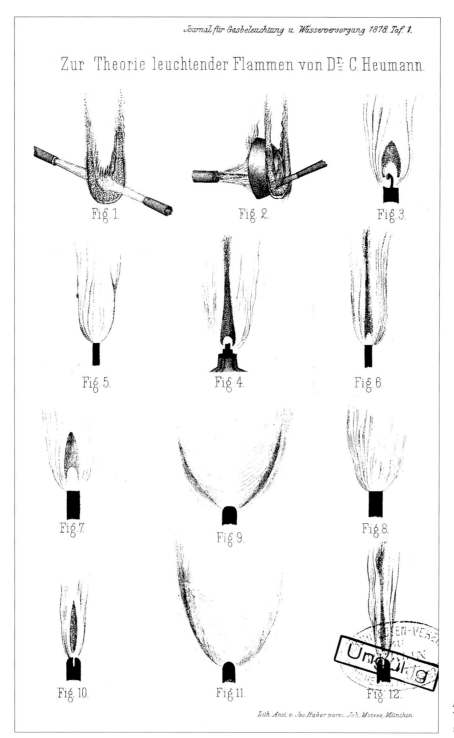

Abb. 77
Theoriediskussion
»Flammenbildung« 1878

wickelnden Chemieproduktion. Die Verbindung zwischen den Fachleuten des Chemie- und des Gasfachs bestanden also von Anfang an. Nicht selten waren es Chemiker, die sich des Gasbereichs in der Anwendung ihres Wissens bedienten, z. B. *Lampadius*, der 1815 den *»Grundriß der technischen Chemie«* herausgab – kurze Zeit vor der Übersetzung der Schrift *Accums* 1818.

So war es selbstverständlich, daß der Druck zu größerer Effizienz bei der Erzeugung und Verteilung des Leuchtgases dazu führte, mit Hilfe der Chemie und neuer Maschinen entweder die Produktivität bei kon-

stanten Kosten zu steigern oder die Kosten zu senken bei gleichhoher Produktivität. Ursachen dieser ab den 1860er Jahren einsetzenden Zielrichtung waren die wachsenden Konkurrenzen zwischen z. B. den vermehrt vor Ort entstehenden Gasanbietern, die europaweit knapper und damit teurer werdenden Rohstoffe und die Konkurrenzen im Sektor Beleuchtung mit Strom (Bogenlichter) und die immer noch als Alternative anerkannte mobile Petroleumlampe. Zu den spektakulären stromversorgten Bogenlichtleuchten, die am Fußpunkt des Leuchtengerüstes einen eigenen Gleich-

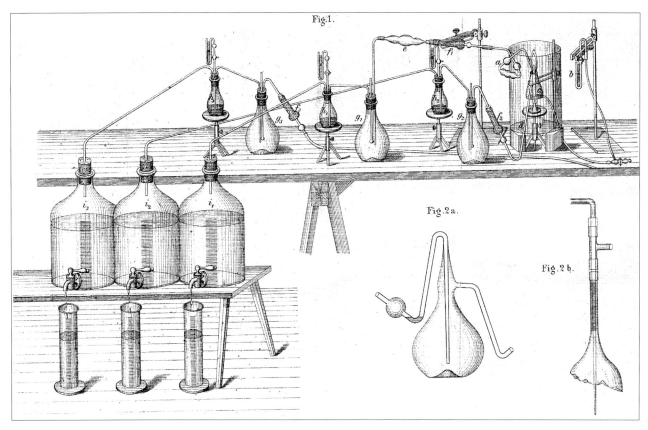

Abb. 78   Chemische Analyse der Gasflamme (Versuchsaufbau) 1873

stromgenerator benötigten, gehörten die Illuminationen einer Baustelle in Paris (Abb. 79), der Rheinbrücke in Kehl (1859), der Westminster Brücke in London (1860), des Industriepalastes in London (1862) sowie der Isar-Brücken in München (1868).

Chemische Verfahren zur Steigerung der Gasproduktivität hielten also verstärkt Einzug in die Gaswirtschaft. Diese Entwicklung wurde auch gefördert durch die engen Verbindungen zwischen dem Gas- und dem Wasserfach. Dort begann man die chemischen, physikalischen und mikrobiologischen Kriterien für sauberes Trinkwasser zu definieren und ging der Frage nach, ob Verunreinigungen im Trinkwasser ursächlich für z. B. Cholera- und Typhuserkrankungen verantwortlich waren. Dieser fachliche Austausch zwischen Gas- und Wasserfachleuten ist auch in der Geschichte der Vereinsgründungen erkennbar: Der *Verein Deutscher Gasfachmänner (VDG)* gründete sich 1859, die *Wasserfachmänner (VDGW)* stießen 1870 hinzu und 1876 integrierten sich die Entwässerungsfachleute, ohne aber nochmals den Vereinsnamen zu ändern.

Die einschneidendste Veränderung geschah auf dem Sektor der Feuerungstechnik, bei der für alle industriellen Prozesse grundlegenden Produktion von Wärme und Dampf. Auf die in diesen Jahrzehnten enorm gestiegene Nachfrage nach englischen Steinkohlen folgten zwangsläufig Lieferengpässe und Preiserhöhungen. So förderte man den heimischen Kohlenabbau im Ruhrgebiet und –

zunächst intensiver – in den oberschlesischen Abbaugebieten. Der Einsatz von Kohlen anderer chemischer Zusammensetzung und Heizwerte erforderte Kenntnisse der chemisch-verfahrenstechnischen Abläufe und in der Folge die dafür geeigneten feuerungstechnischen Einrichtungen. Das waren die Schwerpunkte zu Beginn der Vereinstätigkeit des *VDG* und seiner einflußreichen Gasfachleute wie die Gaswerksdirektoren *Schilling* (München) und *Schiele* (Frankfurt/M). [DVGW 1959] Unter dem Schriftleiter *Schilling* wurden die zahlreichen feuerungstechnischen Experimente im *Journal für Gasbeleuchtung,* der *VDG*-Vereinszeitschrift veröffentlicht. Ein weiteres Forum zur Diskussion gaswirtschaftlicher und -technischer Angelegenheiten bestand in der seit 1857 vom *Verein Deutscher Ingenieure (VDI)* herausgegebenen Zeitschrift. Nach der Abkehr von der Zwangsmitgliedschaft innerhalb des Stände-/Zunftwesens war das Vereinswesen entstanden, das sich durch freiwilliges Ein- und Austreten davon unterschied. Zu dieser Zeit gab es mehr als 30 technische Fachzeitschriften, in der Regel Veröffentlichungsorgane von Vereinen. Auch die Gründung von die regionalen Vereinigungen zusammenführenden Dachorganisationen erfolgten jetzt, so z. B. schlossen sich die Industrie- und Handelskammern der Länder und Provinzen 1861 zum »Deutschen Industrie- und Handelstag« zusammen.

Mit der Rücknahme des Kohlenimports aus England wandelte sich auch der Weg des Kohlentransports:

Abb. 79
Spektakuläre
Einsätze von
elektrischen Bo-
genlichtlampen,
Baustelle in
Paris um 1860

Was bisher per Schiff auf dem Wasserweg zu den dann zwangsweise an Wasserläufen gelegenen Gaswerken verfrachtet wurde, kam nun per Eisenbahn auf Schienen von den heimischen Fördergebieten in die Gasanstalten, deren Standorte nun auch nicht mehr an schiffbaren Flüssen liegen mußten. Die ersten fünf Berliner Gaswerke bis einschließlich 1859 lagen an Wasserläufen (Spree, Landwehrkanal), die drei großen Neubauten zwischen 1871 und 1890 haben Eisenbahnanschluß (Karte, S. 185). Gestützt wurde diese Entwicklung durch die Eisenbahngesellschaften, die das langfristige Frachtgeschäft sichern wollten und deshalb die Transporttarife deutlich senkten. [DVGW 1959, S. 31]

Schon ab Mitte der 1860er Jahre kamen in deutschen Gaswerken eingesetzte Steinkohlen nahezu ausschließlich aus dem oberschlesischen und Waldenburger Revier, kleinere preisgünstige Chargen aus dem Ruhrgebiet und noch aus England [BusB 1896, S. 378]. Beispielhaft für den logistischen Wechsel des Frachtweges steht die beschriebene Kohlenbeschickung der in Batterieform angeordneten gasdichten Retortenöfen: Die Kohlenzüge der *Berlin-Potsdamer-Eisenbahn* gelangten auf die Gleise des Betriebsgeländes des Schöneberger *ICGA*-Gaswerkes an der Torgauer Straße zu Beginn der 1870er Jahre. Die beladenen Waggons wurden nach dem Wiegen per Drehscheiben zu den drei hydraulischen Aufzügen gefahren, die ca. 23 Tonnen schweren Waggons mit Hilfe von 50 Atmosphären Wasserdruck um ca. 7,50 Meter auf die Retortenbühne

gehoben. Nun erfolgte entweder die Beschickung der Öfen per Klappenzug oder die Ablagerung auf den zentralen Kohlenlagerplätzen. Die Leerwaggons wurden wieder über Aufzug, Betriebsgleisen in das Bahnnetz zurückgeführt. (Abb. 80)

Die nun gefüllten Retortenöfen wurden mit dem auf dem Betriebsgelände anfallenden Koks erhitzt. Ab den 1870er Jahren wurde neben Koks vor allem Kohlenoxydgas eingesetzt. Der feuerungstechnische Wirkungsgrad erhöhte sich beträchtlich durch die Rückgewinnung der Abgaswärme sowie durch das Vorwärmen der Verbrennungsluft – alles feuerungstechnische Entwicklungen dieser Zeit. Das in den Schamotte- und Keramik-Retorten gewonnene Rohgas strömte in die innen um ein Meter weiten *»Fabrikationsrohre«*, die das gesamte Betriebsgelände durchzogen, an denen die einzelnen Prozeßstufen vollzogen werden konnten. So durchströmte das heiße Rohgas die gußeisernen Kondensatorzylinder (Kühlung durch Wasser) und die Scrubber/ Reinigungskästen (Wasserpräparate, Rasenerz). Exhaustoren (dampfbetriebene Kolbenpumpen) beförderten dann schließlich das Gasvolumen gegen den Glockendruck in die oberirdischen Speicher. Dazwischen sorgten Regulier- und Meßvorrichtungen für die jeweils im Stadtnetz nachgefragten Netzdrücke und -leistungen.

Mit zwei weiteren chemisch-maschinentechnischen Verbesserungen ist der Entwicklungsschub in der Gaswirtschaft der 1860er Jahre hinreichend dokumentiert: Zum Beispiel reinigte man anfangs das Rohgas im Naßverfahren mit Kalkmilch in stehenden »Reinigungskä-sten« mit den Grundrißmaßen von 3,80 x 1,40 m. Nach einem Verfahrensübergang, bei dem trockener Lösch-kalk verwendet wurde, erfolgte dann die Reinigung durch »gemahlenes Rasenerz«, wodurch nun die Ab-messungen der Reinigungskästen in der Grundfläche auf 9,60 x 9,60 m beträchtlich erhöht werden konnten [BusB 1896, S. 377]. Das zweite Beispiel betrifft die Gas-speicher, die bis Ende der 1850er Jahre mit »Glocken« von maximal 15 Metern Durchmesser ausgestattet wa-ren. Danach setzten sich die zweiteiligen Teleskop-glocken mit bis zu verdreifachtem Durchmesser und entsprechend vergrößertem Speichervolumen durch. Diese Entwicklung war möglich, weil ab 1863 bei allen Gasspeichern in Berlin die von dem Geheimen Baurath *Johann Wilhelm Schwedler* entworfenen Kuppeldächer, die mit konstruktiven Mitteln entstandenen eleganten Architekturformen, realisiert wurden. (Abb. 81)

Die *Nützlichkeit* rückte Mitte des 19. Jhs. in den Mit-telpunkt des Interesses der prosperierenden Allianzen zwischen Adel, Politik, Industrie und Kapital. Selbst der bislang mehr Königszenen porträtierende Hofmaler

Adolph Menzel ließ sich 1875 vom Motiv der Eisenhüt-te beeindrucken und malte das Bild »Das Eisenwalz-werk«. Für *Wilhelm Treue* handelte es sich dabei weni-ger um eine »*industrielle Revolution*« als vielmehr um »*eine wissenschaftliche*«, in der »*wirtschaftlich verur-sachte und angeregte naturwissenschaftlich-technische Erfindungen (...) große wirtschaftliche Möglichkeiten erschlossen (...) haben*«. [Treue 1966, S. 50]

Es wurde fortan »gemessen« und »relativiert«, die »Gewinnmaximierung« gerierte zum Motto der sich an-kündigenden »Gründerzeit«. Wer nach den niederge-schlagenen Aufständen des oberschlesischen Textil-proletariats, des badischen Militärs oder des sich for-mierenden Bürgertums in Berlin nach 1850 im Lande blieb, »*mußte sich ducken*«, weil die königlich verspro-chene Pressefreiheit und Einführung sozialer Refor-men auf der Strecke blieben. Über eine Millionen Men-schen wanderten 1850–59 aus den »Gebieten des Dt. Reichs von 1871« aus, doppelt so viel wie in der Vorde-kade (1840–49) und fünf mal so viel wie zur Dekade 1830–39. [Nipperdey 1983,S. 114] Die Revolution und ihr »Paulskirche«-Parlament scheiterten an noch zu

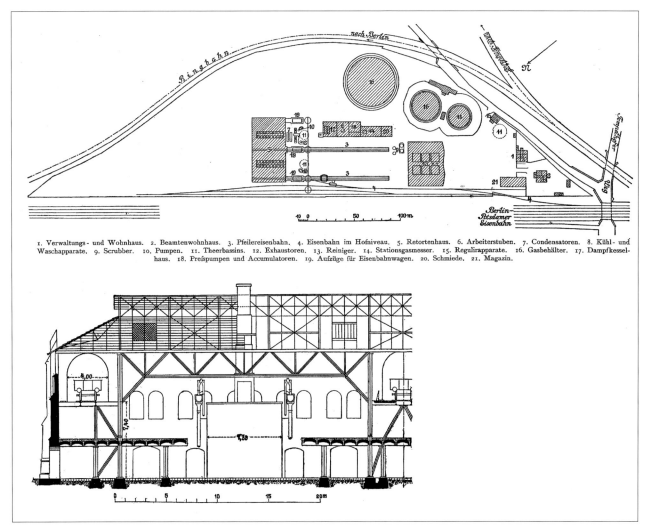

1. Verwaltungs- und Wohnhaus. 2. Beamtenwohnhaus. 3. Pfeilereisenbahn. 4. Eisenbahn im Hofniveau. 5. Retortenhaus. 6. Arbeiterstuben. 7. Condensatoren. 8. Kühl- und Waschapparate. 9. Scrubber. 10. Pumpen. 11. Theerbassins. 12. Exhaustoren. 13. Reiniger. 14. Stationsgasmesser. 15. Regulirapparate. 16. Gasbehälter. 17. Dampfkessel-haus. 18. Preßpumpen und Accumulatoren. 19. Aufzüge für Eisenbahnwagen. 20. Schmiede. 21. Magazin.

Abb. 80   ICGA Gaswerk Torgauer Str. 1894: Retortenhaus (5.), Hydraulik-Transport Kohlenwaggons (4., 3. und 19.)

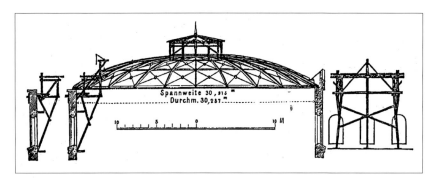

Abb. 81   Kuppeldachkonstruktion
J. W. Schwedler (ab 1863), Berlin 1879

starken Kräften der »Gegenrevolution« [S. 663 ff.]. König *Wilhelm I* ist fortan der Herr der politischen, militärischen und bürokratischen Verfahren. Der Polizei-
staat unter *von Hinckeldey* funktionierte, leitete Prozesse gegen revolutionäre Kräfte ein, »versetzte« unbeug-
same Richter, überwachte die Pressezensur und schurie-
gelte unfolgsame Beamten [Nipperdey 1983, S. 680 ff.]
Bismarck übernahm 1862 für den reformunwilligen
Preußenkönig *Wilhelm I* die Geschäfte als Vorsitzender
des Staatsministeriums und begann seine »*Blut- und
Boden-Politik*« mit dem hehren Ziel der nationalen Einheit Deutschlands – unter alleiniger Führung Preußens
und ohne Österreich.

Die Opposition unter den Abgeordneten der »*Dritten Klasse*« im *Preußischen Landtag* und der Berliner
Stadtverordneten-Versammlung nahm zu, ihr Streben
nach mehr Rechte, Übernahme von Aufgaben und
nach mehr Selbständigkeit wuchs. Die Residenzstadt
Berlin war in wichtigen Dingen noch fremdbestimmt:
Den Finanzetat der Stadt bestellte der preußische Handelsminister und zudem war er die oberste Instanz für
alle Angelegenheiten des Verkehrs. Dem Polizeipräsidenten Preußens oblag die Verfügungsgewalt über alle
räumlich-baulichen Aktivitäten und der König hatte das
Recht, die Wahl des Berliner Stadtoberhauptes und der
besoldeten Magistrate zu bestätigen oder abzulehnen.

Eines der Mittel zum Zwecke dieser Reformanstren-
gungen war die Diskussion um die Verbesserung der
im Argen liegenden stadthygienischen Zustände im
Wasser- und Abwasserbereich (Kap. 2). Als ein anderes
Mittel zur Stärkung des städtischen Selbstbewußtseins
gegenüber dem Staat galt die öffentliche Bautätigkeit
Anfang der 1860er Jahre. Drei städtische Bauwerke
ragten heraus, waren richtungsweisend auch für private Bauten: Das von *Hermann Friedrich Waesemann* erbaute Berliner Rathaus, die stattliche Börse der *Berliner Kaufmannsschaft* in der Burgstraße und die von
Eduard Knoblauch für die Jüdische Gemeinde erbaute
Neue Synagoge in der Oranienburger Straße. »*Das Rathaus nahm einen ganzen Straßenblock zwischen Jü-
den- und Spandauer Straße in Anspruch – ein Zeichen
dafür, daß die wachsende politische Bedeutung Berlins
ein Bedürfnis nach ›Monumentalität‹ weckte, dem man
unbedingt Rechnung tragen wollte. Das kam allein in*

*dem 97 Meter hohen Turm zum Ausdruck, der sogar
das Schloß überragte.*« [Lange 1972, S. 81]

Mit dem Bau des wegen der roten Klinkerfassaden
und Majolikafriese vom Volksmund getauften »Roten
Rathauses« wurde 1859 *Wäsemann* beauftragt. Er war
Baumeister und unter der Leitung von *Friedrich August
Stüler* beim Bau des Neuen Museums und danach als
Kondukteur in der Schloßbaukommission beschäftigt
[Bartmann-Kompa 1991, S. 46]. Der für die Auswahl
und Benennung *Wäsemanns* zuständigen Deputation
gehörten u. a. *Wiebe, Brix* und *Eytelwein* an.

Das Rathaus war mit drei Ereignissen Träger und
Katalysator von bemerkenswerten stadttechnischen Entwicklungen. So verlegte man 1865 zur Eröffnung des ersten Bauabschnittes rund um das Carrée eine 600 Meter lange umlaufende Thonrohrleitung – etwa 1,50 Meter unterhalb des Straßenpflasters. Diese halbherzige
Entwässerungslösung gehörte zu den frühen Aktionen
des »*wilden Kanalbaus*« (Kap. 2 und 3). Sie verfolgte
das Ziel, das fäkale Schmutzwasser von der offenen
Rinnsteinströmung in den für die Straßen- und Gebäu-
denutzung nicht mehr geruchsbelästigenden verrohr-
ten Untergrund zu verlagern. Die ungeklärte Schmutz-
wasserfracht floß – wie gehabt – immer noch unbehandelt in die nahe Spree. Die Arbeiten wurden von dem
Civilingenieur *L. A. Veitmeyer* geplant und durchgeführt [Wäsemann 1886, S. 8], der ein paar Jahre später
bekanntlich den Zentralwasserplan für Berlin entwarf.

Das Rathaus trat 1871 zum zweiten Mal in einen
stadttechnisch-kulturellen Brennpunkt: Anläßlich der
Rückkehr Kaiser *Wilhelms I* von den Krönungsfeierlich-
keiten in Versailles sollte auf Beschluß der Stadtverordnetenversammlung ein »*Empfang auf dem Bahnhofe ...,
Illumination des Rathauses*« [zit. bei Bartmann-Kompa
1991, S. 76] stattfinden. Am Abend des 17.3.1871 waren
die Rathausfassaden geflaggt und erleuchtet (Abb. 82).
In der Leipziger *Illustrierten* Zeitung wurde ein ganz-
seitiger Holzschnitt nach einer Originalzeichnung von
E. Wilberg veröffentlicht. Er zeigt die mit Gasbrennern
dramatisch erleuchteten Fassaden und die offenen
Flammen auf der Attika.

Die 1871 prosperierende kommunale Gasversorgung stellte sich nicht zum ersten Mal in den Dienst
staatlich-repräsentativer Aufgaben. Der 1866 bereits

Abb. 82
Gaserleuchtetes
Rathaus anläßlich
der Rückkehr Kaiser
Wilhelms I aus Paris
1871

fertiggestellte Teil des Rathauses wurde für die Siegesfeier nach dem Krieg zwischen Preußen und Österreich benutzt: An die Fassaden installierte man Gasrohre und Gasbrenner zur Erleuchtung der Gebäudefassaden, wofür die Stadtverordneten 4.400 Thaler zur Verfügung stellten [S. 67 f.].

Die in den Sälen des Rathauses errichteten gasversorgten Kronleuchter (Abb. 83) wurden auf der *Ilsen-*

burger Hütte gegossen und von *R. W. Elsner* installiert. Zur Ausstattung eines jeden Platzes der Abgeordneten gehörte eine gasbetriebene Tischlampe mit grünen Glasschirmen. Die Säle erhielten eine Warmluftheizung. Alle sonstigen Räume wurden mit modernsten Warmwassersystemen ausgestattet (neun *»Heizbezirke«* mit je zwei Kesseln und eigenem Netz aus Kupferrohren, die – von gußeisernen Gittern verdeckt – in of-

Abb. 83   Rathaus, Magistrats-Saal mit Gas-Tischlampen 1880

fenen Mauerschlitzen verlegt wurden). Diese Anlagen
plante *C. Heckmann* und *H. Rösicke* führte die Arbeiten
durch, der 1883/4 bei dem Technikwettbewerb für das
Reichstagshaus den zweiten Durchgang erreichte. Die
Übertragung der Heizwärme an die Raumluft erfolgte
über *»lackirte Säulenöfen aus Eisenblech, meistens
auf kugelförmigen Füßen aufgestellt (...).«* [Wäsemann
1886, S. 8]

Das auffallende dritte Ereignis, bei dem das Rathaus
mit Hilfe stadttechnischer Mittel im Brennpunkt stand,
fand 1878 statt: Wieder diente einer der Gedenkfeierta-
ge zum deutsch-französischen Krieg – der »Sedanstag«
– zum Anlaß, die Fassaden bzw. den Vorplatz diesmal
mit elektrischen *Jablotschkow*-Bogenlichtlampen von
Siemens & Halske zu illuminieren. Weiter installierte
S & H auf den vier Ecken des Turmes *Fresnel*-Schein-
werfer, die mit ihren imposanten Lichtstrahlen u.a. die
Straße Unter den Linden erhellten.

Die Gasbeleuchtung befand sich zu dieser Zeit auf
einem Hochpunkt. Nach der Inbetriebnahme der dritten städtischen Gasanstalt 1859 in der Müllerstraße verzeichnete allein die *Städtische Gasanstalt* zwischen 1860
und 1875 einen jährlichen Zuwachs an Gasproduktio-
nen von durchschnittlich 25 % pro Jahr [Bericht Statistik 1924, S. 182]. Der Zuwachstrend hielt sich zwar bis

zum Ersten Weltkrieg, doch derartig hohe Wachstumsraten wurden nie mehr erreicht.

Das vom Journalisten *Otto Glagau* in der Familienzeitschrift »Daheim« 1866 für die 650.000 registrierten
Berliner gezeichnetes und erläutertes *»unterirdisches
Städtebild«* (Abb. 25) vermittelt uns heute die veröffentlichte Ansicht über die Berliner Gas-, Wasser-, Tele-
graphenversorgung und die *»Kloakenleitung«*. Es folgt
daraus die Einleitung und ausgewählte Passagen zur
Gasversorgung [Glagau 1866, S. 487 f.]:

*»Wenn der hinkende Teufel, genannt Asmondi, auf
seiner nächtlichen Luftreise mit dem Studiosus Don
Cleophas vor diesem die Dächer der berühmten Stadt
Madrid abdeckte und ihn in das Innere der Häuser und
Zimmer sehen ließ, so gedenke ich vor dem hochge-
schätzten Leser und der noch höher geschätzten Lese-
rin ein Kunststückchen aufzuführen, das ihnen nicht geringer scheinen soll. Was Asmondi in stiller Nacht und
vor einem einzelnen gethan, will ich am hellen Tag und
vor hunderttausend Augen unternehmen, indem ich mir
erlaube, das Straßenpflaster von Berlin aufzudecken
und seine unterirdischen Geheimnisse bloßzulegen,
ohne damit den öffentlichen Verkehr im geringsten zu
hemmen; vielmehr soll die Anzahl von Wagen, Reitern
und Fußgängern nach wie vor darüber hinwegeilen.*

Ewiges Dunkel herrscht im Reich der Unterwelt. Wenn ihr Auge sich allmählich daran gewöhnt, werden sie außer Sand und Schutt, Steinen und Erde noch eine Menge anderer Dinge unterscheiden, z. B. gar viele Brunnen und Bassins von sehr verschiedener Tiefe, einige mit Wasser oder anderen Flüssigkeiten gefüllt, andere ganz trocken; vor allem aber ein Labyrinth von thönernen, bleiernen und gußeisernen Röhren, über-, neben- und durcheinander, in waagerechter, senkrechter und schräger Lage und Stellung, bald gerade, bald gekrümmt, von der allerverschiedensten Länge und Dicke; einige wie umgestürzte Riesenbäume anzusehen, die mit ihren tausend Aesten und Zweigen wieder zur Oberwelt emporwachsen oder in die Keller der benachbarten Häuser greifen, sich an allen Geschossen und Zimmerwänden bis zum Dache hinaufrankend; andere wie das Unterholz eines Waldes sich durchkreuzend und ineinanderschlingend.

In einigen dieser Kanäle hört man es ganz vernehmlich fließen und rauschen, und wirklich kreisen in ihnen Ströme und Bäche lebendigen Wassers, aber auch solche Fluida, die der Mensch, wenn er ihnen zufällig auf Geruchsweite nahe kommt, doch immer zu schauen begehrt. In anderen dagegen ist es todtenstill, und doch strömt gerade in ihnen ein wunderbar schnelles und mächtigen Leben; hier die Gaswellen, die sich mit hunderttausend Mündungen in die Häuser und Gassen ergießen und Abends die ganze Stadt in ein buntes Flammenmeer hüllen; dort der elektrische Funke, der vielleicht in diesem Augenblick den Sturz eines Handelsfürsten oder ein welterschütterndes Ereigniß meldet und ganze Heere in Bewegung setzt. – Warum aber länger in Bildern und Figuren sprechen? Jene zahllosen und scheinbar so chaotisch durcheinander liegenden Röhren bilden verschiedene, überaus kunstvoll gegliederte Leitungssysteme, die ich als Gas-, Wasser-, Telegraphen- und Kloaken-Leitungen jetzt vorführen will.

I. Die Gasleitungen. Bekanntlich ist die Erleuchtung von Gebäuden und Straßen durch Gas noch nicht so alt wie unser Jahrhundert und gleich den meisten andern Erfindungen der Gedanke eines Deutschen, aber von den Engländern zuerst praktisch angewandt und verwerthet worden. (...)

Gegenwärtig besitzt die städtische Gasanstalt 3 Gasbereitungsanstalten, die sich Tag und Nacht in unausgesetztem Betriebe befinden. Die Gesammtzahl der Oefen beträgt über 100 mit je 6–9 Retorten, die früher von Eisen waren, jetzt aber durchweg mit thönernen vertauscht sind, da die neueste Praxis letzteren den Vorzug gibt. In diesen luftdicht verschlossenen Retorten wird das Gas durch eine Art trockner Destillation aus Steinkohlen gewonnen, während die Feuerung durch Coaks geschieht. Es wurden während des letzten Jahres [1865, A.d.V.] etwa 20,000 Last Kohlen und 10,000 Last Coaks verwendet, und aus jenen 700 Millionen Cubik-

fuß Gas erzeugt; an einem einzigen Tag mehr als 3 Millionen Cubikfuß. – Exhaustoren, durch Dampfkraft betrieben, führen das Gas aus den Retorten in senkrecht aufsteigenden Röhren nach den Reinigungsgefäßen und Gasbehältern. Seine Abkühlung geschieht in großen eisernen Condensationscylindern, welche fließendes Wasser umspült, wodurch eine raschere Verdichtung der nicht gasförmigen Flüssigkeiten herbeigeführt wird. Die Reinigung erfolgte früher durch eine Kalkwäsche, jetzt auf trockenem Wege durch die Lamainsche Masse.

Das fertige Gas wird in 15 Gasbehältern oder Gasometern aufbewahrt, die zusammen gegen 2 Millionen Cubikfuß Gas fassen. Ein Gasometer, der etwa 90 – 120,000 Cubikfuß Gas faßt, besteht aus einem Kasten oder einer sogen. Trommel aus Eisenblech, die umgekehrt in ein ummauertes Wasserbassin gestürzt wird, etwa 1200 Centner wiegt und oben einen Durchmesser von 65–70 Fuß hat. Unter diese Trommel tritt nun das Gas und sammelt sich über dem Wasser, jene nach und nach hebend. Auf jeder der drei Gasbereitungsanstalten befindet sich ein Stationsgasmesser, durch welche die Menge des erzeugten Gases genau gemessen wird. Mit einem Blick auf diese Vorrichtung kann der Betriebsinspector jederzeit wissen, ob seine Arbeiter fleißig gewesen sind, oder ob und wann sie träge waren, und wann sie durch überschnelle Arbeit ihre Versäumnisse nachzuholen suchten: was alles von großer Wichtigkeit, da die Güte des Gases, außer von dem Material, namentlich von seiner gleichmäßigen Bereitung abhängt. Stündlich können 20,000 Cubikfuß durchfließendes Gas gemessen werden. Aus den verschiedenen Gasometern wird das Gas in die Hauptröhren gelassen und unterirdisch in die Straßen der Stadt geleitet, wo es sich in Nebenröhren an die Verbrennungsstellen begibt. Die Hauptröhren sind von Gußeisen; dem inneren Durchmesser nach 20-, 15- und 12-zöllig; sie werden aus 8–10 Fuß langen Enden, die vorn mit einem Wulst oder umgebogenem Rand, hinten mit einem Mundstück versehen, zusammengesetzt, nämlich ineinandergeschoben, und die dabei entstehenden ringförmigen Zwischenräume durch Einkeilen von fettgemachtem Werg und Vergießen mit Blei gasdicht gemacht.

Das Gasröhrennetz der städtichen Gasanstalt erstreckt sich nunmehr auch bis zu den äußersten Vorstädten, die früher durch Oellampen erleuchtet wurden; und die Gesammtlänge aller Röhren beträgt 40 deutsche Meilen.

Früher, wo für alle drei Gasbereitungsanstalten ein allgemeines Röhrensystem bestand, trat nicht selten ein Ueberfüllen und damit große Gasverluste ein, seit 1853 besitzt jede Anstalt ihre eigene unabhängige Röhrenleitung, wodurch sie die ihr zunächst gelegenen Stadttheile bespeist.

Das Ausströmen des Gases, wo dieses sich zur Flam-

me entzündet, findet in den sogen. Gasbrennern statt, das sind ringförmig geschlossene, mit einem Sperrhan versehene Röhren, entweder feststehend oder beweglich, bald von kleiner, einfacher oder größerer, zusammengesetzter Art. Eine nadelfreie Oeffnung läßt bei geöffnetem Han das Gas ausströmen, das dann eine einfache Stich- oder Spitzflamme gibt. Meistens enthalten die Brenner zwei feine Löcher unter einem Winkel von 45°, wo dann die Schwalbenschwanzflamme entsteht; oft auch 3 – 5, ja 8, 12 und 16 in gerader Linie dicht neben einanderstehende Oeffnungen, welche die Fledermausflügelflamme erzeugen. Stehen viele (bis 20) feine Löcher kreisförmig auf einem Ringe, so hat man den Argandschen Brenner, der wie die Flamme einer Schiebelampe unter Zugcylinder und Milchglas gebracht wird, und gleich dieser hin und her getragen werden kann, indem ein von der Zimmerdecke herabhängendes Gummirohr die Zuleitung des Gases besorgt. Auch in Fabrikräumen wendet man solche Brenner, aber ohne Cylinder und Milchglas, und mit Schwalbenschwanzflammen an, welche die Arbeiter an ihren Schraubstöcken und Drehbänken hin und her bewegen können.

Zwischen Gasometer und Brenner sind Regulatoren eingeschaltet, welche den Zufluß des Gases regeln, so daß bei abnehmenden Druck mehr Gas, bei zunehmendem Druck weniger Gas zuströmt, wonach die Trommel des Gasometers in einem steten Auf- und Absteigen begriffen ist.

In jedes durch Gas erleuchtete Privatgebäude hat die Gasverwaltung eine Gasuhr hineingesetzt, welche einerseits die Güte, andererseits die Menge des verbrauchten Gases anzeigt, indem alles Gas nur durch sie in das Haus tritt, und auf einem Zähler die Zahl der durchgegangenen Cubikfuß automatisch bemerkt.

Die städtische Gasanstalt versorgte Ende v. J. ca. 6500 öffentliche und 180,000 Privatflammen, von welchen letzteren 2500 Flammen nach Tarif und 177,500 durch Gaszähler und auf den Anstalten brannten. In dieser Zahl sind die Flammen des königlichen Opern- und Schauspielhauses nicht inbegriffen, da diesen das Gas in besonderen unabhängigen Röhren aus einem Gasbehälter in der Georgenstraße zugeleitet wird. Die Straßenlaternen brennen auch bei Mondschein, im Jahre etwa 3600 Stunden. Die Straßenerleuchtung kostet gegen 200,000 Thaler jährlich. Das Anlagecapital betrug 1,500,000 Thaler und wird mit 4 1/2 Procent verzinst. Die Einnahmen für Gas, Coaks, Theer und ammoniakalisches Wasser betrugen im letzten Jahre gegen 1 1/4 Million Thaler, wovon gewöhnlich zwei Drittel zur Ausführung neuer Bauten verwendet werden.

Die englische Gasanstalt unterscheidet sich in ihren Anlagen und in ihrem Betriebe nicht wesentlich von der städtischen. Ihre Röhren sind von ähnlicher Construction und Ausdehnung wie die ihrer Collegen, und sie laufen neben diesen gleichfalls durch alle Stadttheile. Da die Gesellschaft keine Verwaltungsberichte veröffentlicht, ich auch auf privatem Wege nichts Näheres erfahren konnte, muß ich weitere Angaben unterlassen.

Jedenfalls ist die durch Errichtung der städtischen Gasanstalt hervorgerufene Concurrenz dem consumirenden Publikum von großem Nutzen gewesen. In keiner größren Stadt Deutschlands und Europas stellt sich der Preis des Gases niedriger als in Berlin, wo er pro 1000 Cubikfuß nur 1 Thlr 20 Sgr. beträgt; in Wien dagegen 5 Thlr. 7 1/2 Sgr., in Paris 3 Thlr. 13 Sgr. 2 Pf., in Hamburg 2 Thlr. 26 1/2 Sgr., und in Köln 2 1/3 Thlr.. Außer den Steinkohlen dienen zur Gaserzeugung auch: Oel und Thran, wie in Liverpool und Köln; oder Harz, wie in Paris, Schweden und Antwerpen; neuerdings auch Holz, Torf und Braunkohle. Man hat auch die kostspieligen Röhrenleitung zu umgehen und tragbares Gas einzuführen versucht, wie in Bremen, wo man das Gas mittelst einer Druckpumpe in Gefäßen comprimirte und so in die Häuser schaffte indem man diese Gefäße unmittelbar an die Brenner schraubte oder mittels Schlauch in einen kleinen Privatgasometer zu weiterer Vertheilung ausleerte. – In Süddeutschland hat die Holzgasdarstellung nach dem Vorgange von Pettenkofer und Blochmann in kurzer Zeit eine bedeutende Ausdehnung gewonnen; außer in anderen Städten ist sie namentlich in Heilbronn, Baireuth, Basel und Nürnberg eingeführt, und man rühmt von ihr, das sie die Steinkohlengasfabrikation in jeder Hinsicht in den Schatten stelle: das Material sei nämlich billiger und doch weit ergiebiger, auch die Feuerung und die zu errichtenden Fabrikgebäude verursachten geringere Unkosten, das Holzgas sei reiner, fast geruchlos und bequemer fortzuleiten, eigne sich auch als Feuerungsgas zu Koch- und Heizapparaten; besitze eine um 20 Procent höhere Leuchtkraft als das Kohlengas, und seine Nebenproducte, wie Holztheer und Holzessig, seien werthvoller und leichter verkäuflich als die des Kohlengases; daher es selbstredend weit billiger denn dieses herzustellen und zu liefern sei.«

7.2 Rohrnetzengpässe dämpften Gasnachfrage

Die Berliner Volkszählung von 1867 widmete sich in § 7 und 8 der Ausstattung der Gebäude und der Wohnungen mit Wasser und Gas. Die folgende Tabelle zeigt den Versorgungsgrad von »Vorderhäusern« und »Hofgebäuden« für die einzelnen Bezirke Berlins. Bis auf die nordwestlichen Bezirke (Wedding, Moabit, Spandauer Revier außerhalb) sind mit Gas zur Beleuchtung der Flure, Treppenhäuser, Höfe und einem Teil der Wohnungen etwa zwei Drittel aller Vorderhäuser, dagegen weniger als 20 % der Hofgebäude ausgestattet. Die Analyse der Statistiker um den Direktor des Statistischen Büros des

Magistrats *Hermann Schwabe* stellte fest, *»dass die Vorderhäuser das Licht dem Wasser, die Hofgebäude das Wasser dem Lichte vorziehen«*. [Schwabe 1867]

Wie wenig das Gaslicht 1867 in *Wohnungen* verbreitet war, zeigt die folgende Tabelle, zu der die Statistiker erläuternd ausführten [S. CLXX II f.]:

> *»Im Ganzen sind von 152,641 Wohnungen 25,118, also 16,4 pCt., mit Gasleitung versehen; dieselbe ist sonach blos halb so stark verbreitet, als die Wasserleitung. Von obigen 15,118 mit Gas-Einrichtung versehenen Wohnungen liegen 23,580 oder 21,3 pCt in den Vorderhäusern, und blos 1538 oder 3,6 pCt. in den Hofgebäuden. Aus Tab. 58 ergiebt sich, wie in den einzelnen Stadttheilen die Gasleitung in den Vorderhäusern und Hofgebäuden verbreiten ist, und wie andererseits die geschäftlich benutzten Wohnungen ungleich stärker mit Gasleitung versehen sind als diejenigen, welche ausschliesslich zum Wohnen benutzt werden; das Verhältnis für die ganze Stadt ist 55,3: 44,7. Im Jahre 1864 waren blos 18,807 Wohnungen (14,4 pCt) mit Gas-Einrichtungen versehen, die Steigerung umfasst also 6311 Wohnungen (34 pCt).«*

Zum Verhältnis von Gas- und Wasserleitungen in den Gebäuden und den Wohnungen:

> *»In den Vorderhäusern und Hofgebäuden existiren:*

	Vordergebäude	Hofgebäude
– Gebäude mit Wasserleitung	39,7 %	26,7 %
– Wohnungen mit Wasserleitung	35,4 %	24,4 %
– Gebäude mit Gaseinrichtungen	73,5 %	15,8 %
– Wohnungen mit Gaseinrichtungen	21,3 %	3,6 %

Man sieht, dass 1867 die Wasserleitung nahezu in derselben Stärke in den Grundstücken wie in den Wohnungen verbreitet ist. Ganz anders steht es mit der Gaseinrichtung. Sie tritt in den Vorderhäusern sogar stärker auf als die Wasserleitung, nämlich mit 73,5 %, dagegen in den Wohnungen blos mit 21,3 pCt.«. [Schwabe 1867, S. CLXX III f.]

Die nach dem Krieg 1870/71 in der Reichshauptstadt rasant wachsende Gasnachfrage für Beleuchtungszwecke konnte von der Seite der Erzeugung her in den folgenden Jahrzehnten immer gedeckt werden. Dafür sorgte das 1873 in Betrieb gehende vierte städtische Gaswerk in der Danziger Straße, parallel zur Ringbahnstrecke und das 1890/93 eröffnete fünfte Gaswerk in der Cunostraße in Schmargendorf (Karte, S.185). Beide Gaswerke waren vom Typ her mehr als doppelt so groß wie ihr Vorgänger in der Müllerstraße. Engpässe waren dennoch an der Tagesordnung, weil man bei den in den 1840er Jahren verlegten Rohrnetzen eine

derartig steile Absatzentwicklung in der Dimensionierung nicht voraussehen und damit berücksichtigen konnte. Wurden Netzengpässe erkannt, so waren diese nur langfristig aufzulösen, weil bekanntlich mehr als zwei Drittel des Finanzbedarfs für zentrale Gas- und auch Wasserversorgungen in deren unterirdischen Netzen investiert werden müssen.

Das um 1870 vorhandene Gasrohrnetz, das die im 1861 berichteten *Boehm*-Plan von 1851 farbig eingetragenen Gasreviere I–VII [Stadtarchiv Berlin, A 405 Kartensammlung] versorgte, stammte im wesentlichen noch aus den Pioniertagen der 1840/50er Jahre. Nach dem Krieg und mit Beginn der baulichen Aktivitäten der »Gründerzeit« setzte die bekanntlich starke Nachfrage nach dem Energieträger Gas ein. Das Netz war fortan der Grund für Lieferengpässe, nicht die ausreichenden Produktionsstätten. Der unterirdische Straßenraum wurde zudem knapper und mußte ab Mitte der 1870er Jahre in seiner Inanspruchnahme unter mehreren Nutzern von der ab 1875 im Besitz der Straßenrechte befindlichen Kommune organisiert werden: Ab 1873 (Abwasser-Radialsystem RS III) und ab 1874 (RS I, II, IV, V) wurden unter der Regie *Hobrechts* die begehbaren, gemauerten Ei-Profil-Abwasserkanäle verlegt (Karte, S.99), ab 1874 die Wassernetze nach Plänen *Veitmeyers* zwischen den Hauptwasserwerken am Tegeler See und Müggelsee nebst Zwischenspeicher und Pumpanlagen am Westend (Tegeler See) und am Landsberger Thor (Müggelsee) (Karte, S. 91) eingerichtet. Bis zum Ende des Jahrhunderts und darüber hinaus mit dem Bau der U-Bahnen blieben den Berlinern die Straßen als permanente Baustellen erhalten.

Die Gasnetze aus den 1840er Jahren lagen dabei nicht selten den unter dem Zwang des Gefälles stehenden Abwasserkanälen im Wege. Wegen der über die Jahre undicht gewordenen Muffenverbindungen waren auch die Stadtgärtner nicht gut auf sie zu sprechen, die in den Leckagen des Gasnetzes die Ursache für das vermehrte Baumsterben in den Straßen vermuteten.

Die Betriebssicherheit der Gasnetze litt auch dadurch, daß man bei städtebaulich begründeten Straßendurchbrüchen die unterirdischen Fundamente der Abrißgebäude nicht beseitigte. So entstanden beim Verlegen der Rohre im Wechsel Hohlräume und Fundamentauflagen, die dann wiederum Ursache für Muffenundichtigkeiten oder gar Rohrbrüche waren. [Körting 1963, S. 255]

Schon 1861 fand anläßlich von aufgetretenen Baumschäden in der Straße Unter den Linden eine Konferenz statt, an der der Generalgartendirektor *Peter Joseph Lenné* und die beiden Gaswerke-Direktoren *Leonard Drory (ICGA)* und *Friedrich Baerwald (Städtische Gasanstalten)* teilnahmen. Man erarbeitete technische Lösungen, die aber wegen der hohen Kosten nicht umgesetzt wurden. [Technikmuseum 1997, S. 48 f.]

Etwa zur gleichen Zeit verlangte der König, die Gas-

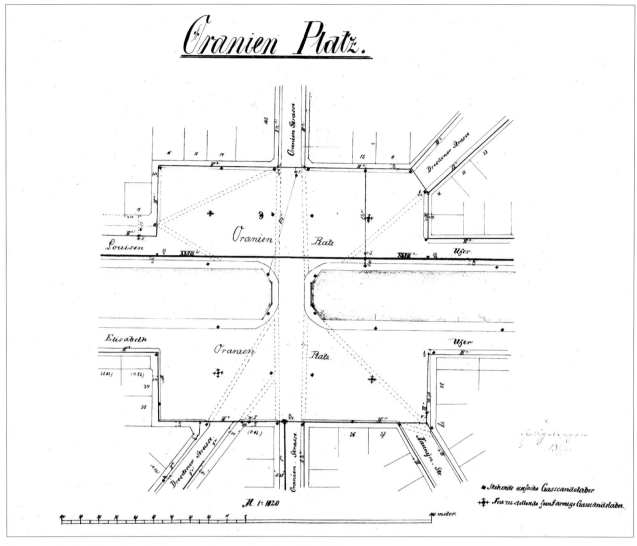

Abb. 84   Oranien Platz 1874, Gasleitungsverlegung bis »Köpenicker Feld«

beleuchtung in den Berliner Straßen zu verbessern. [S. 49] Ursachen der beanstandeten Qualität waren entweder der nicht ausreichende Gasdruck in den zu engen Gasleitungen oder die verschlissenen bzw. nicht mehr intakten Gaslaternen. Beiden Ursachen – Erneuerung der Rohrnetze und Installation neuer und zusätzlicher Straßenlaternen – widmete sich das dafür eingerichtete *Erleuchtungs-Curatorium*. Das *Curatorium* allein entschied über die Erneuerung von Netzteilen, deren Rohrleitungen in der Regel 1 bis 1,5 Meter unterhalb des Pflasters der Bürgersteige lagen, über die Möglichkeit, Mengendurchsätze im Leitungsbestand durch Umstellung von Nieder- auf Mitteldruck zu erhöhen und über die Aufstellung neuer und zusätzlicher Laternen. Die aufwendig kolorierten Detailpläne dokumentieren diese *Curatoriums*-Beschlüsse [Stadtarchiv Berlin, Rep 259] für bestimmte Straßen und Plätze: Angaben über erneuerte, erweiterte und weiter benutzte Netzteile sowie über die Anzahl und Art der aufgestellten Gaslaternen.

So ist z. B. der Akte *»Öffentliche Beleuchtung«* im *Stadtarchiv Berlin* zu entnehmen, daß 1874 Teile des *»Köpenicker Feldes«* über neue Leitungen vom Oranien Platz (Abb. 84) aus versorgt werden sollten: Es wurde beschlossen, von der *»XXVIII-Zoll«* (ca. 700 mm innerer Durchmesser) Verbindungsleitung zwischen dem Gaswerk Prinzenstraße und dem Werk Stralauer Platz eine sechs Zoll Leitung über Luisenufer, Skalitzer Straße in die Reichenberger Straße bis zur Pumpstation des Abwasser-Radialsystems RS I sowie eine zweite Leitung, acht Zoll stark, über die Skalitzer Straße bis zum Lausitzer-/Spreewaldplatz zum Görlitzer Bahnhof zu führen. Die Speisung der Leitungen erfolgte vom vierten Gaswerk (Prinzenstraße/Gitschiner Straße) und zugehörigem Gasspeicher (Fichtestraße), wie aus der Gas-Karte, S.167 ersichtlich. Weiter östlich, bis zum Schiffahrts-Canal, nördlich bis zur Spree oder gar jenseits des Canals waren 1874 noch keine Netzerweiterungen von den *Städtischen Gasanstalten* vorgesehen [Stadtarchiv, Rep. 259, Nr. 83, 85].

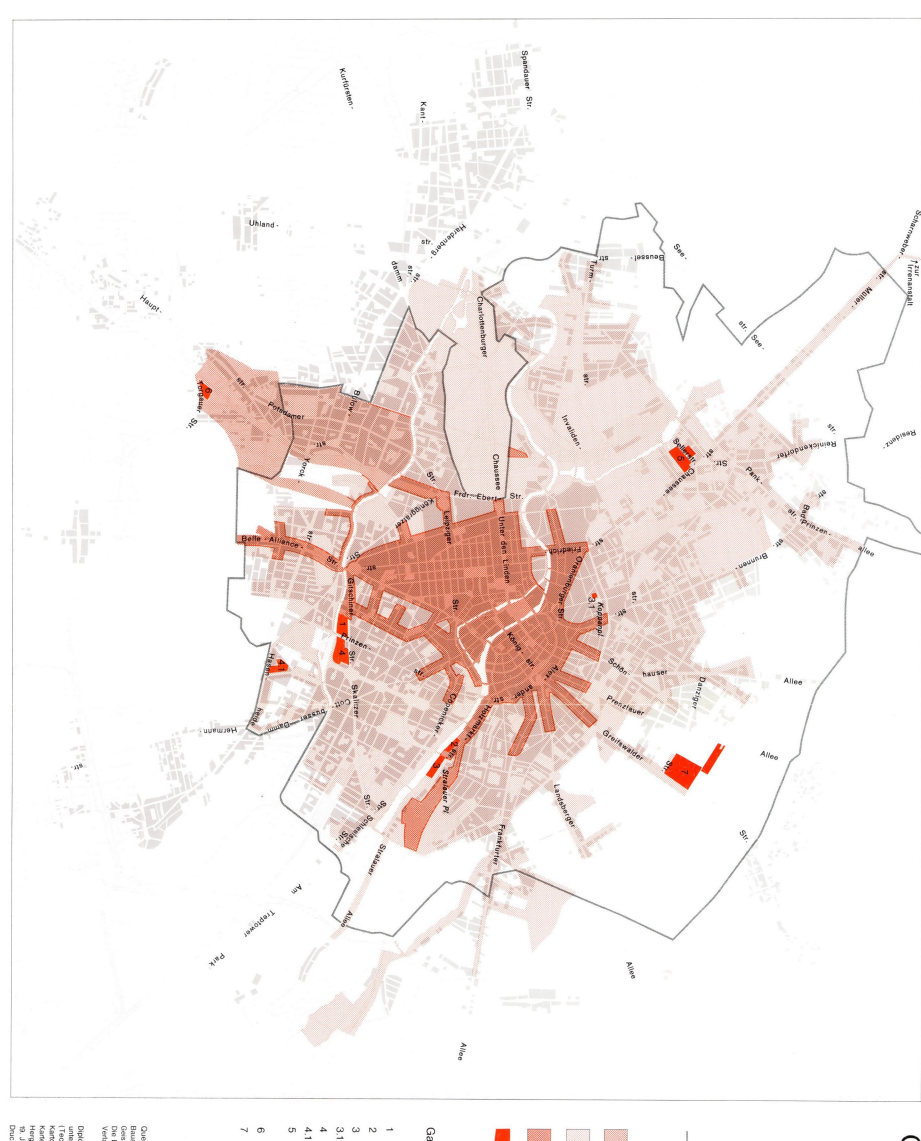

GASVERSORGUNG BERLIN

STAND UM 1880

Maßstab 1:50 000

0 500 1000 1500 2000 2500 m

| | Stadtgrenze 1861 |

	Versorgungsgebiet der privaten Gesellschaft Imperial Continental Gas Association (ICGA)
	Versorgungsgebiet der städtischen Gasanstalten
	Gemeinsam versorgtes Gebiet: ICGA und städtische Gasanstalten

| | Gaswerke und Speicher |

Gaswerke und Speicher:

	Standort	Inbetriebnahme	Betreiber
1	Gitschiner Str. / Prinzenstraße	1826	ICGA
2	Holzmarktstraße	1838	ICGA
3	Stralauer Platz	1847	Stadt
3.1	Speicher Koppenplatz	1847	Stadt
4	Gitschiner Str. / Prinzenstraße	1847	Stadt
4.1	Speicher Fichtestraße	1876	Stadt
5	Müllerstraße / Nordhafen	1859	Stadt
6	Erweiterung Sellerstraße	1876	Stadt
7	Torgauer Straße	1871	ICGA
	Danziger Straße	1873	Stadt

Quellen:
Baualterskarte der geschlossenen Mietshausbebauung in Berlin zwischen 1862 und 1925, aus:
Geist, J. F. & Kürvers, K.: Das Berliner Mietshaus 1862 - 1945, Prestel - Verlag, München 1984
Die Beleuchtung, Wasserversorgung und Kanalisation der Stadt Berlin, DVGW-Festschrift,
Verlag von Julius Springer, Berlin 1883

Diplomarbeit im Studiengang Kartographie an der Technischen Fachhochschule Berlin
unter der Leitung von Prof. Dr. S. SCHULZ in Zusammenarbeit mit Dipl.-Geogr. G. FLIESSBACH
(Technische Universität Berlin)
Kartographische Bearbeitung: B. JANKOWSKI
Kartenautor: Prof. Dr. H. TEPASSE (Hochschule der Künste Berlin, Fachbereich Architektur)
Hergestellt im Rahmen des Forschungsvorhabens "Unterirdischer Städtebau Berlins im
19. Jahrhundert"
Druck: TFH Berlin 1988

Wie es um die Qualität der Straßenbeleuchtung zu Beginn der 1870er Jahre bestellt war, wird aus folgendem Zitat erkennbar: »Die Straßenbeleuchtung war äußerst miserabel, obgleich jeden Monat ein paar neue Petroleum- oder Gaslaternen bewilligt wurden.« [Lange 1972, S. 102] Auf den wichtigen Plätzen und Straßen wurden deshalb in den 1870er Jahren größere Anstrengungen unternommen: 1875 beschloß das Curatorium, den Königsplatz zwischen dem Radczynski Palais, der Kroll-Oper, der Zelten Allee und der Sommerstraße mit 187 Gasflammen auszustatten, davon vier fünfarmige mit je elf Flammen, 30 zweiarmige mit zwei Flammen und 83 einflammige Kandelaber. [Stadtarchiv, Rep 259, Nr. 86]. Der Platz (Lustgarten) und die Umgebung der Königlichen Nationalgalerie erhielt 1876 zwei vierarmige Rundkandelaber und 50 Laternen. Der Spreewaldplatz vor dem Görlitzer Bahnhof wurde 1877 mit 28 Gasflammen auf 16 Kandelabern eingerichtet [Nr. 87]. Zum Beispiel erhielt 1878 die Potsdamer Straße vom Landwehrkanal bis zur Weichbildgrenze am Botanischen Garten zu den 57 vorhandenen noch 48 neue Laternen hinzu [Nr. 89]. Diese Aktionen des Auswechselns alter und des Aufstellens zusätzlicher Laternen setzte sich fort, die parallel erfolgende Rohrnetzerneuerung und -erweiterung machten es möglich.

Die Karte »Gasversorgung Berlin Stand um 1880« (S. 167) zeigt auf der Basis des Bestandes an Mietshäusern [Geist/Kürvers 1984, Bauphase 2, S. 344]
- die Ausdehnung der Gasnetze bis 1880,
- die Lage der Gaswerke und Gasspeicher,
- die gemeinsamen und getrennten Versorgungsgebiete der ICGA und Städtischen Gasanstalten.

Beobachtungen dieser Karte des Standes um 1880 im Vergleich mit der Karte des Standes um 1895 (S.185) können der Bewertung gegenseitiger Beeinflussungen von Stadttechnik und städtebaulicher Erweiterungen für bestimmte Stadtgebiete dienen.

Trotz der zu dieser Zeit vermehrt stattfindenden spektakulären Vorhaben, elektrische Bogenlicht-Lampen für die Straßenbeleuchtung einzusetzen, standen diese Gasaktivitäten im Mittelpunkt des öffentlichen Interesses. In den Wohnstuben vermochten sich die »offenen Flammen« nicht durchzusetzen. Die immobilen Stand- und Hängeorte und der auf engem Raum sich bildende Konstruktionsschatten der Lampengestelle mit nach oben leuchtender Flamme waren die Gründe, warum dort nach wie vor die mobile Petroleumlampe und/oder Kerzen dominierten. Gaslicht richtete man in Fluren, Treppenhäusern, Höfen, Werkstätten und Geschäften ein. Als ein öffentlichkeitswirksames Ereignis galt der Einzug der Gasbeleuchtung in die Räume des Café Bauer in der Friedrichstraße/Ecke Leipziger Straße im Jahre 1877. Der Wechsel zum Stromlicht erfolgte hier 1884 mit der Pioniertat der Direktoren der Deutschen Edison Gesellschaft Emil Rathenau und Oscar von Miller.

Im Bereich der Wohnhäuser half man »ordnungspolitisch« nach: Ab 1880 wurde vom Königlichen Polizeipräsidium aus Sicherheitsgründen verfügt, daß alle Treppenhäuser mit einer Gasbeleuchtung für die Dunkelstunden auszustatten waren. Wer dieser Aufforderung als Hausbesitzer trotz Mahnung nicht Folge leistete, konnte strafrechtlich belangt werden. [Rebske 1962, S. 148]

8. Gas und Strom konkurrieren auf expandierenden Märkten (1890–1910)

Zusammenfassung

Herausragendes Ereignis im Gassektor war während der 1890er Jahre die geniale Erfindung der *Auer*schen Gasglühleuchte, womit bereits an den Stromkonkurrenten verlorengegangenes Terrain zurückgewonnen werden konnte. Der Heizwert des Gases zum Erhitzen des Metallschlauches stand fortan im Mittelpunkt der Lichtqualität, nicht mehr die unsichere Flammenbildung beim Verbrennen des Gases.

Dennoch setzte sich die strombetriebene Glühlampe allmählich durch, ohne daß aber die Gaswirtschaft Einbußen erleiden mußte. Grund dafür waren die neuen, ungleich größeren Absatzfelder »Kraft« und »Wärme«, deren Energiebedarfe zu decken sowohl große Mengen Gas als auch Strom benötigten. Es kann also nicht die Rede davon sein, daß der Strom das Gas ablöste. Einschneidender dagegen war die Tatsache, daß ab 1900 die Dampfmaschine vom Elektromotor verdrängt worden ist.

Zu welch kooperativer Zusammenarbeit beide Energiesorten fähig waren (gehörten sie beide doch nicht selten ein- und demselben privaten bzw. kommunalen Unternehmen an), zeigt der Wettbewerb und die Ausführung der Versorgungstechnik am Beispiel des »Reichstagshauses« zwischen 1884–94.

Die deutsche Gaswirtschaft änderte ihre Marktstrategie: Sie senkte die Preise, erhöhte den Gasdruck in den Leitungsbeständen und forcierte den Netzausbau zum Ferngastransport. Alles diente dem steigenden Massenabsatz unter dem neuen Motto *»Keine Wohnstätte, kein Haus ohne Gas!«*

Paralleles fand in der Stromwirtschaft statt: Hier waren es die neuen Bereiche »Motorbetrieb« und »Bahnbetrieb«, die den Absatztrend steil nach oben trieben. Das hier stattfindende Jahrhundertereignis war die Einführung des Wechsel-/Drehstroms und des ab 1910 einsetzenden Ferntransports von hochgespanntem Drehstrom (vergleichbar mit dem Ferntransport des Gases unter

Hochdruck). Damit endete die lokale Abhängigkeit des Standortes der Erzeugerstationen vom Versorgungsgebiet.

Die »Überlandkraftwerke« konnten betriebswirtschaftlich günstiger produzieren und der Tagesbetrieb der Werkanlagen konnte über eine ausgeglichenere Lastverteilung kostengünstiger gestaltet werden. Die Kraftwerksstandorte »vor den Städten« eröffneten auch den Einsatz von emissionsstarken Kohlesorten. Die Folge war der rasche Anstieg der Anteile an der gesamten Umweltbelastung durch den Sektor »Kraftwerke«, den man bekanntlich erst nach über 80 Jahren durch die »Großfeuerungsanlagen-Verordnung« zum Bundes-Immissionsschutz-Gesetz in den 1990er Jahren drastisch reduzieren konnte.

8.1 Die neuen Marktsegmente »Kraft« und »Wärme«

Zwei etwa zur gleichen Zeit stattfindende Ereignisse stoppten diese rasante Absatzentwicklung der Gasbeleuchtungstechnik: Das eine war der seit 1879 in Fachkreisen bekannte Erfolg *Thomas Alva Edisons*, der seine komplette Beleuchtungsanlage (Gleichstromgenerator, Netzstruktur, Kohlefadenlampe) 1881 in Paris der Öffentlichkeit vorstellte. Damit erhielt die offene Gasflamme mit dem im geschlossenen Glaskolben weißglühenden Holzkohlefaden langfristig einen übermächtigen Konkurrenten.

Mit welcher Unsicherheit die im Bauwesen Beschäftigten zu dieser Umbruchzeit zu rechnen hatten, stellte 1885 eine eigens für Beleuchtungsfragen eingesetzte Kommission des *Architektenvereins Berlin* in einem Gutachten fest: *»Die Beleuchtungsfrage befindet sich zur Zeit auf einer Durchgangsstufe, auf welcher eine obligatorische Anwendung des elektrischen Lichtes, bei der Anerkennung seiner Vorzüge, noch nicht zulässig erscheint, weil die Sicherheit des elektrischen Betriebes noch nicht genügt. (...) Nach Einführung des elektrischen Lichtes*

Abb. 85   Brand im Ring-Theater in Wien 1881

wird indessen (...) die Feuersicherheit des inneren Aus-
baues eine Geringere sein können.« [zit. bei Rebske 1962,
S. 154]

Das zweite, den Gasabsatz negativ beeinflussende Ereignis waren die vermehrt auftretenden – oft durch unsachgemäße Bedienung der Gasbrenner verursachten –
Brände in Theatern. Der durch eine falsch gezündete Sof-
fittenlampe verursachte Brand im Wiener Ring-Theater
1881, der 384 Menschenleben forderte, war wohl der europaweit spektakulärste Fall. (Abb. 85)

Weitsichtig gab Werner von Siemens in einem Brief
an seinen Bruder Friedrich in Dresden 1881 seine Absicht
preis: »Ich richte jetzt die Glühlampenfabrikation im großen ein, da dieselbe für Beleuchtung (Rathenau hatte
gerade in Paris von Edison die Glühlampen-Nutzungs-
rechte gekauft, A.d.V.) von Theatern und Bühnen der
geringen Feuergefährlichkeit wegen wahrscheinlich allgemein werden wird.« [Rebske 1862, S. 197] Bereits 1889
wurde der Einbau von Gasbeleuchtungen in Theater-
Neubauten in Deutschland verboten.

Johannes Körting nennt noch weitere Begleitumstän-
de, die die Gaskrise zu Anfang der 1880er Jahre ver-
schärften [Körting 1963, S. 176]: Rückgang der allgemeinen Konjunktur und damit des Gasabsatzes, fallende Koks-
preise und Aktienkurse der Gasunternehmen an den
Börsen.

Bekanntlich werden durch Krisen besondere Kräfte frei-
gesetzt: Carl Auer, Schüler des Heidelberger Chemikers
Robert Wilhelm Bunsen, veröffentlichte 1886 seine revolutionierende Entwicklung des Gasglühlichtes. Einige Jahre später war die Serienreife hergestellt, nachdem die
zum Gas-Glühstrumpf passenden, aus Borosilicatglas in
den Glaswerken von Otto Schott in Jena erstellten Glaszylinder sowie die neu konstruierten Brenner nebst Lam-
pengestellen vorlagen. Das Gaslicht hielt wieder Einzug
in alle schon verloren geglaubten Räumlichkeiten.

Das Ende der Gasperiode zwischen 1860 und 1900 begründet Johannes Körting mit der »um diese Zeit (...)
ganz neuartigen Bewertung des Gases durch die Einführung des Auerschen Gasglühlichtes.« [Körting 1963, S.
163] War vordem die Leuchtkraft der offenen Flamme
vom Gehalt an Kohlenwasserstoffen maßgebend, trat
beim Gasglühlicht nun der Heizwert des Gases in den
Vordergrund, womit sich die Bedingungen nicht nur bei
der Gasverwendung, sondern auch für die Gasproduktion grundlegend veränderten. Körting ging soweit zu
sagen: »Alles, was bis zur (Jahrhundert-, A.d.V.) Wende
geschehen ist, darf als Vorstufe betrachtet werden.«

Zum Ende des 19. Jhs. wurden die Segmente des
Energiemarktes unter den Energieträgern Gas und Strom
neu aufgeteilt. Zum alten Segment »Licht« traten die
neuen »Kraft« und »Wärme« hinzu. Es muß eine wahre

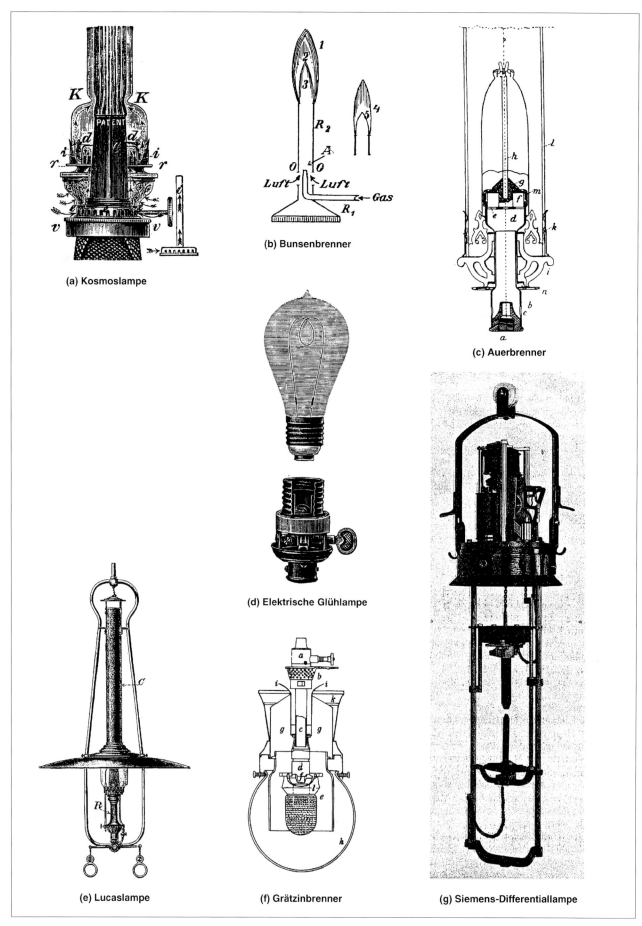

(a) Kosmoslampe

(b) Bunsenbrenner

(c) Auerbrenner

(d) Elektrische Glühlampe

(e) Lucaslampe

(f) Grätzinbrenner

(g) Siemens-Differentiallampe

Abb. 86   Stufen der Leuchtenentwicklung im 19. Jh.

Abb. 87   F. Skarbina 1902:
Gleißendes Licht der Bogenlampen
in der »Friedrichstraße an einem
regnerischen Abend«

unternehmerische Freude geherrscht haben, diesem unaufhörlich steigenden gesellschaftlichen Bedürfnis nach
verschiedenen Energieformen entsprechende Angebote
präsentieren zu können.

Schon früh warnten weitsichtige Unternehmer, sich
nicht gegeneinander bei der Bewältigung dieser Marktaufgabe zu behindern oder gar zu ruinieren. *Werner Siemens* schrieb 1878 in einem Brief an *Kluppelberg* in Krefeld [zit. bei Rebske 1962, S. 188]:

*»Das elektrische Licht wird sich eine bedeutende Anwendung erzwingen, weil es weißer und glänzender ist
wie das Gaslicht, weil es weit weniger Wärme entwickelt
und weil es die Luft in geschlossenen Räumen weniger
verdirbt. Es werden die Leute dadurch an hellere Beleuchtung gewöhnt werden und mehr Gas verbrennen
wie bisher. Freilich werden sie auch besseres Gas verlangen, wie es gewöhnlich geliefert wird. Wenn die Gasan*

*stalten ihren Vorteil verstehen, so werden sie dem elektrischen Licht nicht opponieren, sondern es selbst neben
dem Gas in die Hand nehmen. Versäumen sie die jetzige
günstige Zeit, so werden sich besondere elektrische Beleuchtungsgesellschaften bilden, die ihnen wirklich Konkurrenz machen werden.«*

Etwa 20 Jahre später gab es zwar diese Gesellschaften, aber nicht nur diese, sondern auch die Gasgesellschaften erfreuten sich dank des vom genialen *Carl Auer
von Welsbachs* eingeleiteten Technologiewandels, Helligkeit statt von der offenen Gasflamme nun von dem
erhitzten Glühstrumpf zu erhalten, jährlicher Wachstumsraten in zweistelliger Höhe. Das Gaslicht war wieder –
und ist bis heute – im Spiel, zumindest dort, wo die Abgase keine unvertretbaren Verunreinigungen der Raumluft
hervorrufen können. Nicht nur die Nutzung bestehender
Infrastrukturen, den von keinem leitungsgebundenen Ener

Abb. 88   Stromkabelverlegung Ende 1880er Jahre

Abb. 89   Verlegen von Kupferkabeln in vorgefertigten
Betonkanälen der Firma Monier, Ende 1880er Jahre

gieträger erbrachten Vorteil der Speicherfähigkeit (Verfügbarkeit, Vorteile beim Einkauf), der gegenüber anderen Trägern geringere Leitungsverlust (»kalte« Energieform) und die immer vorhandene respektable Preisdifferenz (Gaswerke waren damals halb so teuer wie vergleichbar große Stromwerke [Körting 1936, S. 167]) haben die Marktanteile des Stadt- und später des Erdgases bis heute stabilisiert.

Von dem endgültigen Durchbruch des Lichtgebrauchs – auch innerhalb der Wohnungen – mit Hilfe der Metallfaden-Glühlampe in der Osram-Fertigung ab Ende der 1910er Jahre wurde schon berichtet. Sie verbrauchte bei gleicher Lichtausbeute nur ein Viertel der Energiemenge, die eine Edison-Kohlefadenlampe benötigte, die wiederum in etwa gleichhohe Energiemengen verbrauchte wie das Auer-Gasglühlicht. Damit war der Weg geebnet für den massenhaften Gebrauch des Stromlichtes und den Absatz der Glühbirnen von Osram.

Noch zehn Jahre früher verlief der Lichtbetrieb mit der Kohlefadenlampe längst nicht technisch reibungslos: Im Falle der Gleichstromversorgung schwankten die Stromspannungen und damit die Lichtstärken, im Falle der ersten Wechselstromversuche störte das Flimmern, wenn es nicht gelang, Mindestfrequenzwerte zu gewährleisten. Dieses waren aber keine ernsten Probleme, sondern bald von Ingenieuren gelöste Aufgaben.

Die über das 19. Jh. wichtigen Stufen der Leuchtentechnik hat H. Lux 1914 inhaltlich anspruchsvoll dokumentiert (Abb. 86 a–g):

(a) Kosmos-Lampe, versorgt mit Petroleum (19. und 20. Jh.);

(b) Bunsen-Brenner, der die qualitative und quantitative Lichtausbeute der Öl- und Gasflamme verbesserte (Mitte der 1850er Jahre bis heute);

(c) Auer -Brenner mit Glühstrumpf, hier mit einem von Julius Pintsch (erwarb Patentlizenz von Auer) konstruierten erweiterten Brennerkopf nach dem Bunsenbrenner-Prinzip (1880er Jahre);

(d) Elektrische Glühlampe mit Kohlefaden, Sockel und Fassung von T. A. Edison (1880er Jahre);

(e) Lucas-Lampe mit Auer-Glühstrumpfprinzip, verbesserter Luftführung und einem Lichtreflektor (1890er Jahre); entwickelt von Deutsche Beleuchtungs- und Heiz-Industrie-AG, Berlin, Ritterstraße 90 als Konkurrenz zur elektrischen Bogenlichtlampe mit dem Werbeargument: »... angenehme Lichtfarbe geg. stechend weißer, nur 8,5 Pf./Stunde geg. 25,5, als Innenraum- und Straßenleuchte einsetzbar«;

(f) Grätzin-Brenner nach dem Auer-Glühstrumpfprinzip, verbesserte Luftführung und schattenfreie Lichtwirkung nach unten (1890er Jahre); der Werksname »Grätzin« stammte aus dem Hause Ehrich & Graetz, einer Aktiengesellschaft aus Berlin SO 36;

(g) *Siemens-Differentiallampe*, elektrisches Bogenlicht über Kohlestäbe (1890er Jahre), Abb. 87 zeigt eine Variante mit dramatisch in Szene gestellten lichtstreuenden Mattglaskugeln.

Das Verlegen der Stromkabel im Bürgersteigbereich zeigt die Abb. 88. Der auf dem Wetterschutzzelt aufgedruckte Namenszug der *AEG* deutet auf die Zeit Ende der 1880er Jahre hin. Es erfolgt die Verlegung der Gleichstromkabel in z. B. einem *Peschel*-Schutzrohr und dem anschließenden Dichten der Rohr- und Abzweigverbindungen mit entweder einer Teer- oder Guttaperchamasse, die in dem Ofen zu einer zähflüssigen Konsistenz verarbeitet wurde. In Abb. 89 ist der (gescheiterte) Versuch dokumentiert, blanke Kupferkabel in vorgefertigten Betonkanälen der Firma *Monier* zu verlegen.

8.2 Stand der Haustechnik am Beispiel des »Reichstagshauses«

In diese Zeit des Übergangs vom Gas- zum Stromlicht einerseits, von der Dampfkraft aus Dampfmaschinen am Verbrauchsort zum Kraftstrom aus zentralen Großdampfmaschinen und Generatoren andererseits, fiel die Planung und Ausführung des Reichstagshauses am Königsplatz (1884–94). Der folgende ausführliche Bericht dient nicht nur dem Nachweis dieser Energieträger-Übergänge, bemerkenswerten Leistungen Berliner Mittelstandsunternehmen in Kooperation mit den Hochschulen, sondern auch der sich bietenden Möglichkeit, den Stand der Haustechnik in dieser Zeit an dem bedeutendsten Berliner Bauwerk zu dokumentieren.

Nachdem *Paul Wallot* als der Gewinner des Architekturwettbewerbs 1882 feststand, lobte 1883 das Reichsamt des Innern einen damals wie heute seltenen öffentlichen Ingenieurwettbewerb aus, um auf diese Weise den besten und kostengünstigsten Entwurf der Heizungs- und Lüftungsanlagen für das Reichstagshaus zu erhalten.

Das Programm des Preisausschreibens begann mit der knappen Baubeschreibung, den Hauptabmessungen der Geschosse, der Nennung der wichtigsten Nutzräume (großer Sitzungssaal, Bibliothek, Halle usw.) und Technikräume (Kellergeschoß, Teile des Untergeschosses, Dachboden) sowie mit der Beschreibung der funktionalen Anforderungen [Grove 1895, S. 2 ff.]:

Beleuchtung: *»Es ist elektrisches Licht in Aussicht genommen; jedoch sollen neben dem elektrischen Lichte noch Gaseinrichtungen erhalten: die Bureauräume, die Treppen, Corridore usw.; ferner sollen ausschließlich auf Gasbeleuchtung angewiesen werden die Wohnungen und Kellerräume.«*

Dieses Beleuchtungsprogramm spiegelt die zu dieser Zeit miteinander konkurrierenden kommunalen und privatwirtschaftlichen Interessen der *Städtischen Gasanstalten* und der *Deutschen Edison Gesellschaft;*

Entwässerung: Das Gebäude sollte an die städtische Canalisation angeschlossen werden: Seit 1876 war das für diesen Standort zuständige *Hobrecht*sche RS III in Betrieb. *»Sämtliche Closets und Pissoirs werden mit ausreichender Wasserspülung versehen.«* Über die Spüleinrichtungen erhielten bekanntlich die Radialsysteme die für die »Schwemmkanalisation« erforderlichen Wassermengen.

Heizung: Räume sind auf 20 °C, der Sitzungssaal auf 17 °C, die Vestibüle auf 10 °C zu heizen. Die für die Wärmebedarfsrechnungen grundlegende niedrigste Berechnungs-Außentemperatur wurde mit – 20 °C vorgegeben (heute –14 °C). Die Sitzungssäle sollten über dampfbeschickte Lufterhitzer erwärmt werden. Die übrigen Räume sollten durch Gußheizkörper mit Warmwasser beheizt werden, das wiederum über dampfversorgte Wärmetauscher zu erzeugen war.

Die Wärme- bzw. Dampfmengen sollten über Kohlenkessel in einem vom Reichstagshaus ca. 110 Meter entfernten Kesselhaus (zwischen Dorotheen-, Sommer- und Reichstagsuferstraße, Zufahrt Reichstagsuferstraße) produziert werden. Die verbindenden Vor- und Rücklaufleitungen waren innerhalb eines unterirdischen, begehbaren Ganges in der Sommerstraße (1,20 m breit, 2,10 m hoch) zu verlegen.

Lüftung: Die Zuluftrate je Person im großen Sitzungssaal sollte 40 Kubikmeter je Person und Stunde (1.000 Personen) betragen; in der Bibliothek, den kleineren Sitzungssälen, Restaurationen 15 m^3/h x P, jedoch mindestens ein zweifacher stündlicher Luftwechsel; in der großen Halle, den Corridoren ein einfacher und in den Garderoben ein dreifacher.

Die Ansaugung der Außenluft war von der West-/Südseite her vorgegeben (Hauptwindrichtung!). Alle Räume sollten mechanisch, jedoch Büros, Bibliothek, Wohnungen sollten bis ≤ + 5 °C Außentemperatur auf natürlichem Wege zu lüften sein.

Die Anordnung der bauseitigen Kanäle, der Luftdurchlässe (Zugerscheinungen sollten vermieden werden), der Umfang der regelbaren Versorgungszonen, die Einrichtung von angemessenen Kühleinrichtungen usw. waren Bestandteil des Wettbewerbes.

Ein Preisgeld von insgesamt 10.000 Mark wurde ausgelobt. An dem Wettbewerb konnten sich nur *»Angehörige des Reichs«* beteiligen. Der Jury gehörten an: Architekt *Paul Wallot*, je ein Mitglied des *Kaiserlichen Gesundheitsamtes* und der *Reichsbauverwaltung*, drei Professoren, Vertreter des Lehrgebiets »Heizung / Lüftung« in Kaiserslautern *(Georg Recknagel)*, Hannover *(Hermann Fischer)* und in Berlin an der Technischen Hochschule Charlottenburg *(Hermann Rietschel)*. *Fischer* berichtete 1884 ausführlich in der VDI-Zeitschrift [S. 104 ff.] über die von den Bewerbern angebotenen Anlagenvarianten und deren unterschiedlichen Funktionsweisen.

Bis zum Einsendeschluß am 10.4.84 legten 34 Bewerber in zusammen *»380 Blatt Zeichnungen und 120 Actenstücke«* [Fischer 1884, S. 717, Centralblatt 1884, S. 189 f.]

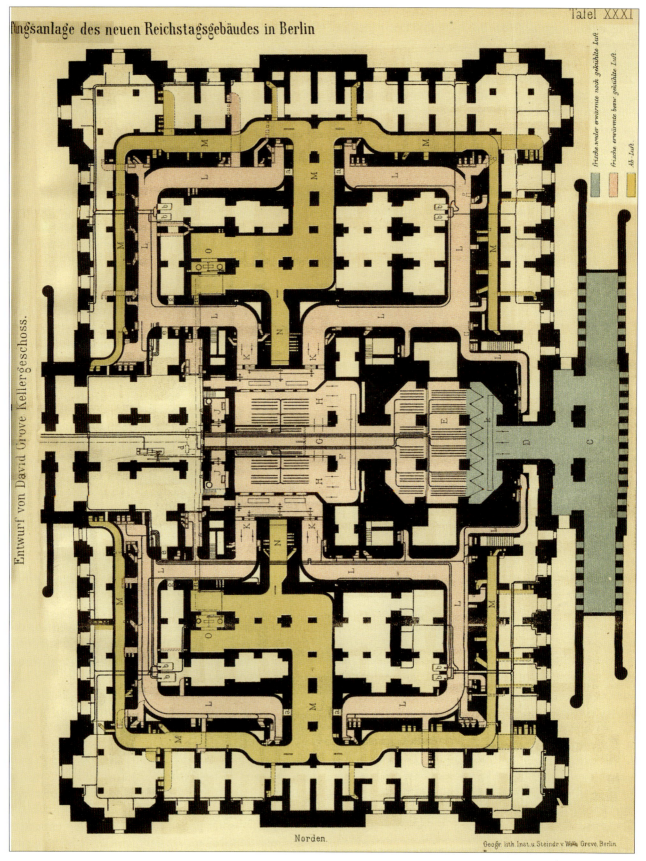

Abb. 90   VDI-Zeitschrift 1884: Reichstagsgebäude Haustechnik-Wettbewerb (Lüftungsanlagen – D. Grove)

Abb. 91   Grove 1895: Axialventilatoren
»Blackman« mit Gleichstrommotor

ihre Entwürfe vor. Die Jury schied nach dem ersten Durchgang 23 Arbeiten aus. Von den elf verbliebenen stammten sieben aus Berlin. Nach der zweiten Beratungsrunde verblieben noch fünf Entwürfe. Davon schieden die Berliner Bewerber *Rietschel & Henneberg* und *H. Rösicke* aus. Zweite Preisträger mit je 2.500 Mark Preisgeld wurden *Johann Haag*, Augsburg und *Rudolf Otto Meyer*, Hamburg. Gewinner des Wettbewerbs (5.000 Mark Preisgeld) wurde der Berliner Unternehmer *David Grove*.

David Grove war ein erfolgreicher mittelständischer Unternehmer. Er verfaßte 1895 ein Buch unter dem Titel »Ausgeführte Heizungs- und Lüftungsanlagen«. Weil nach seiner Meinung »*die bisherige Litteratur auf dem Gebiete der Heiztechnik im allgemeinen mehr wissenschaftlich-theoretisches Gepräge trägt*« [S. 1], lag ihm daran, »*an wirklich ausgeführten Beispielen zu erkennen, wie sich die Lehren der Wissenschaft in der Praxis verkörpern lassen.*«

An hochkarätigen Aufträgen mangelte es *Grove* nicht: Reichsgericht Leipzig, Rathaus Hamburg, Justizgebäude München, Schauspielhaus und Reichsversicherungsamt in Berlin sowie – von *Grove* besonders hervorgehoben – Schloß Friedrichshof in Cronberg im Taunus im Besitz »*Ihrer Majestät der Kaiserin Friedrich*«. Der mit Abstand wichtigste war aber der Auftrag, die versorgungstechnischen Anlagen für das Reichstagshaus über den Zeitraum von 10 Jahren planen und ausführen zu können.

Am Ende der Bauzeit verfaßte *Grove* einen ausführlichen Erläuterungsbericht, aus dem einige Aspekte hier auszugsweise wiedergeben werden [Grove 1895, S. 7 ff. und Fischer 1884, S. 717 ff.]:

Für die stündliche Ansaugung von 220.000 Kubikmetern Außenluft hatte *Grove* als einziger Wettbewerber den Springbrunnen einbezogen: Über am inneren Beckenrand angeordnete Öffnungen von zusammen 33 Quadratmetern freiem Strömungsquerschnitt sollte die Luft im Sommerfall um vier Kelvin abgekühlt werden. Der Brunnen-Entwurf wurde nicht ausgeführt, so daß die Außenluftansaugung über Öffnungen im Giebel der westlichen Auffahrrampe erfolgte. Als zweite Möglichkeit der Außenluftansaugung stattete man die beiden West-Türme mit bauseitigen Luftschächten aus. Hierüber wurde später wegen der höheren Luftreinheit gewöhnlich die Anlage gefahren. Für die besonders warmen Tage sah *Grove* die Nachrüstung einer nach dem »*Linde'schen System*« arbeitende Kältemaschine im Kesselhaus und der Kühlwasserleitungen zwischen dem Kesselhaus und dem Haupthaus vor.

Die über Öffnungen in den Türmen bzw. der Rampe angesaugte Außenluft strömte in den Sammelraum unter der Halle an der Westfront (Abb. 90), der sich über die gesamte Höhe (7,50 m) von Keller- und Untergeschoß erstreckte, um so eine Geschwindigkeit des Luftstroms von nur 0,6 m/s (bei 220.000 m³/h) zu erreichen. Dieses war damals noch erforderlich, um den Druckverlust beim Durchgang durch die Filterwand so gering wie möglich zu halten. Man setzte zur Luftförderung ausschließlich Axialventilatoren ein, die bekanntlich zwar große Volumina befördern, dabei aber nur relativ geringe Druckverluste überwinden können.

Grove setzte den von ihm entwickelten »*Patent-Streiffilter*« als erste Filterstufe ein, das aus beiderseitig gerauhten und winklig gespannten Flanelltüchern bestand, an denen die unreine Außenluft in der zwangsweisen Umlenkung entlangstreifte – dabei aber nicht durch das Tuch hindurchströmte. Filterversuche im Tuchdurchgang von *Hermann Rietschel* in den Labors der TH Charlottenburg ergaben zu hohe Filterdruckverluste, so daß sich *Grove* für das »*Streiffilter*« als erste Stufe für die Abscheidung der größeren Staubpartikel entschied. Erst in der

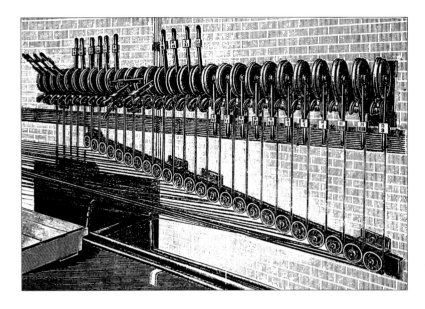

Abb. 92   Grove 1895: Bedienungsstelle zur mechanischen Verstellung der Lüftungsklappen

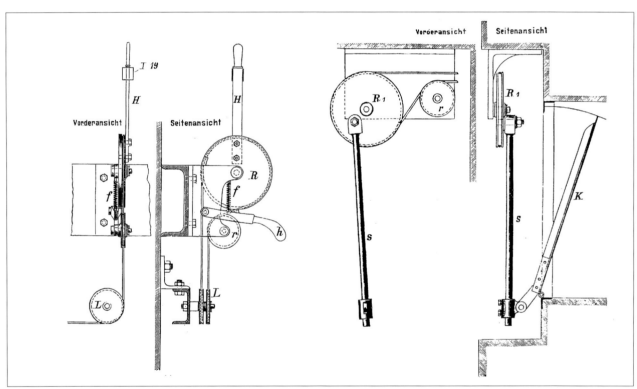

Abb. 93   Grove 1895: Funktionsweise Klappenverstellung

zweiten Filterstufe sorgten dann Tuch-bespannte Durchgangsfilter in der bis heute üblichen Taschenform für die Abscheidung des Feinstaubes. Der gesamte Filterdruckverlust betrug nach *Groves* Konzept nur 0,48 mm Wassersäule, während die von *Rietschel* gemessene einstufige Taschen-Filterlösung zwei bis vier Millimeter Wassersäule verursachte. Dieser akribisch geführte Dialog über das Filterkonzept macht deutlich, daß technologische Grenzen ökologisch erfinderisch machen: Wie bereits erwähnt waren die relativ hohe Druckdifferenzen erzeugenden Radialventilatoren noch nicht allgemein verbreitet, die Luftbeförderung bestellten die weniger druckeffi-

zienten, dafür aber auch weniger Energie verbrauchenden Axialventilatoren. (Abb. 91)

Auch für die Luftführung im großen Sitzungssaal erlaubte man sich den Luxus zweier Alternativen, so wie *Grove* bereits in seinem Wettbewerbsvorschlag vorgeschlagen hatte: Zu- und Abluftströme konnten durch Klappenstellungen entweder über ein »Oben-Unten«-System oder umgekehrt gelenkt werden. Mit der vom Auslober zunächst geforderten »Oben-Unten«-Luftführung war *Grove* vor allem im Falle des Sommerbetriebs unzufrieden.

Die Abluft aller Räume (bis auf Aborte- und Küchenabluft) wurde über Schächte und Gänge zu den Sammel-

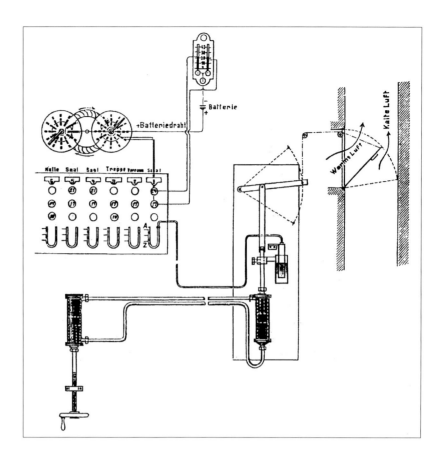

Abb. 94   Grove 1895: Luftklappenregelung
über Wasserdrucksystem

räumen im Kellergeschoß geführt und von dort über zwei 35 Meter hohe Schächte innerhalb der östlichen, im Leebereich der Hauptwindrichtung liegenden Türme über Dach befördert. Die natürliche Auftriebskraft wurde dabei – je nach Einbauort – von »Bläsern« und »Saugern« sowie von eigens dafür in den Schächten installierten dampfversorgten Rohrregistern, die die Schachtwände zu temperieren hatten, unterstützt. (Diesem konzeptionellen Einsatz natürlicher Auftriebskräfte ist man auch 100 Jahre später beim Umbau Ende der 1990er Jahre gefolgt: Der Plenarsaal erhält Zuluft über den Fußboden (Quelllüftung), während die sich allmählich erwärmende und damit »auftreibende« Abluft über den »Tageslichtkonus« nach erfolgtem Wärmerückgewinn durch Öffnungen in der Glaskuppel fortgeleitet wird.)

Der Antrieb der Ventilatoren war noch 1884 über Treibriemen, Rollen, Wellen und Dampfkraft geplant worden. Die Entwicklungen im Strombereich Anfang der 1890er Jahre sorgten dann für den Wechsel des Ventilatorantriebs zu Elektromotoren mit festen Kupplungen. (Abb. 91) Grove merkte nicht ohne Stolz an: »Es dürfte dies der erste Fall in der Heiztechnik sein, wo die Elektrizität in so ausgedehntem Maße (62 PS) Anwendung zum Betrieb einer Lüftungsanlage gefunden haben.« [Grove 1895, S. 14]

Für die Lüftung des Reichstagshauses wurden zwölf Axial- oder Schraubenventilatoren – von Grove importiert von der englischen Firma Blackman – mit Flügelraddurchmessern zwischen 1,22 und 2,10 Metern eingesetzt.

Zur Übertragung der mechanischen Kräfte wurden sowohl Kupplungen als auch Treibriemen verwendet. Die Umdrehungszahlen konnten von der vollen bis zur halben in zehn Abstufungen gesteuert werden. Aufgrund von Versuchen ließ man eine maximale Umfangsgeschwindigkeit von nur 25 Metern je Sekunde zu, weil damit ein nahezu geräuschloser Ventilatorbetrieb zu gewährleisten war. Wieder ist – analog zum Filter-Konzept (großzügige Filterräume / niedrige Druckverluste / niedriger Energieverbrauch) – die Wechselwirkung zwischen technischen Baugrößen (2,10 m Raddurchmesser / niedrige Umfangsgeschwindigkeit) und raumakustischen Folgen (keine schalldämpfenden Maßnahmen erforderlich / kein zusätzlicher Druckverlust bzw. Energieverbrauch) erkennbar. Der »umbaute Raum« rangierte in der Wertevorstellung vor 100 Jahren nicht so hoch wie der »laufende« Einsatz an Energiemengen. Heute dagegen stehen oft die gerade noch im Grundriß verbliebenen »Restflächen« für die Unterbringung der technischen Einrichtungen zur Verfügung mit der Folge zu enger Raumverhältnisse, zu hoher Umfangs- und Strömungsgeschwindigkeiten, Druckverluste und entsprechend hohen Energieverbräuchen und zusätzlich höheren Wartungs- und Reparaturkosten.

Zur Beförderung geringerer Luftströme wurden von Grove 32 kleinere Schraubenventilatoren eingebaut, die mit Hilfe von Druckwasser angetrieben wurden. Nach der Arbeitsverrichtung wurde das Wasser im offenen Betrieb für diverse Spülvorgänge weiterverwendet.

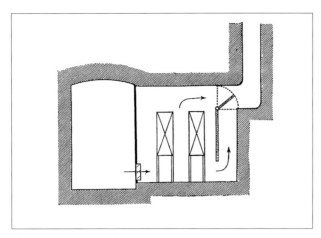

Abb. 95   Grove 1895: Zulufterwärmung über Heizregister, bypass-Regelung

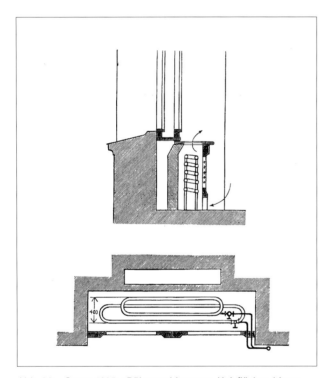

Abb. 96   Grove 1895: »Röhrenschlangen«, Heizflächen hinter Verkleidung

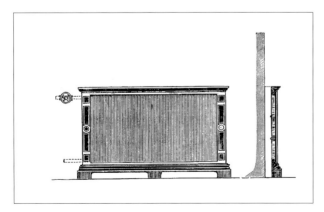

Abb. 97   Grove 1895: Plattenheizkörper, schmiedeeisern

Bemerkenswert ist die Regelung der kalten und warmen Luftströme über Klappen, die mit Hilfe eines pneumatischen Regelsystems die im Sitzungssaal gewünschten Luftkonditionen herstellen.

Zum Beispiel wurde eine Drahtzugvorrichtung für die Bewegung der großen Abluftklappen eingebaut, »*wie sie bei Eisenbahnen zur Weichenstellung*« [Grove 1895, S. 81] angewendet wurde. Eine der vier Bedienungsstellen zeigt die Abb. 92, die dazugehörigen Einzelheiten sind in Abb. 93 erkennbar: Mit dem Hebel H wurde die Rolle R bewegt, um die ein endloses Drahtseil bis zur Rolle R 1/r in der Nähe der Luftklappe geschlungen war. Die exentermäßig ausgebildete Rolle R 1 übertrug die Bewegung mittels des Hebels s auf die Klappe K. Die an der Bedienungsstelle zwischen Rolle R und r eingesetzte Feder f erzeugte durch den Hebel h eine Bremswirkung, die jede Stellung der Klappe zwischen 0 und 90 Grad ermöglichte.

Eine andere Klappenregelung erfolgte über ein Druckwasser-System (Abb. 94): Durch Drehung des Handrades verschob der Kolben im Zylinder 1 über das Wasser durch die 10 mm Lichtweite kleine Bleileitung den Kolben im Zylinder 2. Die Wegstrecke übertrug sich auf ein Hebelkonstrukt, Kette und Rolle. Die Klappe war stufenlos verstellbar und ließ mehr / weniger Kalt- / Warmluft durch bis die gewünschte Zulufttemperatur erreicht war. Über ein separates mit Glyzerin gefülltes Rohrsystem wurde die Klappenstellung in der Leitzentrale über U-Rohr mit A – Z angezeigt. Parallel dazu wurde die Temperatur im Saal gemessen. Nicht die tatsächliche Temperatur wurde in den »*Beobachtungsraum*« übertragen, sondern Signale (durch herunterfallende Klappen wie bei Telegraphieanlagen in »herrschaftlichen« Wohnungen) bei Überschreiten der maximalen Temperatur (21 °C Saal) und Unterschreiten der minimalen mit 17 °C im Sitzungssaal. An diesen Temperaturmarken im Thermometer angebrachte Platindrähte schlossen bei Berührung der Quecksilbersäule einen batteriegespeisten Stromkreis, der über Spule / Eisenkern / Anker die Klappe an der Tafel herabfallen ließ.

Zum Bereich »Heizung« ist bereits auf das nordöstlich vom Haupthaus gelegene Kesselhaus hingewiesen worden. Wegen der Staub- und Geräuschbelastungen (Kohlen-, Aschetransport), aber auch wegen der damals nicht risikolosen Dampfproduktion hielt man diese Trennung bei repräsentativen Gebäuden noch Jahrzehnte für geboten. (Der Mauerbau 1961 und der in den 1960er Jahren stattfindende Umbau des Reichstagshauses führte zur Errichtung der Wärmeerzeugungsanlage mit drei großen ölversorgten Kesseln innerhalb des Gebäudes im Kellergeschoß.)

Drei Rohre im Tunnel verbanden 1894 die beiden Häuser: Ein gemeinsamer Kondenswasser-Rücklauf, ein Dampfvorlauf für den Normalbetrieb und ein weiterer für den Spitzenbedarf. Weitere Daten zum Heizungsbereich in Stichworten:

– Doppelfenster für Sitzungssäle mit einem k-Wert von

2,5 Watt pro Quadratmeter und Kelvin; k-Zahlen für die verschiedenen Wandarten wurden anhand von 1890/91 stattfindenden Versuchen festgelegt, z. B. Außenwand (1 m dicker Sandstein + 2 m dickes Mauerwerk) mit 0,26; Außenwand mit 0,50 m Mauerwerk k = 1,9 usw.;

– Anzahl von Zuschlägen auf die Bedarfsgrößen (z. B. für das Anheizen, die Himmelsrichtung, Raumhöhen über 5 m);

– Bei 143.000 Kubikmetern zu beheizendem Raumvolumen wurden 12 WE/m³ bzw. 1,71 Mio Wärmeeinheiten (WE) benötigt;

– Je Raum wurde(n) eine / mehrere Heizkammern eingerichtet, die vorkonditionierte Luft wurde dabei über die Rohrregister geleitet oder über Klappenstellung im bypass in die Räume transportiert (Abb. 95);

– Heizflächen waren unter den Fenstern in Nischen als »Röhrenschlangen« eingerichtet (Abb. 96), Doppelrohrregister an den Wänden hinter Verkleidungen und Plattenheizkörper aus Schmiedeeisen (Abb. 97);

– Für besonders erwähnenswert hielt *Grove* die Verwendung von Dichtungen für die »Dampfleitungsröhren (aus) gummirtem Asbest mit Drahteinlage«; ein Dokument vom Einzug des folgenschweren Baumaterials, das aber erst ab den 1960er Jahren das Bauwesen negativ beschäftigen wird.

Soweit die detaillierte Nachlese zum Bauvorhaben »Reichstagshaus« und den haustechnischen Belangen in Verbindung mit den gerade stattfindenden stadttechnischen Entwicklungen. Festzuhalten ist, daß

– man 1884 den Plan, mechanische Energie über Dampfkraft zu gewinnen und damit die Axialventilatoren rotieren zu lassen, fallen ließ und dafür erstmals Elektromotoren auf Gleichstrombasis im großen Stil einführte;

– die mit dem Bauvorhaben Beschäftigten sich mindestens doppelt so lang Zeit zum Planen und Bauen lassen konnten im Vergleich zu heute (Abb. 98), sich sogar dafür Zeit nehmen konnten, technisch-funktional noch nicht allgemein gesicherte Kenntnisse in Versuchen während der Bauzeit testen zu können;

– der Wandel von der Gasbeleuchtung zum Stromlicht sich in den repräsentativen Sälen und Sitzungszimmern durchsetzte, die Beleuchtung mit dem Gasglühlicht aber in den übrigen Räumen als geeigneter angesehen wurde. Ganz abgesehen von der seit 1875 installierten Beleuchtung der das Reichstagshaus umgebenden Straßen und des Königsplatzes, die nun von den *Städtischen Gaswerken* erneuert wurde: Am 28.5.94 – vor der Eröffnung des Reichstagshauses im Dezember – beschloß das *Erleuchtungs-Curatorium* auf der Grundlage eines Plans im Maßstab 1:500 für das »Reichstags-Gebäude mit Umgebung« [Stadtarchiv Rep 259 Nr. 105,3]:

(1) Um das Gebäude herum eine fünf Zoll Gasringleitung zu verlegen, diese an die 24 Zoll (DN 600, A.d.V.)

Abb. 98   Reichstagsgebäude: Bauzeit 1893/94

bestehende, aus der Hindersiusstraße des Alsenviertels kommende, nördlich und östlich um das Gebäude fahrende, dreimal anzuschließen;

(2) 91 neue Candelaber, sog. *Braybrenner,* und 66 neue gewöhnliche zu installieren. Es werden 21 »gewöhnliche« Flammen demontiert, so daß ab 1894/95 103 neue Flammen gegenüber 21 alten mit »voller Brennzeit« das Umfeld des Reichstags beleuchten.

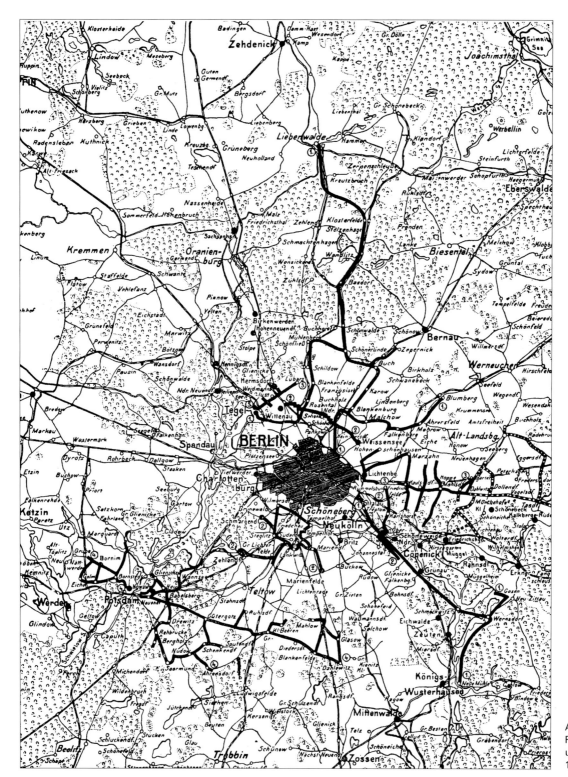

Abb. 99
Ferngasnetz
um Berlin in den
1910er Jahren

8.3 »Koche mit Gas!«

Bis in die 1880er Jahre hinein galt der Grundsatz für eine rentable Gaswirtschaft: *»Niedriger Druck und hohe Gaspreise«* [Schilling/Bunte 1914, Bd. IV, S. 101], weil man sich auf wohlhabende Verbraucherschichten in dichtbebauten Stadtbereichen konzentrieren wollte. Mit dem ein-

setzenden Wettbewerb um die Lichtkunden und mit der Möglichkeit, den sinkenden Gasabsatz über die neuen Absatzsegmente Kochen, Backen und Heizen mehr als ausgleichen zu können, änderte sich dieser Grundsatz bald in *»Billiges Gas durch erhöhten Druck«*. Höhere Drücke beim Transport von Wasser, Dampf, Luft waren längst selbstverständlich. Die Zurückhaltung, diese – die Transportleistung erhöhende – Maßnahme auch beim Gas anzuwenden, legte man erst jetzt ab, als in den 1880er Jahren nahtlose Rohre in großen Durchmessern (*Mannesmann*) herstellbar waren. Die erste Mitteldruck-Fernleitung errichtete 1905 die *ICGA,* eine neun Kilometer lange, 1.050 mm große Stahlrohrleitung, mit einem Ausgangsdruck von 1.000 mm Wassersäule vom 1901 in Betrieb gehenden Gaswerk Mariendorf über Lankwitz, Lichterfelde, Steglitz bis nach Schmargendorf zum Gaswerk in der Cunowstraße. [Körting 1963, S. 255 f.] Das umfängliche Ferngasnetz um Berlin in den 1910er Jahren zeigt Abb. 99.

Die Idee des »Ferntransports« setzte unkonventionelle Vorschläge, wie z. B. den von *Wilhelm Siemens* frei, der Gaswerke tief unter der Erdoberfläche bauen wollte, um dann das Gas mit Hilfe des natürlichen Auftriebsdruckes über Fernleitungen in die Städte zu transportieren. [S. 256]

In der Folge dieses veränderten Unternehmenszieles – vom Luxusgut Gas zum Massenprodukt Gas – gab die Gaswirtschaft das Motto aus *»Keine Wohnstätte, kein Haus ohne Gas!«* Über den Erfolg dieser Bemühungen der Gaswirtschaft berichteten die Mitteilungen des *Statistischen Amts* der Stadt Berlin. Zum Stichtag 15.10.1910 ergab sich für die Gasversorgung der *»27260 bebauten bewohnten Grundstücke Berlins einschließlich des Schöneberger Stadtteils folgendes Bild«* [Bericht Statistik 1924, S. 183]:

Anteile der Grundstücke mit/ohne Gasanschluß: 98,7 % haben Gasanschluß, 1,3 % haben keinen Gasanschluß, davon sind 86,5 % Kunden der *Städtischen Gaswerke,* 11,6 % Kunden der *ICGA* und 0,6 % werden von beiden Gesellschaften gleichzeitig versorgt.

Über die Ausweitung der Gasverkaufsanteile an die Privatkunden durch die neuen Segmente »Kochen, Backen, Heizen« am Gesamtgasverkauf einschließlich Leuchtgas geben die Zahlen der Gaswirtschaft bestimmter Städte zwischen 1891 und 1911 in der folgenden Tabelle Auskunft [Schilling/Bunte 1914, Bd. X, S. 12]:

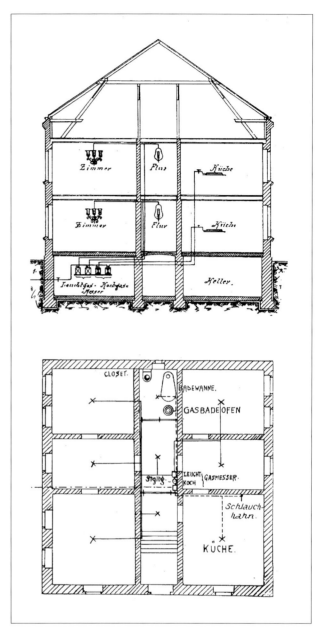

Abb. 100   Gasinstallationen für »Heizen, Kochen, Licht« in Wohngebäuden um 1900, Strangschema

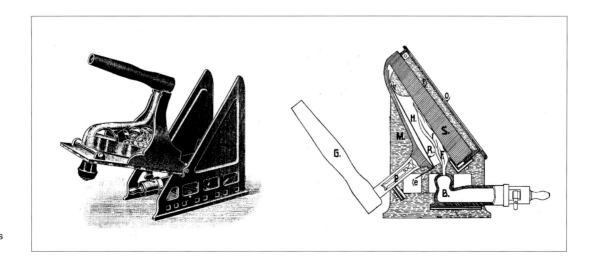

Abb. 101
Gasbeheiztes
Bügeleisen

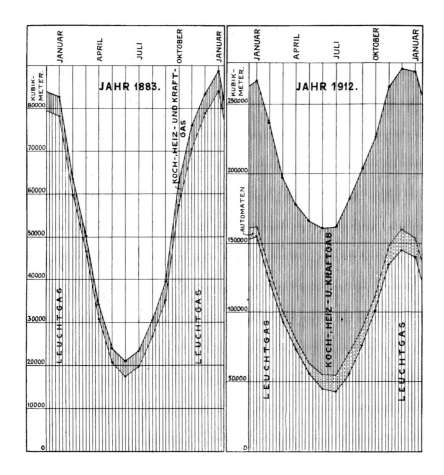

Abb. 102   Jahres-Gasverbrauchskurven 1883/1912: Einfluß Gasverbrauch für Koch-, Heiz-, Lichtzwecke

Gasverkaufsanteil an Private für Segmente »Kochen, Backen, Heizen« am Gesamtgasverkauf ausgewählter Städte:

	1891	1899	1911
Bonn	5,0 %	19,5 %	52,4 %
Chemnitz	0,3 %	6,4 %	55,4 %
München	1,1 %	10,7 %	66,8 %

Auch im Bereich »Ferntransport«, der Auslagerung der Gaswerke von der Innenstadt in das Weichbild der Stadt und dem Leitungstransport zu den Versorgungsgebieten, war der Gasbereich Vorbild für den Strombereich. Das fünfte Gaswerk der *Städtischen Gaswerke* in der Cunostraße, Schmargendorf (Inbetriebnahme 1893) nebst Speicher in der Augsburger Straße (1895) ist der Entwicklung im Kraftwerksbereich Oberschöneweide/Oberspree (*AEG/ BEW* 1895) und Moabit (1902) vorangegangen. Auch die in diesem Zusammenhang erforderlichen höheren Gasdrücke wurden analog mit den höheren Stromspannungen umgesetzt.

Die Karte »Gasversorgung Berlin Stand um 1895« (S. 185) zeigt auf der Basis des Bestandes an Mietshäusern [Geist/Kürvers 1984, Bauphase 3, S. 360] die ...
– Ausdehnung der Gasnetze um 1880 und 1895,
– Lage der Gaswerke und Gasspeicher und

– Die gemeinsamen und getrennten Versorgungsgebiete der *ICGA* und der *Städtischen Gaswerke*.
Die Gründe des Ausbaus im Gasbereich waren die neuen Segmente »Heizen« und »Kochen« (Abb. 100, 101), die im Strombereich der »Motorantrieb« und der »Bahnbetrieb«. Damit wird deutlich, welches Ausmaß an tatsächlicher Konkurrenz geherrscht hat: Nur auf dem Feld der Beleuchtung, dessen Anteil an den ab 1900 rasant steigenden Absatzmengen nur noch relativ geringe Bedeutung hatte, begegneten sich Gas und Strom als Konkurrenten. Deshalb konnte es die mit der Ablösung des Gleichstroms durch den für Ferntransporte geeigneten Wechsel-/Drehstrom beschäftigten Strommanager auch nicht aufschrecken, als der werbewirksame Spruch des *ICGA*-Mitarbeiters *R. Goehde* »*Koche mit Gas!*« auf Flugblättern Mitte der 1890er Jahre zuerst in den Wohnungen des »Märkischen Vereins« verteilt wurde. [Körting 1963, S. 290] Aus dieser Zeit stammen auch eine Vielzahl von Plakaten rund um die Werbung für das Anwenden von Gas zum Kochen, Backen, Plätten und Heizen. [Ruhrgas 1990]

Die seit den 1860er Jahren von *W. von Oechselshäuser* in der Dessauer *Deutschen-Continental-Gas-Gesellschaft* entwickelten Doppeltarife (bis zu 25%-ige Senkungen des Arbeitspreises, wenn gleichzeitig in der Wohnung mit Gas beleuchtet und gekocht wurde) wurden

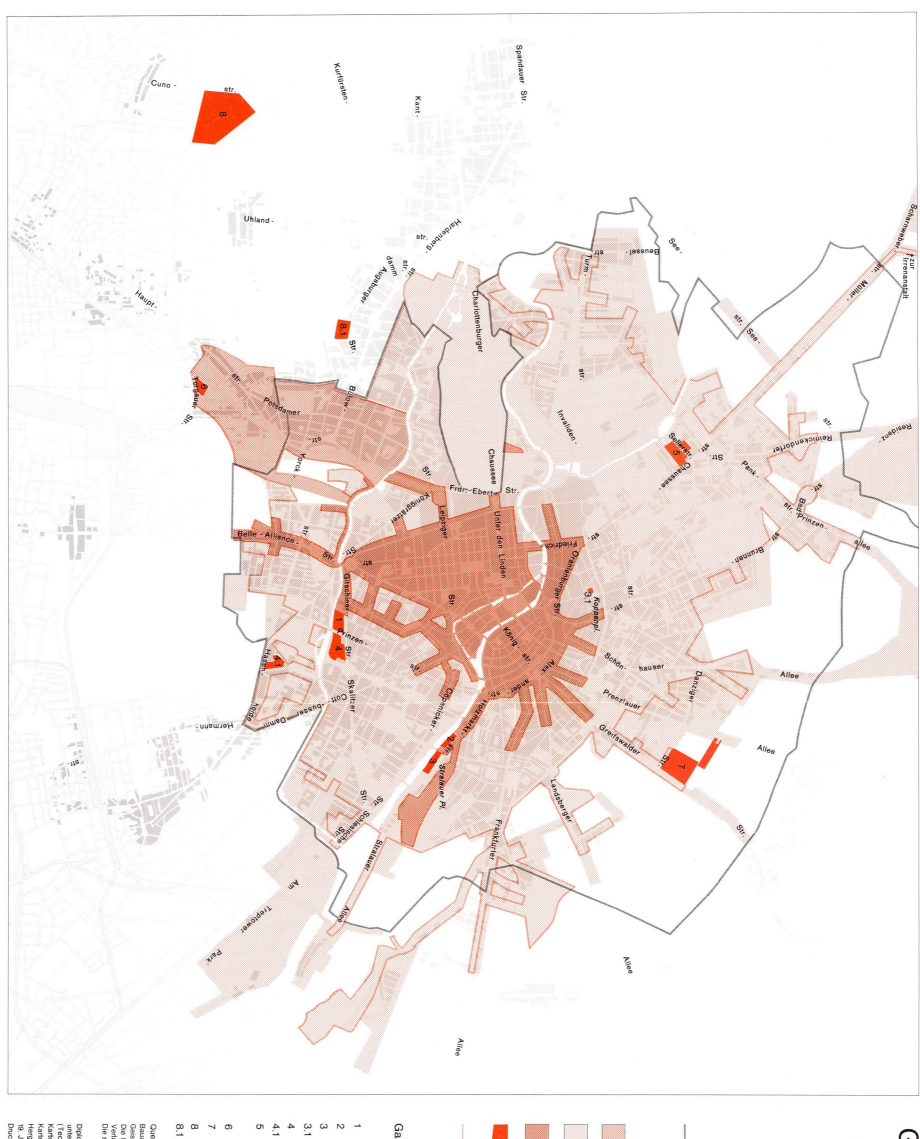

GASVERSORGUNG BERLIN

STAND UM 1895

Maßstab 1:50 000

0	500	1000	1500	2000	2500m	

—————— Stadtgrenze 1861

◆ Gaswerke und Speicher

Gemeinsam versorgtes Gebiet: ICGA und städtische Gasanstalten

Versorgungsgebiet der städtischen Gasanstalten

Versorgungsgebiet der privaten Gesellschaft
Imperial Continental Gas Association (ICGA)

—————— Versorgungsgrenze um 1880

Gaswerke und Speicher:

	Standort	Inbetriebnahme	Betreiber
1	Gitschiner Str./Prinzenstraße	1826	ICGA
2	Holzmarktstraße	1838	ICGA
3	Stralauer Platz	1847	Stadt
3.1	Speicher Koppenplatz	1847	
4	Gitschiner Str./Prinzenstraße	1847	Stadt
4.1	Speicher Fichtestraße	1876	
5	Müllerstraße/Nordhafen	1859	Stadt
6	Erweiterung Sellerstraße	1876	
6	Torgauer Straße	1871	ICGA
7	Danziger Straße	1873	Stadt
8	Schmargendorf, Cunostraße	1890/1893	Stadt
8.1	Speicher Augsburger Straße	1895	Stadt

Quellen:
Baualtenskarte der geschlossenen Mietshausbebauung in Berlin zwischen 1862 und 1925, aus:
Geist, J. F. & Kürvers, K.: Das Berliner Mietshaus 1862–1945, Prestel - Verlag, München 1984
(Technische Universität Berlin)
Die Beleuchtung, Wasserversorgung und Kanalisation der Stadt Berlin, DVGW - Festschrift,
Verlag von Julius Springer, Berlin 1883
Die städtischen Gaswerke in Berlin 1847 - 1897, Verlag von Julius Springer, Berlin 1897

Diplomarbeit im Studiengang Kartographie an der Technischen Fachhochschule Berlin
unter der Leitung von Prof. Dr. S. SCHULZ in Zusammenarbeit mit Dipl. -Geogr. G. FLIESSBACH
Kartographische und reprotechnische Bearbeitung: B. JANKOWSKI
Kartenautor: Prof. Dr. H. TEPASSE (Hochschule der Künste Berlin, Fachbereich Architektur)
Hergestellt im Rahmen des Forschungsvorhabens "Unterirdischer Städtebau Berlins im
19. Jahrhundert"
Druck.: TFH Berlin 1988

nun allmählich von den Verbrauchern verstärkt ab Ende der 1910er Jahre angenommen. Der Gasverbrauch zum Kochen und später zur Warmwasserbereitung hatte zudem denselben produktionstechnischen Effekt zu erfüllen wie der Stromverbrauch für »Motore« und »Bahnbetrieb« (Abb. 102):
Ausgleich der Tages- und Jahreshöchstlasten bzw. Auffüllung der Jahres- und Tagestäler durch mehr zeitunabhängige Verbrauchsarten. Das Bild zeigt im Vergleich die Gasverkaufskurven eines reinen Leuchtgas-Werkes von 1883 und eines Gaswerkes, das 1912 bereits 60 % Gas für Heiz-, Koch- und Kraft(Motor)-Zwecke verkaufte. Der Anteil *»Leuchtgasverkauf«* reduzierte sich bei diesem Beispiel auf 40 %. Letzterer Anteil war in den Berliner Gaswerken noch wesentlich geringer.

In einem Vortrag zur Berliner *Gewerbeausstellung* 1896 von *Friedrich Siemens* unter dem Titel *»Die Gasheizung für Wohnräume«* äußerte er sich zunächst über den gelungenen Werbespruch *»Koche mit Gas !«*. Der Aufforderung *»Heize mit Gas !«*, so *Siemens*, wäre die Bevölkerung noch nicht gefolgt. Der siebzigjährige *Friedrich Siemens* dachte daran, mit dem *»Gaszimmerofen«* das Heizproblem zu *»einer endgiltigen Lösung zu führen«* und *»mit dieser sehr gemeinnützlichen Neuerung meine technische Laufbahn beschließen zu können.«* [zit. bei Körting 1963, S. 301]

In der Konkurrenz mit dem Kohle-Kachelofen und den in dieser Zeit aufkommenden koksgefeuerten Kessel-Zentralheizungen, stellte *F. Siemens* das *Siemens*-Produkt »Regenerativ-Gaskaminofen mit Wärmereflektor, Sicherheitszündhahn und automatischer Wärmeregulierung« vor. Er pries weitere Vorzüge wie schnelle Aufheizung der Zimmerluft, hohe Strahlungswärmeabgabe und die in Abhängigkeit von der gewünschten Raumtemperatur automatisch geregelte Gasmengenzufuhr. Ein revolutionierender Gasheizofen – aus dem Strom-orientierten Hause *Siemens* –, *»der einzig wirklichen Lösung der so viel besprochenen Rauchfrage«*, der aber erst nach dem zweiten Weltkrieg seinen massenhaften Absatz fand.

8.4 Motor-Kraftstrom Wegbereiter der Elektrifizierung

Die elektrische Glühlampe war »nur« eine Wegbereiterin der allgemeinen Elektrifizierung, so titelte sinngemäß *Arnold Theodor Gross* 1936 im Rückblick auf die Zeit um die Jahrhundertwende. Der unternehmerische Blick von Ingenieuren im Verbund mit Kapitalgebern war auf das Segment »Kraft« als Mittel zur Deckung des industriellen Bedarfs an Antriebsenergie gerichtet. Alle Anstrengungen galten der Ablösung der dampfbetriebenen Antriebsmaschine, die in ihrer infrastrukturellen Ausdehnung durch den verlustreichen Dampftransport zwangsläufig stark eingeschränkt war. Statt dessen war der von hochgespannten Stromnetzen gespeiste Elektromotor vorge-

sehen. Das bekannte Kohle-Dampf-Turbine-Stromgenerator-Prinzip (anstatt des Kolbenhubs fand hier ab 1901 die Rotor-Drehbewegung in den Turbinen statt, die in der von *Peter Behrens* erbauten *AEG*-Turbinenhalle hergestellt wurden) löste das eher »dezentrale« Dampfmaschinenprinzip (Kohle-Dampf-Kolbenpumpe-Transformationsräder-/riemen) ab. Die bald wesentlich größeren Erzeugungskapazitäten und die bessere Verteilungsfähigkeit des Kraftstroms gegenüber der Dampfkraft eröffneten völlig neue Perspektiven bei der Dimensionierung künftiger Versorgungsumfänge.

Der seit Mitte des 19. Jhs. bekannte gasversorgte Motor, vor allem der 1878 von *Nikolaus August Otto* erbaute immobile Viertaktmotor, dessen Kolben über Pleuelstange und Kurbel mit dem Antriebswerk verbunden war, galt als der Vorreiter für den Elektromotor – vergleichbar der Entwicklung von der Gas- zur Strom-Glühlampe. Die rasche Entwicklung zu größeren Gasmotoren setzte mit dem Einsatz des hochwertigeren »Generatorgases« aus dem Hochofenbetrieb ein. Gegen Ende der 1890er Jahre wurde der Gasmotor für kleinere Versorgungsaufgaben vom Elektromotor verdrängt. [Schilling/Bunte 1914, Bd. V, S. 175 ff.]

Bemerkenswert ist, wie Gas und Strom in dieser Wettbewerbsphase kooperativ zusammenarbeiteten. Beispielsweise wurden die elektrischen Kohlefadenlampen in den Konferenzräumen der Parteien im 1894 eröffneten Reichstagsgebäudes von einem Stromgenerator gespeist, der seinerseits von einem Gasmotor betrieben wurde. Die für dieses aus heutiger Sicht fortschrittliche Anlagenkonzept verantwortliche Firma *David Grove* warb damit in einer Anzeige in dem offiziellen Bericht zur Berliner Gewerbeausstellung von 1896 [S. 95]. Dieser Kooperation gingen die ersten Versuche unter der Leitung der *Städtischen Gaswerke* im Gaswerk am Stralauer Platz voraus. Auch die 1882 vom Potsdamer Platz über die Leipziger Straße bis zur Friedrichstraße von *Siemens & Halske* installierten 36 Differential-Bogenlichtlampen wurden mit Gleichstrom versorgt, der von der *Deutschen Edison Gesellschaft* in vier Gasmotoren von *Deutz* mit je 12,5 PS über Generatoren (Dynamomaschinen von *Siemens*) erzeugt wurde. [Rebske 1962, S. 132 f.]

Die gegen Ende der 1890er Jahre sich erweiternde Nachfrage nach Kraftstrom für den in der Industrie benötigten Elektromotor und für den Betrieb von Hoch- und Untergrundbahnen ließ die Produktion von Licht-Gleichstrom bald in den Hintergrund treten: Die Kraftstromproduktion bei der *BEW* überstieg gegen 1900 die Produktionsmengen für den Lichtstrom und setzte zu einem steilen Produktionspfad an. (Abb. 103)

Der Drehstrom als Variante des Wechselstroms löste den Gleichstrom ab, obwohl sich die etablierten Unternehmen *Siemens & Halske* und *Edison* für seine Beibehaltung einsetzten, die »jungen« Unternehmen, wie z. B. *AEG* und *Westinghouse* dagegen in dem »Wechselstrom« die Zukunft sahen. [Braun 1980, S. 5] Der Dreh-

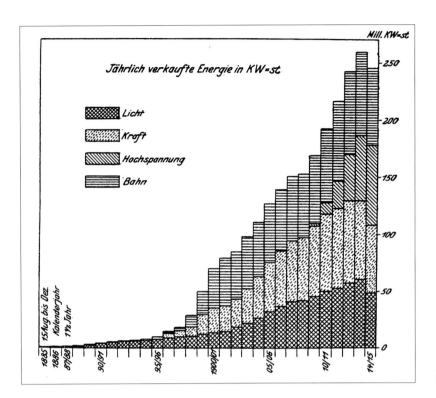

Abb. 103   Relation Kraft-/ Lichtstromproduktion BEW um 1900

strom entkoppelte die bis dahin zwingende Nähe zwischen dem Erzeugungsort (den Kraftstationen innerhalb der Innenstadtgebäude) und den im Umkreis von nur einigen hundert Metern zu versorgenden Verbrauchern. Bei jetzt möglicher Spannungshaltung und relativ geringen Leitungsverlusten konnten die problematischen innerstädtischen Standorte der »Krafthäuser« mit Kohle-Kessel-Wasser-Schornstein-Asche-Betrieb in die Vororte mit Wasser- und/oder Gleisanschluß für Kohlen-/Aschetransporte und Kühlprozesse verlagert werden.

Das von der *AEG* durch die *BEW* übernommene Kraftwerk »Oberspree« im Südosten und das von der *BEW* gebaute – am Hohenzollernkanal zwischen Nord- und Westhafen gelegene – Kraftwerk »Moabit« im Norden waren die beiden ersten größeren, *vor den Thoren der Stadt* liegenden Kraftwerksstandorte der *BEW*. Deren großzügige Grundstücksflächen ermöglichten den Bau von horizontalen Turbinenanlagen, die im Vergleich zu vertikal errichteten in der Innenstadt (schmale, teure Grundstücke) eine um den Faktor zehn größere Kapazität zuließen und darüber hinaus kostengünstiger zu warten und reparieren waren.

Die innerstädtischen »Krafthäuser« (Markgrafenstraße, Mauerstraße u.a.) wurden bei diesem Verfahrenswechsel geschickt eingebunden: Sie dienten nun als Umformerstationen. Der aus den Kraftwerken *»vor der Stadt«* zufließende hochgespannte Drehstrom wurde hier auf niedrig gespannte 110 Volt Gleichstrom umgeformt, so daß an den bestehenden Verbrauchernetzen keine technischen Veränderungen vorgenommen werden mußten. Auch nach der Abschaffung der Gleichstromversorgung blieben diese innerstädtischen Stationen

Einrichtungen des Gesamtnetzes. Sie übernahmen die Aufgabe, den hochgespannten Drehstromzugang auf die für das Versorgungsgebiet geeigneten Spannungsebenen zu transformieren – dienten also fortan als Transformationsstationen.

Der Absatz von Elektromotoren in den 1890er Jahren gelang bei kleineren Industrie- und Handwerksbetrieben. Die Großindustrie zögerte noch, der Umbau des bestehenden Dampfmaschinenparks auf Elektromotorantrieb erforderte große Investitionen. Der Verbund zwischen der Motore produzierenden *AEG* und der Strom erzeugenden Tochtergesellschaft *BEW* bot den Verbrauchern nicht nur günstige Stromtarife an (Senkung der Haushaltstarife von ca. 60 Pf/kWh auf einen Gewerbetarif bei ca. 20 Pf/kWh), sondern er stellte ihnen zudem die Motoren kostenlos und später leihweise für eine geringe Gebühr zur Verfügung.

Die folgende Übersicht über die in Berliner Betrieben eingesetzten Antriebsarten zwischen 1892 und 1895 aus einer Betriebsstatistik [Henniger 1986, S. 26] läßt die damaligen Trends erkennen:

Antriebsart in Berliner Betrieben	Anzahl		Differenz	
	1892	1895		
Dampf	1.624	1.442	minus	11 %
Gas	937	1.204	plus	28 %
Elektrizität	27	386	plus	1.430 %

Die Tendenz zur Abnahme des Dampfantriebs ist erkennbar und der steile Anstieg des Antriebs über Elektromotoren, wenn auch noch auf niedrigem Niveau. Absehbar

Abb. 104
Blockstation Friedrich-
straße 85 der DEG 1884

ist auch, daß der Gasmotorenbetrieb sich als eine stabile zwischenzeitliche Alternative entwickelte. Schon um die Jahrhundertwende überflügelte der Anteil »Elektromotorantrieb« mit ca. 30 % den des gasmotorischen Antriebs in den Berliner Betrieben [Wißner 1966, S. 400] Etwa ab 1910 dominierte der Elektromotorantrieb, Gasmotoren und Dampfantriebe stellten nur noch marginale Anteile. [Henniger 1986, S. 44 f.]

Der Ende der 1890er Jahre einsetzende Betrieb von Straßen- und Hochbahnen und ab 1902 von Untergrundbahnen begründete neben dem Elektromotoreinsatz die Wachstumsraten im Segment »Kraftstrom«. Dieser Anteil am Gesamtstromabsatz der BEW betrug im Jahr 1900 bereits 50 %. [Gross 1936, S. 131]

Beide Absatzfelder für den Kraftstrom (Motoren und Bahnen) setzten neue, wesentlich günstigere Bedingungen für den Produktionsablauf: Die bisherige Nachfrage nach Lichtstrom beschränkte sich nur auf wenige Dunkelstunden des Tages, zu denen die Anlagen kurzfristig hohe Leistungen zu erbringen hatten. Die über den Tag sich verteilende Nachfrage nach Kraftstrom gestaltete fortan eine ausgeglichene, auf viele Tagesstunden sich aufteilende Gesamtlast. Jetzt konnte ein Lastverteilungsmanagement eingerichtet werden, das kostengünstigere Blockanlagen für die dauerhafte Grundlastdeckung und teurere Blöcke für die Deckung kurzfristiger Spitzenlasten organisierte. Zu diesem Vorteil niedrigerer Produktionskosten kam ein weiterer: Die Absatzfelder (Licht, Motoren, Bahnen) eröffneten die Möglichkeit zu einer differenzierteren Tarifpolitik. Einbußen aus Tarifsenkungen auf Zeit zur Förderung eines Segments konnten durch Gewinne aus anderen Segmenten ausgeglichen werden.

Auch das in der Gaswirtschaft praktizierte Instrument der »regionalen Preisdifferenzierung« fand bei dem sich rasch ausdehnenden Umfang an Versorgungsgebieten Anwendung. Hierbei senkte dasselbe Unternehmen in dem mit starker Gas-Konkurrenz ausgestatteten Versorgungsgebiet die Stromtarife, während in einem anderen Gebiet zu denselben Produktionskosten erzeugter Strom mangels Gas-Konkurrenz zu höheren Preisen verkauft werden konnte.

Mit der vom Magistrat von Berlin 1898 verfügten Freigabe des gesamten Stadtgebietes zur Stromverteilung durch die BEW und der Zusicherung des Magistrats, nicht vor 1915 die Monopolstellung der privatwirtschaftlichen BEW aufzulösen (Übergang 1915 in das Eigentum der Stadt nach einer Abfindung der BEW in Höhe von 132 Mio Mark bei einem ermittelten Buchwert von nur 122 Mio Mark [Scholze 1986; Matschoß 1916; Datterer 1902]), bestanden nun für die BEW die besten Voraussetzungen zur Expansion. Die Stadt verpflichtete sich nach Verhandlungen zur Abnahme des Stroms für den Bahnen-Betrieb zu einem Preis von 10 Pf/kWh, nur ein Viertel bis ein Fünftel des zur damaligen Zeit üblichen Preises für die Kilowattstunde. Im Gegenzug verpflichtete sich die BEW zur Abgabe von gestaffelten Anteilen vom Reingewinn an den Stadtkämmerer. (»Konzessionsvertrag« zwischen den Energieversorgungsunternehmen und den Kommunen [Matschoß 1916, S. 13])

Die erste größere Stromproduktion für einen Gebäudekomplex zum Zwecke des Lichtgebrauchs erfolgte 1884 in der Blockstation der Deutsche Edison Gesellschaft (Emil Rathenau, Oscar von Miller) in der Friedrichstraße 85, wo sich das Café Bauer befand. (Abb. 104) Drei Monate spä-

Abb. 105
Erstes Krafthaus
Markgrafenstraße 43/44
der A.G. St.E.W. 1885

Abb. 106
Viertes Krafthaus
Schiffbauer Damm 22
der BEW 1890

ter (12/1884) genehmigte der Magistrat den Antrag der aus der *DEG* hervorgegangenen *Aktien Gesellschaft Städtische Electricitäts Werke* für die erste Gleichstromzentrale in der Markgrafenstraße. Das Versorgungsgebiet lag innerhalb von Friedrichstraße – Unter den Linden – Kupfergraben – Leipziger Straße. Die DEG erhielt das »Wegerecht« vom Magistrat für das Kabelverlegen im Versor-

gungsgebiet, »begrenzt durch einen um den Werderschen Markt gezogenen Kreis mit einem Halbmesser von 800 m«. [Berliner Städtische Elektrizitäts-Werke 1934, S. 8] Dafür hatte die DEG der Stadt 10% der Bruttoeinnahmen aus dem Stromverkauf, nach oben begrenzt bis max. 25 % des jährlichen Reingewinns (der nach Ausschüttung einer Dividende von 6% des Aktienkapitals übrig blieb) abzuge-

STROMVERSORGUNG BERLIN

STAND UM 1895

Maßstab 1:50 000

0   500   1000   1500   2000   2500m

—————— Stadtgrenze 1861

Versorgungsgebiet um 1885
Berliner Elektrizitätswerke (BEW)

Versorgungsgebiet um 1895
Aktiengesellschaft Städtische Elektrizitätswerke (A.G.StEW)

BEW und
(A.G.StEW)

▨ Kraft- und Akkumulatorenwerke

—————— Versorgungsgrenze

Kraftwerke (Gleichstrom):

	Standort	Inbetriebnahme	Betreiber
1	Markgrafenstraße (549 kw)	1885	A.G.StEW
2	Mauerstraße (285 kw)	1886	A.G.StEW
3	Spandauer Straße (1680 kw)	1889	BEW
4	Schiffbauerdamm (849 kw)	1890	BEW
5	Königin - Augustastraße (Akkuwerk)	1893	BEW

Quellen:
Bauatlerskarte der geschlossenen Mietshausbebauung in Berlin zwischen 1862 und 1925, aus:
Geist, J. F. & Kürvers, K.: Das Berliner Mietshaus 1862 - 1945, Prestel - Verlag, München 1984
Matschoß, C. u. a.: 50 Jahre Berliner Elektrizitätswerke 1884 - 1934, V.D.I - Verlag, Berlin 1934

Kartographische und reprotechnische Bearbeitung : B. JANKOWSKI
Kartenautor: Prof. Dr. H. TEPASSE (Hochschule der Künste Berlin , Fachbereich Architektur)
Hergestellt im Rahmen des Forschungsvorhabens " Unterirdischer Städtebau Berlins im
19. Jahrhundert "

Druck : TFH Berlin 1988

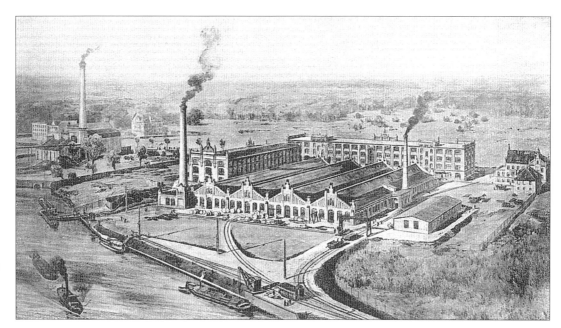

Abb. 107
Erstes Kraftwerk
Oberspree
»vor der Stadt«
der BEW
1895/99

Abb. 108
Freileitung 6 kV
1897 zwischen
Kraftwerk Ober-
spree und
Innenstadt-
Krafthäusern

ben. Der »Konzessionsvertrag« für die Bezahlung der We-
gerechte zwischen Gemeinde und Privatunternehmen war
aus der Taufe gehoben.

Damit wurde die Epoche der innerstädtischen *Krafthäuser* eröffnet: 1885 Krafthaus Markgrafenstraße 43/44
(Abb.105) und 1886 Mauerstraße 80 (Karte S.191). Die ersten Großabnehmer des Gleichstrom waren das Königliche Schauspielhaus, die Reichsbank und das Hotel Kai-
serhof.

Aus der *DEG* und der *A. G. Städt. Electricitäts Werke*
entstanden 1887 die *Allgemeine Elektrizitäts-Gesellschaft
(AEG)* und die *Berliner Electricitäts-Werke (BEW)*. Beiden
Gesellschaftsvorständen gehörten *Emil Rathenau, Oscar
von Miller* und *Felix Deutsch* an. Ein Zusatzvertrag von
1888 mit der *BEW* eröffnete den Bau zweier neuer Krafthäuser in der Spandauer Straße 49 und im Schiffbauer

Damm 22 und deren Inbetriebnahmen 1889 und 1890.
(Abb. 106 und Karte »Stromversorgung Berlin Stand um
1895«, S. 191

Es folgte die Errichtung der Akkumulatoren-Untersta-
tion in der Königin-Augusta-Straße, die von dem Krafthaus Mauerstraße aufgeladen wurde. Ständige Zubau-
ten an Akkumulatorenkapazitäten und der Aufbau der
ersten Drehstromanlage im Krafthaus Schiffbauer Damm
1899 stellten das Ende dieser Epoche dar und leitete über
zu der neuen mit »*Überlandkraftwerken*« bis ca. 1915.
Die zeitliche Entwicklung der *BEW*-Versorgungsgebiete
ist im Vortrag des *BEW*-Direktors *L. Datterer* beim *Berliner Bezirksverein* graphisch dokumentiert [Datterer 1902,
S. 182].

Die vertragliche Beschränkung des *BEW*-Stromver-
triebs innerhalb der Stadtgrenzen und die Mitte der

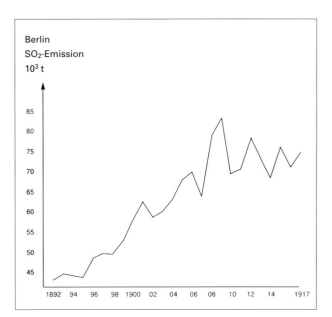

Abb. 109   Emissionen SO$_2$ in Berlin 1892–1917

1890er Jahre beginnende Ansiedlung von Industrien süd-
östlich der Stadtgrenzen waren die Gründe zum Bau des
Kraftwerks Oberschöneweide 1895 durch die Mutterge-
sellschaft *AEG*, das den ersten Drehstrom produzierte.
Aufgrund des Vertrages von 1899 zwischen der Stadt und
der *BEW* erwarb letztere das Werk von der *AEG*, das
fortan »Oberspree« hieß (Abb. 107). Es war die erste
außerstädtische »*Primärstation*« (6.000 PS Leistung) zur
Versorgung der innerstädtischen Unterstationen mit hochgespanntem Drehstrom über Freileitungstechnik (1906:
10 Kilovolt; 1910: 30 kV). (Abb. 108)
    Auf dem Gelände der *Petroleum-Lagerhof-Gesellschaft*
am Südufer (Friedrich-Krause-Ufer) des Hohenzollernka-
nals wurde die zweite Primärstation »Moabit« errichtet
und 1902 in Betrieb genommen. Sie versorgte Spandau,
Pankow und Reinickendorf. Drehstrom von 3 x 6.000 Volt
wurde den Unterstationen über nun bereits erdverlegte
Kabel zugeführt.

Nach dem Moabiter Kraftwerk wurde noch 1907 das
Kraftwerk Rummelsburg – ausschließlich mit Dampftur-
binen von *AEG* bestückt – errichtet. In dem Großraum
»Elektropolis« Berlin waren 1907 52 % der in der Elektro-
industrie Deutschland Beschäftigten tätig. [Nipperdey Bd. I,
1993, S. 237] Bis zur Übernahme der *BEW* 1915 durch die
Stadt erfolgte ein ständiger Zubau an Kapazitäten in den
Werken, z. B. in Moabit von 62.000 PS (1902) auf 154.000 PS
(1908). Ab 1915 wurde dann eine neue Epoche mit dem
Bau von Großkraftwerken und dem Beginn der überre-
gionalen Verbundwirtschaft (Fremdbezug, Versorgungs-
sicherheit, Qualitätssicherung usw.) durch die neu gegründete Aktiengesellschaft *Berliner Städtische Elektrizitäts-Werke (B.St.E.W.)* eingeleitet.
    Üblicherweise schließt ein Rückblick über Entwicklungen
von Kraftwerkskapazitäten mit der Darstellung von »In-
stallierter Stromleistung (MW) oder abgesetzter Stromar-
beit (MWh/Zeiteinheit) für bestimmte Stromsorten (kVolt)«.
Davon abweichend zeigen wir in Abb. 109 den zeitlichen
Verlauf (1892–1917) der Emissionen an Schwefeldioxyd
in Berlin für alle verfeuerten Energieträger (ca. 70 %
Steinkohlen, 30 % Braunkohlen, vernachlässigbarer Anteil an flüssigen Brennstoffen).
    Der Verlauf zeigt, daß zwischen 1892 und 1909 die
SO$_2$-Emissionen sich nahezu verdoppelt haben mit
einem mittleren Anstieg von 5 % /Jahr. Weil zu dieser Zeit
noch eine feste Kopplung zwischen den Verläufen »Energieverbrauch« und »Bruttosozialprodukt« herrschte und
die Energiewirtschaft sich über das Emissionsverhalten
ihrer Feuerungsanlagen noch keine systemverbessern-
den Gedanken machen mußte, ist der Kurvenverlauf der
»SO$_2$-Emissionen« nahezu identisch mit dem Verlauf der
wirtschaftlichen Entwicklung. Deshalb präsentierte man
die rauchenden Schornsteine auch auf den bunten An-
teilsscheinen der damaligen Aktiengesellschaften. Für die
meisten waren sie ein stellvertretendes Symbol für den
Fortschritt, für noch wenige der Beginn, sich für den
Schutz von Umwelt und Gesundheit einzusetzen: 1899
wurde in Stuttgart der *Naturschutzbund Deutschland* gegründet.

Literatur

Accum, Friedrich: Praktische Abhandlung zur Gasbeleuchtung, Berlin 1815

Akademie der Künste: Austellungskatalog »1945. Krieg – Zerstörung – Aufbau«. Architektur und Stadtplanung 1949–1960, Berlin 1995

Albrecht, H.: Die Wohnungsnot in den Großstädten und die Mittel zu ihrer Abhülfe, München 1891

Anklamm, G.: Die Wasserwerke der Stadt Berlin am Tegeler See, in: Glasers Analen für Bauwesen, Bd. XIX, Berlin 1886

Architekten Verein Berlin (Hrsg.): Berichte der Mitglieder R. Köhn, K. Mühlke, F. W. Büsing über Stand Bebauung Vororte Berlins, Berlin 1892

Arminius (Synonym Gräfin Döhna): Die Großstädte in ihrer Wohnungsnoth und die Grundlagen einer durchgreifenden Abhilfe, Berlin 1874

Assmann, Gustav: Grundrisse für städtische Wohngebäude. Mit Rücksicht auf die für Berlin geltenden Bau-Ordnung, Berlin 1862

Derselbe: Die Bewässerung und Entwässerung von Grundstücken im Anschluß an öffentliche Anlagen dieser Art, München 1893

Baeyer, Johann Jakob, Blesson, Johann Ludwig: Die Bewässerung und Reinigung der Straßen Berlins, Berlin 1843

Bärthel, Hilmar: Wasser für Berlin, Berliner Wasser Betriebe (Hrsg.), Berlin 1997

Barry, F., Etlinger, A.: Canalisation von Berlin, Berlin 1870

Bartmann-Kompa, Ingrid: Das Berliner Rathaus, Berlin 1991

Bauer, Arnold: Rudolf Virchow, Berlin 1982

Baumeister, R.: Stadterweiterungen in technischer, baupolizeilicher und wirtschaftlicher Beziehungen, Berlin 1876

Derselbe: Handbuch der Baukunde, Abth. III: Baukunde des Ingenieurs, 3. Heft: Städtisches Straßenwesen und Städtereinigung, Berlin 1890

Baumeister, R.: Städtisches Straßenwesen und Städtereinigung, Berlin1890

Beielstein, Wilhelm jun.: Die Wasserleitung im Wohngebäude, 2. Aufl., Weimar 1894

Benjamin, Walter: Gesammelte Schriften, Bd. V 2, Das Passagen-Werk, Tiedemann, R. (Hrsg.), Frankfurt/M. 1982

Bericht Statistik: Berliner Wirtschaftsberichte des Statistischen Amts: Gasversorgung von 1826–1924, 1. Jg. (1924) Nr. 23, S. 181 ff.

Berliner Städtische Elektrizitäts-Werke (Hrsg.): 50 Jahre Berliner Elektrizitätswerke 1884–1934, bearb. von Matschoß, C., Schulz, E., Groß, A. Th., Berlin 1934

Berliner Wasser Betriebe (Hrsg.): Wasserwerk Friedrichshagen, Historische Beiträge, Berlin 1996

Berlinische Galerie (Hrsg.): Berlin fotografisch Fotografie in Berlin 1860–1982, Wien / Berlin 1982

Berlin Museum: Stadtbilder. Berlin in der Malerei vom 17. Jahrhundert bis zur Gegenwart, Ausstellungskatalog, Berlin 1987

Beuth, Peter Christian: Entwurf zu einem Landhaus für eine Familie, Vorlageblätter für Baumeister, Berlin 1844 / erschienen 1851

Blochmann, G.M.S.: Gedrängte Übersicht der Leistungen in der Ausführung der Gaswerke in der Residenz Berlin, Berlin 1848

Blochmann, Rudolf: Rudolf Sigesmund Blochmann, in: Technikgeschichte Bd. 10, 1929

Boerner, Paul: Hygienischer Führer durch Berlin, Berlin 1882

Bonnell, W.: Wie die Stadt zu ihren eigenen Gasanstalten kam, in: Mitteilungen des Vereins für die Geschichte Berlins, 24. Jg. (1907), S. 169

Braun, H. J.: Gas oder Elektrizität? Zur Konkurrenz zweier Beleuchtungssysteme 1880–1914, in: Technikgeschichte, Bd. 47 (1980) Nr. 1

Brix, Josef: Die ober- und unterirdische Ausbildung der städtischen Straßenquerschnitte, in: Städtebauliche Vorträge, Seminar für Städtebau, TH Berlin, 2. Vortragszyklus, Bd. II, Heft II., Berlin 1909

Derselbe: Aus der Geschichte des Städtebaus in den letzten 100 Jahren, in: Städtebauliche Vorträge, Seminar für Städtebau, TH Berlin-Charlottenburg, 4. Vortragszyklus, Berlin 1911

Bruch, Ernst: Berlins bauliche Zukunft und der Bebauungsplan, Berlin 1870

BuMilnnern: Bundesminister des Innern: Regelentwürfe für Trinkwasser-Notbrunnen, Arbeitsblatt 5, Sonderfall Berliner Straßenbrunnen, Bonn 1981

BusB: Architekten-Verein zu Berlin (Hrsg.): Berlin und seine Bauten, Bd. 2, Berlin 1877

Derselbe: AIV zu Berlin / Vereinigung Berliner Architekten (Hrsg.), Teil X, Bd. A, Berlin 1896

Büsing, F. W.: Der städtische Tiefbau, Bd. III, Berlin 1901

Centralblatt der Bauverwaltung: Preisbewerbung für die Heizungs- und Lüftungsanlage des neuen Reichstagsgebäudes in Berlin, Berlin 1894

Centralstelle: Schriften der Centralstelle für Arbeiter-Wohlfahrtseinrichtungen, Heft 1: Die Verbesserung der Wohnungen. Vorberichte und Verhandlungen zur Konferenz am 25./26.4.

1892 nebst Bericht über die mit derselben verbundene Ausstellung, Berlin 1892

Corbin, Alain: Pesthauch und Blütenduft, Frankfurt/M. 1988

Crelle, A. L.: Zur Vervollkommnung der Wohngebäude in den Städten, in: Journal für die Baukunst, Berlin 1833

Derselbe: Über die Mittel und die nöthigen Bauwerke zur Reinigung der Städte und zur Versorgung derselben mit Wasser; mit besonderer Rücksicht auf die Stadt Berlin, als Beispiel, in: Journal für die Baukunst, Berlin 1842

Derselbe: Einige Bemerkungen und Erfahrungen bei einem vor 6 Jahren erbauten Wohnhause und den zugehörigen Gebäuden, in: Journal für die Baukunst, Berlin 1847

Czihak, H., Strenz, W.: Eine Brunnenkarte von Berlin/Cölln für das Jahr 1660. Berliner Geschichte-Dokumente, Beiträge, Informationen. Heft 9, Stadtarchiv Berlin 1988

Datterer, L.: Die Berliner Elektrizitätswerke im Jahre 1902, in: Zeitschrift Verein Deutscher Ingenieure, Bd. 46, Nr. 6, Berlin 1902, S. 182 f.

Dietrich, R. (Hrsg.): Berlin auf dem Wege zur Weltstadt, in: Berlin – 10 Kapitel seiner Geschichte, 2. Aufl., Berlin 1981

Dommink, Emil: Die erste Gasanstalt vor dem Halle'schen Thor, in: Der Bär, Berlin 1881

DVGW: 100 Jahre Deutsche Vereinigung Gas- und Wasserfachmänner (DVGW) 1859–1959, Berlin 1959

Dieselbe: 23. Jahresversammlung des DVGW, Beleuchtung, Wasserversorgung und Kanalisation in Berlin, Berlin 1883

Ehrlich, Heinz: Berliner Bauordnungen, ihre wichtigsten Bauvorschriften und deren Einfluß auf den Wohnhausbau der Stadt Berlin, Jena 1933

Faucher, Julius: Vergleichende Culturbilder aus den vier europäischen Millionenstädten, Berlin 1877

Fischer, Hermann: Preisbewerbung für die Heizungs- und Lüftungsanlage des neuen Reichstagsgebäudes in Berlin, VDI-Zeitschrift 1884, Nr. 37, S. 717 ff.

Fürstenhaupt, F.: Ent- und Bewässerungsanlagen in großen Städten unter Beseitigung der Straßen-Rinnsteine und -Überbrückungen, Berlin 1864

Gehrke, W., Müller v., A.: Zur mittelalterlichen Siedlungsforschung in Berlin, in: Ausgrabungen in Berlin, 1 (1970), S. 150 ff.

Geist, Johann Friedrich, Kürvers, Klaus: Das Berliner Mietshaus 1740–1862, München 1980

Dieselben: Das Berliner Mietshaus 1862–1945, München 1984

Geistinger, von Pettenkofer, Wünderlich: Cholera-Regulativ, München 1866

Gemeinderecht Berlin: 5. Band Kanalisation / Wasserwerke, Örtliche Straßenbau-Polizei, Abt. II (Kanalisation), 1903

Gesellschaft U-Bahnen: Gesellschaft für den Bau von Untergrundbahnen zu Berlin: Der Spreetunnel zwischen Stralau und Treptow bei Berlin, Berlin 1899

Gewerbeausstellung 1846: Amtlicher Bericht über die allgemeine Deutsche Gewerbe-Ausstellung zu Berlin im Jahre 1844, Berlin 1846

Diegleiche: Offizieller Haupt-Katalog der Berliner Gewerbe-Ausstellung 1896, Illustrirte Pracht-Ausgabe, Berlin 1896

Gill, Henry: Die Wasserversorgung Berlins und die neuen Wasserwerke in ihrer Bedeutung für die Häuslichkeit und das Familienwohl, Berliner Wasser Werke (Hrsg.), Berlin 1857

Glagau, Otto: Ein unterirdisches Städtebild, in: Familienzeitschrift »Daheim«, Leipzig 1866, S. 487 ff.

Glatzer, Ruth (Hrsg.): Berliner Leben 1870–1900, Berlin 1963

Gross, Arnold Theodor: Die Glühlampe als Wegbereiterin der Elektrizitätswirtschaft, in: Beiträge Geschichte Technik Industrie Berlin, 22. Jg., 1933, S. 70 ff.

Derselbe: Zeittafel zur Entwicklung der Elektrizitäts-Versorgung, in: Technikgeschichte 25. Jg. (1936), S. 126 ff.

Grove, David: Ausgeführte Heizungs- und Lüftungs-Anlagen, Berlin 1895

Gurlitt, Cornelius: Im Bürgerhaus, Dresden 1888

Haase, Rudolf: Pariser Gaswerke und Vergleich derselben mit den Berliner Gaswerken, Berlin 1867

Haberland, Georg: Der preußische Gesetzentwurf zur Verbesserung der Wohnungsverhältnisse, Berlin 1904

Hahn, Hermann, Langbein, Fritz: 50 Jahre Berliner Stadtentwässerung 1878–1928, Berlin 1928

Hassenstein, C. H.: Das elektrische Licht, Weimar 1859

Hausmann, E., Soltendiek, C.: Kreuzberger Mischung, Berlin 1984

Hegemann, Werner: Das steinerne Berlin, 3. Aufl. Berlin 1979 (Bauwelt Fundamente 3), (1. Aufl. 1930)

Heggen, A.: Beuths »technologische Reisen« 1818–1829, in: Technikgeschichte Bd. 42, 1975, S. 18 ff.

Henninger, G.: Zu einigen Problemen der Elektrifizierung der Berliner Industriebetriebe von den Anfängen bis zu Beginn des 20. Jahrhunderts, in: Berliner Geschichte, Berlin 1981

Hintze, Günter: Ein Gaswerk auf dem Lustgarten, in: Berlinische Blätter für Geschichte und Heimatkunde, 2. Jg. (1935), S. 83 f.

Hirth, Georg: Das deutsche Zimmer, Berlin 1899

Hobrecht, James: Kanalisation der Stadt Stettin, Stettin 1868

Derselbe: Die Canalisation von Berlin, Berlin 1884

Hünerberg, K., Uter, A.: 100 Jahre Berliner Wasserversorgung 1856–1956, Berlin 1956

Koch, Erich: Die städtische Wasserleitung und Abwasserbeseitigung volkswirtschaft sowie finanzpolitisch beleuchtet, Jena 1911

Körting, A.: Geschichte der Gastechnik, in: Technikgeschichte Bd. 25 (1936), S. 84 ff.

Körting, Johannes: Geschichte der deutschen Gasindustrie, Essen 1963

Landesarchiv Berlin, Rep. 211, Acc. 1644, Nr. 9: »Magistrat 1846«

Langbein, F.: Der Werdegang der Berliner Stadtentwässerung 1878–1928, Berlin 1928

Lange, Annemarie: Berlin zur Zeit Bebels und Bismarcks, Berlin 1972

Dieselbe: Zwischen Jahrhundertwende und Novemberrevolution, Berlin 1967

Lobeck, R.: Die Großberliner Stadtentwässerung, Berlin 1928

Loudon, J. C.: An Encyclopaedia of cottage, farm, and villa: Architecture and furniture, London, 1. Aufl. 1833, 2. Aufl. 1842

Lux, H.: Die öffentliche Beleuchtung von Berlin, Berlin 1896

Derselbe: Das moderne Beleuchtungswesen, Leipzig/Berlin 1914

Magistratsbericht: Die Gaserleuchtungs-Angelegenheit der Stadt Berlin, Berlin 1844

Matschoß, Conrad: Geschichtliche Entwicklung der Berliner Elektrizitätswerke – Werke von ihrer Begründung bis zur Übernahme durch die Stadt, in: Beiträge zur Geschichte der Technik und Industrie, Jahrbuch des VDI, Bd. 7, 1916, S. 1 ff.

Merten, E.: Firmenschrift zur Berliner Gewerbeausstellung, Druckluftanlage zur Kanalisation und Wasserversorgung im Ausstellungsterrain, Berlin 1896

Meyer, E.: Die Geschichte der Berliner Brunnen, in: Der Bär, Mitteilungen über die Geschichte Berlins, 8 (1882), S. 330 ff.

Möllinger, K.: Handbuch der zweckmäßigen Systeme von Abtritt, Senkgruben und Sielanlagen, Höxter 1867

Mougey: Über die Abzugskanäle in London, Liverpool und Edingburg, in: Verhandlungen des Vereins zur Beförderung des Gewerbefleißes in Preußen, 18. Jg., Berlin 1839

Muchall, C.: Das ABC des Gas-Consumenten, Wien 1886

Müller, A.: Die Gasbeleuchtung im Haus und die Selbsthilfe des Gas-Consumenten, 1881

Muthesius, Hermann: Das englische Haus, 2 Bde., Berlin 1904

Nipperdey, Thomas: Deutsche Geschichte 1800–1866, München 1983

Derselbe: Deutsche Geschichte 1866–1918, Bd. I, 3. Aufl., München 1993

Derselbe: Deutsche Geschichte 1866–1918, Bd. II, München 1993

Passavant, Hermann: Die Elektrizität als Quelle für Kraft und Licht zur Versorgung weiterer Bezirke, Berlin 1898

Piechottka, O., Wagner, H.: Rinnstein und Fayencebecken – Kanalisation und Sanitärtechnik in Berlin, in: Die vergessenen Tempel – Zur Geschichte der Sanitärtechnik in Berlin, Marburg 1988

Pilatus, M.: Für das städtische Gas, Berlin 1845

Poppe, Johann Heinrich: Das Beleuchtungswesen auf der höchsten Stufe der jetzigen Vollkommenheit, Tübingen 1827

Rave, Paul, Ortwin: Karl Friedrich Schinkel Lebenswerk, Berlin III, Bauten für Wissenschaft, Verwaltung, Heer, Wohnungsbau und Denkmäler, Berlin/München 1962

Rebske, Ernst: Lampen, Laternen, Leuchten, Stuttgart 1962

Ribbe, Wolfgang, Schäche, Wolfgang: Baumeister, Architekten, Stadtplaner, Biographien zur baulichen Entwicklung Berlins, Berlin 1987

Riedler, A.: Emil Rathenau und das Werden der Großwirtschaft, Berlin 1916

Riegel'sche Buch- und Kunsthandlung (Hrsg.): Neubauten um 1850–1855, Berlin 1855

Rodenberg, Julius: Bilder aus dem Berliner Leben, Bd. 1, Berlin 1884:

Derselbe: Paris bei Sonnenschein und Lampenlicht, Berlin 1867

Roeder, A.: Berlins volkswirtschaftliche und Verkehrsverhältnisse aus Veranlassung des Canalisationsprojekts von Wiebe, Berlin 1863

Ruhrgas (Hrsg.): Das Gas in der Plakatkunst, München/Essen 1990

Schievelbusch, Wolfgang: Lichtblicke, Frankfurt / M. 1986

Schilling, Nikolaus, Heinrich: Handbuch der Steinkohlengas-Beleuchtung, München 1866 (2. Aufl.), 1879 (3. Aufl. mit Atlas)

Schilling, E., Bunte, H. (Hrsg.): Handbuch der Gastechnik, – ..., Bd. ..., München / Berlin ...:
 – Gasmotoren, Bd. V, 1914
 – Verteilung, Messung und Einrichtung des Gases, Bd. VI, 1917
 – Das Gas als Wärmequelle und Triebkraft, Bd. VIII, 1916
 – Steinkohlengas aus Kokereien, Bd. IX, 1919
 – Organisation und Verwaltung von Gaswerken, Bd. X, 1914

Scholze, R.: Zu einigen Problemen der Entwicklung der Elektrizitätsversorgung Berlins von den Anfängen bis 1945, in: Jahrbuch für Wirtschaftsgeschichte, Berlin 1986

Schultz, A.: Zur Städtereinigungsfrage in Berlin, Berlin 1881

Schwabe, Hermann: Volkszählung '67, Berlin 1869

Derselbe: Berliner Südwestbahn und Centralbahn, Berlin 1873

SenStadtUm: Senator für Stadtentwicklung und Umweltschutz: Emissionen in Berlin – Energieverbrauch und SO_2-Emission seit 1900 –, Berlin 1981

Siemens, Friedrich: Die Gasheizung für Wohnräume, Berlin 1896 (Vortrag Gewerbeausstellung 1896)

Simon, Heinz, Krietsch, Peter: Rudolf Virchow und Berlin. Veröffentlichung des Pathologischen Instituts der Humboldt-Universität zu Berlin, Berlin 1985

Simson, John von: Kanalisation und Städtehygiene, Düsseldorf 1983

Spiker, Samuel Heinrich: Berlin und seine Umgebung, Berlin 1838, Nachdruck Berlin 1933

Staatsarchiv, Rep. 92, Nachlaß Humboldt I

Stadtarchiv Berlin: Rep. 259, Öffentliche Beleuchtung

Dasselbe: Rep. 259, Reichstagsgebäude

Städtische Gaswerke: Jubiläumsschrift 1847–1897, Berlin 1897

Dieselbe: Städtische Gaswerke Berlin 100 Jahre 1826–1926, Berlin 1926

Teale, T. P.: Lebensgefahr im eigenen Hause, Kiel 1886

Technikmuseum (Hrsg.): Deutsches Technikmuseum Berlin: Feuer und Flamme für Berlin. 170 Jahre Gas in Berlin. 150 Jahre Städtische Gaswerke, Schriftenreihe Bd. 16, Berlin 1997

Tessendorff, H.: 125 Jahre Wasserversorgung Berlins »in ihrer Bedeutung für die Häuslichkeit und des Familienwohls«, Schriftenreihe der Frontinius-Gesellschaft, 1981, Heft 5

Thorwirth, W.: Über Canalisation großer Städte in ihrem Einflusse auf die gesundheitlichen und volkswirthschaftlichen Zustände der Bevölkerung. Mit specieller Berücksichtigung der Verhältnisse Berlins, Berlin 1863

Treue, Wilhelm: Die Bedeutung der chemischen Wissenschaft für die chemische Industrie 1770–1870, in: Technikgeschichte, Bd. 33, 1966, Nr. 1, S. 25 ff.

Veitmeyer, Ludwig. A.: Vorarbeiten zu einer zukünftigen Wasserversorgung Berlins, Berlin 1871

Derselbe: Fortsetzung der Vorarbeiten zu einer zukünftigen Wasser-Versorgung der Stadt Berlin. Ausgeführt in den Jahren 1871 und 1872. Textband und Atlas, Berlin 1875

Verein Geschichte: Mitteilungen des Vereins für die Geschichte Berlins Straßenbeleuchtung vor 100 Jahren, 22. Jg. (1905),

Derselbe: Streitigkeiten mit der ICGA nach 1847, 32. Jg. (1915), S. 40

Verein Socialpolitik: Die Wohnungsnoth der ärmeren Klassen in deutschen Großstädten und Vorschläge zu deren Abhülfe, Berlin 1886

Verhandlungen des Vereins zur Beförderung des Gewerbefleißes in Preußen, Berlin 1822–1874

Verwaltungsbericht Berlin 1822–1840, 1841–1850, 1851–1860

Verwaltung der Schlösser und Gärten: Lenné auf der Pfaueninsel. Ein Beitrag zum Lenné-Jahr 1989. Pläne und Erläuterungen, Berlin 1989

Virchow, Rudolf: Reinigung und Entwässerung Berlins, Generalbericht der gemischten Deputation, Berlin 1873

Vollmer, Wilhelm: Die Gas-Erleuchtung, Berlin 1826, Neudruck Berlin 1926

Vorträge 1911: Seminar für Städtebau an der TH Berlin (Hrsg.), Städtebauliche Vorträge, u.a. von Genzmer, Baumeister, Brix, Eberstadt, Bd. IV, Heft 1, Berlin 1911

Wäsemann, H. F.: Das neue Rathaus zu Berlin, Berlin 1886

Weiher, Sigfried von: Berlins Weg zur Elektropolis, Berlin 1974

WEV: Groß-Berliner Wasser- und Entwässerungswerke: 100 Jahre Berliner Wasserwerke 1856–1956, VEB-WEV (Hrsg.), Berlin 1956

Wiebe, Eduard: Über die Reinigung und Entwässerung der Stadt Berlin, I. Heft, 11 Anlagen und 55 Blatt lithographirte Zeichnungen nebst deren Beschreibung, Berlin 1861

Wißner, Adolf: Entwicklungslinien der Starkstromtechnik, in: Technikgeschichte, Bd. 33, 1966, Nr. 4, S. 388 ff.

Abbildungen

Abb. 1 London: »Main Drainage - Metropolis« 1861, Generalplan für »Southern outfall works« 15

Abb. 2 Paris: »systeme collekteurs d'égouts" 1861 16

Abb. 3 Paris: Kanalquerschnitte 17

Abb. 4 »Wasserpfosten«, Wasserbottiche, Wasserträgerin um 1830 vor der Münze 18

Abb. 5 Wasserträgerin, Verlegen von Bordsteinen, Straßenrinnen oder Gasrohre um 1830 auf der Mohrenbrücke 19

Abb. 6 Beuth 1844: Wasserreservoir »c« in Durchschnitt nach AB, »Landhausentwurf« 22

Abb. 7 Beuth 1844: Grundrisse 23

Abb. 8 Beuth 1844: WC-Raum mit »Heidelberger Tonne« 25

Abb. 9 Beuth 1844: Wasserpumpenmodell von A. Borsig 26

Abb. 10 Loudon 1833: modell cottage, Details Haustechnik 28

Abb. 11 Crelle 1833: Mietshaus, Grundrisse 31

Abb. 12 Crelle 1833: Mietshaus, Grundrisse 32

Abb. 13 Crelle 1833: Mietshaus, Schnitte 33

Abb. 14 Gill 1857: »Wasserversorgung ... zur Förderung des Familienwohls« 35

Abb. 15 Gill 1857: Trinkwasserqualität, Städtevergleich 36

Abb. 16 C. Arnold: Feuerwehreinsatz in den 1860er Jahren, rechts: tiefe, breite und offene Rinnsteine 37

Abb. 17 Dampfmaschinenhaus neben Börse, Dom; Betrieb des Wasserbrunnens und der Bewässerung des Lustgartens 38

Abb. 18 Dampfmaschinenhaus zwischen Börse und Nationalgalerie – von der Straße Unter den Linden aus gesehen, Brunnen mit Fontäne 39

Abb. 19 Crelle 1842: Straßenvarianten, Entwässerung 42

Abb. 20 Crelle 1842: Entwässerungssystem mit »Schöpfgrubenanlagen« 44

Abb. 21 Reimer-Planausschnitt 1865: Lage Wasserwerk am Stralauer Thor (unten rechts) und Wasserspeicher nördlich des Windmühlenbergs (oben links) 48

Abb. 22 Gill 1857: Werbung für die sanitären »unbedingtesten Notwendigkeit« 51

Abb. 23 Klosterstraße um 1880: tiefe, breite und offene Rinnsteine 52

Abb. 24 Wiebe 1861: Situationsplan Pump Station 60

Abb. 25 Glagau 1866: »Ein unterirdisches Städtebild« 62

Abb. 26 Entwässerungspläne für Berlin: Größen- und Systemvergleich 73

Abb. 27 Hobrecht 1884: Radialsystem RS I 74

Abb. 28 Baubestand entlang der Reichenberger Straße auf dem Köpenicker Feld um 1885 75

Abb. 29 Pumpwerk RS I: Modell Kratzenschlitten, Grobreinigung des Kanalwassers (um 1910) 75

Abb. 30 Druckrohrleitungen von innerstädtischen Pumpwerken auf den Weg zu den südlichen Rieselfeldern 76

Abb. 31 Bau Notauslaß als »Maulprofil« 76

Abb. 32 Standrohr an der Mündung der Druckrohre, Verteilung des Abwassers auf Schläge und Tafeln 77

Abb. 33 Sonderbauwerk: Zusammenführung verschieden hoher Kanalleitungen 78

Abb. 34 Rieselfelder Berlin um 1895 78

Abb. 35 Veitmeyer 1871: Plan Wasserversorgung Berlin 82

Abb. 36 Wasserleitung unter den Schiffahrtskanal an der Lichtensteinbrücke (Zoolog. Garten) 1874 86

Abb. 37 Standrohr und offener Wasserspeicher nördlich des Windmühlenbergs 1856 93

Abb. 38 Wasserturm mit Speicher 1878 94

Abb. 39 Neuer erdbedeckter Hochbehälter zum alten und Standrohr 1888/90 94

Abb. 40 Lageplan Speicher und Pumpwerk Belforter Straße um 1896 95

Abb. 41 Wasserturm nach Aufstockung 1907 96

Abb. 42 Räume innerhalb des 1888/90 gebauten zweiten Hochbehälters heute 97

Abb. 43 Straßenarbeiten in Berlin um 1880 98

Abb. 44 Stadtverkehre um 1880: Berlin Bahnhof Friedrichstraße 101

Abb. 45 Verkehr am Stadtrand in Tempelhof um 1880 102

Abb. 46 F. Skarbina 1885: »Hinter dem Nollendorfplatz« . . 102

Abb. 47 Straube-Planausschnitt 1876: Nollendorfplatz – Kaiserstraße 103

Abb. 48 Joachimsthaler Gymnasium, Wasserturm 104

Abb. 49 Abfuhrsystem »Heidelberger Tonne« 104

Abb. 50   Typhussterblichkeit und Anzahl kanalisierter
          Grundstücke 109
Abb. 51   Merten 1896: Druckluft-Centrale für Canali-
          sation des Geländes der Berliner Gewerbe-
          Ausstellung 1896 110
Abb. 52   Merten 1896: Ausstellungsgelände mit
          Entwässerungssystem »Shone« 111
Abb. 53   Merten 1896: Ejektor-Station 112
Abb. 54   U-Bahn-Bau: Tauentzienstraße um 1900 113
Abb. 55   Brix 1909: Profil Hauptstraße 113
Abb. 56   Brix 1909: Skizzen Bismarckstraße 114
Abb. 57   Abwasser-Dückeranlage 1920er Jahre wegen
          U-Bahn »Sophie Charlotte Platz« –
          »Bismarckstraße« 115
Abb. 58   »Podest-Klo« für 8–10 Personen 120
Abb. 59   Podest-WC für 2 Familien 120
Abb. 60   WC innerhalb der Wohnung, Außenwandan-
          schluß 121
Abb. 61   WC innerhalb der Wohnung, Belichtung und
          Belüftung oberhalb der Speisekammerdecke 121
Abb. 62   Klosetts »Tornado«, »Unitas« 123
Abb. 63   Fehlerhafte und zweckmäßige Abwasserab-
          flüsse und -lüftungen 124
Abb. 64   Hoese 1896: Musterentwurf 125
Abb. 65   Hoese 1896: Sanitäre Leitungsführung und
          Strangschema 126
Abb. 66   Bourdais/Sébillot 1889: Sonnen-Leuchtturm
          Paris 134
Abb. 67   Jablotschkow 1877: Bogenlichtkerze 135
Abb. 68   Edison 1879: Platinfaden – Glaszylinder
          (Patentschrift) 135
Abb. 69   Siemens & Halske 1866: Gleichstrom-
          Generator 136
Abb. 70   Laternenarten in den 1820er Jahren 137
Abb. 71   Glegg 1810er Jahre: Apparat zur Gaser-
          zeugung 140
Abb. 72   ICGA um 1830: Gas-Erleuchtungs Anstalt am
          Halleschen Thor 144
Abb. 73   Gas-Candelaber am Schloß, entworfen von
          K.F. Schinkel 145
Abb. 74   ICGA 1869: Geschäftstätigkeit für Gemeinde
          Schöneberg 151
Abb. 75   ICGA 1869 für Gemeinde Schöneberg:
          Aufteilung der Brenndauer-Vereinbarung
          von 2000 Jahresstunden in 1870 151
Abb. 76   A. Pintsch um 1870: Werbung im Journal für
          Gasbeleuchtung 153
Abb. 77   Theoriediskussion »Flammenbildung« 1878 156
Abb. 78   Chemische Analyse der Gasflamme
          (Versuchsaufbau) 1873 157
Abb. 79   Spektakuläre Einsätze von elektrischen Bogen-
          lichtlampen, Baustelle in Paris um 1860 158
Abb. 80   ICGA Gaswerk Torgauer Str. 1894: Retorten-
          haus (5.), Hydraulik-Transport Kohlenwaggons
          (4., 3. und 19.) 159

Abb. 81   Kuppeldachkonstruktion J. W. Schwedler
          (ab 1863), Berlin 1879 160
Abb. 82   Gaserleuchtetes Rathaus anläßlich der
          Rückkehr Kaiser Wilhelms I aus Paris 1871 161
Abb. 83   Rathaus, Magistrats-Saal mit Gas-
          Tischlampen 1880 162
Abb. 84   Oranien Platz 1874, Gasleitungsverlegung
          bis »Köpenicker Feld« 166
Abb. 85   Brand im Ring-Theater in Wien 1881 171
Abb. 86   Stufen der Leuchtenentwicklung im 19. Jh. 172
Abb. 87   F. Skarbina 1902: Gleißendes Licht der Bogen-
          lampen in der »Friedrichstraße an einem
          regnerischen Abend« 173
Abb. 88   Stromkabelverlegung Ende 1880er Jahre 174
Abb. 89   Verlegen von Kupferkabeln in vorgefertigten
          Betonkanälen der Firma Monier, Ende
          1880er Jahre 174
Abb. 90   VDI-Zeitschrift 1884: Reichstagsgebäude
          Haustechnik-Wettbewerb (Lüftungsanlagen –
          D. Grove) 176
Abb. 91   Grove 1895: Axialventilatoren »Blackman«
          mit Gleichstrommotor 177
Abb. 92   Grove 1895: Bedienungsstelle zur mecha-
          nischen Verstellung der Lüftungsklappen 178
Abb. 93   Grove 1895: Funktionsweise Klappen-
          verstellung 178
Abb. 94   Grove 1895: Luftklappenregelung über
          Wasserdrucksystem 179
Abb. 95   Grove 1895: Zulufterwärmung über Heiz-
          register, bypass-Regelung 180
Abb. 96   Grove 1895: »Röhrenschlangen«, Heizflächen
          hinter Verkleidung 180
Abb. 97   Grove 1895: Plattenheizkörper,
          schmiedeeisern 180
Abb. 98   Reichstagsgebäude: Bauzeit 1893/94 181
Abb. 99   Ferngasnetz um Berlin in den 1910er Jahren ... 182
Abb. 100 Gasinstallationen für »Heizen, Kochen, Licht«
          in Wohngebäuden um 1900, Strangschema 183
Abb. 101 Gasbeheiztes Bügeleisen 183
Abb. 102 Jahres-Gasverbrauchskurven 1883/1912:
          Einfluß Gasverbrauch für Koch-,Heiz-,
          Lichtzwecke 184
Abb. 103 Relation Kraft-/Lichtstromproduktion BEW
          um 1900 188
Abb. 104 Blockstation Friedrichstraße 85 der
          DEG 1884 189
Abb. 105 Erstes Krafthaus Markgrafenstraße 43/44
          der A.G. St.E.W. 1885 190
Abb. 106 Viertes Krafthaus Schiffbauer Damm 22
          der BEW 1890 190
Abb. 107 Erstes Kraftwerk Oberspree »vor der Stadt«
          der BEW 1895/99 193
Abb. 108 Freileitung 6 kV 1897 zwischen Kraftwerk
          Oberspree und Innenstadt-Krafthäusern 193
Abb. 109 Emissionen SO2 in Berlin 1892–1917 194

Karten der Entwicklungsstufen »Stadttechnik im Städtebau – 19. Jahrhundert«

Kooperation zwischen Hochschule der Künste Berlin, Technische Fachhochschule Berlin und Technische Universität Berlin:
– Stadttechnik (Prof. Dr. H. Tepasse), Kartographie (Prof. Dr. S. Schulz), Geographie (Dipl.-Geogr. G. Fliessbach); bearbeitet von B. Jankowski; Herstellung (Prof. Dr. U. Ripke)
– Kartenbasis »Baualterskarten der geschlossenen Mietshausbebauung in Berlin zwischen 1862 und 1925, aus: Geist, J. F., Küvers, K.: Das Berliner Mietshaus 1862–1845, J. Springer Verlag, München 1984

Seite 45:   Karte Entwässerung Berlin, Entwurf nach Crelle 1842
Seite 57:   Karte Entwässerung Berlin, Entwurf nach Wiebe 1861

Seite 65:   Karte Entwässerung Berlin, Stand um 1870
Seite 83:   Karte Wasserversorgung Berlin, Stand um 1865

Seite 91:   Karte Wasserversorgung Berlin, Stand um 1880
Seite 99:   Karte Entwässerung Berlin, Stand um 1880

Seite 167: Karte Gasversorgung Berlin, Stand um 1880
Seite 185: Karte Gasversorgung Berlin, Stand um 1895
Seite 191: Karte Stromversorgung Berlin, Stand um 1895

Seite 219: Karte Relation – Umfang der Gasversorgung Berlin um 1895 – übertragen auf den heutigen Stadtgrundriß Berlin

Abbildungsnachweis

Wiebe 1861: Abb. 1, 2, 3, 24
Spiker 1838: Abb. 4, 5, 17, 70, 72, 73
Beuth 1844/51: Abb. 6, 7, 8, 9
Loudon 1833: Abb. 10
Crelle 1833: Abb. 11, 12, 13, 1842: 19, 20
Gill 1857: Abb. 14, 15, 22
Berlin Museum 1987: Abb. 18
Landesarchiv Berlin, Rep. 259 Nr. 83, 85: Abb. 84
Landesarchiv Berlin, Glagau/Arnold: Abb. 16, 25
Autor: Abb. 21, 26, 27, 32, 47, 65, 109
Geist/Kürvers 1984: Abb. 28
Berliner Wasser Betriebe - Museum im Wasserwerk:
   Abb. 38
Berliner Wasser Betriebe: Abb. 33, 42
Museum Prenzlauer Berg: Abb. 37, 41
Bärthel 1997: Abb. 39
Hahn/Langbein 1928: Abb. 29, 30, 31, 50, 57
Berlin und seine Bauten 1896: Abb. 34, 40, 64, 80
Schilling 1879: Abb. 81
Ring 1880: Abb. 43, 44, 45, 83

Merten 1896: Abb. 51, 52, 53
Brix 1909: Abb. 55, 56
Centralstelle 1892: Abb. 58, 59, 60, 61
Beielstein 1894: Abb. 49, 62
Teale 1874: Abb. 63
Journal für Gasbeleuchtung: Abb. 36 (1874), 67 (1877), 68
   (1879), 76 (1870), 77 (1878), 78 (1873)
Accum 1815: Abb. 71
Schöneberg Museum/Archiv: Abb. 74, 75
Bartmann-Kompa 1991: Abb. 82
Bröhan 1995: Abb. 46, 87
Rebske 1962: Abb. 66, 69, 79, 85
Lux 1914: Abb. 86
Bildarchiv preußischer Kulturbesitz: Abb. 23, 48, 54, 88, 105
VDI-Zeitschrift 1884: Abb. 90
Grove 1895: Abb. 91, 92, 93, 94, 95, 96, 97
Berlinische Galerie 1982: Abb. 98
Schilling/Bunte 1916/17: Abb. 99, 100, 101, 102
Berliner Städtische Elektrizitäts-Werke 1934: Abb. 89, 103, 104,
   106, 107, 108

Personenregister

A

Accum, Friedrich Christian (1769–1838) 139, 140, 141, 142, 143, 155, 156
Adams, Robert 108, 110
Argand, Francois Aimé (1755–1803) 138
Arminius (Synomym Gräfin von Döhna) 10, 117, 118
Assmann, Gustav (1825–1895) 68
Auer, Carl/Freiherr von Auer (1858–1929) 9, 132, 136, 155, 170, 171, 173, 215
Austin, Henry 79

B

Baerwald, Friedrich (geb. 1829) 150, 165, 209
Baeyer, Johann Jakob (1794–1885) 9, 13, 35, 38, 39, 40, 41, 44, 47, 49, 50, 208
Bärensprung, Freidrich Wilhelm von 38
Barry, F. 79
Baumeister, Reinhard (1833–1917) 108, 109
Bazalgette, Joseph William (1819–1891) 14, 15
Beielstein, Wilhelm jun. 104, 122, 124
Belgrand, Eugène (1810–1878) 17
Benjamin, Walter (1892–1953) 237
Beuth, Peter Christian (1781–1853) 10, 13, 20, 21, 24, 27, 29, 30, 34, 104, 138, 143, 145, 206, 207
Bischoff, Carl (1855–1908) 89
Bismarck, Otto von (1815–1898) 55, 63, 211
Blaschko, Alfred (1858–1922) 120
Blesson, Johann Ludwig (1790–1861) 9, 35, 39, 40, 41, 44, 47, 49, 50, 208
Blochmann, G.M.S. 147, 148, 149, 150, 155, 208, 209
Blochmann, Rudolf 155
Blochmann, Rudolf Sigesmund (1784–1871) 9, 141, 145, 146, 147, 148, 149, 155, 207, 208
Bodelschwingh, Karl von (1800–1873) 47
Boerner, Paul Albrecht (1829–1885) 81, 102, 103, 104, 107, 120
Borsig, August (1804–1854) 24, 34, 49, 116, 119, 136, 143, 148, 206, 207, 208
Bourdais, Jules (1835–1878) 134
Braun, Adolf (1862–1929) 98, 120
Brix, Joseph (1859–1943) 24, 109, 115, 160, 217
Bruch, Ernst 55, 62, 79, 81
Buesing, Friedrich Wilhelm 109, 110
Bunsen, Robert Wilhelm (1811–1899) 132, 154, 171, 210

C

Chadwick, Edwin (1800–1890) 40, 54, 63, 79, 208
Clegg, Samual (1781–1862) 138, 139, 140, 206
Cockerill, J. (1790–1840) 143, 145
Congreve, William (1772–1828) 139, 142, 143, 146, 152
Crampton, Thomas Russel (1816–1888) 47, 49, 209
Crelle, August Leopold (1780–1855) 9, 13, 19, 27, 29, 30, 34, 35, 41, 42, 43, 44, 49, 54, 73, 115, 121, 146, 150, 207, 208

D

Dedicke 37, 206
Drory,Georg William (1828–1897) 146, 155
Drory, Leonhard (1800–1866) 143, 146, 152, 155, 165, 211
Dunckelberg 71, 105
Duncker, Maximilian (1811–1886) 69, 80, 86

E

Eberstadt, Rudolf (1856–1922) 9, 109, 116, 121
Edison, Thoma Alva (1847–1931) 131, 133, 135, 136, 170, 171, 173, 187, 209, 214
Egells, Franz Anton (1788–1854) 143, 149, 206
Eiffel, Gustave (1832–1923) 134, 135
Einsiedel, Detlef Graf von (gest. 1861) 146
Elsner, R. W. 153, 161
Epenstein, Luis (gest. 1847) 38
Esmarch, Johannes, F. (1823–1908) 122
Etlinger, A. 79

F

Feilner, Tobias Christoph (1773–1839) 21
Fischer, Hermann 175
Fleming, Adolf 149
Forckenbeck, Max von (1821–1892) 105, 116, 120
Fox, Charles (1810–1874) 47, 49, 209
Freund, Georg Christian (1793–1819) 140, 141, 206
Freund, J. E. (1801–1877) 42, 49, 149
Friedrich Wilhelm III (1770–1840) 137
Friedrich Wilhelm IV (1795–1861) 44, 47, 49, 148, 210
Fürstenhaupt 61

G

Genzmer, Felix (1856–1929) 109
Gill, Henry (gest. 1893) 20, 34, 35, 36, 50, 52, 54, 70, 85, 86, 87, 89, 90, 93, 96, 210, 213

Gilly, David (1745–1808) 144
Glagau, Otto (1834–1892) 10, 62, 67, 115, 137, 162, 211
Goecke, Theodor (1850–1919) 119
Goehde, R. 184
Grove, David 177, 178, 179, 187
Gurlitt, Cornelius (1850–1938) 142

H
Haberland, S. 120
Hahn, Hermann 41, 108, 110
Heckmann, C. 162
Hefner–Alteneck, Friedrich von (1845–1904) 135
Hegemann, Werner (1881–1936) 55, 71, 80
Henning, von 80
Henry, Thomas (1734–1816) 140
Herzberg, Alexander (1841–1913) 68
Heydt, August von der (1801–1874) 13, 18, 61, 210
Hinckeldey, Carl von (1805–1856) 44, 47, 49, 51, 160, 209
Hitzig, Georg Friedrich (1811–1881) 52
Hobrecht, James (1825–1902) 9, 10, 17, 18, 19, 41, 43, 53, 54,
    56, 59, 61, 67, 69, 70, 71, 72, 75, 79, 80, 85, 86, 88, 97, 98,
    104, 105, 106, 107, 108, 110, 112, 115, 122, 127, 165, 175,
    208, 210, 211, 212, 213, 214
Hobrecht, Arthur (1824–1912) 80, 106, 212
Hoese, T. 124
Hoppe, Ernst Carl (1812–1898) 143, 206
Huber, Victor Aimé (1800–1869) 55, 208
Humboldt, Wilhelm von (1767–1835) 141
Humboldt, Alexander von (1769–1859) 47, 106, 138, 206

I
Itzenplitz, Heinrich Graf von (1799–1883) 55, 80, 86, 212

J
Jablotschkow, Pawel (1813–1881) 133, 134, 162, 213, 214
Jolliffe, William (1800–1876) 37

K
Kluppelberg 173
Knoblauch, Eduard (1801–1865) 146, 160
Körting, A. 155
Körting, Ernst (1842–1921) 143, 144, 146, 155
Körting, Johannes 142, 144, 152, 155, 171

L
Lampadius, Wilhelm August (1772–1842) 139, 140, 144, 156,
    206
Langbein, Fritz 41, 108, 110
Langerhans, Friedrich Wilhelm (gest. 1851) 40
Lavoisier, Antone Laurent (1743–1794) 138, 141
Lèbon, Philippe (1769–1804) 132, 138, 139, 155
Lenné, Peter Joseph (1789–1866) 21, 38, 165, 207, 211
Leuthold, Rudolf (1832–1905) 118
Liebig, Justus von (1803–1873) 36, 61, 69, 211
Liernur, Charles (1828–1893) 70, 105, 112
Lindley, William (1808–1900) 19
Litfass, Ernst Theodor (1816–1874) 62
Loudon, John C. (1783–1843) 10, 13, 21, 24, 27, 29, 30, 207

M
Mandel, Eduard 141, 206
Menzel, Adolf (1815–1905) 159
Messel, Alfred (1853–1909) 119

Meyer, Rudolf Otto 177
Miller, Oscar von (1855–1934) 169, 189, 215
Möllinger, Karl 67
Morrys, Peter 20
Mosselmann 70
Müffling, Friedrich von (1775–1851) 38, 47
Murdock, William (1745–1839) 132, 133, 137, 138, 139, 205, 206
Muthesius, Hermann (1861–1927) 21, 27, 29

N
Neefe 118

O
Oechselshäuser, W. von (1850–1923) 184
Orth, August (1828–1901) 72
Otto, Nikolaus August (1832–1891) 187, 214

P
Perks, John 144
Pettenkofer, Max von (1818–1901) 64, 211
Pintsch, Julius (1815–1884) 9, 153
Poppe, Johann Heinrich (1776–1854) 142
Prechtl, Johann J. (1778–1854) 141

R
Rathenau, Emil (1838–1915) 135, 169, 189, 214, 215, 217
Recknagel, Georg (1835–1920) 175
Reichenbach, Georg von (1772–1826) 141, 146
Riedel, Wilhelm 107
Rietschel, Hermann (1847–1914) 175, 177, 178
Ring, Max (1857–1925) 98
Rodenberg, Julius (1831–1914) 98
Roeder, A. 61
Rösicke, H. 162, 177

S
Scabell, Carl Ludwig (gest. 1885) 47, 209
Schadow, Johann Gottfried (1764–1850) 21
Scheiding 105
Schiele 145, 157
Schievelbusch, Wolfgang 141
Schilling, Nikolaus Heinrich (1826–1894) 153, 155, 157, 210
Schinkel, Karl Friedrich (1781–1841) 21, 29, 138, 139, 144, 208
Schott, Otto (1851–1935) 171, 215
Schramke 44, 209
Schuckmann, Friedrich von (1755–1834) 38, 143, 207
Schultz, Albert (1831–1899) 52, 104, 105, 107
Schwabe, Hermann (1830–1874) 56, 71, 75, 117, 165
Schwahn 37, 38, 207
Schwartzkopff, Luis (1825–1892) 49
Schwedler, J. W. (1823–1894) 154, 159
Sèbillot 134
Shone 112, 216
Siemens, Werner von (1816–1892) 62, 89, 90, 133, 134, 135,
    136, 162, 171, 173, 175, 187, 209, 210, 211, 213, 214
Siemens, Friedrich (1826–1904) 187
Siemens, Wilhelm (1823–1883) 183
Sieveking, Karl (1787–1847) 21
Skarbina, Franz (1849–1910) 98
Skrzeczka, Karl Freidrich (geb. 1833) 108
Soyka, Isidor (geb. 1850) 108
Stier, Wilhelm (1799–1856) 27
Strousberg, Bethel Henry (1823–1884) 72

T

Teale, Pridgin 122
Thorwirth 61
Treue, Wilhlem (1909–1992) 155, 159

V

Varrentrapp, Georg (1809–1886) 108
Veitmeyer, Ludwig Alexander (gest. 1899) 9, 10, 19, 44, 53, 54, 61, 69, 75, 80, 81, 85, 86, 88, 89, 93, 96, 160, 211, 212
Virchow, Rudolf (1821–1902) 52, 54, 61, 63, 68, 69, 70, 71, 79, 86, 105, 120, 154, 211, 212, 213
Vollmer, Wilhelm 144, 145

W

Waesemann, Hermann F. (1813–1879) 160
Wallot, Paul (1841–1912) 175

Wicksteed, Thomas 39, 40, 208
Wiebe, Friedrich Eduard (1804–1892) 9, 18, 19, 37, 41, 43, 53, 54, 55, 56, 59, 61, 68, 69, 73, 79, 81, 160, 211, 212
Wilhelm I, König/Kaiser (1797–1888) 55, 86, 160, 210, 211, 212
Wilhelm II, Kaiser/König (1859–1941) 117, 133
Winsor, Friedrich Albert (1762–1830) 137, 139
Wirth, Johann Georg 37, 206
Wittgenstein, von 140, 141, 206
Wöhlert, Friedrich Ludwig (1797–1877) 81, 143, 149, 206
Wurmb, Adolf von (gest. 1888) 85, 212

Z

Zadeck, Ignatz 120
Zedlitz–Neukirch, Freiherr von (1840–1906) 13, 51, 52, 53

Zeittafel

Wasser (W) – Abwasser (A) Berlin Rahmendaten (#)		Gas (G) – Strom (S) Berlin Rahmendaten (#)
		G 1677 Anordnung des Großen Kurfürsten für die Berliner Hausbesitzer, an jedem dritten Haus eine mit Kerzen bestückte Laterne »hinauszuhängen«; so oder ähnlich wurden in Paris, Köln und Hamburg die Straßen und Gassen privat »erleuchtet«
		G 1799 errichtete W. Murdock im Textilunternehmen Boulton & Watt in Soho bei Birmingham eine erste zentrale Gasbeleuchtungsanage: Kohlefeuer erhitzte Steinkohlen in einer davon räumlich getrennten Retorte, das sich hierbei entwickelnde Gas wurde gespeichert und über Leitungen zu den Orten des Lichtgebrauchs transportiert und entzündet, die offene Gasflamme spendete flackerndes Licht
W Trinkwasserversorgung: Rammbrunnen mit handbetriebenen Saugpumpen in Höfen und Straßen; Qualität des Brunnenwassers verschlechterte sich infolge undichter Abwasser-Rinnsteine; wegen der günstigen Grundwasserverhältnisse hielt man eine Zentralwasserversorgung in Berlin nicht für erforderlich; Straßenreinigung: Sprengwagen für repräsentative, befestigte Straßen; Brandbekämpfung: Behälterwagen, Handpumpen, Schlauch und Spritze **A** Gewerbe-, Küchen-, Wasch-Abwässer wurden in Rinnsteine geleitet, die zudem Regenwasser, Straßenschmutz und Pferdedung aufnahmen; wo keine Gräben, Rinnsteine und Vorfluter vorhanden, wurden Fäkalien in immobilen Abtritten gesammelt und durch Abfuhr per Pferdewagen zur Düngung auf die Felder transportiert;	Beginn 19. Jh.	**G** Straßenbeleuchtung: Mobile Fackeln und Öllampen; »Fackelträger« als Dienstleister; immobile Kerzen-/Öl-Lampen in Glaskästen auf Holzpfosten, Lampen an Häuserwänden befestigt und über der Straßenmitte an Seilen hängend; Raumbeleuchtung: Kerzen, Öl-, Ölsprit (Weingeist)-Lampen, mobil (Tisch) und immobil (Wand, Decken) **#** um 1800 Einwohnerzahl Berlin 200.000, drittgrößte Stadt Europas nach London und Paris
	1804	**G** 1804 W. Murdock beleuchtete dieFassaden der Fabrikhallen anläßlich der Feiern zum Friedensvertrag zu Amiens zwischen England und Frankreich

Wasser (W) – Abwasser (A) Berlin Rahmendaten (#)		Gas (G) – Strom (S) Berlin Rahmendaten (#)
# 1806 Niederlage im Krieg gegen Frankreich (Jena, Auerstedt); Napoleon verlangt hohe Kontributionszahlungen	1806	G 1804 wurden in Berlin die bis dahin mit Kerzen bestückten Laternen in 60 Laternenrevieren auf der Basis von Rübsamöl umgestellt – organisiert von einer dem preußischen Polizeipräsidenten unterstellten »Kompagnie«; Laternen; vier- oder sechsseitig verglaste Kästen, wandhängend oder stehend auf Holz- oder Gußeisenpfosten; Flammenbildung über Argand-Brenner
# 1809 Wahl der ersten Berliner Stadtverordneten-Versammlung nach der Städteordnung von 1808 (Freiherr vom und zum Stein, von Hardenberg), nach der sich der Staat auf die »Oberaufsicht« über die Städte beschränkte und die Kommune die Bereiche Erziehung, Gesundheitsfürsorge, Armenwesen und Grundstücksverwaltung in eigener Verantwortung übernahm; Ende der Besetzung durch französische Truppen unter Kaiser Napoleon (1806–09) # 1810 Gründung der Friedrich-Wilhlem-Universität Berlin, Phiolosophie, Medizin, Theologie, Jura; 24 Professoren, 250 Studenten	1809	
# 1811 Einführung der Gewerbefreiheit, Wegfall des Zunftzwangs, ausgenommen davon war das Baugewerbe, auf dessen Kontrolle der Staat nicht verzichten wollte; Bauernbefreiung # 1812 Allianz Preußen/Österreich/Rußland besiegte Napoleon in der »Völkerschlacht« bei Leipzig; nach einer weiteren Schlacht bei Waterloo 1814 Frieden zu Paris # 1815 Wiener Kongreß: Neuordnung Europas, Gründung des Deutschen Bundes; Ende der »Kontinentalsperre«	1811	G 1811 W. A. Lampadius unternahm den Versuch, die Fischergasse in Freiberg (Sachsen) mit Gas zu erleuchten G 1812-14 S. Clegg, Schüler Murdocks, baute Gasversorgungsanlagen zur Beleuchtung der Straßen um das Westminster-Parlamentsgebäude in London und 1813 - als Angestellter der Gas Light Coke Company - die Westminster-Brücke
W 1816 Vorschlag von Dedicke, »Berlin mit einer Wasserleitung zum Abfluß der Rinnsteine« zu versorgen	1816	G 1816 baute W.A. Lampadius eine der ersten größeren Gasbeleuchtungsanlagen für das Königlich sächsische Amalgierwerk in Freiberg G 1817 Realisation größerer Gaszentralanlagen in Glasgow, 1819 Brüssel, 1821 Paris; 1817/18 Konzepte in München und Wien
# 1818 Abschaffung der Schutzzölle und Importverbote	1818	G 1818 Vorschlag des Bauinspektors Mandel und des »Mechanikus« G. Freund an den preußischen Innenminister von Wittgenstein, die Straßen Berlins zentral mit Gas zu beleuchten; Gutachter Wilhelm von Humboldt, Gesandter Preußens am englischen Königshof, sprach sich nach Konsultation mit Gasfachmännern in London gegen die noch nicht ausgereiften Pläne aus
# 1821 Gründung der »Technischen Schule« im Gewerbeinstitut durch P.C.W. Beuth; Ursprung der Gewerbeakademie (1866), ab 1879 Technische Hochschule Berlin-Charlottenburg und ab 1946 Technische Universität Berlin	1821	
A 1822 schlug Wirth vor, alle Rinnsteine und Rinnsteinbrücken zu beseitigen, dafür nach Pariser Muster das Wasserabfließen in die Straßenmitte zu verlegen	1822	# 1822 Gründung des ersten Maschinenbauunternehmens F. A. Egells, in dem später Wöhlert, Borsig, Hoppe u.a. ausgebildet wurden

Wasser (W) – Abwasser (A) Berlin Rahmendaten (#)		Gas (G) – Strom (S) Berlin Rahmendaten (#)
# 1822 Anbindung Berlins an die Dampfschifffahrt auf Elbe und Oder (Handelsverkehr); Scheitern der Verfassungsgebung, damit keine gesetzlich garantierte Meinungsfreiheit, Gleichheit vor dem Gesetz, Gemeinwohl-Priorität, usw.		**G** 1822 Gründung der Imperial Continental Gas Association (ICGA), die das englische know how der Gasproduktion auf dem Kontinent verbreiten sollte, es auch über 100 Jahre tat mit dem Bau und Betrieb der Gasversorgungen in Hannover, Berlin, Aachen, Frankfurt/M, Amsterdam, Antwerpen, Bordeaux, Gent, Lille, Wien usw.
A 1824 Vorschlag des Obermühleninspektors Schwahn, die Rinnsteine von der Schloßbrücke bis zur Schloßfreiheit mit Hilfe der Werderschen Mühle zu spülen; derselbe wollte 1829 über die Mühle einen Hochbehälter füllen, von dem das Wasser mit der statischen Druckhöhe zur Spülung in die Rinnsteine fließen sollte **W** 1824 berichtete P. C. Beuth, Gründer des 1821 gegründeten »Vereins zur Beförderung des Gewerbefleißes in Preußen«, in der Vereinszeitschrift »Verhandlungen« über seine Reise nach Großbritanien, u.a. über ein Speicherprojekt der Zentralwasserversorgung in Edinburgh	1824	
W 1825 erste ausgeführte Wasserbaukünste in Berlin: Unter Leitung von P. J. Lenné erhielt die Pfaueninsel eine Bewässerungsanlage	1825	**G** ab 1825 erleuchtete die ICGA Straßen und Plätze in Hannover (Vertragslaufzeit 20 Jahre) zum gleichen Preis im Vergleich zu den Öllaternen , aber mit der »zweifachen Lichtmenge« **G** 1825 ICGA-Repräsentant und Kanonenfachmann Sir Congreve schloß mit dem preußischen Innenminister von Schuckmann für eine Laufzeit von 21 Jahren den Vertrag, gegen Entgelt die öffentliche Beleuchtung auf Straßen und Plätzen innerhalb der Ringmauern in Berlin zu besorgen; über das Vertragsende hinaus gewährte man der ICGA, private Kunden weiterhin mit Gas beliefern zu dürfen; dieses Recht führte in Berlin zu einer über 100 Jahre dauernden Geschäftstätigkeit bis 1929 – zum Leidwesen der Kommune, aber zum Wohle der Verbraucher (Wettbewerb)
# 1826 Generalpostmeister Nagler führte Schnellverbindungen zwischen den wichtigsten deutschen Städten ein	1826	**G** 1826 Eröffnung des ersten Gaswerks der ICGA am Hellweg (heute Gitschiner Straße 19–31) in der Nähe des Halleschen Thores am Schafgraben (heute Landwehrkanal) **S** Gesetz des elektrischen Widerstandes durch Ohm
		# 1827 Zweite Gewerbeausstellung im Akademiegebäude; die erste fand 1822 im Gewerbehaus statt; Initiator war Beuth
W+A 1833 gab J.C. Loudon die »Encyclopaedia of cottage, farm und villa Architecture and furniture« heraus mit – im Vergleich zu kontinentalen – grundlegend anderen Ansichten zur versorgungstechnischen Ausstattung **W+A** 1833 veröffentlichte A.L. Crelle einen ausführlichen Aufsatz u.a. über die Behandlung sanitärer Fragen im Mehrgeschoß-Wohnungsbau	1833	**#** 1831 Cholera in Berlin, ca. 60 % der Erkrankten starben **#** 1833 Gründung des Deutschen Zollvereins für den freieren Handel zwischen den Ländern des Deutschen Bundes **S** 1833 Gaus und Weber stellten ersten Telegraphen her
# 1838 Erste Eisenbahnlinie Berlin-Potsdam für Kohlentransporte (Dampfmaschinen) und für die militärische Mobilität	1838	**G** um 1836 keimte unter den Stadtvertretern die Absicht, das Gasgeschäft selbst in die Hand zunehmen; als vorbildhaft galt das Beispiel Dresden, dessen Pionier R.S. Blochmann zum Ratgeber des Magistrats in Berlin wurde **G** 1838 baute die ICGA zwar das zweite Gaswerk am Spreeufer in der Holzmarktstraße 27, die wachsende Gasnachfrage konnte aber nicht befriedigt werden

Wasser (W) – Abwasser (A) Berlin Rahmendaten (#)		Gas (G) – Strom (S) Berlin Rahmendaten (#)
# 1840 Ein »Regulativ« verbot Kinderarbeit für unter Neunjährige, für über Neunjährige sollte die Tagesarbeit auf max. 10 Stunden begrenzt sein [Nipperdey 1983, S. 246] **W+A** 1839 Polizei-VO Berlin: Hausbesitzer waren für die Reinigung der Bürgersteige und Abwasserrinnen verantwortlich	1840	**S** 1840 R. Grove (England) stellte elektrische Glühlampen vor: Gleichstrom erglühte eine Platinspirale im luftleeren Glaskolben
# 1841–1846 Eisenbahn nach Dessau (1841 Anhalter Bf.), Frankfurt/O. (1842 Schlesischer Bf.), Hamburg (1846 Hamburger Bf.)	1841	
W+A 1842 Crelles zweiter Aufsatz zum Themenkomplex »Wasser-Abwasser-Wohnung-Gebäude-Stadt«, mit Weitblick und Vorbildcharakter für das ca. 30 Jahre später von Hobrecht entwickelte Entwässerungssytem **W+A** 1842 verfaßte E. Chadwick den »Report on the Sanitary Condition of the Labouring Population of Great Britain«: Sozialpolitische Wirkung bis nach Preußen	1842	**G** 1842 beschloß der Magistrat der Stadt nach einem Gutachten des preußischen Polizeipräsidiums, das Gasgeschäft selbst zu betreiben, weil u. a. die Wünsche nach Ausdehnung der Netze und Erhöhung der Flammen-Brenndauern nicht erfüllt wurden, die ständig sich erhöhenden Entgelte an die ICGA den Haushalt belasteten und die Stadt selbst die sicheren Gewinne aus dem Gasgeschäft verbuchen wollten.
W 1842 Inbetriebnahme des Dampfmaschinenhauses an der Havel in Potsdam zur Bewässerung und für die Wasserspiele in den ca. 42 m höher gelegenen Schloßgärten von Sanssouci auf dem »Ruinenberg«; L. Persius baute um die Dampfmaschinen von A. Borsig herum die Gebäudehülle nach dem Vorbild der Moschee in Cordoba (seit 1985 Museum und immer noch die Pumpenstation für die Wasserversorgung)	1842	
W+A 1843 legten Baeyer/Blesson eine Denkschrift (überarbeitete Fassung der ersten Ausgabe von 1838) zur Bewässerung und Reinigung der Straßen Berlins vor, zum ersten Mal unterstützt vom Staat und auch unter Berücksichtigung des Zusammenhangs von Wasser und Abwasser: Zwei Pumpstationen an der Jannowitzbrücke und am Halleschen Thor sollten das Flußwasser über Leitungen zu 552 Brunnen leiten, um von dort Brände bekämpfen und die Rinnsteine spülen zu können; dem Bewässerungsplan lag ein Abwasserplan des Engländers Wicksteed bei; der Baeyer/Blesson-Entwurf war grundlegend für die erste Zentralwasserversorgung Berlins in 1856; jedoch wurde er 1844 vom Minister des Innern abgelehnt	1843	**G** 1843 Die Einnahmen der ICGA stammten zu ca. 75 % aus dem Gasverkauf an Privatkunden, der Rest aus der Belieferung der »öffentlichen Gasflammen« für die Stadt **G** 1843 beauftragte der Magistrat den erfahrenen R.S. Blochman »bis spätestens 1850«, Berlin innerhalb der Ringmauern mit Gaslicht zu versorgen **#** 1843 Einführung des Aktiengestzes in Preußen
A 1844 schlug der Architekt Stüler nach Londoner Muster vor, gleichzeitig mit der Erstellung von Straßenzügen auf dem Köpenicker Feld und dem Pulvermühlengelände auch Abwasserkanäle zu verlegen **W+A** 1844 entwarf (1851 hrsg.) Beuth mit anderen zu Ehren seines verstorbenen Freundes Schinkel den »Landhaus-Entwurf für eine Familie« als Vorlageblätter für Baumeister mit bemerkenswerten sanitär- und heiztechnischen Details **W** 1844 Allgemeine Deutsche Gewerbeausstellung im Zeughaus zu Berlin: Ausstellung von u. a. Wasser-/Gasrohren, Wasserpumpen von Berliner Unternehmen des Maschinenbaus	1844	**G** 1844 genehmigte der Preußenkönig die von Vater und Sohn Blochmann aufgestellten, vom Magistrat vorgelegten Pläne; eigens von London aus eingereichte ICGA-Petitionen an die Adresse des Preußenkönigs für eine Prolongation des alten Vertrages wurden abgewiesen **#** 1844 Bauideen von A. Huber, »Arbeiterkolonie« mit Centralgebäude (Küche, Waschhaus, Zentralheizung)

Wasser (W) – Abwasser (A) Berlin Rahmendaten (#)		Gas (G) – Strom (S) Berlin Rahmendaten (#)
W 1845 Diskussion über Wasserentnahmen aus Flüssen und Seen; Vorschlag des Architekten Schramke: Wasserentnahme aus der nördlich von Berlin gelegenen Seengruppe (Wandlitz-, Rahmer-, Lubowsee), die keine Zuflüsse hat, sondern sich aus Quellwasser speist; Zuleitung nach Berlin unter Ausnutzung des topografisch Höhenunterschiedes; wegen nicht ausreichender Kapazitäten nach Feststellung durch die Ober-Bau-Deputation lehnte der Magistrat 1852 diesen Vorschlag ab	1845	# 1845 Einführung der Allgemeinen Gewerbeordnung in Preußen mit dem Grundsatz der Gewerbefreiheit
	1847	G 1847 nahmen die Städtischen Gasanstalten zwei typen- und größengleiche Zentralgasanlagen in Betrieb: Werk Stralauer Platz mit Speicher Auguststraße (Koppenplatz) für den Stadtbereich rechts der Spree, Werk »vor dem Cottbusser Thore« (heute Gitschiner-/Prinzenstraße) mit dem Speicher Georgenstraße links der Spree; G 1847 begann der europaweit einmalige, jahrzehntelange Preiswettbewerb zwischen der ICGA und den im selben Jahr gegründeten Städtischen Gasanstalten um die privaten Flammenkunden; ihr erster Direktor F. Baerwald mußte den Kubikmeterpreis von 35,5 auf 17,7 Pf halbieren S 1847 W. Siemens und J. G. Halske gründeten die »Telegraphen-Bauanstalt Siemens & Halske«; erste Telegraphenverbindung zwischen Bremen und Vegesack
W 1848 Königliche Order an Polizeipräsident von Hinkeldey – unterstützt durch den Branddirektor L.C. Scabell –, sich selbst verstärkt um die Wasserversorgung Berlins zu kümmern; die Stadt weigerte sich bei der Bewältigung der Folgen der 1848er Revolution, sich an der Finanzierung zu beteiligen	1848	# 1848 März-Revolution in Berlin, über 200 Berliner starben bei der Niederschlagung durch das preußische Militär; das anschließende königliche Versprechen, das Volk an der Politikgestaltung mitwirken zu lassen, wurde nicht eingehalten, denn mit dem »Dreiklassenwahlrecht« bleibt die Selbstverwaltung in den Händen der begüterten Klasse; nach Wahlen »Paulskirche-« Parlament G 1848 gab G. M. S. Blochmann (Sohn von R.S.) sein »Schriftchen« in der Form eines Erläuterungsberichtes über die städtischen Gasanlagen heraus
# 1850 Eröffnung des Landwehrkanals und Luisenstädter Kanals	1850	
W 1852 Staat Preußen und Fox & Crampton schlossen Vertrag, »... die Stadt Berlin mit fließendem Wasser zu versehen, ...«, ohne Erwähnung der nun zwangsweise erforderlichen Abwasserbeseitigung	1852	
# 1853 erste »Bauordnung für Berlin« (bis dahin galten die »Bauobservanzen« aus dem Ende des 18. Jh.); Substanzschutz für Gebäuse (Brandschutz); bebauungsfähig waren danach nur Straßen mit Entwässerungs-, Beleuchtungs- und Telegrapheneinrichtungen; dafür anfallende Kosten und Pflasterungskosten einer Straßenhälfte wurden vom Fiskus auf die Bauwilligen anteilig umgelegt; Verbot der Einleitung von Fäkalien aus Abtritten in öffentliche Wasserläufe	1853	G 1853 ICGA schloß mit Schöneberg Gaslieferungsvertrag mit einer Laufzeit von 50 Jahren
	1854	S 1854 H. Goebel erleuchtete seinen Uhrmacherladen mit Glühlampen auf der später von Edison ebenfalls angewendeten Basis von verkohlten Bambusfasern, die durch den Gleichstrom zum Glühen gebracht wurden

Wasser (W) – Abwasser (A) Berlin Rahmendaten (#)		Gas (G) – Strom (S) Berlin Rahmendaten (#)
	1855	**G** 1855 R. Bunsen setzte in seinem Chemielabor an der Universität in Heidelberg seinen »Bunsen-Brenner« ein
W 1856 Inbetriebnahme des ersten Wasserwerks am Stralauer Thor und eines offenen Speichers nördlich der Windmühlenberge (heute Belforter Straße) durch die Berlin Waterworks Compagny (erste Zentralwasseranlagen in Paris 1802, London 1808, Wien 1813, Hamburg 1833) **A** 1856–1858 baute London die zweite Auflage seiner Stadtentwässerung: 200.000 WC-Spülungen schwemmten die verdünnten Fäkalien über Kanäle nicht mehr auf kürzestem Wege innerhalb der Stadt in die Themse, sondern nun über nördlich und südlich, parallel zur Themse verlegten Abfangkanälen weit hinter der Stadt wieder ungeklärt in die Themse **A** 1856 besaß Paris ein zweiteiliges Entwässerungssystem: ca. 160 km collekteurs d'égouts leiteten Regen-, Waschwasser-, Abtritte-Flüssigkeiten in die Seine; Fäkalien-Feststoffe aus Abtritten per Abfuhr zur Zwischenlagerung nach La Vilette, dann nach Bondy, wo das Feste zu pulverisiertem Düngemittel für die Landwirtschaft aufbereitet wurde **W** 1856 gab es ca. 900 Hof- und Straßenbrunnen zur Wasserversorgung in Berlin, diese und 1500 zusätzlich durch die BWW installierte Hydranten wurden von der 1851 gegründeten Berliner Berufsfeuerwehr zur Brandbekämpfung genutzt	**1856**	**S** 1856 W. Siemens meldete den Doppel-T-Anker in England zum Patent an, dem wichtigsten Bauelement der späteren Dynamomaschine **#** 1856 Gründung der Kreditbank »Berliner Handelsgesellschaft« (Kredite für Stadttechnikvorhaben) **#** 1857–59 Weltwirtschaftskrise
W 1857 warb H. Gill, Direktor der privaten Berlin Waterworks Compagny um die ausbleibenden Wasserkunden (erst 300) mit seiner Schrift »Bedeutung (des neuen Wasserwerks, A.d.V.) für die Häuslichkeit und das Familienwohl« **A** ab 1857 werden die Rinnsteine verbreitert und vertieft; Folgen: Verkehrsprobleme, Vereisung im Winter, wegen des geringen Gefälles in der Berliner Niederstadt zur Spree bleiben die Geruchsbelästigungen, teilweise werden Rinnsteine deshalb überdeckt **W** 1857/58 Rohrleitungsschäden in den Netzen der BWW durch Frosteinwirkung, Leitungen wurden nach englischem Muster (Golfstrombedingtes, mildes Winterwetter ohne Frosttage) bei wesentlich kälterem Winterklima in Berlin nicht tief genug verlegt	**1857**	
W 1858 Bewässerung von Springbrunnen auf dem Belle-Alliance- und Opernplatz	**1858**	**#** Wilhelm I, Bruder des erkrankten Friedrich-Wilhelm IV, wird zum neuen Regenten Preußens ernannt, 1861 zum König gekrönt
W 1859 Bereits nach drei Jahren begann für die BWW die Gewinnzeit bei 1140 privaten Kundenanschlüssen **A** 1859 wurde J. Hobrecht vom Handelsminister von der Heydt beauftragt, die Umgebung Berlins zu vermessen, u.a. für anstehende Entwässerungsaufgaben (vergleichbare Vermessung Londons fand 1848 statt)	**1859**	**G** 1859 Eröffnung des dritten städtischen Gaswerks in der Müllerstraße mit deutlich vergrößerten, gegenüber der ersten Speichergeneration vervierfachten Speicherkapazitäten; man hatte bereits über 100.000 Privatkunden zu versorgen **G** 1859 Gründung des Vereins Deutscher Gasfachmänner (VDG); Initiator N.H. Schilling, auch Schriftleiter des erstmals erscheinenden Journals für Gasbeleuchtung **S** 1859/60 erste spektakuläre Stromlichtereignisse: Bogenlichtleuchten mit am Gerüstfußpunkt installierten Gleichstromgeneratoren illuminierten u. a. eine Baustelle in Paris (1859), Rheinbrücke in Kehl (1859) und Westminsterbrücke in London (1860)

Wasser (W) – Abwasser (A) Berlin Rahmendaten (#)		Gas (G) – Strom (S) Berlin Rahmendaten (#)
A 1860 beauftragte der Staat Preußen E. Wiebe (Leitung), J. Hobrecht, L.A. Veitmeyer, Entwässerungssysteme in europäischen Städten zu besichtigen, um mit diesen Erkenntnissen den stadthygienischen Bestand Berlins zu beschreiben A 1860 lobte der Architektenverein zu Berlin anläßlich des Schinkelfestes einen Wettbewerb aus, für die »Gegend der Zelte« ein Entwässerungssystem zu entwerfen # 1860 Einwohner Berlin 500.000	1860	G ab 1860 viele technologische Neuerungen in den Bereichen Gasproduktion, -verteilung und Gaslichtgebrauch; Einflüsse der chemischen Wissenschaft und der industrialisierten Produktionsprozesse; zwischen 1860 und 1875 wuchs die Gasproduktion durchscnittlich um 25 % pro Jahr (!)
# 1861–66 Wirtschaftsboom; 1861 schließen sich die IHKs der Länder und Provinzen zusammen zum »Deutschen Industrie- und Handelstag« A 1861 stellte E. Wiebe nach einer schonungslosen Bestandsaufnahme des sanitärhygienischen Zustands von Berlin seinen Entwässerungsplan für Berlin vor, der sich gegen das Pariser Abfuhrsystem und für die Schwemmkanalisation nach Londoner Muster aussprach	1861	S 1861 Öffentlicher Beleuchtungsversuch im Auftrag des Magistrats im Lustgarten mit Bogenlampen; ausführende Firma Keyser & Schmidt, Berlin G 1861 Konferenz mit dem Generalgartendirektor P. J. Lenné und den Gaswerksdirektoren L. Drory (ICGA) und F. Baerwald (Städtische Gasanstalten) anläßlich zunehmender Baumschäden in der Straße Unter den Linden, die – so die Hypothese – von undichten Gasrohren her stammen sollten
# 1862 Bebauungsplan Berlin des Verfassers J. Hobrecht A 1862 bezichtigte J. von Liebig die Befürworter der Schwemmkanalisation des »Raubbaus« an der Natur; er wollte die Abfuhr der Fäkalien und deren landwirtschaftliche Nutzung nach Pariser Beispiel	1862	S 1862 S. & H bot erstmals die elektrische Bogenlichtlampe an best. aus: Leuchtapparat mit Laufwerk, Stativ, Hohlspiegel, Schutzglas, Blendscheibe, Batterien, Kohlenspitzen und Kupferleitungen # Otto von Bismarck wird zum Ministerpräsidenten ernannt, verhindert den Rücktritt des Königs Wilhelm I, der wegen Budjet- und Verfassungskonflikten aufgeben wollte
A 1863 Erste öffentliche Bedürfnisanstalt am Askanischen Platz: zweiständiges Pissoir mit Wasserspülung, nur für Männer, erst 1880 mit Hilfe der Protz'schen Anstalten auch für Frauen W ab 1863 weigerten sich die Berliner Wasser Werke, ihre Anlagen zu erweitern für die sich flächenmäßig im Norden (z. B. Schönhauser Allee) und Süden ausdehnende Stadt und die damit wachsende Nachfrage nach Trinkwasser	1863	# 1864 Krieg Preußens/Österreichs gegen Dänemark, endet mit Einnahme von Schleswig-Holstein durch Preußen # F. Lasalle gründet den »Allgemeinen Deutschen Arbeiter-Verein«, Eintreten für allgemeines Wahlrecht
# 1865 R. Virchow lehnte das ihm von O. von Bismarck im Preußischen Landtag angetragene Duell ab (vgl. S. 63)	1865	G 1865 Gründung der »Lichtmeßcommission« in der Deutschen Vereinigung der Gasfachmänner (DVG): Ziel war die Vergleichbarkeit von Qualität und Quantität des Gaslichtes
A ab 1865 verstärkte sich der »wilde Kanalbau«, ein strukturloses Verrohren der offenen Rinnsteine; auch das Carreé um das neue Rathaus erhielt eine Kanalleitung, die die ungeklärten Abwässer lediglich in die Spree transportierte # 1865 starben 30 von 100 Kindern in New York, dagegen 40 in Berlin; nach Virchow und von Pettenkofer waren u.a. Typhus, Lungenschwindsucht die Hauptursachen dafür	1865	
# 1866 starben an der Cholera ca. 5.000 Menschen in Berlin; für ihre rasche Verbreitung mitverantwortlich war das durch Abwässer infizierte Brunnen-Trinkwasser sowie der allgemeine schlechte sanitärhygienische Zustand in den Wohnungen der Stadt # 1866 Preußen besiegt Österreich bei Königgrätz; Auflösung des »Deutschen Bundes« und Trennung von Österreich	1866	S 1866 W. Siemens entdeckte das dynamoelektrische Prinzip: diese ständig betriebsbereite Maschine zur Produktion von Gleichstrom ersetzte die erneuerungsbedürftigen Batterien; anfangs wurde der Dynamo von (z.B. 50) Soldaten, dann von kohleversorgten Lokomobilen angetrieben # 1866 »Ein unterirdisches Städtebild« von O. Glagau: Noch bestand die Einheit zwischen der unterirdischen Stadttechnik und dem oberirdischen Städtebau ...

Wasser (W) – Abwasser (A) Berlin Rahmendaten (#)		Gas (G) – Strom (S) Berlin Rahmendaten (#)
A 1867 lehnte die Entwässerungs-Deputation unter R. Virchow den Plan Wiebes endgültig ab: Das »geschlossene« System hätte städtebauliche Erweiterungen behindert und das Einleiten der ungeklärten Abwässer am Spree-Knick, hinter dem Garten des Schlosses in Charlottenburg, war unzeitgemäß, wo doch die Rieselfeldwirtschaft in Großbritanien bereits erfolgreich war **#** 1867 Deutsche Chemiker Gesellschaft gegründet	1867	**G** 1867 Volkszählung ergab eine noch kümmerliche gastechnische Ausstattung der Berliner Wohnungen: Erst 16,4 % hatten Gasleitungen; dagegen waren – bis auf die nordwestlichen Bezirke – Treppenhäuser, Flure und Höfe der Gebäude bereits zu ca. 2/3 der Häuser mit Gasflammen beleuchtet **#** 1867 J. Monier erfand den Stahlbeton **#** 1867 A. Bebel und K. Liebknecht gründen die »Sozialdemokratische Arbeiterpartei«
W 1868 reagierte der preußische Polizeipräsident von Wurmb auf die Absichten des Magistrats, die Wassergeschäfte selbst in die Hand zu nehmen, mit dem Vorschlag: BWW erhält das Versorgungsgebiet links der Spree, die Stadt das Gebiet rechts der Spree; Vertragsverlängerung mit der BWW auf unbeschränkte Zeit unter Verzicht auf das Monopol **W** 1868 beauftragte der Magistrat L.A. Veitmeyer, einen Zentralwasserplan für Berlin und 1,5 bis 2,0 Millionen Menschen zu entwerfen	1868	**#** 1868 Einführung des metrischen Maßsystems in Preußen
A 1869 stellte die Entwässerungs-Deputation unter Leitung von R. Virchow J. Hobrecht als »Büroleiter« ein, der mit dem Bau von Wasserversorgungs- und Entwässerungsanlagen in Stettin von 1862 an Erfahrungen gesammelt hatte	1869	
A 1870 begann Hobrecht mit Versuchen zur Felderberieselung (nach dem Muster der seit 1810 betriebenen Craigentinny-Wiesen bei Edinburgh) auf einem Feld an der Kreuzbergstraße im Schnittpunkt mit den Gleisanlagen der Anhalter Bahn; Ergebnisse besser als in England (z.B. in Croydon, dem Vergleichsfall für Berlin; sie sind für Hobrecht ausschlaggebend, seine Pläne der Deputation vorzulegen: 1. gute Reinigungsquote bei wirtschaftlich nutzbares Pflanzengut, 2. ganzjähriger Betrieb möglich, 3. keine Qualitätseinbuße des Grundwassers **W** 1870 stellte Veitmeyer seinen nicht minder genialen Zentralwasserplan für Berlin vor: Drei typengleiche Wassergewinnungsanlagen mit je 1 m³/s Spitzenleistung, zwei am Müggelsee, eine am Tegeler See; Zwischenpumpwerke mit Speicherkapazitäten im Osten (Lichtenberg, vor dem Landsberger Thor) und im Westen (auf den Chalottenburger Höhen, Spandauer Chaussee) **W** 1870 lehnte der Magistrat die Vorschläge von Wurmbs ab, trug unter Vorlage des Veitmeyer-Plans dem Handelsminister von Itzenplitz vor, daß das »öffentliche Wohl« nur gewährleistet wäre, wenn die Stadt selbst die Wasserversorgung übernehmen würde; mit Hilfe dieses Paragraphen aus dem Allgemeinen Landrecht entschied sich der Minister für die einseitige Auflösung des Vertrages mit der englischen BWW	1870	**#** 1870–71 Krieg Frankreichs gegen Preußen **G+W** 1870 Gründung des Deutschen Vereins Gas- und Wasserfachmänner (DVGW); dem seit 1859 allein mit Gasfachmännern besetzten Verein traten die Wasser- und 1876 die Abwasserfachmänner bei, ohne am Ende nochmal den Vereinsnamen zu ändern
# 1871 Volkszählung ergab, daß bereits 16.000 Wohneinheiten mit WC's ausgestattet waren, davon die Hälfte in der Friedrich- und Luisenstadt **A** 1871 legte Hobrecht – wie er anmerkte ohne Auftrag – seinen Entwässerungsplan für vom Bauablauf voneinander unabhängige 12 Radialsysteme, deren Pumpwerke das Abwasser zu den im Norden, Süden vor der Stadt liegenden Rieselfeldern transportierten, den Deputierten vor	1871	**#** 1871 Reichsgründung unter preußischer Führung, Reichshauptstadt Berlin **G** 1871 Rote Rathaus als stadttechnischer Brennpunkt: Anläßlich des von der Kaiserkrönung in Versailles heimkehrenden Kaiser Wilhelms I beleuchteten Gasbrenner die Fassa- den des Rathauses

Wasser (W) – Abwasser (A) Berlin Rahmendaten (#)		Gas (G) – Strom (S) Berlin Rahmendaten (#)
	1872	**S** 1872 In den Werkstätten von S & H gelang die erste Stromübertragung **#** 1872 Berlin Einwohner 840.000
A 1873 Generalbericht der Entwässerungs-Deputation (Virchow) mit Hobrecht-Plan wurde vom Magistrat (Oberbürgermeister Arthur Hobrecht und von der Stadtverordneten-Versammlung genehmigt mit Argumenten: – Abfuhr würde zuviel Kontrolle erfordern, – das Zentralsystem ermöglicht den »Anschlußzwang«, – der Widerspruch der Landwirtschaftslobby wird durch die Klärung der Abwässer auf den Rieselfeldern entkräftet; Vertrag zwischen Magistrat und Hobrecht zum Bau des RS III, wobei H. 10.000 Thaler Prämie erhält, wenn die Bauzeit von 3 Jahren nicht überschritten wird (Honorar je Jahr 4.500 Thaler ohne Diäten und Reisekosten)	**1873**	**G** 1873 viertes städtisches Gaswerk in der Danziger Straße **G** 1873 Gründung des »Erleuchtungs-Curatoriums« für die Aufgabe, den nun entstehenden Engpaß des Rohrnetzes zu beheben: Netzteile wurden ab jetzt erneuert, erweitert sowie die Art und Anzahl an Gaslaternen geändert und vergrößert **S** 1873 Elektrischer Verein gegründet
W 1874 Gründung der »Städtischen Wasserwerke Berlin«, erster Direktor wurde der alte BWW-Direktor H. Gill, der sofort mit dem Bau der von Veitmeyer geplanten Wasserwerksanlagen am Tegeler See begann **A** 1874 verordnete man in Berlin über ein Polizei-Ortsstatut Anschlußzwang an die Kanalisation und die Einrichtung von water closets und stellte damit die Einheit von Wasser und Abwasser her; immobile Abtritte wurden verboten, die »Heidelberger Tonne« zur Abfuhr blieb einsetzbar. ... Autorisierten Beamten mußte »jederzeit der Zutritt behufs Revision der Hausentwässerung gestattet werden.«	**1874**	**#** 1874 Betriebseröffnung des 1. Allgemeinen Krankenhauses am Friedrichshain (Initiator Virchow)
A 1875 begann man in kommunaler »Regie«, nicht in privatem »Enterprise« wie noch bei der Gas- (1825) und bei der Wasserversorgung (1852), mit dem Bau des Radialsystems RS III (Friedrich- und Dorotheenstadt), weil hier die meisten Wohnungen mit WC's ausgestattet waren (Wasser zum Transport der Fäkalien benötigte die Schwemmkanalisation) **A** 1875 Polizei-VO, Ortsstatut Berlin: Wohngebäude dürfen nur an befestigten und entwässerten Straßen errichtet werden	**1875**	**#** 1875 erhielt die Stadt vom Staat das Verfügungsrecht über Straßen und Plätze; Baubeginn Stadtbahnring
W 1876 Elf von zwölf Großstädten über 100.000 E in Deutschland hatten zentrale Wasserversorgungen, von den 124 Mittelstädten zwischen 10.000 und 100.000 E erst 61 [Nipperdey 1993, S.159] **#** 1876 Gründung Reichsgesundheitsamt in Berlin, voraus ging die Kontroverse um die Zwangsimpfung (Pocken)	**1876**	**S** 1876 die elektrische »Kerze« nach P. Jablochkoff wurde in South Kensington vorgestellt **G** 1876 Das städtische Gaswerk Gitschiner Straße erhielt neuen Speicher in der Fichtestraße; Speicher Georgenstraße wurde 1880 abgerissen
W+A 1877 Polizei-VO, Ortsstatut Berlin: Hausbesitzer müssen Kosten für die Straßenherstellung sowie deren Unterhaltungskosten für vier Jahre übernehmen **W** 1877 beantragte Schöneberg den Anschluß an das Berliner Netz; Ablehnung wegen (kurzfristiger) Wasserwerksengpässe am Tegeler See hatte zur Folge, daß sich private Unternehmen für Wasserversorgungen gründeten, z. B. eine der größten Privatgesellschaften Deutschlands, die Charlottenburger Wasserwerke AG (»Charlotte Wasser«)	**1877**	**G** 1877 Räume des Café Bauer, Friedrichstraße/Ecke Leipziger Straße wurde mit Gasflammen erleuchtet

Wasser (W) – Abwasser (A)
Berlin Rahmendaten (#)

| | | Gas (G) – Strom (S)
Berlin Rahmendaten (#) |

Wasser (W) – Abwasser (A) / Berlin Rahmendaten (#) ‖ 1878 ‖ **Gas (G) – Strom (S) / Berlin Rahmendaten (#)**

1878

W ab 1878 Abrechnung des Wasserverbrauchs nicht mehr wie ursprünglich von 1856 an nach »4 % von der Jahresmiete«, sondern nach »Tarif und Regulativ« in Grund- und Arbeitspreis gegliedert unter Verwendung von Wassermessern, die ausschließlich Siemens & Halske lieferte. Dazwischen hatte es von 1860–70 den »Waschkeller-Tarif« gegeben, der zur Förderung des Wasserverkaufs in den Wohnungen vorübergehend eingesetzt wurde

A 1878 Übergabe des RS III durch Hobrecht für den Betrieb an Direktor Goldowsky; für alle weiteren RS-Durchführungen blieb J. Hobrecht der Bauleiter

G 1878 ICGA schloß mit Tempelhof Gaslieferungsvertrag für 50 Jahre Laufzeit

S 1878 Am Sedanstag brannten 12 von S & H installierte Jablochkoff-Kerzen vor dem Roten Rathaus; von den 4 Ecken des Rathausturmes scheinen vier Fresnel-Scheinwerfer z. B. bis in die Straßen Unter den Linden, Holzmarktstraße

G 1878 Viertaktmotor von N. A. Otto, immobil, auf Gasbasis

1879

A 1879 Betriebsbeginn von RS I, II und IV

1879 Bauakademie (gegr. 1799) und Gewerbeakademie (gegr. 1821) vereinigen sich zur Königlich Technischen Hochschule Berlin-Charlottenburg, der Vorgängerin der Technischen Universität Berlin

S 1879 Siemens & Halske zeigte auf der Berliner Gewerbeausstellung im Landesausstellungspark am Lehrter Bahnhof in Moabit die erste elektrische Bahn

---

1880

A 1880 Baubeginn von RS VI und VII (Inbetriebnahme 1883)

S 1880 Schlesischer und Anhalter Bahnhof wurden mit von S & H gebauten Bogenlichtlampen erleuchtet

G 1880 Polizei-Verordnung: Aus Gründen der Sicherheit mußten alle Treppenhäuser in den Gebäuden während der Dunkelstunden mit Gas beleuchtet werden (Gasabsatz wird unter Strafandrohung »gefördert«)

G 1880 Zweitaktmotor von G. Benz, immobil, auf Gasbasis

1881

S 1881 Siemens & Halske baute die weltweit erste elektrisch betriebene, 2,3 km lange Straßenbahn in Lichterfelde

S 1881 T.A. Edison stellte auf der Pariser Weltausstellung seine Beleuchtungsanlage (Gleichstromgenerator, Netzstruktur, Kohlefadenlampe) vor: Der offenen Gasflamme erwächst mit der geschlossenen Glühlampe ein übermächtiger Konkurrent

G 1881 Brand im Ring-Theater in Wien mit 384 Toten, durch unsachgemäße Bedienung einer Gaslampe verursacht; Brände dieser Art beeinflußten neben fallenden Kokspreisen den Gasabsatz negativ

---

1882

1882 Einwohner Berlin 1.180.000 (1872: 840.000), Wasserförderung 26 Mio m³/a, gegenüber 1872 nahezu verdoppelt; fünf der sieben wichtigsten Radialsysteme des Hobrecht-Plans waren realisiert; das Vieh- und Schlachthofwesen wurde von der Stadt kontrolliert (auf Betreiben Virchows); der Reichstag hatte das Krankenversicherungsgesetz verabschiedet ...

um 1882: »Behausungsziffer« (Definition von Schwabe: Durchschnittszahl der auf dem Grundstück Lebenden) in Berlin 61 Personen (Breslau 45, Leipzig 39, Hamburg 26); Beginn der unzumutbaren Mißstände im Wohnungsbereich

1882 DVGW gab »Normalientabelle« heraus (Richtlinien für das Sanitärhandwerk, standardisierte Rohrabmessungen usw., Vorgängerin der DIN 1988)

S 1882 Einweihung der ersten Glühlampenanlage (3 kW für 60 Glühlampen) in der Druckerei Büxenstein in der Zimmerstraße durch E. Rathenau, der von T. A. Edison 1881 die Nutzungsrechte erwarb

S 1882 Beleuchtungsanlage (25 kW) für den »Unions-Club« und der »Ressource von 1794« in der Schadow- und Dorotheenstraße

S 1882 Siemens & Halske installierte vom Potsdamer Platz über die Leipziger bis zur Friedrichstraße 36 Differential-Bogenlichtlampen; der dafür erforderliche Gleichstrom wurde in Dynamomaschinen von Siemens erzeugt, letztere wurden von vier Gasmotoren der Firma Deutz angetrieben

---

1883

1883/84 Einführung der gesetzlichen Kranken- und Unfallversicherung

S 1883 Gründung AG Deutsche Edison-Gesellschaft für angewandte Elektricität (E. Rathenau), erster Plan zur Stromversorgung Berlins

Wasser (W) – Abwasser (A) Berlin Rahmendaten (#)		Gas (G) – Strom (S) Berlin Rahmendaten (#)
A 1884 Im Auftrag des Magistrats erschien der von Hobrecht verfaßte »Erläuterungsbericht« nebst Tafelwerk über »Die Canalisation von Berlin«	1884	G+S 1884–1892 Bau des Reichstagsgebäudes, Zeitdokument für den Übergang vom Gas- zum Stromlicht sowie für eine spezielle Bestandaufnahme der Stadt- und Haustechnik S 1884erste Blockstation 100 kW, Gleichstrom 100 Volt, im Keller Friedrichstraße 85 (Cafe Bauer) für Beleuchtungszwecke, gebaut von der Deutschen Edison Gesellschaft (E. Rathenau, O. von Miller)
A 1885/86 Charlottenburger Weichbild (Tauentzien-, Kleiststr., Bereich unterhalb Kurfürstenstr. bis Nollendorfplatz im Osten) sowie Gebietsteile der Gemarkung Schöneberg wurden an die Berliner Mischkanalisation angeschlossen	1885	S 1885 erstes »Krafthaus« der A. G. Städtische Electricitäts Werke (1884 hervorgegangen aus der DEG) in der Markgrafenstraße 44, 540 kW, Gleichstrom 100 Volt (Großverbraucher: Königl. Schauspielhaus, Reichsbank, Hotel Kaiserhof)
	1886	G 1886 Carl Auer (Schüler von Robert Bunsen) revolutionierte mit dem Gasglühlicht die bisherige Gasanwendung durch die offene Flamme; in Verbindung mit dem hitzebeständigen Borosilikat-Glaszylindern aus dem Labor des O. Schott in Jena eroberte sich das Gas(glüh)licht bereits verloren gegangenes Terrain S 1886 zweites »Krafthaus« in der Mauerstraße 80, 285 kW/100 Volt Gleichstrom, Beleuchtung Leipziger Straße und Hotel Kaiserhof
W 1887 Inbetriebnahme der zweiten und letzten Ausbaustufe des Tegeler Wasserwerks A 1887 Bauordnung für Berlin: Einführung des Podest-WCs »auf halber Treppe«: Die empfohlene Benutzerfrequenz von vier bis zehn Personen je WC stand aber im krassen Widerspruch zur Wirklichkeit mit 20–30 Personen je WC für mindestens ein Drittel der Bevölkerung Berlins; Räume für dauernden Aufenthalt sollen Licht/Luft über Fenster in Außenwand erhalten	1887	S 1887 Gründung der Allgemeinen Electricitäts-Gesellschaft (AEG) und der Berliner Electricitäts-Werke, hervorgegangen aus der DEG und der A. G. Städt. Electricitäts-Werke S 1887 Königliches Opernhaus erhält Strom-Beleuchtung S 1887 erste Kupplung zweier Versorgungsgebiete der Krafthäuser Markgrafen- und Mauerstraße
	1888	S 1888 Magistrat beauftragte BEW zur Installation von 108 Bogenlichtlampen für die Straße Unter den Linden # ab 1888 geschweißte Stahlrohre wurden von den Nahtlos-Stahlrohren der Firma Mannesmann bei Stadttechnikprojekten ersetzt
W 1889 Baubeginn des Wasserwerks Friedrichshagen am Müggelsee; 1893 zwei der vier Baustufen fertiggestellt, die dritte Stufe ging 1896, die vierte 1909 in Betrieb # 1889 Alters- und Invalidenversicherung (Rente ab dem 70. Lebensjahr)	1889	G 1889 Polizei-VO: Verbot von Gas für Beleuchtungszwecke in Theatern S 1889 drittes »Krafthaus« in der Spandauer Straße 49, 1680 kW/2 x 100 Volt S 1889 Jahres-Glühlampenproduktion bei S & H.: 650.000 (1886: 200.000; 1900: 3,7 Mio)
	1890	S 1890 M. von Dolivo-Dobrowolsky (AEG) fertigte den ersten Drehstrommotor, erste Motorenanschlüsse bei der Firma Ludwig Loewe; Preis Lichtstrom 72 Pf/kWh plus Grundgebühr 5 (30) Mark je Jahr und Glühlampe (Bogenlichtlampe) S 1890 viertes »Krafthaus« am Schiffbauer Damm 22, 840 kW/2 x 110 Volt (Dreileitersystem); Verwaltung BEW + AEG (zusammen bis 1897); Kraftstrompreis 50 Pf/kWh, Benutzungsdauer 1200–3600 Stunden/Jahr (1891=24 Pf/kWh und 1894=18 Pf/kWh)

Wasser (W) – Abwasser (A) Berlin Rahmendaten (#)		Gas (G) – Strom (S) Berlin Rahmendaten (#)
A 1892 »Baupolizeiordnung für die Vororte Berlins« enthielt gegenüber der BauO Berlins von 1887 Regelungen über Bebauungsdichten in Abhängigkeit von der entwässerungstechnischen Ausstattung der Straße (1. Klasse-Grundstücke durften zu 5/10, dagegen nicht »regulierte« Straßengrundstücke nur zu 4/10 bebaut werden) **A** 1892 Steglitz war »der erste Ort auf dem europäischen Festlande, in dem nicht das Mischsystem, sondern das Trennsystem voll zur Durchführung gelangte«	1892	**#** 1892 Bauordnung für die Vororte Berlins
W 1893 Stilllegung und Abriß des ersten Wasserwerks am Stralauer Thor 1893	1893	**G** 1893 fünftes städtisches Gaswerk in der Cunowstraße (Schmargendorf) nebst Speicher (1895) in der Augsburger Straße
	1895	**S** 1895 erstes »Überlandkraftwerk« in Oberschöneweide, Drehstrom, gebaut durch die AEG, 1899 übernahm die BEW das fortan »Oberspree« genannte Kraftwerk; erste außerstädtische »Primärstation«, die den hochgespannten Drehstrom über Freileitungen zu den innerstädtischen »Krafthäusern« transportierten, um dort zu Gleichstrom umgeformt zu werden für die Gleichstrom-Kunden
A 1896 Merten & Co. errichtete für das Gelände der Berliner Gewerbe-Ausstellung im Treptower Park eine Entwässerungsanlage, die nach dem Druckluftprinzip des Engländers Shone funktionierte (22 Ejektor-Stationen, damit 22 eigenständige »Entwässerungsgebiete«- Vorgänger der heutigen Abwasserhebeanlagen)	1896	**S** 1896 Einführung der »kWh« als Maßeinheit zuerst in Berlin (gesetzlich erst ab 1901) **S** 1896 erste Drehstromanlage der BEW: 3 k(ilo) V(olt) vom Schiffbauer Damm zur Markgrafenstraße, dort in Gleichstrom 220 Volt umgeformt **S** 1896 erste Bahnstromlieferung vom Krafthaus Mauerstraße für die Straßenbahn vom Ostkreuz über die Halbinsel Stralau, durch den Spreetunnel bis auf das Gelände des Treptower Parks zur Berliner Gewerbeausstellung
# 1897 Bauordnung für Berlin	1897	**S** 1897 erstes Kraftwerk außerhalb Berlins, »Oberspree« in Oberschöneweide mit 1000 kW / 6 kV
	1898	**S** 1898 Magistrat überläßt der BEW das Strommonopol für das gesamte Stadtgebiet und sicherte der BEW zu, nicht vor 1915 selbst die Stromproduktion zu übernehmen; zügiger Ausbau der Kapazitäten bei den innerstädtischen Krafthäusern **S** 1900 Eröffnung des Städtischen Elektrizitätwerkes Charlottenburg; Inbetriebnahme des zweiten Drehstrom-Kraftwerks Moabit, 7200 kW / 3 x 6 kV, Drehstrom zur Versorgung der innerstädtischen Krafthäuser, die nun als Umformstationen eingesetzt werden **S** um 1900 Kraftstrom-Produktion (Verbraucher: Bahnen und Motoren) überstieg die Lichtstrom-Produktion bei den Berliner Elektrizitäts Werken **G** ab 1900 sank auch im Gasbereich der bis dahin dominante Leuchtgas-Anteil an der Gesamtproduktion; schon bald dominierte der Gasverkauf für Heiz-, Koch- und Kraft (Motor)-Zwecke

Wasser (W) – Abwasser (A) Berlin Rahmendaten (#)		Gas (G) – Strom (S) Berlin Rahmendaten (#)
# 1902 Eröffnung der ersten Hochbahn in Berlin, von der »Warschauer Brücke« bis »Potsdamer Platz«; nach London (1890) und Paris (1900)	1902	S 1902 Sondertarif für Reklame-, Treppenhaus- und Hausnummernbeleuchtung mit 35 Pf/kWh S 1902 erste Versuche mit AEG-Dampfturbinen im Kraftwerk Moabit
# 1904 Gründung des Lehrstuhls »Städtebau und städtischer Tiefbau« an der Technischen Hochschule zu Berlin-Charlottenburg (Joseph Brix)	1904	
	1905	G 1905 erste Mitteldruck-Ferngasleitung (ICGA) vom Gaswerk Mariendorf über Lankwitz, Lichterfelde, Steglitz bis nach Schmargendorf zum Gaswerk in der Cunowstraße (9 km lang, 1000 mm Wassersäule Druck, 1050 mm Durchmesser Stahlrohr)
	1907	S 1907 BEW eröffnet Kraftwerk Rummelsburg mit Dampfturbinen der AEG
	1908	S 1908 Betriebseröffnung Kraftwerk Moabit II
W ab 1909 nach der fertiggestellten vierten Baustufe des Wasserwerks Friedrichshagen wurde Trinkwasser in Berlin nur noch aus Grundwasser gewonnen	1909	S 1909 Einführung des Nachttarifs mit 16 Pf/kWh zwischen 22–7 Uhr, Anreiz zur Auffüllung des nächtlichen Lasttals
# Zweite Hygiene-Ausstellung in Dresden	1910	S 1910 Verlegung erster Drehstrom-Niederspannungsnetze G 1910 Grundstücke mit/ohne Gasanschluß: 98,7 % haben Gasanschluß, 1,3 % haben keinen; davon sind 86,5 % Kunden der Städtischen Gasanstalten, 11,6 % sind Kunden der ICGA und 0,6 % wurden von beiden Gesellschaften gleichzeitig beliefert
	1815	S 1915 Stadt Berlin (Städtische Elektrizitätswerke Berlin – StEW) übernimmt vertragsgemäß die BEW und deren Anlagen für 132,4 Mio Mark; Emil Rathenau gestorben

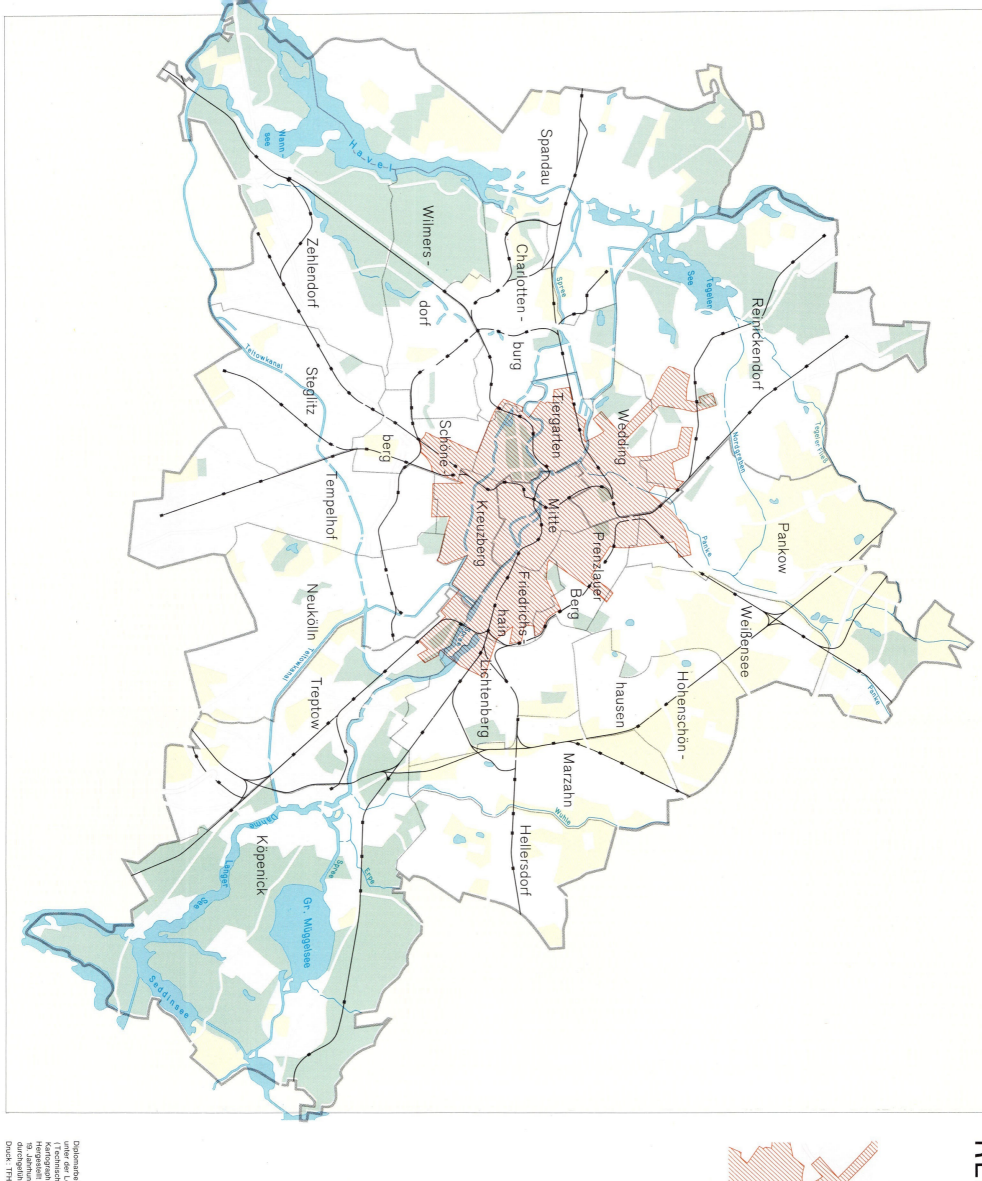

RELATIONEN . . . .

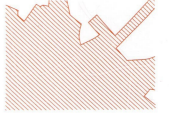

Umfang der Gasversorgung in
Berlin um 1895

Maßstab 1 : 150 000

0
2
4
6
8km

Diplomarbeit im Studiengang Kartographie an der Technischen Fachhochschule Berlin
unter der Leitung von Prof. Dr. S. SCHULZ in Zusammenarbeit mit Dipl.-Geogr. G. FLIESSBACH
(Technische Universität Berlin)
Kartographische und reprotechnische Bearbeitung : B. JANKOWSKI
Hergestellt im Rahmen des Forschungsvorhabens "Unterirdischer Städtebau Berlins im
19. Jahrhundert" im Fachbereich Architektur an der Hochschule der Künste Berlin
durchgeführt von Prof. Dr. H. TEPASSE
Druck : TFH Berlin